内 容 提 要

本书为广州市轨道交通五号线及珠江新城旅客自动输送系统（APM）土建工程技术的全面总结，全书共分为6篇11章，内容涵盖土建工程技术概论，盾构法土建工程，浅埋暗挖隧道土建工程，明挖法土建工程，高架车站与桥梁土建工程，地铁施工信息化监测技术等内容。本书图文并茂，对该项目土建工程做了详尽的技术总结，可为今后国内轨道交通工程建设提供借鉴。

本书可供从事轨道交通建设的科研、设计、施工、管理人员等参考使用。

图书在版编目（CIP）数据

广州市轨道交通五号线及珠江新城旅客自动输送系统（APM）土建工程技术研究 / 谭文等主编. —北京：人民交通出版社，2011.8
ISBN 978-7-114-09320-3

Ⅰ.①广… Ⅱ.①谭… Ⅲ.①城市铁路—铁路工程：土木工程—工程技术 Ⅳ.①U239.5

中国版本图书馆CIP数据核字（2011）第156871号

书　　名：	广州市轨道交通五号线及珠江新城旅客自动输送系统（APM）土建工程技术研究
著 作 者：	谭　文　孔少波　孙成伟　黄钟晖
责任编辑：	王文华
出版发行：	人民交通出版社
地　　址：	（100011）北京市朝阳区安定门外外馆斜街3号
网　　址：	http://www.ccpress.com.cn
销售电话：	（010）59757969、59757973
总 经 销：	人民交通出版社发行部
经　　销：	各地新华书店
印　　刷：	北京盛通印刷股份有限公司
开　　本：	880×1230　1/16
印　　张：	25.25
字　　数：	727千
版　　次：	2011年8月　第1版
印　　次：	2011年8月　第1次印刷
书　　号：	ISBN 978-7-114-09320-3
定　　价：	330.00元

（有印刷、装订质量问题的图书由本社负责调换）

本书编写单位

主编单位：
广州市地下铁道总公司建设事业总部
华南理工大学

本书编写委员会

主　审：丁建隆　竺维彬　张志良

主　编：谭　文　孔少波　孙成伟　黄钟晖

副主编：陈　昊　陈树茂　贺　婷　陈　和　陈令强　陈巨武　任伟新
（广州市地下铁道总公司）

副主编：周建春　魏　琴（华南理工大学）

编　委：叶越胜　徐建国　朱育宏　黄　彪　苏建丰　任文滔　肖长敬
　　　　李震坤　陈安艳　邓静波　夏　湘　张　悦　张　凯　周　洋
　　　　赵汝德　杨震坤　彭　飞　林　星　桂　林　蒋岿松　陈绍平
　　　　莫崇杰　叶健宁　黄　炜　樊善勇　孔令燨　周　罡　乔志超
　　　　代　勇　程　浩　靳子良　郭付印　黎晓刚　王会霞　张冠男

谨以此书献给

**为广州市轨道交通五号线及珠江新城旅客自动输送系统（APM）
付出辛勤劳动、奉献光辉岁月、
发挥聪明才智、勇于开拓创新的
全体参建者们！**

序 一

广州市轨道交通五号线是广州地铁建设历史上迄今为止技术最复杂、施工难度最大、建设条件最恶劣的一条城市轨道交通线路,珠江新城旅客自动输送系统(APM)是世界上首条全地下运行的旅客自动输送系统。两个工程项目在社会各界高度关注和大力支持下,经过全体建设者的共同努力,历经 6 年多的艰苦建设,终于在 2009 年 12 月 28 日(五号线)和 2010 年 11 月 8 日(APM 线)分别高质量、高标准建成并一次开通运营,为广州轨道交通工程建设的跨越式发展和 2010 年广州亚运会的成功举办奠定了坚实的基础,在我国城市轨道交通建设史上写下了浓墨重彩的一笔。

出于工作的需要,自广州地铁一号线开始,我全程参与了广州市轨道交通项目的规划和建设,对广州地区地质条件、地铁建设历史和发展情况比较了解,五号线和珠江新城旅客自动输送系统(APM)土建工程也不例外。从技术角度来看,我认为广州轨道交通五号线和珠江新城旅客自动输送系统(APM)土建工程在广州地铁建设史上开创了"六个第一"是名符其实的,即第一条盾构机成功穿越溶洞非常发育的地铁线路,第一次采用盾构机开挖最小曲线半径只有 206m 的地铁区间隧道,第一次采用"先隧后站"创新工法施工五羊邨站,第一次在富水砂层进行全断面矿山法暗挖施工(珠江新城—猎德区间),第一次采用矿山法实现洞内桩基托换,第一次采用网络化监测系统实现地铁信息化施工。同时,如果放在广州地区地铁建设历史的大环境中审视和考察,这项工程全线开创了 7 项广州地铁之最:地质最复杂(7 次穿越断裂带,2 次穿越珠江);首次碰到巨大溶洞群,施工风险最大(6 次穿广茂铁路,与 200 多根已有高架桥桥墩近距离施工);施工过程中需保护的建筑物数量最多(穿越上千栋房屋,以老、旧房屋居多);采用盾构法施工最多的线路(累计总长度达 27km,占全线的 86.3%);暗挖车站最多(全线多达 6 个暗挖车站,施工难度大);跨度最大的车站(区庄站跨度达 24m);地铁线路中隧道高度最大(动物园站,隧道高达 21m,为一般隧道高度的 2 倍)。正因为具备这些突出特色,广州轨道交通五号线和珠江新城旅客自动输送系统(APM)土建工程理应值得人们高度关注。

在这项工程的建设过程中,作为项目业主和项目管理者,广州市地下铁道总公司的全体参建人员,无论公司领导、技术专家或工程技术人员,秉承广州地铁建设的先进管理理念,身体力行投入到建设过程的每一个环节,求实进取,努力工作,从建设和谐社会、服务人民大众的认识高度,切实履行自己的使命,通过辛勤的工作,在纷繁复杂的建设环境中创造出了环境友好、设施一流、技术先进的轨道交通精品工程，同时也造就了一支勇于拼搏、积极奉献、水平高超的技术管理人才队伍，为实现广州轨道交通的长远目标和跨越式发展储备了很好的条件。

广州市地下铁道总公司的领导层历来十分重视地铁建设过程中通过大量工程实践得到的宝贵技术总结和经验积累，认为这是锤炼队伍、提高水平的一条必由之路，在这个问题上，我有着深刻体会。众所周知，近年来国家经济建设的飞速发展，使得包括城市轨道交通在内的城市基础设施建设呈现出了大好形势，工程实践中涌现了很多行之有效的创新技术和创新工法，值得人们去认真总结。在此基础上提高国内行业整体施工技术水平和装备制造水平，进而推动全行业的科技进步和核心技术竞争力迈上一个新台阶。

由众多技术人员参与撰稿、多位专家审稿的《广州市轨道交通五号线和珠江新城旅客自动输送系统（APM）土建工程技术研究》就是这样一本专著，它源于广州市轨道交通建设工程第一线，对于工程建设期间的诸多重大问题都详细进行了梳理，使人们有机会充分认识和了解广州市轨道交通建设的最新成就和取得的丰硕成果。书中不但归纳总结了为实践证明了的大量成功经验，也针对存在的不足之处进行了论述和总结，从而为今后国内轨道交通工程建设提供一份可贵的参考资料，期望得到广大从业人员和读者的首肯。

在由人民交通出版社付梓之余，欣然为之序。

中国工程院院士 龙驭球

2011 年 8 月

序 二

广州市轨道交通五号线是东西向轨道交通骨干线，它贯通广州市旧城中心区和珠江新城中央商务区（CBD）、联结西部发展区和东部产业转移带，不仅发挥着缓解地面交通压力、提高公共交通服务水平的重要作用，而且直接影响到广州市的城市整体功能布局；广州市珠江新城旅客自动输送系统（APM）是珠江新城中央商务区（CBD）和天河商贸区内部的公交骨干线，重点解决珠江新城核心区的交通疏导，满足其内部、珠江新城与天河商贸区、观光塔之间客流的交通需求，建成之初就直接服务于2010年的广州亚运会。这两条轨道交通线路的顺利建成，为广州市西部老城区与东部新城区注入了新的发展活力，在整个广州市轨道交通路网规划中起着至关重要的作用，对城市未来发展具有深远的影响。

广州市轨道交通五号线和珠江新城旅客自动输送系统（APM）的工程建设走过了一段极不平凡的艰难历程。广州市轨道交通五号线2004年5月开工，2009年12月建成；珠江新城旅客自动输送系统（APM）2006年6月开工，2010年11月建成。期间，工程建设者遇到了众多难以想象的困难，面对地质条件复杂、地下溶洞发育、周边环境条件恶劣、施工风险巨大等复杂局面，他们不畏艰难，团结一致，克服一切艰难困苦，充分发挥自己的智慧和才干，勇于创新，续写了广州地铁建设事业的新篇章。

众所周知，广州地区地质条件素有地质博物馆之称，轨道交通建设特别是地下工程施工面临着许多难以预料的实际困难，但这种不利条件也为我们广大的城市轨道交通建设者提供了一个难得的机遇。贯穿工程建设全程，广州市轨道交通五号线和珠江新城旅客自动输送系统（APM）的建设工地涌现出了很多富有创新思想的新技术、新工艺和新方法，为高标准、高质量建成这两项精品工程提供了有力的技术支持，及时归纳总结这些来之不易的智慧结晶，把那些源于工程实践、处于分散状态的知识条理化、系统化，把经过实践检验和证明过的成功经验、失败教训加以细致分类，反过来应用于工程实践，既可使我们获得一种持续的创新原动力，也将促进和指导今后广州市轨道交通建设事业的科技创新与技术进步，对全国同类工程建设也具有十分重要的参考意义。

这部著作由我公司年富力强的谭文同志担纲。她组织亲身参与五号线和珠江新城旅客自动输送系统（APM）工程建设的骨干力量、专家学者，利用工作之余在有限的时间内完成。从组织讨论、编写工作大纲到正式付梓印刷，无不凝聚着大家的智慧和辛劳，其出发点就是把自己的实践经验和心得体会认真用文字记载下来，还原施工现场和作业面，更好地让更多的读者去了解、认识和体会，在此基础上丰富我们的认识，进一步提高轨道交通建设科技水平，从而开创富有时代特色、技术先进、低碳的轨道交通建设新局面。从这个角度看，及时组织出版这部著作是一件很有意义的工作，同时也期望有更多的人加入到这个队伍、参与到这个事业之中来。

在此，特向广州市轨道交通五号线及珠江新城旅客自动输送系统（APM）土建工程全体参建人员表示衷心的感谢！

是为序。

广州市地下铁道总公司总经理 丁建隆

2011年8月

前言

广州市轨道交通五号线及珠江新城旅客自动输送系统（APM）土建工程，是广州市"十一五"和2010年广州亚运会重点市政建设工程项目，自始至终得到了国内外各界的广泛支持和普遍关注，其工程难度之大、土建技术之复杂、地质条件之恶劣、周边建设环境之艰难均堪称广州地铁建设历史之最。

广州市轨道交通五号线西起芳村区的滘口，东至广州经济技术开发区的黄埔客运港，线路全长42.8km，共设29座车站，其中12座换乘站，首期工程滘口至文冲（文园）段，工程投资约152.97亿元，线路长约31.9km，试验性工点于2004年5月28日开工，2009年12月28日建成开通；广州珠江新城旅客自动输送系统（APM）是广州市珠江新城中央商务区和天河商贸区内部的公交骨干线，项目总投资约21亿元，线路总长约3.94km，共设9座地下车站、1座地下车辆基地及控制中心，为世界上首条全地下运行的APM系统。APM线于2006年6月30日在林和西站工地正式开工，2010年11月8日正式开通。回顾6年多这段不平常的岁月，广州市轨道交通五号线及珠江新城旅客自动输送系统（APM）土建工程建设过程仍历历在目，最终在全体参建者的共同努力之下高质量、高标准建成并一次开通运营。

作为这项工程的全程见证者和亲自参与者，我们一直有一个心愿，那就是把工程建设期的经历及时总结成书，让更多的人了解其中正反两方面的经验和教训，以此为契机，利用国内轨道交通发展的大好时机，让更多有幸从事这项事业的人们创造出更多的精品工程来，使我们真正无愧于这个时代。基于这样的出发点，我们选择若干重点内容和工程项目特色拟订了写作大纲，在工作繁忙之余，发动团队骨干投入到了资料收集、整理和写作的过程中，在初稿的基础上，经过反复讨论和修改，形成了一个修改稿，经过审阅专家的认真审核后又进行了多次修改，最终由谭文统稿完成了全部书稿。

伟大的事业筑就时代的辉煌，让《广州市轨道交通五号线及珠江新城旅客自动输送系统（APM）土建工程技术研究》这本专著作为新的工作起点，承载着我们的光荣与梦想，激励我们去创造更加美好的未来。最后向付出辛勤劳动的工程全体参建者、参与者和专家、学者，向本书全体参与编写人员、审稿专家、人民交通出版社责任编辑表示衷心的感谢！

承蒙我国著名地铁工程专家、中国工程院施仲衡院士在百忙之中审阅本书书稿并为之作序，广州市地下铁道总公司总经理丁建隆教授级高级工程师全程指导本书写作、审阅书稿并欣然作序，人民交通出版社王文华副编审在审校书稿、提高全书的出版质量方面付出了辛劳，作者在此一并表示衷心的感谢！

限于时间关系和作者的水平，难免挂一漏万，权当抛砖引玉，不当之处请专家和读者批评指正。

全体编者
2011年8月

目 录

第1篇 土建工程技术概论

第1章 广州市轨道交通五号线工程概述 ························· 003
    1.1 五号线建设标准和规模 ························· 003
    1.2 五号线工程地质和周边建设环境特点 ························· 006
    1.3 五号线土建工程施工技术综述 ························· 007

第2章 珠江新城旅客自动输送系统工程概述 ························· 016
    2.1 APM线建设标准和规模 ························· 016
    2.2 APM线车站建筑设计 ························· 020
    2.3 APM线工程地质和建设环境特点 ························· 026
    2.4 APM线土建工程技术综述 ························· 026

第2篇 盾构法土建工程

第3章 盾构机 ························· 033
    3.1 盾构施工概述 ························· 033
    3.2 五号线沿线工程地质 ························· 033
    3.3 盾构机选型及改造 ························· 033

第4章 五号线及APM线盾构施工技术 ························· 051
    4.1 APM线盾构近距离下穿运营地铁隧道施工技术 ························· 051
    4.2 浅覆土砂层泥水盾构机带压换刀技术 ························· 059
    4.3 盾构区间下穿既有铁路施工技术 ························· 070
    4.4 盾构在特殊地层的掘进技术 ························· 089
    4.5 区庄站—杨箕站区间小半径重叠盾构施工技术 ························· 125

第5章 盾构辅助施工技术 ························· 152
    5.1 大坦沙南—西场站端头加固SEW工法及其应用 ························· 152
    5.2 盾构始发 ························· 160

  5.3 区庄站—杨箕站区间区庄站盾构机平移、解体和吊出 …………………………………… 171

  5.4 大—西盾构区间2号联络通道的塌方及处理 ………………………………………………… 182

  5.5 西—草盾构区间右线盾尾突水及脱困处理 ………………………………………………… 187

  5.6 桩基托换施工技术 ……………………………………………………………………………… 196

第3篇 浅埋暗挖隧道土建工程

第6章 浅埋暗挖隧道施工技术 ………………………………………………………………………… 219

  6.1 概述 ……………………………………………………………………………………………… 219

  6.2 区庄站超浅埋暗挖立体交叉隧道施工技术 ………………………………………………… 220

  6.3 淘金站过街浅埋暗挖隧道施工技术 ………………………………………………………… 230

  6.4 小北站站厅通道浅埋暗挖隧道施工技术 …………………………………………………… 244

  6.5 小北站紧邻建筑物浅埋暗挖隧道施工技术 ………………………………………………… 258

  6.6 动物园站单洞重叠浅埋暗挖隧道施工技术 ………………………………………………… 272

第7章 浅埋暗挖隧道辅助工法及周边建（筑）物保护 ………………………………………………… 278

  7.1 文冲站明挖改暗挖土建技术 ………………………………………………………………… 278

  7.2 珠猎暗挖区间饱和动态含水砂层中WSS注浆工法 ………………………………………… 286

  7.3 淘金—区庄区间浅埋暗挖施工周边建（筑）物保护技术 ………………………………… 291

第4篇 明挖法土建工程

第8章 明挖基坑施工及其对周边环境的影响 ………………………………………………………… 305

  8.1 区庄站超深基坑施工技术 …………………………………………………………………… 305

  8.2 三鱼明挖区间地下连续墙新型接头的工程应用 …………………………………………… 313

  8.3 五羊邨地铁站先隧后站施工 ………………………………………………………………… 318

第5篇 高架车站与桥梁土建工程

第9章 五号线高架车站设计与施工技术 ……………………………………………………………… 331

  9.1 滘口高架车站建筑设计 ……………………………………………………………………… 331

  9.2 滘口高架车站结构设计与施工技术 ………………………………………………………… 332

第10章 五号线珠江西桥土建工程技术 ………………………………………………………………… 339

  10.1 概述 …………………………………………………………………………………………… 339

  10.2 珠江西桥土建结构设计 ……………………………………………………………………… 341

  10.3 珠江西桥施工技术 …………………………………………………………………………… 361

第6篇 地铁施工信息化监测技术

第11章 五号线施工信息化监测技术 …………………………………………………………………… 373

  11.1 概述 …………………………………………………………………………………………… 373

11.2 猎德站施工网络化监测 ……………………………………………………………… 376
11.3 五号线施工信息化监测技术效果评价 ………………………………………………… 379
11.4 土木工程无线远程监测网络技术 ……………………………………………………… 379

附 录

附录1 广州轨道交通五号线建设大事记 …………………………………………………… 385
附录2 珠江新城旅客自动输送系统（APM线）建设大事记 ……………………………… 386

参考文献 …………………………………………………………………………………………… 387

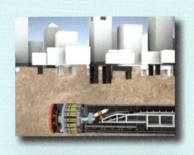
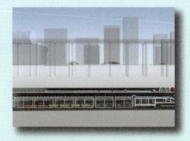

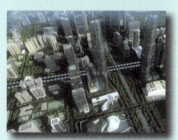

第 1 篇

土建工程技术概论

第1章 广州市轨道交通五号线工程概述

1.1 五号线建设标准和规模

轨道交通五号线西起芳村区的滘口,东至广州经济技术开发区的黄埔客运港。线路全长42.8km,共设29座车站,其中12座换乘站。首期工程滘口至文冲(文园)段,工程投资约152.97亿元,线路长约31.9km,设24座车站,其中滘口站和坦尾站是高架车站,其余车站为地下车站。首期工程滘口至文冲(文园)段试验性工点于2004年5月28日开工,2009年12月28日建成并一次开通(图1.1-1)。

五号线二期工程有5个车站,分别为文冲、沙埔、庙头、夏园及黄埔客运港,全长11km,规划方案在2015~2020年落实。

五号线首期工程原计划于2008年底开通,但由于市区部分站点和文冲站的站后折返线区域遭遇征地拆迁问题,导致工程进度变慢,因此改为2009年年底开通。最终,五号线穿越上千栋房屋,7次穿越断裂带,2次穿越珠江,创造了工程奇迹。

全线隧道于2009年4月19日贯通。2009年8月18日下午,由中铁三局施工的广州地铁五号线轨道Ⅱ标最后一根长轨焊接完毕,五号线全线长轨贯通,该线轨道单线长约96km。其中,正线约64km,车辆段32km,正线共设6个铺轨基地。五号线轨道工程既有高架线,也有地下线,整体道床种类繁多,施工难度很大,再加上前期场地移交滞后,工期十分紧迫。地铁建设者采取了一系列有力措施,在保证施工质量和安全的前提下加快进度,确保了工期。

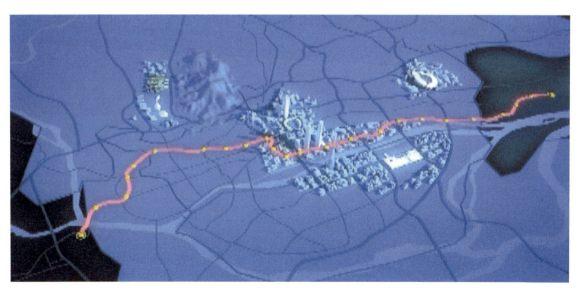

a)

图 1.1-1

图 1.1-1 b)

第1章 广州市轨道交通五号线工程概述

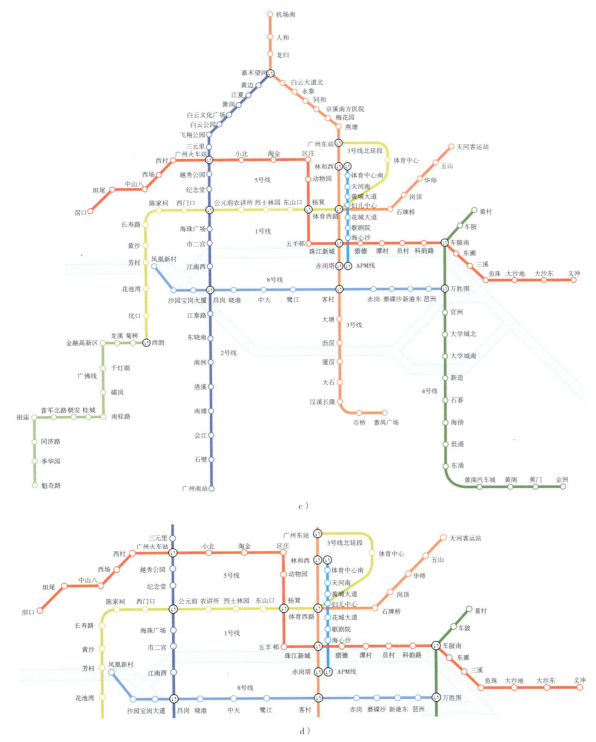

图1.1-1 五号线路线示意图

五号线的列车和四号线一样，都是直线电机列车，原计划初期采用4节编组，后来改为6节编组。首列青岛生产的广州地铁五号线列车于2008年11月22日运抵广州，并在2009年12月正式投入使用。列车"上衣"为白色，"下身"为深蓝和浅蓝两种颜色，中间有一条红色的线路穿过，简洁大方，又不失现代感。车头不到2m长，呈方形，车头内除了正中心有一把司机的皮椅外，还有3台显示屏，操控仪器简单且好识别。每节车厢两边各有3处车门，车内座椅大小、颜色与四号线一样，扶手和吊环为粉红色，在车门与座椅之间，还有一块空位，扶靠更方便。此外，LCD显示屏由四号线的 4 块增加为 6 块，在车厢内任何角度，都可以看到地铁电视，屏幕也由四号线的 15 寸变成了 17 寸，显示图像更大。在车门上方位置，为五号线的闪灯报站线路图，每到一站，将有红色灯光提醒。

五号线列车具备空调自动调温功能，能在 23~29℃ 的范围内自动调整。还具有很强的爬坡能力，在 1 000m 长的距离上可以攀上 6% 的高坡，最小转弯半径为 150m。此外，每节车厢可以容下 330 名乘客。

五号线车辆段位于广州市黄埔区鱼珠街，五号线鱼珠站和三溪站之间，黄埔大道以北，中山大道以西的地块内。行车控制中心也设在鱼珠车辆段及其综合基地里。

五号线呈东西走向，在广州市"南拓、北优、东进、西联、中调"发展战略中，承载"东进、西联和中调"的使命，与一号、二号、三号线均可换乘。

五号线滘口至文冲段全长 31.9km，共设 24 站：滘口（预留换乘佛山条件）、坦尾（与六号线换乘）、中山八、西场、西村（与八号线换乘）、广州火车站（与二号线换乘）、小北、淘金、区庄（与六号线换乘）、动物园、杨箕（与一号线换乘）、五羊邨、珠江新城（与三号线换乘）、猎德、潭村、员村、科韵路、车陂南（与四号线换乘）、东圃、三溪、鱼珠（与十三号线换乘）、大沙地、大沙东（与七号线换乘）、文冲。

五号线是地铁线路中换乘站数最多的一条线，通过这些换乘站，将地铁各条线路密切联系起来，从而大大改善了市民的出行条件。

广州市轨道交通五号线全部建成后，为落实《珠江三角洲发展规划纲要》发挥了积极作用。在起点滘口站，预留与佛山南海轨道交通的换乘条件；五号线二期到达黄埔客运港站，预留向东莞方向延伸的条件。这样，五号线的开通不仅促进了广佛同城化进程，也为穗莞深等城市的社会经济发展注入新的活力。

五号线在员村以东有 9 个站，每站至少开通 5 条接驳公交。

为了方便广州开发区、萝岗、黄埔区、天河区东片等广州东部地区居民搭乘地铁五号线，交通部门将在员村以东的员村、科韵路、车陂南、东圃、三溪、鱼珠、大沙地、大沙东和文冲等 9 个站点，以及地铁四号线北延段尚未开通的奥林匹克中心站，每站拥有的接驳公交线路都将超过 5 条，而大沙地、车陂南等部分重要地铁站点的接驳公交线路更将超过 10 条。接驳公交的形式包括 BRT 公交线、常规公交线以及地铁接驳中小巴等。其中，除三溪站之外，五号线沿线 8 个地铁站和奥林匹克体育中心等 9 个站点都将开通 BRT 公交线接驳。

通过实施上述建设项目，广州轨道交通的服务范围得到了有效扩展和延伸，包括天河东部小新塘、东圃、黄埔中心区、南岗、萝岗科学城、穗港码头、永和、云埔工业区、黄埔工业区、萝岗新城等各大组团的居民，都可以通过接驳公交的形式享受到搭乘城市轨道交通出行的便捷服务，为东部地区居民提供了更多出行选择。

1.2　五号线工程地质和周边建设环境特点

五号线周边环境建筑保护、文明施工要求很高。穿越繁华市区，邻近或下穿建（构）筑物，施工易引起周边建（构）筑物、管线破坏，采取的施工措施必须能有效控制变形。重要建（构）筑物有：广三铁路、内环高架、区庄立交、地铁一号线、二号线、居民楼、办公楼。

前期征地拆迁量多，难度大。滘口站的客运大楼，坦尾车站及区间的大量农民房，西场站、西村站、杨箕站的居民楼，小北站的商铺及电信办公楼，区庄站的交警大楼、军区物业、广工教授楼等大量楼房需要拆除。大部分车站涉及管线迁改，部分工点的管线迁改错综复杂，耗时最长的达一年之久。

暗挖车站多、结构形式复杂。五号线沿环市路走向，穿越繁华市区，受周边条件制约，有多个车站采用站台与站厅分离的修建形式：暗挖修建站台主隧道，明挖修建站厅，通过联络通道、斜通道连接。采用暗挖工法施工的车站有六个，西场站、西村站、广州火车站、小北站、区庄站、动物园站。

盾构线路全线约 31.9km 长，使用 23 台盾构机，掘进总长度 27km，占线路总长度的 84.6%。

技术创新点多。根据工程实际，五号线采用了一系列创新技术，如五羊邨站的先隧后站施工技术，坦尾—西草盾构始发端头墙采用 FFU 易切割材料，坦尾—西草盾构始发井连续墙接头用混凝土接头代替工字钢接头，三鱼明挖区间尝试使用橡胶止水接头代替工字钢接头，在第三方施工监测中采用网络监测信息系统等。

1.3 五号线土建工程施工技术综述

1.3.1 土建工程特点

1）施工开挖难度大，经历广州地区各种不良地质条件

广州轨道交通五号线全长约 31.9km，接近一号、二号线路长度的总和，是广州地铁建设史上迄今为止最复杂、难度最大的一条地铁线路，艰难中创下 6 个全国第一、7 个广州之最的施工奇迹。

五号线的 6 个全国第一：

（1）第一条用盾构机成功穿越溶洞的线路；
（2）第一次用盾构机挖出最小曲线半径只有 206m 的隧道；
（3）第一次采用先隧道后车站的创新工法施工（五羊邨站）；
（4）第一次在富水砂层进行矿山法暗挖施工（珠江新城—猎德）；
（5）第一次采用矿山法洞内桩基托换；
（6）第一次采用网络监测系统进行信息化施工。

五号线的 7 个广州地铁之最：

（1）地质最复杂，7 次穿断裂带，2 次穿珠江，还首次碰到巨大溶洞群；
（2）风险最大，6 次穿广茂铁路，与 200 多根已有高架桥桥墩近距离施工；
（3）需保护的建筑物最多，穿越上千栋房屋，以老旧房屋居多；
（4）采用盾构法施工最多的线路，长达 27km，占全线的 84.6%；
（5）暗挖车站最多，暗挖车站的施工难度非常大，多达 6 个；
（6）跨度最大的车站，区庄站，长达 24m；
（7）地铁线路中隧道最高，动物园站，隧道高达 21m，是一般隧道高度的 2 倍。

广州地铁五号线经历的地质条件最复杂，施工风险最大，沿线需保护的建筑物众多；它是采用盾构法施工最多的线路，有 6 个暗挖车站，施工难度大；它有最大跨度 24m 的区庄车站；有地铁线路中隧道高度达 21m 的动物园站，动物园站至杨箕区间单洞隧道，左右线叠加布置全长 129.3m，标准断面开挖跨度 11.2m，开挖高度 18.205m，是亚洲最大的单洞重叠地铁隧道，施工难度巨大；31.9km 长的广州地铁五号线线路，施工过程中经历了广州地区各种地质条件，如红层、花岗岩地层、灰岩地层、混合岩地层、淤泥砂层，穿越了断裂带、富水破碎地层、溶洞。如对于草暖公园—小北站区间整体岩溶发育地质与环境情况，通过综合分析，确定其区间隧道（埋深 22.86~24.30m）采用土压平衡盾构施工，为确保施工及运营安全，对溶洞的空间分布、大小及充填情况，溶洞处理，盾构掘进技术措施三个方面进行深入研究，对盾构掘进中可能发生盾构机栽头、陷落，地层大量失水、坍塌，严重差异沉降而

致隧道结构破坏等情况进行了细致分析，通过精心组织、精心设计、精心施工，从而实现了岩溶地层中盾构法的安全施工，这在国内外尚属首次（图1.3-1）。

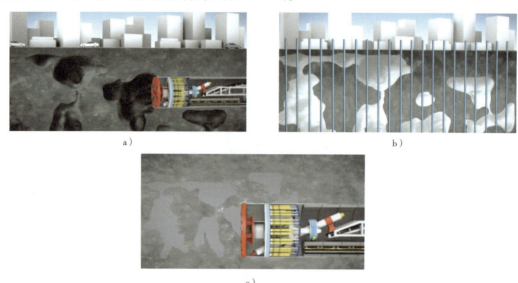

图1.3-1　广州地铁五号线盾构穿越岩溶地段示意图

2）沿线建（构）筑物保护难度大、数量多

五号线隧道行走于广州市繁华城区，下穿大量的房屋、高架桥梁、铁路和城市主干道，全线隧道穿越的房屋超过1 000栋，而且以老旧房屋居多，部分甚至是20世纪60年代的砖木结构房屋，任何轻微的沉降均可导致房屋沉降开裂（图1.3-2）。

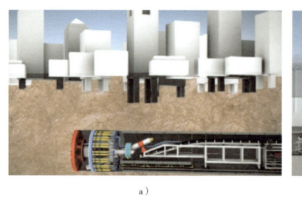 

图1.3-2　盾构施工过程中沿线建（构）筑物保护问题

在环市路地面以下，有超过5km的五号线隧道线路与内环路并行，涉及上百个内环路桥墩。高架桥、地面道路车辆川流不息，如控制不当，极易造成桥墩下沉、桥体开裂，危及行车安全。在铁路线下，盾构机6次下穿繁忙的广茂铁路大动脉（图1.3-3），地面每天有100多次列车疾驰而过，如掘进控制不当而造成路基坍塌，列车脱轨、翻车，处处充满施工风险。经过参与建设各方的艰苦努力，通过超前勘察、超前研究、超前预测、超前保护、超前预案和科学施工，地铁五号线的建设者成功地实现了风险控制。由于精细管理，严格控制，地铁五号线不论是安全生产，还是投资完成情况，在广州市重点工程建设中都是最好的。

3）小半径、叠加隧道等复杂结构形式众多

众多周知，广州地区地质条件非常复杂和多变，极易造成各种施工险情。地铁五号线综合应用了各种支护手段和衬砌结构类型，施工过程中也采用了盾构法、矿山法、明挖法、冷冻法、微爆法等各

第1章 广州市轨道交通五号线工程概述

种综合措施。五号线动物园站隧道曲线半径只有206m，因下穿既有地面市政高架桥墩，施工过程中只能因地制宜，两条隧道由常规的平行变为上下叠加，往滘口方向的列车在上层，往文冲方向的列车在下层（图1.3-4），单线上下换乘在广州地铁历史上没有先例。同时，两条隧道上、下重叠，才能使动物园站到杨箕站线路以接近90°角度转弯避开道路两侧密集建筑物群（图1.3-5）。此外，动物园站至杨箕为一单洞隧道，开挖高度18.205m，是亚洲最大的单洞重叠地铁隧道，施工难度巨大。动物园站近22m的开挖高度，在国内地铁浅埋暗挖法施工中比较少见。

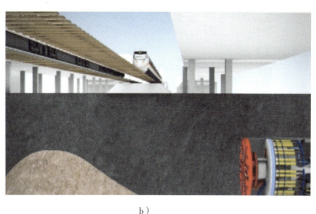

a） b）

图1.3-3 五号线盾构盾构机6次下穿繁忙的广茂铁路

a）

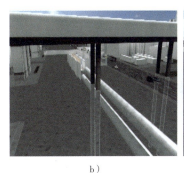

b） c） d）

图1.3-4 五号线动物园站两条隧道由常规的平行变为上下叠加

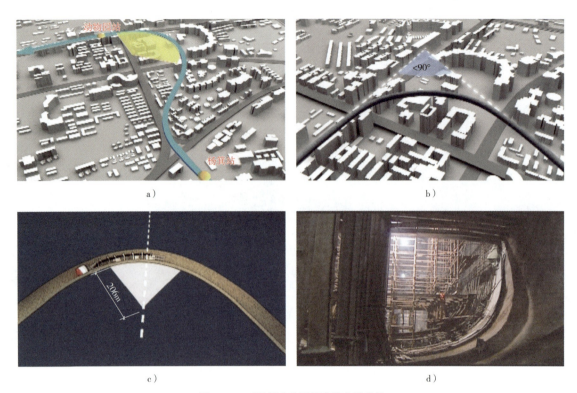

图 1.3-5 五号线动物园站隧道曲线半径

4）五号线首创大跨度暗挖隧道

区庄站是地铁五号线与六号线的换乘站。区庄站位于环市东路与农林下路交叉口处，站址地面交通繁忙，地铁施工期间交通不能中断；地下管线繁多，车站结构形式非常复杂；换乘站采用暗挖法施工系国内首创。五号线站台主隧道是 24m 宽的大跨度暗挖隧道，六号线车站是上、下两层三联拱暗挖车站，断面宽度 24.15m、高度 16.6m、长度 62m，五号线、六号线主体隧道与其上方北站厅的 3 号通道形成三层立体交叉的重叠隧道，而车站围岩是风化程度较高的红色砂泥岩，遇水易崩解，施工难度堪称五号线之最（图 1.3-6~图 1.3-11）。

图 1.3-6 环市东路与农林下路交叉口处的区庄站

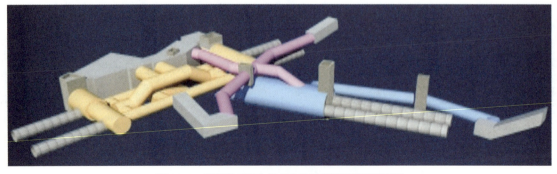

图 1.3-7 区庄站三层立体交叉的重叠隧道模型示意图

第1章 广州市轨道交通五号线工程概述

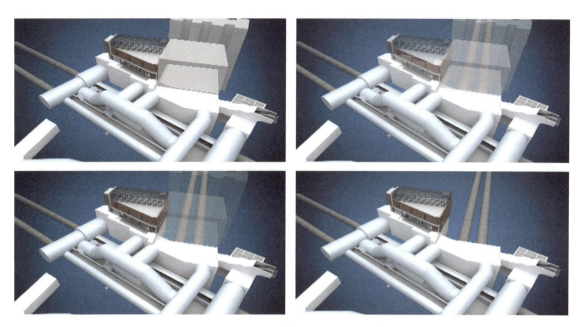

图 1.3-8 区庄站及其周边复杂施工环境模型

图 1.3-9 六号线区庄站——上、下两层三联拱大跨度暗挖车站

图 1.3-10 紧张施工中的六号线区庄站

图 1.3-11　建成后的五号线区庄站

5）高架、隧道两过珠江

广州地铁五号线起点为芳村区的滘口，向东经大坦沙岛抵达中山八站，须两次穿越珠江（图1.3-12）。其中滘口站至坦尾站区间为高架线路，坦尾站至中山八站为地下线路，地铁隧道出发不到100m就要下穿珠江，江面宽度达260m以上，盾构机需在大坡度、浅覆盖层的情况下过江，该区段工程中坡度55‰的隧道长达600m，地面高程从8.2m在珠江堤坝边突降到2m，隧道覆盖层厚度突变对切口水压控制提出新挑战。

2007年隧道施工时，盾构机与滔滔江水只相隔5m多，还要面临大路线纵坡的考验。尽管困难重重，但通过严格控制掘进参数，精心施工，仅用26d就安全通过珠江，平均每天掘进速度达10m，保持了该型盾构机在建设地铁三号线时创下的全国纪录。

1.3.2　土建工程难点、重点和对策

1）工程难点

五号线由于所穿越的地质情况复杂，周边条件对方案的制约因素多，因此存在比较多的重大技术难点。

（1）国内首例盾构过溶洞。草小盾构区间在越秀山北亚哥花园处需穿越近200m的溶洞群，为国内首例穿越溶洞的盾构工程。如何防止盾构机陷入溶洞，面临极大的技术难度。

（2）区杨区间盾构200m小半径及重叠隧道掘进。盾构在小半径曲线上推进时，土体对盾构和隧道的约束力差，盾构轴线较难控制。同时由于曲线半径过小，使得掘进时盾构机向曲线外侧的偏移量增大，管片易顶裂。

（3）区庄站24m大跨度暗挖隧道施工。六号线南站厅三联拱两层暗挖车站，外包宽度达24.15m，高度16.6m，长度62m，车站拱顶是6、7号红层，遇水容易崩解，施工难度大。

（4）动物园站21m高隧道的施工。动物园站暗挖横通道开挖跨度为9.2m，开挖高度为21.74m，自拱顶向下3~4m，主要为<5-2>土层。近22m的开挖高度，在浅埋暗挖法施工中比较少见，面临较大的技术难度。

（5）暗挖洞群效应对施工安全的影响。五号线共6个暗挖车站，车站中主隧道、斜隧道及横通道所构成的洞群在开挖过程中所产生的洞群效应对工程安全施工造成不利影响。

（6）暗挖车站的防水技术。暗挖车站防水要求比区间高，如何确保五号线暗挖车站的防水效果，是有待解决的技术难题之一。

（7）坦尾高架区间在溶洞地区的成桩。大坦沙岛溶洞发育，如何在成桩穿越溶洞时避免坍塌是较大的技术难点。

（8）全线桩基托换16条，其中有一处采用暗挖通道托换桩技术，在广州尚属首次，面临一定的技术难度。

第1章 广州市轨道交通五号线工程概述

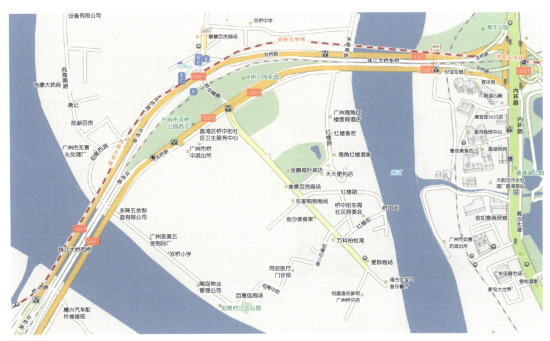

a）高架桥梁和盾构隧道两过珠江平面图

b）珠江的五号线珠江西桥

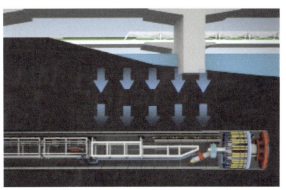

c）盾构机穿越珠江

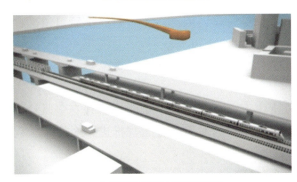

d）盾构机穿越珠江平面示意图

e）盾构机穿越珠江施工

图1.3-12 五号线采用高架桥梁和盾构隧道两过珠江

2）安全风险

五号线穿越的地层地质情况复杂，建（构）筑物多，存在较多的安全风险。较大的风险点如下。

（1）大坦沙溶洞区的成桩以及基坑开挖。整个大坦沙岛上及珠江西桥段溶洞发育，成桩过程中易造成突发性大面积坍塌，以及基坑开挖过程中因溶洞涌水事故而导致的基坑坍塌，对周边道路、民房以及施工人员存在巨大的安全威胁。

（2）大西区间临江饱和含水砂层中暗挖联络通道以及盾构过江。由于联络通道设置的消防距离限制，需在邻江砂层中暗挖联络通道。在江边的饱和含水砂层中进行矿山法暗挖施工，如措施不当易发生透水事故，严重的事故将淹没已建隧道，造成巨大损失。由于江底覆土较浅，最浅处不足6m，盾构通过存在较大的安全风险。

（3）中山八站深基坑以及暗挖双线隧道对紧邻广三铁路的影响。深基坑及暗挖隧道距离广三铁路路基最近处仅10m，且基坑处有最深达20m的淤泥层。基坑开挖变形、矿山法隧道施工引起地层移动以及失水固接沉降将对广三铁路安全运行造成威胁。

（4）西村站、小北站暗挖对内环高架，淘区区间对区庄立交的影响。西村站位于内环高架下方，洞群的暗挖施工引起的不均匀沉降易对内环路高架连续梁桥的安全造成威胁（图1.3-13）。

图1.3-13 五号线暗挖施工与既有内环路毗邻

（5）区庄站24m大跨度暗挖隧道施工，动物园站21m窄高隧道的施工。由于拱部处于残积土层中，隧道开挖施工自身以及周边道路、建（构）筑物存在安全风险。

（6）深基坑开挖的安全风险。鱼珠站在深厚软弱地层中进行基坑开挖，小北站、大沙地站在紧邻居民楼（最近仅3m）处进行深基坑开挖，均存在较大的安全风险。由于前期滞后，造成五号线大部分的基坑开挖将无法避开雨季，雨季进行深基坑开挖将使安全风险大大提高。

3）工期风险

五号线在繁华市区中修建，前期征地拆迁、管线迁改困难重重，进度缓慢，重大的工期风险点如下。

（1）西场站。西场站居民楼拆迁涉及300多户，协调难度巨大，西场站工期滞后达半年以上。

（2）区庄站。区庄站为五号、六号线换乘站。区庄五号、六号线主隧道构成三层暗挖隧道，其工程量大，工程难度高，工序制约明显，工期较长。

（3）三溪站。三溪站交地滞后近半年，使盾构工程始发工期延后，对总工期存在风险。

（4）草淘盾构区间过溶洞、过花岗岩硬岩存在不可预见风险，因此，始发时间推后对该盾构区间按期完成存在较大工期风险。

（5）盾构的能否正常推进决定五号线能否按期开通。

4）工程重难点及风险的对策研究

针对五号线的实际情况，各项目工程师在深入分析各工点存在的技术难题、工程安全风险以及前期进展缓慢导致的工期风险基础上，分别针对性地提出了相应的对策，在工程推进中对控制工程风险起到了有益的指导作用。

（1）针对工期风险的对策

①重视前期，主动出击，积极配合前期项目部开展前期征地拆迁、管线迁改工作。

②根据前期进展情况，及时调整工程方案，尽早动工。采取的对策有：明挖改暗挖或调整竖井位置，避开拆迁；增加竖井，多开工作面，缩短施工周期；分期围蔽、分段施工。如中山八停车线为避开西郊村的民房和商铺，改明挖为暗挖；科韵路为避开钢材市场，员村站为避开难征地块，移动站位；西场站增加竖井，尽早动工，确保主隧道贯通和盾构吊出的工期。

③调整围护结构施工工法，缩短围护结构时间。如在有条件的地方改钻孔桩为人工挖孔桩。

④根据车站实际进度，调整盾构始发条件。如鱼珠站由于交地滞后，预计无法在原定关键工期内

完成盾构始发井，将鱼大盾构区间的始发端从鱼珠站调整到大沙东站。

（2）针对技术难题及安全风险的对策

①进行科研立项。联合施工单位、设计院及高校，立题研究，找出安全合理的技术解决方案。

②从设计方案开始，提早研究，充分论证，做好实施方案。对关键地段的施工方案进行专项方案审查。

③调整方案，避开风险。如盾构工程通过调线、调坡避开桩基及不良地层。

④高度重视，提早分析，提前预处理。如溶洞注浆、桩基托换、基础加固等。

⑤做好预案。分析潜在的风险，做好风险预案，从容面对风险的发生，将事故带来的损失降到最低。

1.3.3 主要施工方法

高架车站及高架区间上部结构，采用满堂支架箱梁模板高支撑体系方法施工 PC 连续梁，PC 简支梁和普通钢筋混凝土简支梁施工采用预制安装方法。

车站及区间采用盾构法、矿山法、明挖法、冷冻法和微爆法等各种综合措施。

五号线工程难度大，工程风险高，且由于前期征地拆迁管线迁改的滞后，使工期显得十分严峻。为此，五号线全体承建单位团结一致，齐心协力，从前期开始，就以创新的思维开展工作，克服了重重困难，面对繁重的建设任务，面对大量的工程难点和风险，以创新的思路，积极主动的态度，严谨踏实的作风向前推进工程建设。在工程项目管理中，注重超前预见及预控，严抓关键方案的专项审查，严抓现场的监控管理，确保五号线工程安全、快速、优质向前推进，最终实现 2009 年底一次开通的工期目标。

第2章 珠江新城旅客自动输送系统工程概述

2.1 APM线建设标准和规模

2.1.1 广州市珠江新城 APM 交通规划及功能设计

随着城市发展的东进,广州市的商业中心不断向东转移,结合商圈的迁移,城市新中轴线和广州市 21 世纪中央商务区(21GCBD)渐具规模(图 2.1-1、图 2.1-2),即从北端的中信广场、天河体育中心,沿城市新中轴线往南,经中部的珠江新城核心区,一直到珠江南岸的新电视塔。

图 2.1-1　珠江新城中央商务区效果图　　　　图 2.1-2　广州市城市新中轴线和 21 世纪中央商务区模型图

珠江新城是广州市 21 世纪中央商务区的重要组成部分,集国际金融、贸易、商业、文娱、行政、酒店和居住等城市一级功能设施于一体,定位为推动国际文化交流与合作的基地,是集中体现广州国际都市形象的窗口。随着广州成功申办 2010 年亚运会,城市建设面临新的发展机遇。作为广州城市形象"名片"的标志性区域,珠江新城中央商务区的建设,包括广州歌剧院、广州图书馆、广东省博物馆、广州市第二少年宫、东塔、西塔和新电视观光塔在内的珠江新城 7 大旗舰建筑,已于 2010 年亚运会前建成。

纵观国际上城市中央商务区建设成功的例子,土地使用空间与交通的协调发展密不可分,完善发达的内外交通是 CBD 的支撑基础。为解决区域交通问题,广州市政府在珠江新城核心区(珠江新城沿城市新中轴线,北起黄埔大道,南至海心沙的宝瓶状地块,图 2.1-3、图 2.1-4),建设面积约 40 万 m^2 的地下空间及妇儿中心体系。地面是广州最大的城市"客厅",即珠江新城妇儿中心群和配套景观绿化设施,其地下空间以地下公共服务配套设施为主,和周边建筑地下层整合建设、统筹考虑,以疏导交通,共享地下空间资源,促进商业发展。珠江新城地下空间的建成是全国首个"步行 + 公共交通 + 轨道交通 + 市政管网"的 4 层立体市政交通体系。

a)

b)

图 2.1-3 珠江新城核心区市政交通项目总平面设计效果图

广州市珠江新城地下空间项目是为了进一步深化珠江新城中央商务区的配套服务功能，优化区域交通条件及强化珠江新城妇儿中心的整体形象，并配合 2010 年亚运会召开的重点工程，是国内目前规模最大、最重要的地下空间综合开发利用的项目之一，其交通系统由"四横两纵"干道网组成，区内有地铁一号线、五号线和旅客自动输送系统（APM）穿过，周边主要为 39 栋高层建筑（如"双子塔"等）及"四大文化公共建筑"，如图 2.1-1~图 2.1-4 所示。

根据 21GCBD 的客流特点和功能需要，结合广州市轨道交通线网的建设，珠江新城轨道交通选用了无人驾驶胶轮旅客自动输送系统，这是一种适合短距离运输、短距离穿梭且追踪间隔小的全封闭线路。旅客自动输送系统能高效、准时地穿越中央商务区，是珠江新城各主要大型公共建筑物之间的交通纽带，是中央商务区内部交通与外部交通联系的重要途径，可解决中央商务区大量人流的短距离流动问题。

广州市珠江新城旅客自动输送系统（APM）是广州市公交系统的重要组成部分，以解决广州市新中轴线上的林和西—珠江新城—赤岗塔的交通为主要目的。

2.1.2 APM 系统特点和主要技术标准

旅客自动输送系统（Automatic People Mover System，简称 APM）也称为自动导轨交通（Automatic Guideway Transit，简称 AGT），是一种采用橡胶车轮，在两条平行的平板轨道上，由导轨引导全自动控制运行的城市新型快速客运交通系统，最早在美国问世，后被世界许多其他国家推广采用并不断改进和提高，而逐渐发展形成穿梭式、环形式的短距离城市客运交通及中低客运量的城市客运交通两大类别。

图 2.1-4　珠江新城核心区市政交通项目卫星平面图

目前 APM 系统已经在国外得到广泛应用。中国台湾和香港是国内最早拥有 AGT 线路的地区，北京机场 APM 线于 2008 年投入使用。

广州 APM 线作为广州市珠江新城中央商务区的公交骨干，将为珠江新城核心区的交通疏导作出贡献。它将是珠江新城 CBD 地区和天河商贸区内部的公交骨干线，满足其内部、珠江新城与天河商贸区、观光塔之间客流的交通需求，以及旅游观光购物的出行需要。广州 APM 线总投资 21 亿元，线路总长约 3.94km，共设 9 座地下车站、1 座地下车辆基地及控制中心，采用加拿大庞巴迪（Bombardier）运输公司最新一代的 CITYFLO 650 移动闭塞信号系统，列车为 CX-100 型车。列车没有传统的司机室，正常的列车行驶和控制全部通过自动化设备完成。在综合监控方面，车站可以无人值守，所有的监控管理功能由控制中心集中实现，车站不设置行车和设备监控人员。CX-100 配车数初期 14 辆，远期 32 辆，最小行车间隔 2.3min，高峰段每小时单向运送能力可达 10 764 人。APM 系统应用前景广阔，目前在国内尚属于起步阶段。

广州市 APM 线于 2006 年 6 月 30 日在林和西站工地正式开工，2010 年 11 月 8 日正式开通（受亚运管制措施影响，海心沙站、赤岗塔站暂不开放），2010 年 11 月，随着广州亚运会的结束，APM 线赤岗塔站正式开通，2011 年 2 月 24 日，海心沙站开放。

广州 APM 系统特点如下：

（1）车体轻量化。APM 车辆体型小，普遍采用铝合金车体，大大减轻了车辆自重，庞巴迪 CX-100 型车辆自重小于 15.294t，轴重小于 13.5t，此特点有利于检修区运行道支撑柱的布置。

（2）走行部结构简单。APM 车辆采用阻燃、耐磨的橡胶走行轮胎，内部多配有钢制安全轮。车辆大多采用单轴转向架，转向架中心距小，对线路的适应能力强，最大能通过坡度为10%的纵坡，车辆基地曲线半径可减小为22.8m，大大提高了车辆对线路的适应能力，同时也可减小车辆基地用地规模。根据国外经验，橡胶轮胎需要根据气压情况进行充气，因此检修股道区需加设空气压缩管道，同时也可以起到吹扫作用。CX-100型车辆主要参数详见图2.1-5。

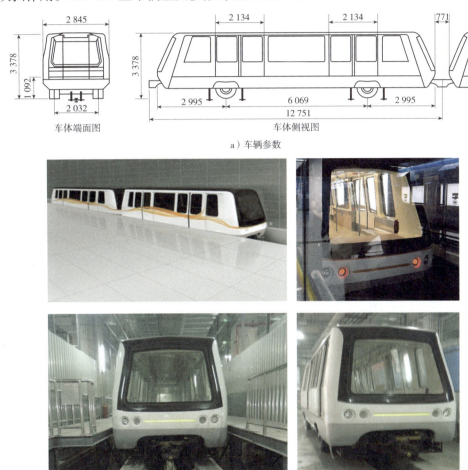

图 2.1-5　APM 车辆主要技术参数表（尺寸单位：mm）

（3）自动导向。APM 车辆设有专门的导向轮，导向方式分两侧导向、中央导向及中央沟内导向三种。中央导向方式的代表车型有庞巴迪的 CX-100 及 Innovia；两侧导向方式的代表车型有阿尔斯通 lansane metro、三菱 Crystal Mover 以及西门子 VAL208。因供电轨多与导向轨布置在一起，因此增加了车辆基地内车底检修作业的难度。上述三种导向方式如图 2.1-6 所示。

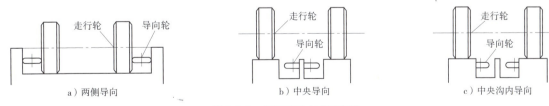

图 2.1-6　APM 导向方式示意图

（4）自动化运行。APM 系统的最大优势在于自动化运行。该系统采用无人驾驶，可由计算机全自动控制，实现列车高密度、短编组运行，最小行车间隔可达到60s，但车辆基地内部多采用人工驾驶，需设置两种驾驶模式的转换区域，同时在车辆基地与正线的分界处需设置列车注册点及初始化区域。

（5）系统维护较简单。与地铁车辆不同，APM车辆结构相对简单，维修方便。系统采用钢筋混凝土走行道，维护简单，但其导向轨、专用道岔（可分为转盘式道岔及枢轴式道岔）设备较为复杂，需重点维护。

（6）对环境影响小。采用橡胶轮胎及空气弹簧，降低了运行噪声与振动，提高了乘坐舒适度，同时外观设计易融入周围环境，产生较好的景观效果。一般情况下，APM系统采用橡胶车轮，会带来磨耗大，有少量粉尘污染，轮胎寿命较短，轴载能力相对低等缺点，庞巴迪CX-100车辆采用阻燃、耐磨的橡胶走行轮胎、混凝土运行道、接触轨供电、导向轨导向，车辆的橡胶轮内设有钢轮，胶轮损坏后钢轮可以继续运行，保证列车安全驶入车场。

（7）系统具有先进的自动化技术、适应线路能力强、运作灵活、节省人力及环保效果良好等优点，具有广阔的发展空间，同时，因车辆外形小巧、融入环境能力强等特点，已成为国外许多城市的名片。目前APM车辆在国内尚存在车辆制造及配件生产供应等多方面问题，加快APM车辆国产化进程是该系统能在国内推广的前提条件。同时，在车辆维修方面，由于初期线路规模小，配车数量少，系统设备及车辆部件的大型维修可以委托城市地铁车辆基地来完成，这样不仅可以节省APM车辆基地工程造价，还能达到资源共享的目的。

（8）广州珠江新城的APM是国内第一个真正意义上的全自动无人驾驶的胶轮运输系统，与以往的APM系统全部都在机场、码头等露天场地不同，广州珠江新城APM是世界上第一个全地下运行的APM系统。

2.2 APM线车站建筑设计

2.2.1 APM线路概况

APM全线线路呈南北走向，从海珠区的赤岗塔至天河区的林和西，线路总长约3.94km，全部采用地下线路，共设9座车站，最大站间距688.5m，最小站间距320.5m，平均站间距473.4m，线路区间最大坡度6‰，车站最大坡度0.3‰，正线最小平面曲线半径50m。

2.2.2 APM线车站建筑设计

1）车站类型

广州市乘客自动输送系统全线共9个车站，根据其与地下空间的结合情况分为两类：一类是合建车站，包括海心沙、歌剧院、花城大道、妇儿中心和黄埔大道站，这5个车站与珠江新城核心区地下空间合建；另一类是分建车站，包括赤岗塔、天河南、体育中心南和林和西站，其中赤岗塔、花城大道、林和西、天河南站与已建的地铁一、三号线换乘（图2.2-1）。

2）分建车站总体设计原则

（1）车站站位在选定线路走向的基础上，根据车站所在的周围环境条件，确定车站中心位置，妥善处理好车站与城市交通、地面建筑、绿化景观、地下管线、地下构筑物等之间的关系，尽量减少房屋拆迁、管线迁移和施工对地面建筑物、地面交通及市民的影响。依据车站类型和客流方向，合理地布置车站出入口、通道、风道、风亭，最大限度地吸引客流。车站位置应符合广州市规划部门的规划要求，尽量与现有或规划的建筑合建，减少对城市景观的影响。

（2）充分体现"安全、可靠、经济、适用"的建设目标，在满足乘客需求、运营管理及行车安全的前提下，最大限度地压缩车站规模，使车站设计能体现出综合最优的效果。

（3）因地制宜、形式多样地布置车站，最大限度地考虑车站与地下空间开发、地面建筑物合建的可能性；在以交通为主的基础上，逐步向商业化、社会化的方向发展，从单一功能向多功能方向发展。

(4) 车站规模应按预测远期高峰小时客流量设计，除应满足远期2033年客流集散和运营管理的需要外，还应满足事故期间乘客紧急疏散的需要。

(5) 车站平面设计，应布局合理，力求紧凑，便于运营管理，应根据线路的特点，优化设备管理用房的设置。

(6) 采用非接触式IC卡车票，与地铁兼容，车站和现有的轨道交通线网采用通道换乘方式。

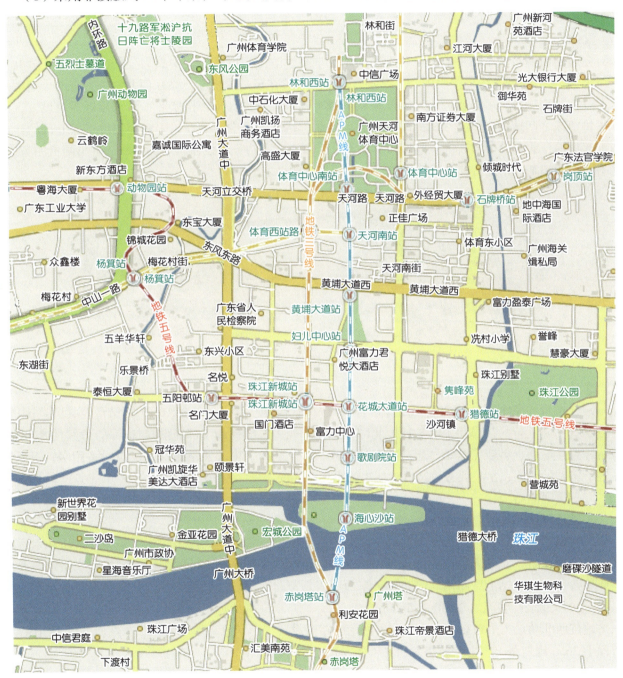

图2.2-1 广州市珠江新城旅客自动输送系统（APM）路线平面图

3）分建车站

（1）赤岗塔站

①站址环境和车站总平面

赤岗塔站是乘客自动输送系统的起点站，位于新电视观光塔西侧、三号线赤岗塔站东侧的地块内，周边地块规划为新电视观光塔的绿化休闲广场、广州电视制播中心和赤岗塔公园。根据线路走向及周围环境条件，把车站沿线路南北向布置于规划道路东侧、新电视观光塔西侧地块内，车站设置为地下两层，2033年车站设计客流为10 084人/h。

车站设4个出入口，西侧1号、2号出入口连接三号线赤岗塔站，并利用其出入口出地面，东侧3号、4号作为预留出入口连接新电视观光塔，有3个紧急疏散出入口出地面。车站东西两端各设一组风亭，分别布置于36m的规划路两侧，近期作为独立风亭设置，远期考虑与周围环境的结合，满足城市景观的要求。

②站厅层

在车站西侧布置车站主要设备管理用房，北端布置防淹门设备房。中央为公共区（整体开放共享空间），乘客自动输送系统控制中心的设备管理用房布置在车站最南端。站厅南北两端各有两个通道及出入口，分别连接三号线赤岗塔站和广州新电视观光塔。付费区（售检票区）分别靠近通道设置，两个非付费区之间通过一条宽3.60m的联系走廊连通。站厅中部中空处理，中庭南端设1部上行的扶梯和1部步梯，北端设1部残疾人电梯和1部紧急疏散楼梯。站务室设在车站的中部、进出闸机的旁边，在站厅层两端闸机附近的非付费区设置自动售票机（图2.2-2）。

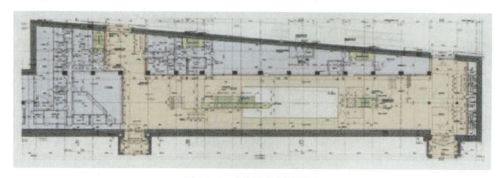

图2.2-2 赤岗塔站厅层平面

③站台层

站台布置在整个车站的北侧，岛式站台，有效站台长度40 m，宽度81m。在站台公共区范围内，南侧布置1部上行的扶梯和1部步梯，北侧布置1部残疾人电梯和1部疏散楼梯。站台通过中空中庭与站厅直接联系，创造了宽敞、通透的车站公共区共享空间，南北两端布置了少量设备用房。折返线在整个车站的南侧，岔心到有效站台南端边的距离为10m（图2.2-3）。

（2）天河南站

①站址环境和车站总平面

天河南站位于广州市天河区天河南一路北侧的宏城停车场内，周围地块主要是商业地块和六运小区的集中居民点。车站上盖南北向规划路宽26m，东西向规划路宽20m。天河南站根据线路走向及周围环境条件，把车站沿线路南北向布置于东西向规划道路北侧、宏城停车场内。车站设置为地下4层深埋，2033年设计客流为2 980人/h。

站位西北角设1个独立主出入口，天河南一路旁设置1个紧急疏散出入口。车站南端设1组风亭，布置于26 m规划路一侧，近期作为独立风亭设置。

②站厅层

主要管理设备用房集中在站厅东面，中间部分的车站公共区围绕4组电梯和2组疏散楼梯布置，电梯为双开门运行模式，其两侧的区域设置为出站厅，前方设置出站闸机，尽量缩短进出距离；电梯相对门部分设置为进站的等候厅。为更好地组织进出站的人流，不形成交叉，售票机分布在公共区的两端，把进站的买票客流分成两股，兼备售票功能的站务室设于付费区与非付费区的交界处（图2.2-4）。

第2章 珠江新城旅客自动输送系统工程概述

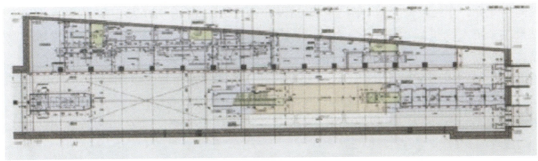

a) 赤岗塔站台层平面

b) 赤岗塔站　　　　　　　　　　　　　　c) 赤岗塔站台

图 2.2-3　赤岗塔站台层平面

考虑该站用地紧张、拆迁困难等制约因素，车站设计为4层深埋，采用垂直电梯（而没利用传统的连续载重扶梯）疏散日常客流。

③站台层

采用岛式站台，有效站台长度40m，宽度10.1 m。在站台公共区范围的中心，设置两组4台电梯（双开门运行模式），上车的乘客通过电梯下来以后向两侧分，出站的客流在电梯中部等候厅形成集散。站台东西两端布置少量设备用房（图2.2-5）。

图 2.2-4　天河南站厅层平面（-1层）

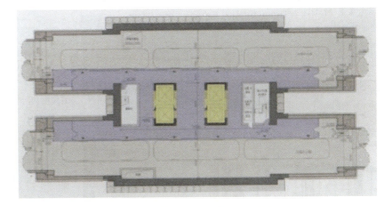

图 2.2-5　天河南站台层平面（-4层）

（3）体育中心南站

①站址环境和车站总平面

体育中心站位于广州市天河区体育中心正门西侧，周围地块为绿化广场，车站旁边有6棵树径为1.2m左右的榕树，车站南侧为宽45m的天河路。根据线路走向及周围环境条件，把车站沿线路南北向布置在天河路北侧，车站设置为地下两层，车站设计客流 2033 年为 920 人 /h。

车站设 1 个出入口和 1 个消防紧急出入口，南北两端各设 1 组风亭，近期作为独立风亭设置。

②站厅层

设备管理用房区采用单端布置的形式，便于管理。车站北端布置主要的设备管理用房，南端为公共区。站厅东南角设通道及出入口，服务于主要客流方向（图 2.2-6）。

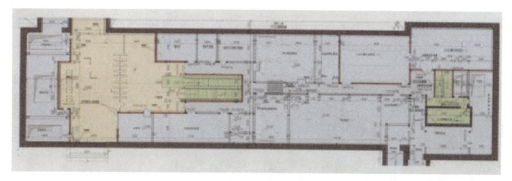

图 2.2-6　体育中心南站厅层平面

③站台层

采用岛式站台，有效长度 40m，宽度 8.1m。在站台公共区中央布置 1 台上行扶梯、1 部楼梯，北端布置 1 部紧急消防疏散楼梯，南北两端布置少量设备用房（图 2.2-7、图 2.2-8）。

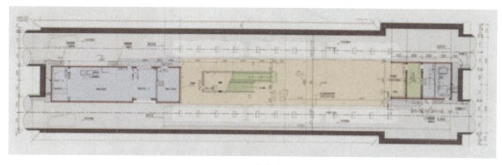

图 2.2-7　体育中心南站台层平面

（4）林和西站

①站址环境和车站总平面

林和西站是乘客自动输送系统的终点站，与三号线林和西站通道换乘，站前设置折返线，站后设置 10m 安全线。该站设置于天河北路南侧、广州市天河体育中心北侧棒球场内，车站东北向为已运营的三号线的林和西站。根据线路走向及周边环境条件，把车站沿线路南北向紧贴三号线林和西站西侧布置。车站设计为两层，2033 年设计客流为 13 411 人 /h。

该站设置于三号线连通口，在同一方向设置本站出入口，可兼顾三号线的出站及人防功能。在车站北端的公共绿地范围内设置一组风亭，活塞风亭及排风亭紧贴三号线林和西站风冷式冷水机组布置，新风亭及紧急疏散出口集中靠车站西侧布置。

图 2.2-8　体育中心南站台

②站厅站台层

林和西站台层 –2 层北端为站厅区域，布置少量管理设备用房，西侧出站，东侧连接三号线车站，中部为站台区域，站台北端与站厅通过进出闸机直接联系，站厅站台同层设置，另在站台南端，设置1组紧急疏散楼梯及少量设备用房（图 2.2-9 和图 2.2-10）。

图 2.2-9　林和西站

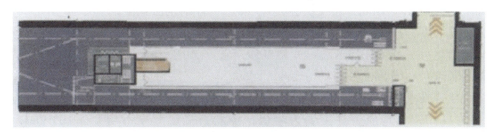

图 2.2-10　林和西站厅层平面（-2层）

③设备层

1 层为全无人值班的设备用房。设置两组楼梯，一组通往站台层，另一组作为紧急疏散楼梯直接出地面（图 2.2-11）。

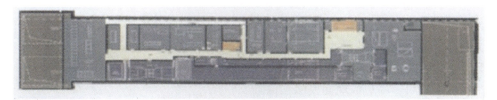

图 2.2-11　林和西站设备层平面（-1层）

2.3 APM线工程地质和建设环境特点

1）场地条件

场地处于珠江三角洲冲积平原地貌单元，地面平坦。

2）岩土分层及特征

上覆土有：人工填土层<1>、海陆交互相沉积淤泥质土层<2-1B>、海陆交互相沉积淤泥质粉细砂层<2-2>、海陆交互相沉积淤泥质中粗砂层<2-3>、红层残积土（可塑）<5-1>、红层残积土（硬塑）<5-2>、全风化岩层<6>、强风化岩层<7>、中风化岩层<8>、微风化层<9>。

3）水文地质条件

地下水水位埋藏较浅，稳定水位埋深为1.4~1.7m，城建高程为6.70m。100年一遇水位为7.53m，200年一遇水位为7.61m。

地下水对混凝土结构无腐蚀性，对钢筋混凝土结构中的钢筋无腐蚀性，对钢结构具有弱至中等腐蚀性。

4）建筑场地类别、地震烈度

场地土类型为中软至中硬土，建筑场地类别均为Ⅱ类。抗震设防烈度为7度，设计基本地震加速度值为0.10g，地震特征周期值0.35s。

2.4 APM线土建工程技术综述

2.4.1 土建工程特点

1）土建1标段

土建1标段区间共包括2个区间：

（1）天河南站—体育中心南站区间里程范围为Y（Z）CK2+941.800~Y（Z）CK3+200.900，隧道右线长259.100m，左线长261.995m（左线长链2.895m）。采用盾构法施工。

（2）体育中心南站—林和西站区间里程范围为Y（Z）CK3+271.706~Y（Z）CK3+859.200，隧道右线长587.494m，左线长586.901m（左线短链0.593m）。采用盾构法施工。

盾构隧道总长度：右线846.594m，左线848.896m。

本标段区间土建技术特点如下：

（1）隧道洞身穿越的地质条件主要为岩层，但岩石强度分布不均（有10MPa以下的，也有30MPa以上的），最大抗压强度达32.7MPa，风化程度也不均匀，存在上软下硬及风化夹层，如何做好盾构机的选型，刀盘、刀具和主要技术参数选择，确保盾构机对地质的适应性和可靠性是关键环节。

本标段线路上存在$R=350$m和$R=400$m的小半径曲线，故对盾构掘进、管片组装都提出了较高要求。

（2）在林和西站—体育中心南站区间隧道YCK3+550~YCK3+700段，上跨地铁三号线，且距离仅为2.7m，另外上覆土层不足6m，最小覆土仅4.3m。

（3）体育中心南站附近YCK3+363.92~YCK3+563.92段洞身及拱顶存在200m左右的<3-2>砂层，属软弱地层，盾构掘进时容易造成地面大面积塌陷。

（4）沿线隧道穿越地段的上方地表环境复杂，存在城市交通主干道、体育中心、宏城广场等重要建筑物及错综复杂的地下管线等。

（5）本区间最大纵坡为4.4091%，坡度较陡，对盾构掘进和管片运输提出较高要求。

2）土建2标段

土建2标段区间包括妇儿中心站—天河南站区间，含妇儿中心站—黄埔大道站、黄埔大道站—天河南站、盾构始发井、矿山法暗挖区间隧道四部分。

妇儿中心站—黄埔大道站始发井以南28m区间隧道采用矿山法施工，下穿金穗路隧道，到达设在金穗路北侧的盾构始发井，再采用盾构法由盾构井向北下穿一块未开发绿地到达黄埔大道站，区间埋深10~15m。

黄埔大道站—天河南站盾构区间隧道从黄埔大道站过站后，下穿黄埔大道过街隧道，随后沿着六运二街向北到达天河南站，区间埋深15~18m。

YCK2+355.395~YCK2+045.565段暗挖区间隧道下穿金穗路下沉隧道，金穗路下沉隧道所设抗浮锚杆侵入本区间隧道，无法采用明挖和盾构法施工，故设计采用矿山法进行施工。隧顶紧贴既有下沉隧道结构，隧道底部设$\phi1000$抗拔桩。

在区间YCK2+045.565~YCK2+060.165设盾构始发井，盾构始发井为14.6m×17m矩形结构，底板埋深20.38m，基坑支护采用人工挖孔桩加内支撑，明挖顺筑法施工。

本标段区间土建技术特点如下：

（1）本段矿山法过金穗路，盾构段过地铁一号线，同时区间房屋较为密集，同时距离房屋基础较近，难度较大；矿山法暗挖隧道对金穗路的安全有较大的影响。

（2）对盾构段过地铁一号线区间隧道的安全运营有较大的影响。

（3）黄埔大道—天河南站区间建筑物密集，且离隧道较近，对建筑物的安全有一定影响。

3）土建3标段

土建3标段包括赤岗塔站和赤岗塔—海心沙—歌剧院两个盾构区间。

（1）赤岗塔站

赤岗塔站位于珠江南岸，地面主要为城市道路，地面高程7.12~8.2m，地势较平坦。赤岗塔站用地在电视塔用地范围内，站位所在为电视塔地面一层平台，平台外用地规划为绿化休闲广场。车站往东为珠江帝景苑居住区，往西为新鸿花园、琴海居等居住小区。

赤岗塔设计为地下岛式车站，采用明挖法施工。车站利用原三号线车站部分的施工场地，紧挨着电视塔围护边布置。车站设3个风亭，均位于电视塔广场绿化带内，为敞口低矮风亭。车站的总长度为115.8m，线间距为11m，基坑深度约为15.9m。

车站场地上部第四系上覆土层有人工堆积的素（杂）填土、海陆交互相沉积的淤泥或淤泥质土、陆相冲洪积砂层，下伏基岩为白垩系上统三水组东湖段粉砂质泥岩、泥岩、泥灰岩为主。

车站场地处的地下水，主要为赋存于海陆交互相淤泥质砂层和陆相冲洪积砂层中潜水型孔隙水，该两层厚度较大，孔隙度较大，处于饱和水状态，为富水地层。全风化岩带中地下水主要以孔隙水形式存在，该带属于弱富水性地层，弱透水性。强—中风化带地下水以承压裂隙水形式存在，为弱富水地层，弱透水性。

车站主体围护结构采用800mm地下连续墙加钢筋混凝土内支撑及$\phi600$mm钢管内支撑的结构形式。

（2）赤岗塔—海心沙—歌剧院盾构区间

本标段盾构区间为赤岗塔站—海心沙站—歌剧院站。赤岗塔站—海心沙站区间右线长507.1m，左线长506.1m；海心沙站—歌剧院站区间右线长245.5m，左线长245.6m。海心沙站采用"先隧后站"法施工。区间在YCK+423.000设置一个废水泵房。

本区间线路两次下穿珠江，盾构由赤岗塔始发，下穿318m珠江，到达海心沙站，采用"先隧后站"法通过后，再次穿越 80m 的小珠江，进入珠江新城区域，最后在歌剧院吊出。本区间线路平面最小曲线为 800m，线路最大纵坡 5.414 6%，最大坡长 280m。

本区间起点赤岗塔站位于珠江南岸，地面主要为城市道路，地面高程 7.12~8.2m，较平坦，隧道覆土约 10m。线路下穿宽约 300m 的珠江后，到达目前为军事用地珠江江心洲的海心沙站，向北再次下穿宽约 65m 的珠江，本段隧道上覆土层最小厚度约为 6m。线路后过沿江大道到本区段终点（距广州歌剧院站约 40m）。过珠江后，隧道埋深变化不大，在 13~15m 之间。在海心沙站有桩基侵入隧道范围，需进行处理。

本段为海陆交互相沉积平原，本区间隧道顶板主要位于粉砂质泥岩强、中、微风化带 <7><8><9>，局部位于第四系淤泥质细砂 <2-2> 中，隧道底板主要位于粉砂质泥岩中、微风化带 <8><9>。

场地内第四系软土层（淤泥、淤泥质土）呈透镜体状，厚度不大，强度低；全新世堆积的饱和砂土存在可液化砂层。其中，工程地质Ⅰ区的可液化砂层为轻微—严重液化，场地属液化场地，为抗震不利地段；工程地质Ⅱ区液化砂层为中等液化，呈透镜状零星分布，综合考虑，Ⅱ区为可进行建设的一般场地。

基岩为白垩系沉积的碎屑岩，埋藏深度不大，层位分布较稳定，微风化基岩的完整性较好，其中局部夹有中、强风化夹层。

本标段区间土建技术特点如下：

①盾构穿越珠江后，将采用先隧后站法穿越海心沙站，施工过程的技术控制难度较大。

②本标段盾构机在白垩系沉积岩的残积黏性土层，全风化和强风化地层中掘进时，普遍存在着在刀盘面及密封舱内形成泥饼而造成无法正常推进的问题。

③盾构在中、微风化岩层掘进时，管片脱出盾尾后均存在不同程度的上浮，上浮量可以达到 200mm 以上，管片上浮经常导致隧道侵限等严重的质量问题。

④在本区间海心沙岛附近有部分直径为 600mm 的桩基础侵入隧道，会对盾构掘进造成不利影响，必须对桩基础进行处理。

⑤电视塔的结构立柱将直接作用在车站围护结构的地下连续墙上，电视塔立柱如果和车站结构同时施工，对车站施工期间的安全有一定影响。

⑥赤岗塔车站埋深约 15.9m，为深基坑，施工工序多，交叉作业多，盾构施工的出土、运输与车站共用同一施工场地，施工组织和安全管理压力大。

⑦赤岗塔站为箱形结构，车站顶板覆土 1.54m，地下水水位较高，浮力大，有可能导致整个结构的上浮或位移。

⑧在本工程区间存在 5.414 6% 的坡度，大坡度施工存在溜车等安全事故隐患。

⑨车站、隧道工程底板位于中、微风化泥质粉砂岩中，裂隙较发育，且靠近珠江，土方开挖过程中，如围护结构渗水，易出现涌沙。

2.4.2　主要施工方法

珠江新城旅客自动输送系统（APM）区间施工方法采用了明挖法、盾构法及矿山法（图 2.4-1）。

赤岗塔、黄埔大道、体育中心南及林和西四站采用明挖法建造，歌剧院、花城大道、妇儿中心三站与珠江新城地下空间合建；天河南站采用明挖法以及暗挖法建造站台，为全线唯一暗挖站台的车站。

由于土地置换工作较为缓慢，海心沙站采用先盾构通过，后明挖车站的方法建造，以节省建设时间。

赤岗塔—海心沙—歌剧院、妇儿中心—黄埔大道—天河南、天河南—体育中心南—林和西区间为盾构区间。

图 2.4-1　APM 线区间隧道

从林和西站始发往体育中心南站的盾构机，上跨运营中的三号线林和西至体育西路的区间隧道；而从黄埔大道始发往天河南南站的盾构机，在运营中的一号线隧道 2.3~2.4m 的下方通过。

其余区间位于珠江新城地下空间范围内，除上跨五号线隧道的部分采用矿山法建造外，均采用明挖法建造。

2.4.3　主要施工措施

1）前期工程采取的主要对策

（1）做好参建各方的协调，督促承包单位合理策划工期，认真编排周、月进度，并督促、跟踪承包单位工程施工进展，进度出现偏差时及时处理。

（2）业主、监理联合施工单位成立工程协调小组，加强与周边环境的协调力度，尤其是要加强和赤岗塔周边生活小区、电视塔工程等相关管理单位的沟通和联系，加快解决场地移交问题以及管线的迁改问题。

2）车站围护结构应采取的措施

针对先隧后站法穿越海心沙站的技术难度，必须保证车站的围护结构在盾构到达前完成，在过站前必须抓紧与海心沙站的相关建设单位的协调，保证围护结构设计预留盾构通过区域为素混凝土，保证车站施工单位准确制作和下放钢筋笼；盾构通过围护结构的洞门区域时，必须准确进行控制测量和施工测量，预先 20 环纠正盾构的姿态，保证盾构准确对准预留的洞门孔洞。接近洞门时，应当严格控制盾构的推力，避免过大的推力对围护结构造成不必要的损害；加强地表监测。在洞门附近沿轴线加密监测点，盾构接近围护结构时，加密监测。必要时，在围护结构适当布置测斜管和应力计，监测盾构到达时对围护结构产生的应力值；加强盾构在洞门附近的注浆管理，由于洞门区域为盾构工程的防水薄弱区域，必须采用双液浆封堵洞门附近区域。

3）施工中遇到结泥饼的问题采取的处理对策

（1）掘进时注发泡剂，改善土体的和易性，预防黏土结块。

（2）增设刀盘背面的主动搅拌棒和土舱胸板上的被动搅拌棒。

（3）空转刀盘，使泥饼在离心力作用下脱落。

（4）若围岩隔水性能好，可采用气压平衡模式掘进。

（5）人工进舱清理。

4）管片脱出盾尾后发生上浮采取的主要控制措施

（1）加强管片脱出盾尾后的沉浮监测，摸清不同地段管片上浮或下沉的规律，以指导盾构施工。

（2）严格控制盾构掘进参数、掘进姿态和管片选型。

（3）采用具有一定强度的硬性浆液注浆，加大上部注浆管的注浆压力。

(4)采用二次注浆的方式确保壁后注浆质量。

5)海心沙桩基问题采取的对策

对于海心沙桩基处理问题,由于该处建筑物位于地下空间开发范围,相关建筑物需要拆除,对周边建筑物无需采取有效保护措施,因此掘进时可直接通过,采取的对策主要有:

(1)与承包单位协调,督促其采用合适的掘进方式,如敞开式或半土压平衡模式掘进。

(2)建议承包单位对盾构机进行必要的改进,如配置重型滚刀等。

(3)施工中督促承包单位及时调整发泡剂及膨润土的用量、同步注浆量和盾尾油脂注入量,以减少刀具的磨损,控制地面的变形。

(4)督促承包单位加强监测,特别是密切监测地表沉降,以防出现险情。

(5)督促承包单位及时进行二次注浆,维持地层、工程结构的稳定。

6)与电视塔及地铁三号线相关接口问题处理

(1)积极做好与承包、设计、电视塔建设单位的协调工作,从设计上做好两个车站、车站与电视塔接口部位结构处理,同时督促承包单位认真做好接口部位周边的防水处理。

(2)督促承包单位做好三号线地下连续墙体与赤岗塔站主体结构之间的防水技术方案,严格审查其施工方案的可行性和防水效果。

(3)在施工中加强和地铁公司运营部门、电视塔建设部门的沟通和协调,彼此密切配合,保证车站出入口等附属工程的顺利完工。

7)工期风险的应对对策

(1)加强与地铁五号线谭元区间承包、监理单位的联络和协调,密切跟踪盾构机的使用情况和盾构施工的进展情况,力求使盾构机保持良好的运作状态,使盾构施工按计划顺利完成。

(2)加强与本工程各参建单位的协调沟通,加强工程施工的质量、进度、安全文明施工监控,力促本工程施工有序、顺利、安全、文明进行。

(3)与业主、承包单位一起,共同做好与本工程相关的外围单位、部门的协调、沟通工作,为本工程的施工创造一个和谐的外部环境。

8)电视塔结构立柱与车站围护结构连接问题的监控对策

(1)保持和电视塔建设、承包单位的密切联系,双方在施工工期上达成一致意见,尽量避免同时交叉施工。

(2)立柱直接作用于连续墙,则墙体既要承受挡土结构的弯矩,也要承受电视塔的部分自重荷载,因此此处要充分了解到电视塔对于连续墙设计的影响,合理地进行配筋设计,以保证结构的安全。

(3)在施工中对于此段的内支撑,一定要加大监测频率,建立预警机制,因为这同时关系到车站和电视塔结构的安全。

第 2 篇

盾构法土建工程

第3章 盾构机

3.1 盾构施工概述

盾构法（Shield-driven Tunneling）是利用盾构机在地面以下暗挖隧道的一种施工方法。盾构机是一种集开挖、支护、推进、衬砌等多种作业功能于一身的大型暗挖隧道施工机械。

我国自20世纪50年代开始采用盾构法修建隧道工程，虽然起步较晚，但由于借鉴国外成功的经验，并总结自己失败的教训，所以发展较快，特别是近10年来随着我国城市地铁的建设，盾构技术得到新的发展。

广州市轨道交通建设大部分采用盾构法施工，由于特殊、复杂的地质情况，在广州这样的地质条件下盾构技术得到了极大的发展，积累了相当丰富的盾构施工经验。

3.2 五号线沿线工程地质

广州市轨道交通五号线沿线基岩主要为白垩系红层，其间在大坦沙段和越秀山西侧发育石灰岩，在越秀山、蟹山及文园等地发育花岗岩。不同岩性地层工程地质特性差别较大，花岗岩、石灰岩岩质坚硬，石灰岩岩溶较发育。线路沿线发育有广三断裂等多条断裂带，断裂在与线路相交地段发育特征不一，对线路的影响程度也不一样。在滘口—大坦沙一带，广三断裂在西珠江与线路相交，第四系砂层发育，砂层强透水且与珠江有直接水力联系。在大坦沙—中山八、二溪—鱼珠、车陂南—东圃一带分布较厚的淤泥、淤泥质土层、冲积—洪积粉细砂和中粗砂层。

广州地区盾构施工环境，特别是其复合地层的复杂性，由岩溶、断裂、软土、砂层及硬岩等构成了复杂的工程地质条件，给工程的实施带来很多的困难和风险。此外，五号线穿越繁华市区，施工易引起周边建（构）筑物、管线等市政设施破坏。周边环境建（构）筑保护、文明施工要求高。同时，受周边环境及施工工期等制约，不同盾构区间被设计成5m江中超浅埋、200m超小曲线半径，同时隧道上下叠置，以及5.5%超大坡度等。盾构进出洞、过站及吊出的工况复杂。

3.3 盾构机选型及改造

盾构机作为城市地铁盾构法施工的专用机械设备，盾构机的选型合理与否，不仅关系到盾构施工的成本和效益，还关系到盾构施工的质量与技术水平。盾构机选型主要根据工程及水文地质、区间隧道设计及施工条件、施工规范和施工标准。根据本工程的地质及水文特点对盾构结构形式、驱动方式、主要技术参数、后配套的配置要求等进行调查研究，借鉴国内外先进技术，从经济实用、安全可靠及技术的先进性进行综合考虑。

土压平衡盾构机主要适用于粉土、粉质黏土、淤泥质粉土、粉砂层等黏稠土的施工，在黏性土层或中细砂中掘进时，由刀盘切削下来的土体进入土舱后，在渣土舱经改良后由螺旋机输出，渣土在螺旋机内运动形成压力递降，仍保持土舱压力稳定，使开挖面土层处于稳定状态。土压平衡盾构机施工的渣土易堆放处理且可占用较小的渣土场地，适合于施工场地狭小施工工程。泥水平衡盾构机，靠循环悬浮浆液的体积来调节和控制泥浆压力，采用膨润土制成的泥浆作为渣土的传递介质。开挖掌子面是靠泥浆室内的泥浆形成不透水的泥膜层，由泥膜起到平衡泥水压力作用，以确保其稳定。开挖土体形成的泥浆由泥浆输送机构输送到地面后，经过一套泥水处理设备进行砂土与膨润土泥浆的分离，经分离的泥浆通过调整达到使用要求后再输送到开挖面循环利用。由于泥水盾构机对渣土的分离成本高，另外重要的是泥水平衡盾构机制造成本要高出土压平衡盾构机制造成本的20%~30%，同时还需占用较大的渣土场地，使用成本也高于土压平衡盾构机。因此，广州地铁五号线盾构施工一般选用土压平衡盾构机，特殊区间地段（如穿越珠江段）采用泥水加压式平衡盾构机。

3.3.1 五号线盾构区间盾构机维修、改造方案

广州轨道交通五号线首期工程滘口至文冲段，使用新、旧盾构机共计24台/次，其中来自三号线的有：天—华区间2台、珠—客区间2台、客—大区间1台、大—沥区间2台、沥—大区间2台、大—汉区间2台、汉—市区间2台、市—番区间2台；四号线：琶—仑区间2台、仑—大区间2台、大—小区间1台。深圳地铁一期工程7标1台；新购置的有：大—西区间、草—淘区间和区—杨区间各1台。

由以上统计数据可见，盾构机曾使用过1次或者多次使用过的占总数的87.5%，即大部分均经过维修改造后重新投入使用到五号线的建设。因此，为降低施工风险，确保工期，必须将每一台旧盾构机针对各区间不同地质情况以及各盾构机的不同性能进行维修、改造和保养。

五号线盾构区间盾构机维修、改造方案如下。

首先，为掌握盾构机的结构、功能、性能参数，保证盾构机良好的状态，应确定盾构机来源，并收集所有旧盾构机各种参数资料。

五号线使用的24台盾构机中泥水平衡盾构（2台）和土压平衡盾构（22台）的生产厂家有：法国威尔特的2台土压平衡盾构机；日本三菱的2台泥水平衡和2台土压平衡盾构机；德国海瑞克（其中3台为新机）的18台土压平衡盾构机。施工前应根据盾构机来源确定旧盾构机的各种参数资料，包括主要部件尺寸、技术性能参数等。

其次，根据以上收集到的技术资料，结合各施工单位使用盾构机的实际经验，制订盾构机维修、改造的具体条款内容，保证盾构机的组装质量，努力做到全面发挥盾构机的各项技术性能。另外，还要根据各区间不同的地质情况对每一台旧盾构机的主要结构、功能、性能进行评估，并进行相应的改造。如大西区间盾构和车三区间盾构须更换刀盘；潭员区间右线盾构须更换主驱动大齿圈；区杨区间盾构应加大盾构开挖直径、加大铰接行程，以满足小半径曲线施工；存在的共性问题有，刀盘和螺旋机的耐磨块、推进油缸和交接油缸密封的更换，后配套电瓶车牵引力更新等问题，均须进行具体分析和估算。盾构机维修、改造和保养的情况如图3.3-1所示。

最后，盾构机的验收。针对各区间不同的地质情况、不同的盾构机型，制订盾构机调试、验收的具体条款内容，努力做到全面验收盾构机的各项技术性能，保证盾构机的组装质量。

根据盾构机的结构组成和性能参数，结合以前的相关施工经验，在设备生产厂家提供的验收项目之上，制订出盾构机的具体调试验收项目，包括盾构机结构尺寸验收，各个系统的组成完整情况，盾构机相关部件的功能验收，液压系统、注脂系统、润滑系统、冷却系统、压缩空气系统的密封情况以及主要零部件的功能，调试过程中由专业人员按项目逐个验收，详细记录。

第3章　盾构机

a）刀盘的维修和保养

b）刀盘体的维护

c）螺旋机的保养和改造

d）螺旋机内壁维护

e）中心回转接头的保养

f）刀盘面板的维护、改造泡沫喷嘴

g）更换新刀盘

h）更换新刀盘

图 3.3-1

i）盾构整体吊装

j）大齿圈受损

k）小齿轮受损

l）盾构整体运输

图 3.3-1　盾构机维修、改造和保养

3.3.2　复合地质条件下盾构机的选型与改造

将开挖断面范围内和开挖延伸方向上，由两种或两种以上不同地层组成，且这些地层的岩土力学、工程地质和水文地质等特征相差悬殊的地层组合，定义为复合地层。复合地层的组合方式是非常复杂多样的，但总的来说可分为三大类：一类是在断面垂直方向上不同地层的组合；一类是在水平方向上地层的不同组合；另一类是上述两者兼而有之。

广州的复合地层对盾构施工有较大影响，例如广州地铁一号线黄沙—长寿路区间最北端约 80m 地段，地层为第四系淤泥质土层与其他松散地层的组合，隧道建成后不久，下沉了近 100mm。又如广州地铁一号线长寿路—中山七路区间横通道地段，它是以第四系砂层为主与风化岩层组合的地层，干砂量变化异常，由于砂层流失很快，造成了较大的地面沉降，使三幢三层楼塌方。类似的例子还有广州地铁二号线海珠广场站—市二宫区间，采用的土压平衡盾构机的刀盘有 41 把滚刀，而地层是白垩系上统三水组东湖段的泥岩和粉砂质泥岩。由于过江施工时多次严重结泥饼，平均日进不足 2m。广州地铁四号线琶—仑区间过涌段与海—江区间是同一时代的地层，盾构施工过程中碰到了与海—江区间相同的问题。

1）盾构机选型

在广州地铁复合地层的施工环境，可供选择的混合盾构机型只有两种，即土压平衡盾构机或泥水加压式盾构机，总的选择原则是考虑非固结土的特点，按以下两种方法进行选择。

（1）根据地层的渗透系数进行选择

地层的渗透性与盾构选型存在着直接的关系，通常，渗透系数大于 7~10m/s 时，选用泥水加压式盾构机；渗透系数小于 4~10m/s 时，选用土压平衡盾构机，根据这种关系，若地层以各种级配富水的砂层、砂砾层为主时，选择泥水加压式盾构机是适宜的，其他的地层或地层组合采用土压平衡盾构机是合理的。

（2）根据岩土颗粒进行选择

大体上，当岩土中的颗粒和黏粒的总量达到40%以上时，通常会选用土压平衡盾构机；相反的情况选择泥水盾构机比较合适。粉粒的绝对大小通常以0.075mm为界。

2）盾构机的改造

以往地铁施工的实际经验表明，在复合地质条件下，必须对盾构机进行相应的改造。

3）刀具的组合

广州地铁盾构工程复合地层可能遇到各种土层及复合土层，经多年统计分析，对适应各地层的刀具组合有了明确认识：白垩纪红层（软岩），其适用刀具为43.18cm（17in）双刀滚刀35~40把，配以足够数量的锐角刮刀，要求两者高差不小于30mm；花岗岩（硬岩），其适用刀具为43.18cm（17in）或35.56cm（14in）单刀滚刀共40~45把，配以足够数量的边缘滚刀和刮刀，要求两者高差不小于30mm；上软下硬地层，其适用刀具为球面型刀盘，布置全断面滚刀超过50把，辅以足够数量的刮刀。国外在处理上软下硬地层已有成功经验，如韩国釜山地铁盾构过苏阳河时就遇到与广州地区类似的上软下硬地质，在原盾构机采用的平面直角刀盘无法达到要求掘进速度的情况下，被迫将原刀盘更换成布置有55把滚刀的球面型刀盘，使盾构机每日掘进速度由原先1.35m/d提高到5.1m/d，按时完成了施工任务。

（1）调整盾构机的配置

在硬岩段施工时，通常要采用全断面滚刀破岩模式，采用的刀盘开口率会较小；当掘进在软岩或软土地段时，通常都要将部分或全部滚刀换成适应软岩或软土的刮刀，此时的开口率也相应增大。

（2）调整施工工艺和施工参数

这些调整主要表现在不同地层需要添加剂的种类和数量不同；需要的辅助设备（比如破岩机、超前钻机）不同；盾构机姿态控制不同等。

（3）车—三区间盾构机的改造

①刀盘采用16Mn钢制造，辐条加厚，总质量增加约6t；泡沫注入孔数量由原来的3个增加到5个，增设两个水注入口；取消仿行刀。

②增加注浆泵送机构一套；改进A液罐搅拌轴的设置形式，将轴由水平式改为竖立式，两电机两轴，底部不设支点。

③驱动拼装机旋转的马达数量由3个增加到4个。

④增加泡沫的注入点和注入量。

（4）草—陶区间盾构机的改造

该区间隧道洞身岩石天然单轴抗压强度值较高，微风化花岗岩最高值为81.6MPa，微风化石英砂岩最高值为96.5MPa，微风化石灰岩最高值为112.7MPa。在这种条件下，对盾构机设计作了以下重要改进：

①刀盘驱动功率由945kW增至1 200kW，并改善了扭矩特性曲线，使盾构机在较高转速下扭矩得到较大提高。

②采用重型刀座及刀具，滚刀配置到40把，减小刀间距，增强了破岩能力。

③在盾构机正面区设置了4个钻探注浆孔，配置30m自动钻探钻机，可对隧道断面内实施超前钻探地质预报与注浆加固。

④螺旋输送机设置双闸门出土口并预留接口，在水压大时采用保压泵渣装置出渣。

经过与厂商的协调，新盾构机完全按照设计要求进行生产。

3.3.3 车—三盾构区间盾构机维护改造方案

广州地铁四号线琶—仑区间所用的两台盾构机，于2005年4月7日和4月26日先后完成双线累计3 830.625m掘进任务，经过维护改造后继续投入地铁五号线车—三盾构区间使用。车—三区间单线全长2 480m，主要穿越泥岩和泥沙岩地层，岩石强度不高，一般在20MPa左右，与万—仑区间地质状况基本一致。

以上两台盾构机在万—仑区间使用时没有发生较大的机械故障，工程结束后对盾构机以下部位进行了检查：①刀盘及其驱动机构；②液压系统；③高压供电系统；④盾尾密封；⑤注浆系统；⑥泡沫注入系统；⑦加泥系统；⑧水冷却系统；⑨管片吊运系统；⑩皮带输送机以及测量导向系统。综合盾构机在琶—仑区间施工中的表现，发现盾构机主要存在如下问题。

1）刀盘有一定程度的损伤

（1）刀盘耐磨层有较严重的磨损，部分耐磨片脱落。

（2）刀盘中部辐条变形，中央回转轴与刀盘连接仅能靠焊接，可靠性较差，并且增加更换中心滚刀的难度。

2）注浆系统存在漏浆、效率降低、部件损毁等问题

（1）A液罐搅拌轴端漏浆严重。

（2）注浆泵活塞密封组件和缸筒内壁磨损较为严重，影响泵送效率。

（3）注浆千斤顶机构损坏，注入孔需要彻底清理。

3）管片吊运系统工作不稳定

主要是双轨梁电动葫芦及其行走机构存在问题，2号机问题较突出。

车—三盾构机的维修方案见表3.3-1和表3.3-2。

1号盾构机维修方案　　　　　　　　　表3.3-1

故障所在系统	故障所在位置	故障现象	修复办法	备注
注浆系统	2号台车—注浆泵	注浆流量及压力下降，漏浆	视情况更换或修复泵筒、活塞、活塞杆；更换密封件	—
	C环—砂浆注入孔	堵塞	疏通、清洗	—
	B环—注浆千斤顶	钢丝绳断、内部卡死	更换新的钢丝绳、千斤顶解体清理	—
	2号台车—清洗水开关	不能正确显示工作状态	更换或修复行程开关	—
	张出台—B液换向开关	不能实现左右换向	解体清理砂浆	—
	张出台—泵—管路清洗转换开关	不能正确显示工作状态	更换或修复行程开关	—
	2号台车—A液罐搅拌轴端	泄漏砂浆	改变砂浆密封形式	—
刀盘	辐条中心位置	变形，双刃刀座无法用螺钉固定	变形校正，螺纹修复	
	中心刀座	变形，双刃刀座无法用螺钉固定	变形校正，螺纹修复	
	刮刀	部分刮刀固定螺钉断或滑牙	修复损坏的螺孔	
	耐磨条或耐磨层	脱落或磨损超限	更换耐磨条，堆焊耐磨层	
加泥系统	A环—加泥换向开关	不能正确显示工作状态	更换或修复行程开关	
注脂系统	C环—注脂孔	个别孔堵塞	疏通、清洗	
	C环—盾尾刷	水、砂浆窜入盾体内	更换盾尾刷	
	2号台车—盾尾油脂泵	"供脂异常"频繁报警	查明原因后排除	
管片拼装系统	拼装机支腿衬垫	部分损坏，定位不准确、使用不安全	更换损坏的衬垫	
皮带运输系统	台车—皮带机	部分滚筒轴承损坏	修复或更换	—

续上表

故障所在系统	故障所在位置	故障现象	修复办法	备注
皮带运输系统	刮泥板	磨损损坏	更换	—
盾构机推进系统	B环—电磁阀	油缸无法推进	更换损坏的电磁阀	圈数 4 200
螺旋机	闸门—限位开关	失灵	更换开关	—
	螺旋叶片及筒体	耐磨层磨损	堆焊耐磨层，添加耐磨板	—
泡沫注入系统	张出台下部—注入气动开关	工作状态不好	修理或更换	M4GB310-CB-BH-17-3
	盾壳内管段	部分堵塞	疏通、清洗	—
B液与泡沫注入	电接点压力表	损坏	更换	PPE-P10-H6-B
操作箱	凸轮开关	损坏或丢失	修复	WB-15-T-KK

2号盾构机维修方案　　　　　　　　　　　表3.3-2

故障所在系统	故障所在位置	故障现象	修复办法	备注
注浆系统	2号台车—注浆泵	注浆流量及压力下降，漏浆	视情况更换或修复泵筒、活塞、活塞杆；更换密封件	PA-30C-250
	C环—砂浆注入孔	堵塞	疏通、清洗	—
	B环—回填注入装置	钢丝绳断、内部卡死	更换新的钢丝绳、千斤顶解体清理	—
	2号台车—清洗水开关	不能正确显示工作状态	更换或修复行程开关	—
	张出台—B液换向开关	不能实现左右换向	解体清理砂浆	—
	张出台—泵—管路清洗转换开关	不能正确显示工作状态	更换或修复行程开关	—
	2号台车—A液罐搅拌轴端	泄漏砂浆	改变砂浆密封形式	—
刀盘	辐条中心位置	变形，双刃刀座无法用螺钉固定	变形校正、螺纹修复	—
	中心刀座	变形，双刃刀座无法用螺钉固定	变形校正、螺纹修复	—
	刮刀	部分刮刀固定螺钉断或滑牙	修复损坏的螺孔	—
	耐磨条或耐磨层	脱落或磨损超限	更换耐磨条，堆焊耐磨层	—
牵引杆	盾尾—牵引杆	中段折弯	折弯处校正或切除换新	—
牵引千斤顶	牵引杆	弯曲变形	弯曲校正	—
	1号台车—液压阀	油缸自动回油，压力不能保持	检修液压阀	—
铰接千斤顶	B环—液压阀	油缸自动回油，压力不能保持	检修液压阀	阀S4-06110或阀01381
加泥系统	A环—加坭换向开关	不能正确显示工作状态	更换或修复行程开关	—
注脂系统	C环—注脂孔	个别孔堵塞	疏通、清洗	—
	C环—盾尾刷	水、砂浆窜入盾体内	更换盾尾刷	—
	2号台车—盾尾油脂泵	无法输出盾尾油脂	解体维修	LPP-1AK38

续上表

故障所在系统	故障所在位置	故障现象	修复办法	备注
管片运输系统	拼装机支腿衬垫	部分损坏，定位不准确、使用不安全	更换损坏的衬垫	—
	双轨梁	链条时常拉断	更换高强度链条	—
	双轨梁	葫芦电机—无法固定	修复固定点	—
皮带运输系统	台车—皮带机	部分滚筒轴承损坏	修复或更换	—
	7号台车—驱动马达	马达法兰螺孔损坏	修复	—
盾构机推进系统	B环—电磁阀	油缸无法推进	更换损坏的电磁阀	圈数4 200
螺旋机	闸门—限位开关	失灵	更换开关	LX5-11
	螺旋叶片及筒体	耐磨层磨损	堆焊耐磨层，添加耐磨板	—
泡沫注入系统	张出台下部—注入气动开关	工作状态不好	修理或更换	M4GB310-CB-BH-17-3
B液与泡沫注入	电接点压力表	损坏	更换	PPE-P10-H6-B
拼装机	接线箱盖	丢失	重新安装	—
操作箱	凸轮开关	损坏或丢失	修复	WB-15-T-KK

盾构机的改造主要有以下几方面。

1）刀盘重新设计制造

增加刀盘的强度、刚度和耐磨性，提高抵抗变形能力；增加泡沫注入孔数量，增设注水口，以改善渣土的流动性。改造项目：刀盘采用16Mn钢制造，加厚辐条，总质量增加约6t；泡沫注入孔数量由原来3个增加到5个，增设两个注水口。取消仿行刀。相应的中心回转接头也重新设计制造，使之与新刀盘匹配。

2）改进注浆系统

（1）增加一套注浆系统。注浆系统由于工作条件比较恶劣，操作水平要求较高，与盾构机其他系统比较，故障率明显偏高。为避免由于同步注浆故障导致掘进停止，有必要增加一套泵送机构，作为壁后注浆用。为了避免喷涌、漏水和管片错台，往往采取壁后注浆的办法。若注浆泵只有一套，进行壁后注浆作业时，同步注浆就无法进行，掘进须停止。增设一套泵送机构，可使掘进和壁后注浆同步，提高掘进效率。

（2）改进液罐搅拌轴的设置形式。现搅拌轴为卧式，端面密封橡胶采用压力油脂张开形式达到密封目的。但工作不可靠，浆液外泄现象无法解决，周围设施受污染严重。为了解决这一问题，拟将轴由水平改为立式，两电机两轴，底部不设支点。

3）改进泡沫系统

增加泡沫的注入点和注入量。刀盘增设泡沫孔2个，注入孔数由3个改为5个。为使各孔能单独发挥效能，各孔管路独立设置，其中一孔注入成分可实现泡沫—水转换。为保证泡沫注入压力，在2号台车右边注脂泵旁增设泡沫泵一台，规格与现有相同（最大压力1.0MPa，流量25L/min）。

4）拼装机的改进

增加拼装机的旋转扭矩，提高管片拼装的安全可靠性，提高拼装效率；增大拼装机前后滑动幅度，便于更换盾尾刷，保证盾尾的密封性。

在琶—仑工地，管片拼装时偶有拼装机旋转驱动力不足现象发生，使管片拼装耗时；在琶—仑工地隧道施工后期，盾尾刷漏浆严重，但由于拼装机前后移动幅度太小，更换刷子很困难，故至施工结束漏浆现象一直未得到解决。将驱动拼装机的马达数由 3 个增加到 4 个，增加的马达仅在拼装机低速旋转、需要大扭矩时才工作。拼装机前后滑动的推动油缸加长，相应的滑动轴也延长。

5）其他改进项目

（1）改变自动供油泵安装位置。目前位置过低，施工中容易受水淹而使电机受潮停转。将供油泵安装位置提高可有效防止水淹事件。

（2）改变第 3 组推进千斤顶电磁阀安装位置。这组阀位置也处于低位，与自动供油泵一样易受水淹，因此要将安装位置提高。

（3）目前台车轨道与机车轨道存在 400mm 高差。延长台车支腿，使台车轨面与机车轨面同一水平，可节省轨道敷设时间。

3.3.4 小半径重叠盾构机选型方案

区庄站—动物园站区间起点里程为 CK11+726.2，终点里程为 CK12+674.65。右线长度为 948.45m，左线长度为 945.423m，区间单线总长度为 1 893.873 延米。右线隧道轨道埋深 18.86~28.461m，左线隧道轨道埋深 18.86~26.084m，线路最大坡度为 3.8‰。地下水分为上层滞水与基岩裂隙水。隧道主要位于中、微风化泥质粉砂岩、粉砂质泥岩中，单轴抗压强度约为 35.1MPa，局部位于强风化泥质粉砂岩、粉砂质泥岩中。

动物园站—杨箕区间起点里程为 CK12+803.95，终点里程为 CK13+783.8。右线长度为 979.85m，左线长度为 979.85m，区间单线总长度为 1959.7 延米。右线隧道轨道埋深 26.05~26.86m，左线隧道轨道埋深 17.65~26.86m，线路最大坡度为 3‰。地下水分为上层滞水与基岩裂隙水。隧道主要位于中、微风化泥质粉砂岩中，单轴抗压强度约为 38MPa。

本盾构隧道区间采用 2 台盾构机，由杨箕站始发井始发，过动物园站后继续掘进至区庄站盾构吊出井解体、退场，其中右线盾构机先于左线盾构机 1 个月始发。

隧道地质情况、工程要求、环境保护要求、经济比较、地面施工场地大小等因素是盾构选型的基本依据。根据国内外盾构施工经验与实例，盾构机的选型必须满足以下几个要求：

（1）满足广州地铁五号线区—杨区间地质条件；
（2）确保开挖空间的安全和稳定支护，保证隧道土体开挖顺利进行；
（3）保证永久隧道衬砌的安装质量；
（4）保证隧道开挖渣土的清除；
（5）设计气压舱和密封舱可进行刀具更换和障碍物排除；
（6）主驱动系统设计使用寿命满足掘进的需求，且具有高效的防水密封性能；
（7）确保盾构机械的作业可靠性和作业效率；
（8）确保盾构机械施工质量和施工安全；
（9）满足施工场地及环保要求。

盾构选型流程如图 3.3-2 所示。

1）盾构机选型

（1）盾构机的形式与工作特点

目前世界上流行的盾构机按开挖模式主要可以分为敞开式与密闭式两大类。敞开式只能用于地层条件简单、自立性好且无地下水的地层，而密闭式盾构机可用于地层变化复杂、自立条件较差、地下水较丰富的地层。盾构机分类见表 3.3-3。

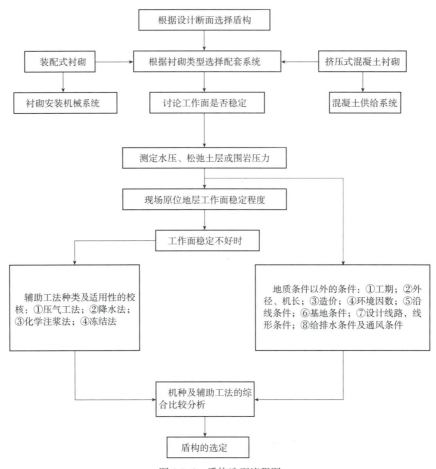

图 3.3-2 盾构选型流程图

密闭式盾构机主要分为泥水式、土压式两类，代表了不同的出土方式和不同工作面土体平衡方式的特点，但适用地质与范围有一定的区别。

盾 构 机 分 类 表 3.3-3

按开挖方式分	按挡土形式分	按工作面加压方式分
手掘式，半机械式，机械式	开放式，密闭式	气压式，泥水式，（加泥）土压平衡式

①泥水平衡式盾构机适用条件及工作特点

泥水平衡式盾构机，其泥水压管理比较容易。所以适应的土质范围比较广，比如冲积砂砾、砂、淤泥、黏土层或者叠层中地基结构松软层，含水率较高而工作面不稳定层，以及洪积砂砾、砂、淤泥、黏土层等。主要缺点是需要较大施工场地面积，在城市施工时泥水处理困难。

泥水平衡式盾构机是在盾构机的前部设置隔板、装备刀盘面板、输送泥浆的送排泥管和推进盾构机的盾构千斤顶，在地面上还配有分离排出泥浆的泥浆处理设备。开挖面的稳定是将泥浆送入泥浆室内，在开挖面上用泥浆形成不透水的泥膜，通过该泥膜保持水压力，以对抗作用于开挖面的土压力和水压力。开挖的渣土以泥浆形式输送到地面，通过处理设备离析为土粒和泥水，分离后的泥水进行质量调整，再输送到开挖面。泥浆处理设备设在地面，需占用较大的施工场地。另外泥水式盾构机及其配套系统价格较高。

②土压平衡式盾构机适用条件及工作特点

土压平衡式盾构机是在盾构机的前部设置隔板，土舱内和排土用的螺旋输送机内充满开挖渣土，依靠盾构机千斤顶的推力给土舱内开挖下来的土体加压，使土压作用于开挖面，以使地层稳定。土压平衡式盾构机占用场地较小，价格较低。

土压平衡式盾构机又可分为纯土压平衡式与加泥式土压平衡式。

纯土压平衡式盾构机单纯依靠开挖下来的渣土压力稳定开挖面，这种盾构机较适用于开挖含砂量小的塑性流动性软黏土。

加泥式土压平衡盾构机装备有注入添加材料、促进开挖土砂塑性流动的机构。对于含砂率、含水率较大的土层，盾构机的加泥装置可以根据土质，选用polymer、膨润土、CMC、高吸水树脂、发泡剂等添加材料，将其注入开挖面和泥土舱。通过搅拌机构将添加材料与开挖下来的渣土强力搅拌，将开挖渣土变成具有可塑性、流动性、防渗性的泥土，这种泥土充满土舱和螺旋输送机内。当土舱内压力小于开挖面压力时，开挖面渣土继续进入土舱，土舱内土压升高；当土舱内压力与开挖面压力相平衡时，渣土停止流动，开挖面即稳定下来。在某些地质条件下，加泥式土压平衡盾构还可以在半土压平衡（压气）模式下工作，通过向开挖面与隔板间压注压缩空气来对没有渣土的空间提供支撑力，以防止盾构上方土体产生塌方；当土质稳定性较好，盾构施工不需要带压出土时，土压平衡盾构还可以在土舱无压力条件下工作，此时，不需要对开挖土料进行改良；当线路中存在长距离高水压、高渗透性地层时，盾构机的出土系统还可改为由柱塞泵输送开挖下来的渣土，以避免螺旋输送器的喷涌和开挖面上方的塌方。这种盾构机适用土质范围广泛，占地面积较小，价格适中。

（2）土压平衡盾构机的基本工作原理

①盾构机的掘进

液压马达驱动切削刀盘旋转，同时开启盾构液压油缸（千斤顶），将盾构向前推进。切削下来的渣土进入泥土舱。随着油缸的向前推进、刀盘的持续旋转，渣土充满泥土舱。根据地质情况决定是否注入添加材料来改善渣土流动性。然后开动螺旋输送机，将切削下来的渣土排送至运输皮带上，通过输送皮带将渣土输送至运土轨道车上，通过竖井运至地面。

②控制排土量与排土速度

排土量与排土速度的控制，关系到开挖面的稳定。当泥土舱与螺旋输送机中的渣土积累到一定数量时，开挖面被切下的渣土经刀槽进入泥土舱的阻力增大，当这个阻力足以抵抗土层的土压力和地下水的水压力时，开挖面就能保持相对稳定而不致坍塌。这时只要保持从螺旋输送机与泥土舱中输送出去的渣土量与切削下来的流入泥土舱中的渣土量相平衡，开挖工作就能顺利进行。土压平衡盾构机就是通过土压管理来保持土压力或渣土量的相对平衡与稳定来进行工作的。

开挖面土压力与土舱内压力的相对平衡用三种方式来保证：一是推进油缸速度不变，改变螺旋输送机转速和排土闸门的开口度；二是改变推进油缸速度、螺旋输送机转速和排土闸门的开口度；三是两个同时适当调整。但是，通过第一种方法，即通过控制螺旋输送机排土闸门的开口度和螺旋输送机的旋转速度来控制土压平衡比较简便，也是非常重要的。

2）盾构机选型分析

（1）具体选型

广州地铁五号线地质结构复杂，必须选用密闭式盾构机，即在泥水平衡盾构机与土压平衡盾构机之间选择，比选内容见表3.3-4。

经过以上比较，最终选择土压平衡式盾构机。

由于泥水平衡式盾构机结构复杂、造价较高、泥水处理成本高、废弃泥浆中黏土等细颗粒不易分离等原因，如果土压平衡式盾构机与泥水平衡式盾构机均能安全、快速完成隧道掘进，一般会选用土压平衡式盾构机。

（2）从地质情况分析

区庄站—动物园站区间，隧道埋深主要位于中、微风化泥质粉砂岩，粉砂质泥岩中，单轴抗压强度约为 35.1MPa，局部位于强风化泥质粉砂岩、粉砂质泥岩中。动物园站—杨箕区间，隧道埋深主要位于中、微风化泥质粉砂岩中，单轴抗压强度约为 38MPa。

盾构机比选内容　　　　表 3.3-4

分项	区杨区间	泥水平衡式盾构机	土压平衡式盾构机	比选结果
地质条件	隧道穿越的岩层主要为岩石强风化带<7>、岩石中风化带<8>、岩石微风化带<9>及岩石全风化带<6>	适应的土质范围比较广	适用土质范围广泛	两者均适合
施工场地	区间可使用场地非常小	需占用较大的施工场地	占用场地较小	泥水盾构机不适合；土压盾构机适合
性价比	—	盾构机及其配套系统价格较高	盾构机价格较低	从经济角度选择土压盾构机比较合理
可操作性	位于城中心，渣土处理困难	城市施工泥水处理困难，泥水处理成本高，且不可操作	可操作，且处理成本较低	土压盾构机比较合理

以上地质情况完全符合复合式土压平衡式盾构机的使用条件。

（3）从实际施工分析

土压平衡式盾构机在掘进通过上述地层时，可能发生的事故为：喷涌，塌方与刀盘黏结泥饼。

喷涌产生于高水压、高渗透性地层，表现为开挖面高压水从螺旋输送机出土闸门口喷出，导致盾构机开挖面压力不稳，土舱内渣土无法顺利排出。

塌方产生于土压平衡式盾构机在上下硬度差别较大的地层中推进时，隧道地层下方岩体由于切削速度小，当盾构机推进缓慢时，而开挖面上方砂土随刀盘旋转大量进入土舱，导致开挖面上方土体坍塌，地面发生较大沉降；也会由于盾构机在砂层中发生喷涌时，隧道上方砂土随高压水大量由螺旋输送机排出，从而导致开挖面上方土体坍塌。

刀盘黏结泥饼表现为大量黏土在开挖面土压及土舱压力作用下，以刀盘中心刀为圆心，黏结在刀盘的内外表面，导致刀盘空转，刀具无法切割土体，开挖面渣土难以进入土舱排出，盾构机推进速度变慢。

纵观整条线路，大部分地层洞顶部位基本无砂层，对于个别洞身部位地质上下软硬差别较大地段，可以向开挖面注入泡沫及膨润土以改良土质，并严格控制每环出土量，保持盾构机快速通过，可以避免发生由于地层软硬不均导致的塌方。对于含有遇水黏性物质较多地段，盾构机刀盘内部设置了渣土搅拌棒，另外通过适量加注泡沫及其他润滑添加剂以减小渣土间黏性，从而可以避免产生泥饼现象。盾构穿越地层中基本不存在大水量、高水压地段，对于部分含水量可能较多地段，可以通过添加辅助材料如泡沫等以减小渣土中所含水分，因此可以避免发生喷涌。

（4）盾构机选型结论

综上所述，决定采用加泥型土压平衡式盾构机。该种盾构机的最大特点为可以向土舱及开挖面内加注各种添加剂，以改良土质，保证盾构机安全、高速推进。

另外，该类型盾构机还具有以下优点：

①结构比泥水平衡盾构机相对简单，盾构机械本身及施工均易于管理、制造、管理成本相对较低；

②由于不需要庞大的泥水处理厂，对施工场地要求较小；

③泡沫、polymer 等添加剂无污染，弃渣中泥水含量小，对环境保护较好；

④能够实现控制地面沉降范围在 –3~+1cm 以内；

⑤能够适应多种地质条件和其他地铁工程的需要。

3）盾构机选用

根据比选结果，选用在深圳地铁已经完成施工的一台盾构机（S206），同时又选用了德国海瑞克（Herrenknecht）公司生产的密闭式加泥型土压平衡式盾构机（S337）。这两台盾构机最小转弯半径为150m，与其配套的通用型管模楔形量为51mm，完全满足本标段线路200m的转弯半径。经过深圳地铁一期工程第7及25标段的施工，证明了其设计与制造质量较高，技术性能优异，取得了日掘进22环、月成洞540m的好成绩。盾构机选型及施工情况见图3.3-3。

图 3.3-3 盾构机选型及施工情况

经过与盾构厂商德国海瑞克公司联系、讨论和研究，双方确认现有的盾构机能够基本满足广州地铁五号线区—杨区间施工需要。海瑞克公司承诺将协助维护、检修从深圳退场的盾构机，保证盾构机处于良好的技术状态，并将以良好的售后技术服务来满足广州轨道交通五号线此标段的施工需求。

4）盾构机关键技术参数计算

（1）盾构推力

①计算原理

盾构千斤顶应有足够的推力克服盾构推进时所遇到的阻力，这些推进阻力主要有：

a. 盾构四周与地层间的摩阻力或黏结力 F_1；

b. 盾构刀具切入土层产生的贯入阻力 F_2；

c. 开挖面正面作用在切削刀盘上的推进阻力 F_3；

d. 在盾尾处盾尾板与衬砌间的摩阻力 F_4；

e. 盾构后面台车的牵引阻力 F_5。

以上各种推进阻力的总和用下式表示，在使用时，须考虑各种盾构机械的具体情况，并留出一定的富余量，即为盾构千斤顶的总推力：

$$F = F_1 + F_2 + F_3 + F_4 + F_5 \tag{3.3-1}$$
$$= \mu_1(\pi D L_m p_m + G_1) + utK_1 p_m + \pi D^2 p_f/4 + \mu_2 \pi D + \mu_3 G_3$$

$$F_n = 1.5F \tag{3.3-2}$$

$$p_f = v/(1-v) \sum \gamma_i H_i \tag{3.3-3}$$

式中：F——推进阻力总和；

F_n——盾构千斤顶总推力；

μ_1——钢与土的摩擦系数，取 0.3；

μ_2——管片与盾尾钢丝刷的线摩擦阻力；取 10kN/m；

μ_3——车轮与钢轨间的摩擦系数；取 0.15；

D——盾构外径；取 6.25m；

L_m——盾构本体长度；取 7.95m；

G_1——盾构重量；取 4 000kN；

G_3——盾构后面台车重量；取 1 440kN；

p_m——作用在盾构上的平均土压力；

p_f——开挖面正面阻力（支护千斤顶反力，作用在盾构隔板上的土压力和泥浆压力等）；

K_p——被动土压力系数，$K_p=\tan^2(45°+\phi/2)$；

v——开挖面土层侧压力系数，取 0.3；

γ_i——第 i 层土层重度；

H_i——第 i 层土层高度；

u——开挖面周长；

t——刀具刃口贯入深度。

②作用在盾构上的平均土压力

以区—动区间 YCK13+357.256m 里程处作为计算断面，盾构顶部埋深为 22.9m，水位至盾构顶部高度 20.3m。该断面的主要参数如下：

杂填土，厚度为 1.8m，重度 $\gamma=19.894\text{kN/m}^3$；

粉细砂 <3-1>，厚度为 2.7m，重度 $\gamma=19.992\text{kN/m}^3$；

粉质黏土 <4-1>，厚度为 2.4m，重度 $\gamma=18.914\text{kN/m}^3$；

粉质黏土 <5-1>，厚度为 2.3m，重度 $\gamma=19.306\text{kN/m}^3$；

强风化泥质粉砂岩 <7>，厚度为 3.4m，重度 $\gamma=20.384\text{kN/m}^3$；

中、微风化泥质粉砂岩 <8><9>，厚度为 16.4m，重度 $\gamma=21.56\text{kN/m}^3$；

平均重度为 20.847kN/m^3。

顶部土压：

$$p_0=0.45\times 2^{6-s'}\gamma w+p'$$

跨度影响系数：

$$w=1+i(B-5)$$

顶部侧压：

$$p_1=p_0\cdot k_a$$

底部侧压：

$$p_2=k_a p_0'$$

底部抗力：

$$p_0'=p_0+W_g/(DL)$$

式中：k_a——侧压系数，取 0.33；

s'——围岩类别，$s'=3$；

W_g——盾构及附加物总重，取 4 000kN；

D——盾体外径，取 6.25m；

L——盾壳长度，取 7.95m；

p'——地表荷载，取 20kN/m^2；

B——隧道断面宽度，取 6.25m；

i——围岩压力增减率，当 $B<5\text{m}$ 时，$i=0.2$，$B=5\sim15\text{m}$ 时，$i=0.1$。

代入各值计算如下（图3.3-4）。

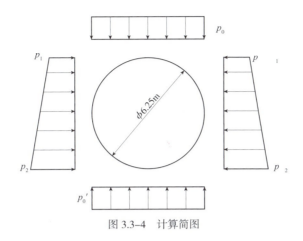

图3.3-4 计算简图

$$p_0=0.45 \times 2^{6-3} \times 20.847 \times [1+0.1 \times (6.25-5)]+20=104.43（kN/m^2）$$
$$p_1=104.43 \times 0.33=34.46（kN/m^2）$$
$$p_0'=104.43+4\,000/(6.25 \times 7.95)=184.93（kN/m^2）$$
$$p_2=184.93 \times 0.33=61.03（kN/m^2）$$
$$p_m=(p_0+p_1+p_2+p_0')/4=96.21（kN/m^2）$$

③推力计算

$$F_1=\mu_1(\pi DL_m p_m+G_1)=0.3 \times (\pi \times 6.25 \times 7.95 \times 96.21+4\,000)=5\,705.45（kN）$$
$$F_2=utK_1 p_m=\pi \times 6.25 \times 0.3 \times \tan^2(45°+35°/2) \times 96.21=2\,091.31（kN）$$
$$F_3=\pi D^2 p_f/4=0.3/(1-0.3) \times \pi/4 \times 6.25^2 \times (20.847 \times 28.9+20)=8\,184.60（kN）$$
$$F_4=\mu_2 \pi D=10 \times 6.25\pi=196.35（kN）$$
$$F_5=\mu_3 G_3=0.15 \times 1\,440=216（kN）$$
$$F=F_1+F_2+F_3+F_4+F_5=5\,705.45+2\,091.31+8\,184.60+196.35+216=16\,393.71（kN）$$

考虑到纵向坡度、曲线开挖、硬岩切削以及EPB工作模式最大平衡压力等因素，推力增加50%，盾构最小推力应为：

$$F_n=1.5F=1.5 \times 16\,393.71=24\,590.57（kN）$$

④推力的经验计算

$$F=pS=(700\sim1\,200) \times \pi D^2/4=\frac{\pi}{4} \times 6.25^2 \times (700\sim1\,200)=21\,464.8\sim36\,796.9（kN）$$

式中：S——阻力板（与盾构推进方向垂直伸出的板，依地层抗力控制盾构方向）在推进方向的投影面积。

本盾构机的总推力为34 210kN，基本满足理论计算值和经验值范围要求。

（2）盾构推进功率

盾构最大推进功率：

$$P_t=F \cdot v=34\,210 \times 1.33 \times 10^{-3}=45.5（kW）$$

式中：F——总推力，取34 210kN；

v——最大推进速度，取80mm/min=1.33×10⁻³m/s。

本机推进功率为55kW，满足上述计算要求。

（3）刀盘转矩

切削刀盘装备转矩要考虑围岩条件、盾构机形式、盾构机构造和盾构机直径等因素来确定，总扭矩：

$$T=T_1+T_2+T_3+T_4$$

式中：T_1——开挖阻力矩；

T_2——切削刀盘正面、外围面及后面围岩间的摩擦阻力矩；

T_3——机械及驱动阻力矩；

T_4——开挖土砂搅拌混合阻力矩。

根据实例可知刀盘装备转矩与盾构机直径大小有很大关系，一般可按下式计算：

$$T=aD^3=（9~15）×6.25^3=2\ 197.3~3\ 662.1（kN·m）$$

式中：a——转矩系数，一般围岩为 9~1.5kN/m²。

本机刀盘最大转矩为 5 300kN·m，符合上述要求。

（4）刀盘驱动功率

刀盘驱动功率：

$$P_d=Tn/9\ 550=5\ 300×10^3×1.5/9\ 550=832.5（kW）$$

式中：T——刀盘驱动低速最大转矩，本机为 5 300kN·m；

n——刀盘低速最大转矩时的转速，本机为 1.5r/min。

本盾构的刀盘驱动电功率为 945kW，考虑电液转换效率等因素，完全能够满足上述计算要求。

（5）盾构机超挖刀选择计算

施工区间动物园站—杨箕站区间由直线段和两段曲线构成，曲线半径分别为 R200m（左线为 R206m）和 R300m（左线 R285m），曲线半径过小。

由于盾构本身是一个长 8m 左右的直线体，在急曲线段，由于盾构机本身为直线形刚体，不能与曲线完全拟合。对比图 3.3-5 和图 3.3-6 可以发现，盾构在曲线段推进时，相当于在曲线内不断地画直线，图中所示为在圆中画内接多边形。依据几何学原理，在边数相同的情况下，正多边形面积最大，也就是说盾构在曲线段掘进时，如果能均匀，则其土层损失最小。

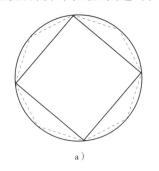
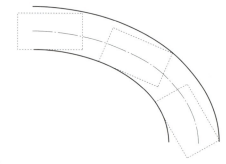

图 3.3-5　盾构曲线推进示意图　　　　　图 3.3-6　曲线推进原理

曲线半径越小、盾构机身越长，则拟合难度越大。在急曲线段盾构机掘进形成的线形为一段段连续的折线，为了使得折线与急曲线接近吻合，掘进施工时需连续纠偏。曲线半径越小，盾构机越长，则纠偏量越大，纠偏灵敏度越低，轴线就比较难于控制。其施工参数需要经过计算并结合地质条件等因素综合考虑，并进行试掘进后方可确定。特别在缓和曲线段，每米的施工参数都有所不同，操作难度更大。

盾构在小半径曲线上推进时，土体对盾构和隧道的约束力差，盾构轴线较难控制。同时由于曲线半径过小，使得掘进时盾构机向曲线外侧的偏移量增大，对管片拼装造成一定影响。而且，盾构机的测量系统为 SLS-T 盾构机自动导向系统，曲线半径过小时，使得自动导向系统中激光站每次前移的距离缩短，前移频率增大，对测量的精度会造成影响。

小半径曲线掘进时，要采取以下措施：

①盾构机推进速度要放缓，同时加强对盾构机姿态的控制；

②盾构机纠偏幅度不要过大，加大注浆量、加强纠偏测量工作等，减少超挖、减小地层损失，降低地面沉降量；

③根据设计曲线半径及盾构直径计算铰接角度，开启盾构铰接装置，预先推出弧形趋势，为管片提供良好的拼装空间；

④严格控制油缸的分区推力，适时调整盾构姿态，防止推力不均造成管片偏位、破损；

⑤加强盾构同步注浆，防止管片侧向偏移，及时进行二次注浆；严格控制盾尾间隙，防止由于盾尾间隙过小，造成管片错台、开裂；

⑥加强反力架及支撑结构强度，满足偏心压力。

为了控制好急曲线隧道的施工轴线，需要提高盾构机的纠偏灵敏度。而要提高盾构机的灵敏度，最有效的措施是缩短盾构机头的长度。在盾构机的中部增加铰接装置，即可减少盾构固定段长度。使用铰接装置后，盾构机掘进过程中所穿越的孔洞将不再是理论上的圆形，需要配套使用仿形刀装置进行超挖。因此，控制好急曲线隧道施工轴线的关键技术之一，就是如何使用好盾构机的铰接装置和仿形刀装置。

为保证急转弯段顺利掘进，从盾构设备（超挖刀、铰接装置、盾构机改造）、管片选型和拼装、施工措施等方面采取必要措施，特别是对较软的<6><7>地层采取了同步注浆和二次双液注浆相结合的措施，以保证小半径圆曲线段成型管片不出现侧向移动。

（6）盾构机铰接装置

盾构机铰接装置有几种形式，一般在地铁工程中，由于曲线半径较大，故采用扁平式铰接装置。在该铰接结构中，又分为后体铰接型和前体铰接型两种。

铰接装置是将盾构机机体分割成前后体，并将该前后体处于某一角度，以便于曲线施工的一个装置；推进千斤顶被固定在后机体上时，被称为后体铰接型（主动铰接）；当被固定在前体上时，则被称为前体铰接型（被动铰接）。

有关前体式和后体式的特征，分别见表3.3-5。

前体式铰接和后体式铰接的特征比较表　　　　表3.3-5

铰接形式		前体形扁平铰接	后体形扁平铰接
构造	推进千斤顶的支撑方式	用前体承受推进千斤顶的推力	用后体承受推进千斤顶的推力
	前、后体的连接	后体牵引销（上、下、左、右）；铰接；铰接千斤顶的牵引力是推进千斤顶的40%左右	防止前后体偏转销子（前后方向是不固定的）；铰接千斤顶；铰接千斤顶的牵引力是推进千斤顶的70%~80%
	铰接支点	曲线内侧的铰接千斤顶	曲线内侧的铰接千斤顶
操作	铰接角度的设置方法	推进千斤顶单侧推（仅打开曲线外侧）	铰接千斤顶单侧推（仅打开曲线外侧）
	铰接角度的保持	锁定铰接千斤顶	锁定铰接千斤顶
掘进方法	直线推进	后体牵引销为固定状态；铰接千斤顶在缩回位置锁定；用推进千斤顶推前体，用后体牵引销、铰接千斤顶牵引后体	铰接千斤顶在缩回的位置下锁定；用推进千斤顶推后体，利用前、后体部的金属接触推前体
	曲线	松开后体牵引销（上、下、左、右）；保留几根作为曲线段内侧支点的铰接千斤顶，并松开外侧铰接千斤顶的锁定；用盾构机千斤顶推单侧，使前体进行铰接；当获得了所需的铰接角度，锁定铰接千斤顶	铰接操作是与盾构机的推进同时进行的；平均伸出铰接千斤顶30mm，同时使前体前进；当数根为曲线段支点的铰接千斤顶处于锁定状态时，通过伸出外侧铰接千斤顶，使前体铰接；当获得所需的铰接角度后，锁定铰接千斤顶

续上表

铰接形式		前体形扁平铰接	后体形扁平铰接
特长	优点	铰接千斤顶可以利用牵引后体的能力，故在省力化和成本上是有利的； 利用铰接千斤顶的锁定能保持铰接姿势，故可以进行上下左右全方位的屈曲； 铰接角度为1.6度	利用铰接千斤顶的锁定能保持铰接姿势，故可以进行上下左右全方位的屈曲； 几乎与直进相同，因可以使用推进千斤顶，故在管片上产生的弯矩小； 铰接角度为1.6°
	缺点	由于推进千斤顶上单侧推，故在拼装完的管片内侧容易发生拉伸弯矩	铰接千斤顶需要有与推进千斤顶相应的能力，故较复杂，在成本上较不利
综合评价		—	对管片产生的不利影响少，曲线施工时的方向性（全方位屈曲）好

第4章　五号线及APM线盾构施工技术

4.1　APM线盾构近距离下穿运营地铁隧道施工技术

珠江新城旅客自动输送系统（APM）土建2标地铁隧道左右线下穿运营中地铁一号线，为保证施工的顺利进行以及对既有地铁线路的保护，在穿越之前需制订缜密的施工方案并认真组织施工。

4.1.1　工程概述

妇儿中心站—黄埔大道站—天河南站自妇儿中心站出发，线路沿规划珠江新城中轴线向北行进，下穿金穗路隧道，后过黄埔大道站穿越黄埔大道，沿六运二街北行到达设在宏城停车场内的天河南站，具体位置见图4.1-1。

图4.1-1　APM线土建2标平面示意图

区间在繁华市政主干道下通过，地面建筑密集、交通量大。来往人员密集，隧道两侧多为商铺及居民楼，施工难度较高。

盾构区间与地铁一号线平面相对位置关系如图4.1-2所示，区间隧道与地铁一号线纵向相对位置如图4.1-3所示。

地铁一号线体育西—体育中心区间建于1997年，采用暗挖法施工，二次衬砌为厚300mm的素混凝土。APM线盾构左右线两次近距离下穿运营中的一号线，并要确保正在运营的地铁一号线隧道安然无恙，难度相当高。

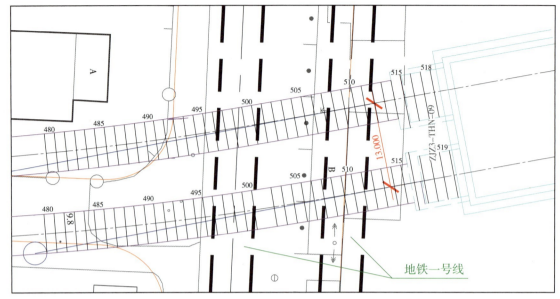

图4.1-2 地铁一号线与APM线盾构区间平面相对位置示意图

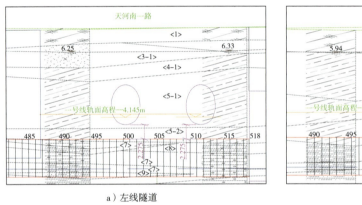

a）左线隧道

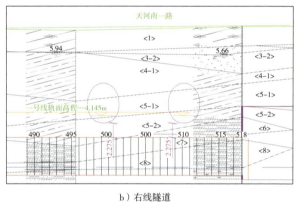

b）右线隧道

图4.1-3 地铁一号线与APM线区间隧道纵向相对位置示意图

盾构区间与地铁一号线平面相对位置关系如图4.1-4所示，纵剖面相对位置如图4.1-5所示。

图4.1-4 APM与地铁一号线平面位置关系示意图

4.1.2 地质条件

穿越段地层自地表而下，至盾构区间底板，分别为<1>人工填土层、<3-1>冲洪积粉细砂层、<3-2>冲洪积中粗砂层、<4-1>冲洪积粉质黏土层、<5-1>可塑性残积土层、<5-2>硬塑性残积土层、<7>红层全风化岩、<8>红层中风化岩、<9>红层微风化岩。

区间隧道与地铁一号之间地层分布主要为<5-2>硬塑性残积土，其主要由粉质黏土局部黏土组成，粉质黏土呈硬塑状，粉土呈密实状。各地层具体力学指标见表4.1-1。

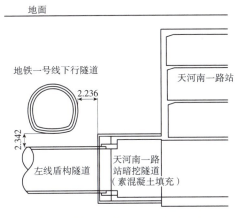 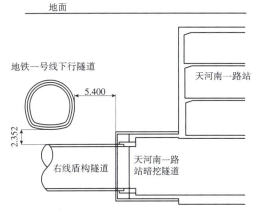

a) 左线盾构隧道与地铁一号线位置关系图　　　　b) 右线盾构隧道与地铁一号线位置关系图

图 4.1-5　APM 线左右线盾构与地铁一号线纵剖面位置关系示意图（尺寸单位：m）

地层力学指标表　　　　　表 4.1-1

岩土分层	岩土名称	时代与成因	剪切试验				变形模量 (MPa)	渗透系数	地层厚度 (m)
			直接快剪		固结快剪				
			黏聚力 (kPa)	内摩擦角 (°)	黏聚力 (kPa)	内摩擦角 (°)			
			c	φ	c	φ	E_0	K	M
<1>	人工填土层	Q_4^{ml}	10	10	16	14	—	0.5	3.2~3.4
<3-1>	冲洪积粉细砂层	Q_3^{al+pl}	—	27	—	—	4.5	2.0	0.7~0.8
<3-2>	冲洪积中粗砂层	Q_3^{al+pl}	—	30	—	—	8.0	3.0	0.4~1.8
<4-1>	冲洪积粉质黏土层	Q_3^{al+pl}	24.4	12.1	25.9	16.8	15	0.01	6.3~3.3
<5-1>	可塑性残积土层	Q^{el}	16.6	10.9	18.3	14.9	15	0.005	3.1~3.4
<5-2>	硬塑性残积土层（粉质黏土）	Q^{el}	27.2	14.4	39.2	19.0	20	0.005	2.5~3.2
<7>	红层全风化岩（强风化泥质粉砂岩）	K_2d^2	60	25	—	—	—	0.1	1.5~2.2
<8>	红层中风化岩（中风化泥质粉砂岩）	K_2d^2	200	28	—	—	—	0.1	0.5~1.8
<9>	红层微风化岩（微风化泥质粉砂岩）	K_2d^2	800	35	—	—	—	0.01	0.3~0.7

地铁一号线隧道主要位于 <4-1> 冲洪积粉质黏土层、<5-1> 可塑性残积土层、<5-2> 硬塑性残积土层，围岩不均一，部分稳定性较差，容易遇水软化、失稳。

本次盾构施工主要穿越 <5-2> 硬塑性残积土层、<7> 红层全风化岩、<8> 红层中风化岩、<9> 红层微风化岩。属于"上软下硬"的复合地层。同时，本区间岩层主要为泥质粉砂岩，岩层颗粒组成中的黏粒含量较高，盾构施工过程中易产生结"泥饼"现象。

4.1.3　穿越一号线施工方案

黄埔大道站—天河南站区间盾构掘进施工至 YDK2+871.959 及 YDK2+888.652 将分别下穿正在运营的地铁一号线体育西站—体育中心站隧道左右线，为保证地铁运营安全，盾构隧道掘进施工采取如下措施对地铁一号线进行保护。

广州市珠江新城核心区市政交通项目旅客自动输送系统土建二标黄埔大道站—天河南站左右线

区间采用盾构法施工，右线掘进设备为一台海瑞克土压平衡式盾构，盾构主体全长 7.65m，刀盘外径 6.28m，左线掘进设备为一台维尔特 NFM 土压平衡盾构机，盾构主体全长 9.17m，刀盘外径 6.28m。管片厚度 0.3m，每环宽 1.5m，每环由 1 块封顶块、2 块邻接块及 3 块标准块组成，管片强度 C50，抗渗强度 S12，纵横向采用螺栓连接。

施工过程中，左右线盾构区间将分别先后于 ZDK2+875.025 及 ZDK2+891.755，YDK2+871.959 及 YDK2+888.652 下穿正在运营的地铁一号线体育西站—体育中心站隧道下、上行线，区间隧道埋深约为 17.54~17.89m，隧道左右两线间隔 13m，与一号线竖向距离最近为 2.342m。下穿施工结束后从天河南站南侧站台暗挖隧道内出洞。

1）下穿前主要措施

（1）在施工前，对下穿段范围内一号线结构现状进行详细调查，对其安全性进行论证，并委托有关部门对该段区间进行第三方鉴定，以制订其安全状态，同时制订出变形预测及施工管理标准值。

（2）通过测量组确定地铁一号线与隧道的关系，并计算出到达地铁一号线前的里程和环号，以便提前采取相应措施。

（3）重新检查地铁一号线隧道内和地面监测点的状况，加密监测点位，通过多点测量数据及时进行分析，彻底掌握地铁内沉降动态，同时制定合理的预警制。

（4）超前注浆加固。

穿越之前需对一号线距暗挖隧道较近的下行线隧底土体进行注浆加固，提高加固范围内地层的抗渗能力和承载能力，以确保施工安全顺利进行。

考虑本区段地质变化大，建构筑物保护要求高，结合盾构施工特点，采取注浆钢花管加固地层，并支护盾构上方土体，以达到盾构进洞要求。

在隧道内采用地质钻机进行钻孔后，将带泄浆孔的钢花管下入地层，封闭孔口，采取静压注浆措施，使水泥浆液在压力条件下，较均匀地渗入地层，从而提高地基承载力，降低地层的渗透能力，保证盾构出洞安全。该方法在裂隙发育地层条件下，注浆可起到加固地层的作用；若地层密实，围岩稳定，不需要加固，水泥浆液充填注浆钢花管后，可在盾构到达时起棚架作用，支护盾构上方土体。

①注浆范围

隧道内注浆范围：自暗挖隧道端头穿越地铁一号线下行线隧道南边 1m，钢花管与盾构隧道结构保持不小于 0.3m 的距离。

②注浆材料

注浆材料主要是根据各地层地质条件及注浆目的来进行选择，针对注浆区域地层特点，结合以往工程经验，本工程注浆材料选择普通硅酸盐水泥 PO32.5R。

③注浆参数

根据注浆材料及地质条件，选用注浆参数见表 4.1-2。

选 用 注 浆 参 数　　　　表 4.1-2

参 数 名 称	参 数 值	备 注
水灰比 $W:C$	0.75~1:1	注浆开始时取较大值
体积比 $C:S$	1:1~1:0.45	
注浆压力（MPa）	初压：0.5~1.0；稳压：1.2~1.5	最大不超过 2.0MPa
注浆速率（L/min）	30~50	

④注浆孔布置

根据浆液在地层中的扩散能力，一号线加固采用直径为 $\phi 42mm$ 带泄浆孔的普通钢管，沿盾构隧道轮廓外布置，对盾构壳体形成棚架支护。为方便定向，在暗挖隧道端头设一榀加强格栅钢架，钢花管布置于洞口加强格栅钢架拱部 150° 范围，环向间距 0.35m，外插角 3° 左右，如图 4.1-6 所示。

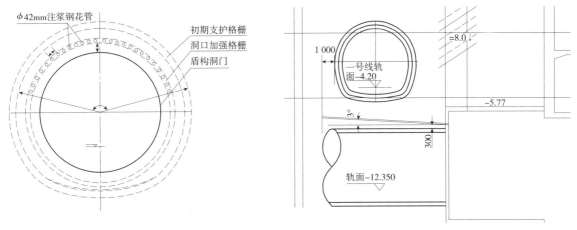

图 4.1-6　注浆孔孔位布置图（尺寸单位：mm）

2）下穿时主要技术措施

盾构施工对周边土层影响程度受控因素较多，主要为土舱压力、推进速度、总推力、出土量、刀盘转速、注浆量和注浆压力等施工参数的影响。因此，要针对优化施工参数选择主要施工措施。

（1）对前期掘进情况进行分析总结，掌握本标段地层特点，对盾构施工的适应性作出合理判断，从而为穿越施工提供借鉴，选择符合施工情况的掘进模式。

（2）通过控制出渣量（必要时使螺旋输送机回吐渣土），加气保压使土舱内压力值保持恒定，尽量将其波动控制在最小范围内，以确保开挖面的稳定。其中需严格控制出土量，避免渣土的少出、多出为重中之重，根据以往施工经验及地层特点，出渣量应控制在 65m³（4 车）内，这一点在按不同推力计算影响分析中已经得到验证。

（3）加强渣土改良，适当增加泡沫及水的用量避免堵舱、糊刀盘现象的发生。

（4）控制掘进速度。盾构下穿时，需严格控制掘进速度，避免出现速度的较大波动。因为速度过快易造成土压增大、注浆欠饱满等一系列问题；速度过慢则延长了对地层的扰动时间。因此，掘进时需选择适宜的速度（根据施工经验保持在 35mm/min），保证在下穿时匀速地通过地铁一号线，把对地层的扰动降至最小。

（5）对盾构掘进进行严格的线形控制和姿态控制。姿态调整不宜过大、过频，减少纠偏，特别是较大纠偏。姿态调整控制在 ±5mm 范围内，避免对土体的超挖和扰动。

（6）确保同步注浆质量和数量。注浆措施主要作用为防止地层变形、提高结构的抗渗性、改善结构受力情况（在不均衡地层中）等，施工时应选用设定合理的注浆量和注浆压力，确保管片围岩间隙及时充填密实，本区间每环理论注浆量为 4m³，基于对地面及一号线的保护，防止较大沉降的发生，同时结合下穿段具体地质情况，注浆量不得少于 5.5m³。

3）地铁一号线保护要求

地铁一号线为正在运营的隧道，位于 <4-1> 冲洪积粉质黏土层、<5-1> 可塑性残积土层、<5-2> 硬塑性残积土层，易受扰动变形。盾构下穿施工需要考虑两方面的问题：一是确保运营车辆的正常运行，即保证一号线上下行线的轨道平顺度，轨向偏差和高低差满足规范要求；二是保证一号线地铁隧道结构安全，沉降、变形、收敛、裂缝等控制在规范容许范围内。

一号线隧道保护的具体要求如下：

（1）天河南一路明挖、暗挖隧道，以及盾构左右线下穿施工引起的地铁一号线区间隧道总沉降与位移不大于20mm。

（2）盾构穿越过程中，地铁一号线轨道左右股道高差不大于4mm。

（3）隧道结构纵向变形不大于4mm（10m范围内），可根据测点位置线形内插。

（4）预警值为上述最大值的90%，当超过预警值时，运营部门根据情况及时调整轨道或采取相应限速处理措施，减轻隧道变形对运营的影响，保证运营安全。

（5）盾构刀盘距离地铁一号线结构边线15m，即进入紧急状态，各部门按预案开展工作。

4.1.4 工程特点及难点

本次盾构近距离下穿运营中的地铁一号线为广州首例，并且下穿段为典型的上软下硬地层，掘进过程中容易出现诸如堵舱、糊刀盘、刀具异常损坏等诸多问题，主要有以下几种：

（1）天河南站的基坑开挖以及南侧站台暗挖隧道对地铁一号线及其周围土体产生的既有沉降变形影响。天河南站基坑开挖深度为25m，南侧暗挖隧道与一号线的最近距离为2.236m。在基坑开挖以及暗挖隧道施工过程中，已经造成地铁一号线隧道沉降7.7mm，对地铁一号线隧道产生了一定的影响，在此基础上进行盾构掘进，更增大了盾构掘进穿越的难度。

（2）盾构在天河南站出洞时，尾部仍位于地铁一号线隧道下方，出站过程中洞门处土体失稳、漏水等均会对地铁一号线隧道产生不利影响。

（3）右线盾构先行穿越，左线穿越时将对地铁一号线隧道产生二次扰动，且左线穿越时距离天河南站暗挖隧道距离更近，盾构机体更长。刀盘出洞后，盾体留在地铁一号线下方的长度更长。

（4）该段盾构区间为曲线，盾构推进时盾构姿态的改变对周围的影响很大。在推进时由于各种不确定因素，盾构轴线产生偏差，而盾构在曲线推进、纠偏、抬头或叩头时，实际开挖断面是椭圆形，盾构轴线与隧道轴线偏角越大，对土体扰动也越大。同时由于姿态的调整势必造成对土体的超挖，更加大对土体的扰动。

（5）盾构下穿过程中，地铁一号线仍处于营运状态，运营过程中人工监测无法进行，只能依靠自动化监测设备，而区间内潮湿、多尘的环境经常造成自动化设备失灵。

4.1.5 盾构施工引起地面、构筑物沉降的机理

1）盾构施工引起地层隆沉

地层隆沉，是由于盾构法施工造成地层运动，引起隧道周围土体的松动和沉陷，它直观表现为地表沉降，受其影响隧道附近地区的构筑物将产生变形、沉降或移位，以至使构筑物机能遭受破损或破坏。

（1）土体损失

隧道的挖掘土量常常由于超挖或盾构与衬砌间隙等原因而比计算出的理论出土量大，周边的土体因间隙的存在而运动，产生施工沉降。土的应力因此而发生变化，随之形成：应变—变形—位移—地面沉降。

（2）固结沉降

由盾构引起的地层损失和经扰动后的土颗粒再固结是形成地面沉降的另一个主要因素。由于盾构推进过程中的挤压、超挖和盾尾的压浆作用，对地层产生扰动，使隧道周围地层产生正、负超孔隙水压力，从而引起地层的沉降称为固结沉降。主固结沉降为超孔隙水压力消散引起的土层压密；次固结沉降是由于土层骨架蠕动引起的剪切变形沉降。

2）地层隆沉的发展过程

盾构推进引起的地面沉降按地表沉降变化可分为初期沉降、开挖面沉降（或隆起）、尾部沉降、尾部空隙沉降和长期延续沉降5个阶段，如图4.1-7所示。

（1）初期沉降

初期沉降是指当盾构开挖面到达某一测量位置之前，在盾构推进前方的土体滑裂面以外产生的沉降。初期沉降的量较小，且并不是每次盾构施工都会发生。初期沉降是由于固结沉降所引起的，其中包括盾构施工所引起的地下水位的下降。

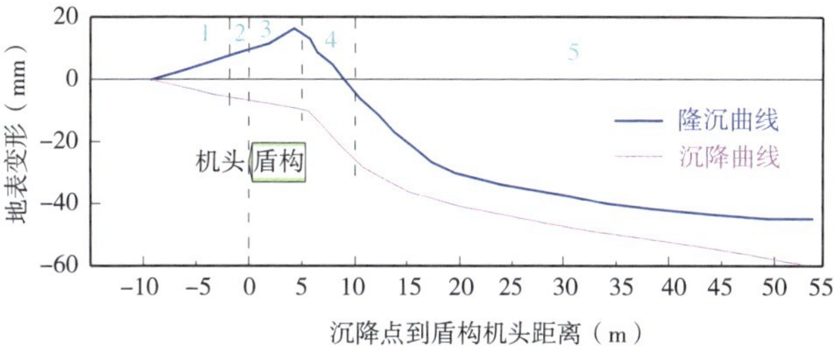

（2）开挖面沉降

开挖面沉降是指开挖面到达某一位置时，在它正前方的那部分地面沉降。盾构机在掘进过程中，造成前舱的土压力波动，使开挖面的土体应力状态不同，因此形成了覆盖层的土压增加或应力释放。

图4.1-7 地面沉降变化图

（3）尾部沉降

尾部沉降是指盾构通过时产生的地面沉降，由于盾壳与地层之间的摩擦阻力作用，必然会产生滑动面，临近滑动面的土层中就会产生剪切应力，从而造成土层移动。在推进过程中，盾构所经之处必然压缩一部分土质，松弛另一部分土质。压缩部分的土造成了盾构的偏移，另一部分则引起了地面沉降。

（4）盾尾间隙沉降

它发生在盾尾通过之后，引起沉降的原因是盾构尾部建筑空隙和隧道周围土体被扰动。土力学上表现为应力释放、密实度下降。本次隧道开挖直径为6.28m，管片外径则只有6m，如果剩余的0.28m空隙不能及时注浆填充，就会被周围的地层土体占领，从而造成地面及地铁一号线的沉降。

在盾尾间隙沉降阶段，还可能因为注浆压力过大造成地面的隆起，所以应对注浆压力、注浆量、注浆时间进行严格控制。

（5）长期延续沉降

长期延续沉降是指盾构通过后在相当长一段时间内仍延续着的沉降，此类沉降归结于地基土徐变特性的塑性变形。它的滞后时间与盾构的种类、地质条件、施工质量等因素有关。明确了广州地区土层长期延续沉降结束的时间，便能为自动监测的结束时间提供参考。

3）盾构施工引起地层隆沉的原因

（1）主观原因

主观原因是引起地面沉降比较主要的原因，同时与工作人员的工作态度、技术水平有较大关系。这一原因通常发生在施工阶段，其具体表现为：

①盾构严重超欠挖引起的地面沉降和隆起。

②盾构机推进参数设置不合理，如推进速度、正面土压力、注浆压力、盾构总推力、螺旋输送机控制等。

③注浆量不足或不及时。

④推进过程中的盾构姿态控制不好。

⑤由于各种原因造成的盾构停机，这时有可能造成盾构机抱死、地面沉降等问题，处理时将投入较多的人力、物力、财力，并造成工期拖延。因此，盾构机在掘进过程中，应尽量避免非正常停机。

（2）客观原因

客观原因是指非主观引起的地面沉降，与规划、设计以及地质情况有直接关系。这类原因引起的沉降通常发生在整个盾构施工过程中，并延续到施工结束后的较长一段时间。具体有以下几点：

①设计阶段的盾构选择，尤其是盾构外径、盾尾空隙等尺寸的选定，将直接影响"建筑空隙"的大小。

②由于注浆材料的收缩，造成填充空隙的材料出现萎缩。

③盾壳移动对地层的摩擦和剪切，造成对临近土体的扰动。

④在土压力作用下,管片的变形会引起少量沉降。

⑤由于土体本身的徐变、固结等造成的地面沉降。

4.1.6 盾构下穿施工过程信息化施工

在地铁一号线上下行隧道内分别布置自动监测和人工监测系统,分别对垂直沉降、水平位移、轨道左右两侧高差、隧道断面收敛变形等进行详细监测,做到数据的快速采集和及时反馈。自动监测使用两台徕卡 TCA2003 全站仪,在地铁一号线上下行线分别观测 11 个断面,每个断面 5 个监测点,仪器每小时自动对各监测点进行监测,并将数据通过无线网络传送至地面,通过专用软件对数据进行处理分析。监测点布置如图 4.1-8 所示。

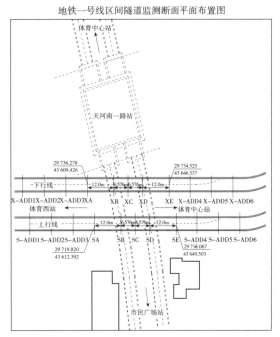
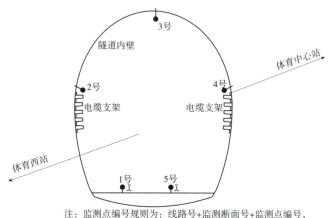

图 4.1-8 自动化监测点位布置示意图

在下穿施工期间加强对地表及地铁一号线内部的监测力度和频率,同时进行地面监测:通过初期,3h 一次,穿越过程中,2h 一次,如遇变形超过报警值,将进行跟踪监测,并立即通知相关人员。

4.1.7 施工完成情况

左、右线盾构两次下穿施工比较,见表 4.1-3。

两次盾构下穿一号线施工情况对比表　　　表 4.1-3

两次盾构下穿的不同	右线（首次）穿越	左线（第二次）穿越
盾构机型号、长度	海瑞克 7.65m	维尔特 NFM9.17m
下穿时与地铁一号线空间位置	平曲线 $R=400$m,竖曲线 $R=3\,000$m;与一号线底部最小垂直距离 2.352m,一号线距离暗挖隧道洞门距离 5.4m	平曲线 $R=400$m,竖曲线 $R=3\,000$m;与一号线底部最小垂直距离 2.342m,一号线距离暗挖隧道洞门距离 2.236m
出洞处理措施	钢花管注浆	钢花管注浆 素混凝土填充加固体
地铁一号线底部至盾构隧道底地质情况	粉质黏土 <5-2>、强风化泥质粉砂岩 <7>、中风化泥质粉砂岩 <8>	粉质黏土 <5-2>、强风化泥质粉砂岩 <7>、中风化泥质粉砂岩 <8>、微风化泥质粉砂岩 <9>

续上表

两次盾构下穿的不同	右线（首次）穿越	左线（第二次）穿越
地层扰动情况	地层受天河南站围护结构、明挖基坑、暗挖隧道扰动	地层受天河南站围护结构、明挖基坑、暗挖隧道以及首次穿越扰动
出洞情况	距离洞门 1.5m 处发生坍塌，监测数据显示一号线监测数据异常	素混凝土填充加固体端部钢筋网及混凝土整体倒下，车站侧墙受到一定破坏，对一号线未产生影响
下穿施工期间引起的地铁一号线最大沉降	5.5mm	2.1mm
盾构平均推力、扭矩、掘进速度	13 500kN、3 240kN·m、33mm/min	17 000kN、1 850kN·m、30mm/min

两次盾构下穿一号线施工过程总体顺利，从监测结果来看，从车站基坑开始至两次盾构下穿施工结束，地铁一号线结构最大沉降 15.68mm（盾构施工前一号线结构最大沉降 7.7mm），轨道左右股道沉降差最大 1.63mm，水平位移最大 2.0mm。下穿施工过程顺利，既确保了地铁一号线隧道的结构安全，又保证了运营安全。但右线盾构刀盘到达距离车站暗挖隧道掌子面 1m 左右位置时，暗挖隧道掌子面端墙大块垮塌，检测数据显示一号线出现了突然沉降，沉降达到 5mm。左线施工时对天河南一路南侧暗挖隧道采取了素混凝土回填处理，解决了盾构出洞时难以进行同步注浆的问题，但由于钢筋网的设置不合理，盾构出洞时钢筋网处混凝土整体倒下，对车站侧墙造成了一定的破坏，但对地铁一号线未产生影响。

作为广州市首次盾构施工近距离下穿地铁既有线路，本次施工为今后类似工程提供了宝贵经验：在确保盾构机及相关设备经过仔细检修的前提下，控制好盾构机掘进模式、掘进姿态、刀盘推力、出渣量、注浆量、注浆压力等参数，采取渣土改良、补强注浆、小管棚等辅助措施，以及采取实时监测等都是确保下穿成功的关键环节。

4.2 浅覆土砂层泥水盾构机带压换刀技术

4.2.1 工程概况

珠江新城旅客自动输送系统体育中心站—林和西站盾构区间右线隧道于 2007 年 6 月 25 日掘进至 292 环处时，盾构机覆土 7.3m，地面为广州市体育中心混凝土道路，盾构机掘进出现推进速度慢，推力小，扭矩小，易跳闸，易卡刀盘等现象。掘进参数见图 4.2-1。

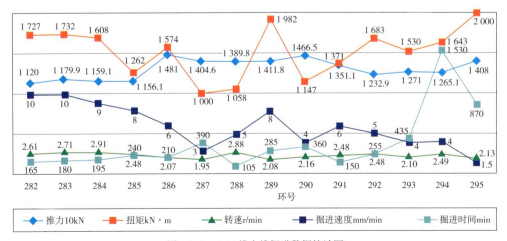

图 4.2-1 APM 线右线掘进数据统计图

在 282~295 环掘进缓慢阶段，推力小于 12 000kN，刀盘扭矩未达到 2 000kN·m 就会停转，并出现齿轮油（润滑油）的报警信号。经检查发现，齿轮油内含有较多的铁屑，进行更换后，报警信号依然存在，经厂家人员检查，发现是齿轮油流量低造成跳闸停转，在程序中进行了调整后问题仍未得到解决，在其后的掘进过程，仍然发生类似报警。2007年7月3日停机检查，检查了5d后，于7日晚，在低推力、低转速状态下推进，结果在3h内只推进了3cm。

根据补勘资料，此时盾构机所处位置地层从上到下为：<1>人工填土层3.5m、<3-2>中粗砂层2.4m、<4-1>粉质黏土层2.0m、<3-2>中粗砂层1.4m、<5-2>粉质黏土层2.1m、<9>砾岩层。盾构机位置地质纵断面图见图4.2-2。

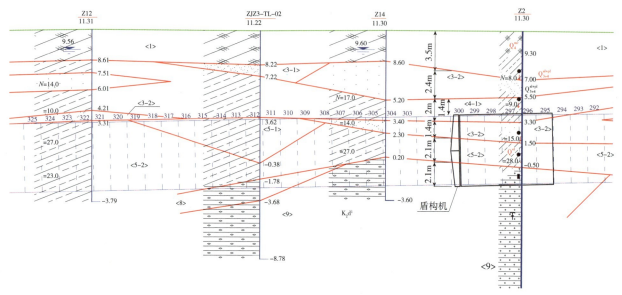

图4.2-2 APM右线盾构位置地质纵断面图

为了确切诊断盾构机目前的问题所在，考虑盾构机上部土体不稳定，刀盘前方土体上部有含水量较大的<3-2>中粗砂层和稳定性较差的<4-1>粉质黏土层，且盾构机覆土仅为7.3m，开舱存在上部土体坍塌的危险。为了确保工程安全实施，在经过长达半个月的研究分析与准备后，决定按三个阶段逐步实施在浅覆土砂层地段的带压换刀方案：第一阶段为保压阶段，通过保压试验分析是否能带压检查刀具；第二阶段为带压检查刀具阶段，通过带压检查刀具情况分析是否需要带压换刀；第三阶段为带压换刀阶段。

4.2.2 方案实施前的相关准备措施

1）调配高质量泥浆

经检测，原泥浆平均密度为1.18g/cm³，泥浆平均黏度为20s。为确保开挖面的稳定，采用高浓度泥浆，计算出需要加入的材料数量，往泥浆池加入了4.7t膨润土和6包（50kg/包）CMC（羧甲基纤维素钠），搅拌均匀后，测得泥浆平均密度为1.32g/cm³，泥浆平均黏度为32s。

2）确定泥浆压力

此处开挖面地层含有渗透性地层，土压力按主动土压力计算，采取水土分算的方式。根据勘察报告，计算得出开挖面处水土压力为106kPa。为确保开挖面的稳定，提高了泥浆压力，使压力至少高于工作面水土压力30kPa，最终确定泥浆压力为150kPa。同时提高泥浆的保压时间，泥浆保压70min，确保形成均匀无缺损的泥膜。

3）确定气压

通过气压把土舱中的泥浆压出舱形成空气舱，压力的设置既要能平衡开挖面水土压力，又要避免击穿不良地层，同时考虑人在此压力环境下带压换刀的舒适感。考虑上述原因，工作舱压力设定高于开挖面水土压力 10~20kPa，设定为 120kPa。

4.2.3 保压阶段

2007 年 7 月 18 日晚上开始进行保压试验，保压试验的目的是通过空压机运行情况、气体泄漏情况、保压期土舱气压的曲线变化情况、保压完毕后洗舱的渣土情况和地面监测情况等，分析掌子面是否稳定、舱内气压能否保持稳定等。保压试验具体流程如图 4.2-3 所示。试验数据及初步分析结果如下。

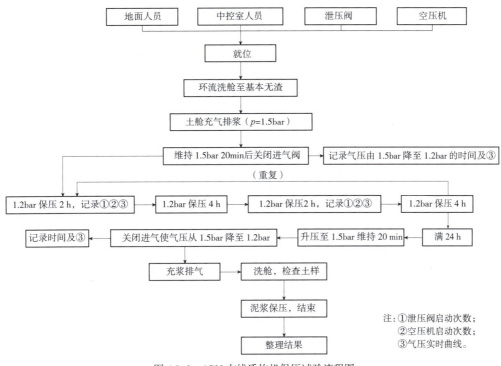

图 4.2-3 APM 右线盾构机保压试验流程图
（注：1bar=10^5Pa）

1）试验数据
（1）空压机起动时间
在保压过程中，记录每次空压机加载启动时间，然后计算前后两次启动的间隔时间。每次加载间隔时间如图 4.2-4 所示。

从图 4.2-4 中看出，2007 年 7 月 18 日晚班加载间隔时间波动较大，平均为 28.7min。19 日白班加载间隔时间比较稳定，平均为 22.8min。

（2）气体泄漏情况
在保压之前和保压之后，分别进行了两次从 1.5bar 降到 1.2bar 无补气的降压试验，目的是了解保压前后气体泄漏情况。第一次降压历时约 22min，在第一次降压过程中，有突然降压泄气现象。第二次降压历时约 12min。降压曲线如图 4.2-5 和图 4.2-6 所示。

（3）保压期土舱气压的曲线变化情况
完成土舱第一次不补气从 1.5bar 下降到 1.2bar 试验后，即进行 1.2bar 保压试验，土舱与气舱中的气压变化如图 4.2-7 所示。

从保压记录数据来看，气舱内压力一直稳定在 1.19bar 不变，土舱压力则在 1.11~1.14bar 之间变动，土舱平均压力为 1.13bar。保压过程中，发现盾尾有泄气现象。

（4）保压完毕后，洗舱的渣土情况

保压完毕后，再次进行洗舱，但通过黑旋风（渣浆分离器）分离出的渣土较少，从二级筛上可见到少量砂土分离出来。

（5）地面监测情况

在地面盾构切口环的 20m×20m 范围进行全天 24h 监测，从地面监测的数据来看，地面降沉与隆起均在 2mm 范围，基本上没有变化。

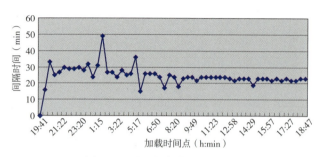

图 4.2-4　空压机加载间隔时间表

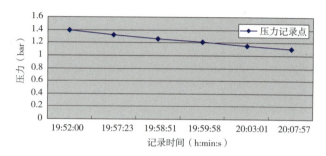

图 4.2-5　第一次降压土舱压力曲线记录表

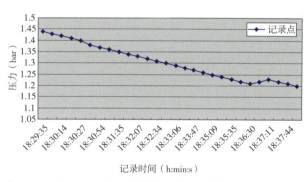

图 4.2-6　第二次降压气舱压力曲线记录表

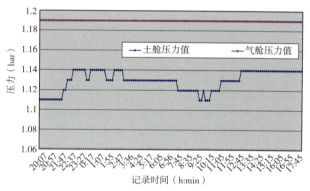

图 4.2.7　保压期间土舱与气舱实时曲线表

2）数据分析及初步结论

（1）从空气机起动间隔数据分析，18 日晚班加载间隔时间波动较大，平均为 28.7min。19 日白班加载间隔时间比较稳定，平均为 22.8min。说明保压后半段时间的泄气量明显加大。

（2）从气体泄漏情况分析，第一次降压花时约 22min，第二次降压花时约 12min，说明保压之后气舱泄漏明显增加。在第一次降压过程中，有突然降压泄气现象，推测可能在掌子面上有小面积坍塌。

（3）从保压期土舱气压变化情况分析，保压过程中，发现盾尾有泄气现象，土舱压力则在 1.11~1.14bar 之间变动，土舱平均压力为 1.13bar。说明虽有泄气现象，但空压机仍能及时补充空气，保持气压稳定。

（4）从地表监测数据分析，地面降沉与隆起均在 2mm 范围，基本上没有变化。由于盾构机上方地面有路面和旧机场的两层较厚混凝土，沉降变形会滞后。因此，监测数据暂未能说明问题。

4.2.4　带压检查刀具

通过对保压试验结果进行分析后认为：①掌子面基本稳定；②虽然保压试验过程中舱内气体有一定的泄漏，但空压机仍能及时补充空气，可以保持舱内气压的稳定，在准备充分和科学操作的情况下具备带压开舱检查刀具的条件。在有关单位有经验的人员进行操舱和请医院有经验医生在现场随时进行救护的情况下,于 2007 年 7 月 20 日进行了带压开舱检查盾构机的刀盘刀具。

1)压气作业前准备工作

结合开舱施工的具体情况,充分考虑施工安全方面及施工作业质量保证方面的问题,在开舱前针对施工过程中的操作注意事项组织进舱人员进行培训学习,并做好设备、工具和物资检查、准备工作,后勤保障准备等。

2)开舱检查

第一次开舱先由有经验的工程师进入,鉴定舱内的工作状况,包括掌子面地质条件、泥饼结成情况、刀具磨损情况、土舱清理情况等。开舱检查情况如下:

(1)土舱内无水,土舱内较干净没有结泥饼,掌子面顶部是砂层且有泥膜封堵,无渗水现象,具体见图 4.2-8 和图 4.2-9。

图 4.2-8 土舱照片

图 4.2-9 开挖面照片

(2)边缘铲刀基本完好,有部分刮刀崩角,见图 4.2-10。

(3)所能见到的先行刀的固定楔块已丢失,先行刀已转动 45°~90° 角,与出厂对比见图 4.2-11。

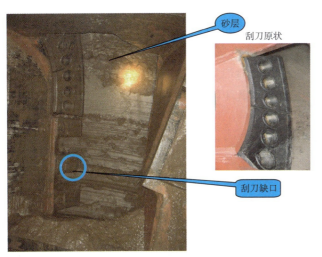
图 4.2-10 边缘铲刀

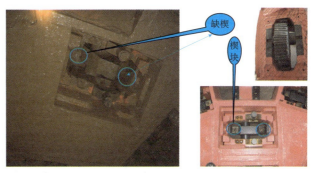
图 4.2-11 出厂与现状对比图

(4)边缘两把滚刀基本完好,磨损不大,与出厂对比图见图 4.2-12。

4.2.5 浅覆土带压换刀

针对开舱检查刀具情况,决定把全部的 13 把先行刀换成双刃滚刀,同时采取盾尾漏气封堵、刀盘开口封堵等一系列技术措施来保证换刀的安全。

1）开舱换刀前准备工作（表 4.2-1）

开舱换刀前准备工作汇总表　　　　表 4.2-1

准备项目	工作内容
盾构机设备准备	保证盾构机与开舱相关的机械设备和仪表都完好
用电准备	除现有的两套电力系统外，增加柴油发电机，确保三套系统之间切换在 5min 内完成，以保证空压机持续供电
空压机	保证两台空压机正常工作，供气切换 5min 内完成；保证供气管路完好
舱内用水准备	检查盾构机向舱内供水的管阀，保证舱内自来水供应
刀盘开口封堵准备	木板、丁字形拉杆
换刀工具准备	准备安全带（5个）、尼龙绳、踏板、换刀专用设备（1套）、气动扳手（1套）、梅花扳手（2把）、1t 手动葫芦（4个）、吊耳（5个）、1m 钢丝绳（4根）、铁锤（2把）、2.2kW 水泵、铁锹（2把）、铁铲（2把）、电焊机（1套）、氧气乙炔（1套）、照相机（1个）、吹风筒（1套）、防爆照明灯（2套）、手电筒（5个），对讲机（4个）等
其他材料准备	聚氨酯、冰块等
应急措施准备	准备 4 个吸氧袋，急救医生 1 人，应急车 1 辆

（1）刀盘开口封堵的材料准备

在泥膜和气压作用下掌子面能够保持稳定状态，但由于盾构机刀盘前方顶部是砂层，为了防止掌子面上部土层坍塌危险，对主轴以上的刀盘开口进行封堵之后，进行换刀工作。开口的封堵采用丁字形拉杆把 3cm 厚木板紧扣在刀盘开口的土舱面上。丁字形拉杆用 5cm 厚槽钢加螺杆焊接而成。开舱前准备 5 套封堵板（4 套使用，1 套备用），每套包括两块木板和各 2 根拉杆。木板和拉杆如图 4.2-13 所示。

（2）盾构机刀盘后退

由于滚刀突出刀盘面比刮刀高 3.5cm，刀盘往后退以保证滚刀的安装空间，同时防止滚刀安装好之后，刀盘转动时滚刀不会破坏掌子面泥膜，因此，在换刀之前把刀盘往后退 5~10cm。

图 4.2-12　边缘滚刀

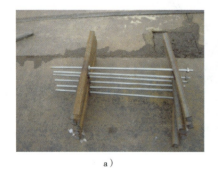

图 4.2-13　刀盘开口封堵木板和拉杆

（3）盾体与围岩之间的漏气通道封堵

盾体与围岩之间的漏气通道如图 4.2-14 所示。

为了防止漏气，在盾构机周边由盾体内向盾体外注入聚氨酯，注入盾尾油脂，并补充注浆，封堵盾体与围岩之间的漏气通道后效果如图4.2-15所示。

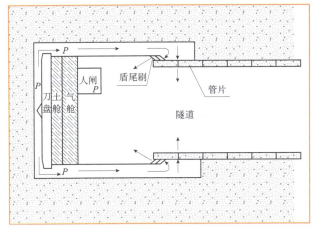

图4.2-14 盾构与围岩之间的漏气通道　　　　图4.2-15 封堵漏气通道后效果图

（4）刀盘面土层重新稳定措施

刀盘后退及盾尾封堵之后，重新进行高压成泥膜操作。

2）开舱换刀

（1）第一次开舱换刀

经过开舱前的保压试验和开舱检查，确认具备开舱条件后，经过严密部署和准备，在2007年7月25日在右线进行了带压开舱换刀作业。但工作人员进舱后发现开挖面上方有局部坍塌现象，了解情况后停止换刀作业。其主要工序如下。

第一，进舱前所作的操作

①盾构机后退

盾构机后退时，气压加至1.8bar，切口水压在1.35~1.40bar，盾构机后退了4cm。

②注聚氨酯

盾构机后退操作之后，在盾体与围岩之间注入了6桶每桶20kg的聚氨酯和2桶每桶20kg的丙酮。

③重新成泥膜

置换浓泥浆，压力升至1.5bar后重新形成泥膜，然后降至1.2bar保压。

④置换气体入土舱

早上6:30开始转换气体进土舱，7:30左右发现排泥口有堵塞。因此，再加入泥浆进行洗舱，洗完舱之后再重新充入气体，整个过程在8:50结束。

第二，进舱后工况检查情况

在确认所有准备工作完成之后，换刀工作人员于9:00开始进舱，于9:45离舱。进舱人员从人闸进入气舱后，在气舱内接水、接电过程中，听到土舱有几声间歇性的闷响。打开气舱与土舱之间的平衡阀，平衡了两舱压力，并判断土舱内气体无异味，然后打开了土舱门。在土舱门口观察土舱，观察到的情况如下：

①11点到12点位置之间已有直径约40cm、深40cm的空洞，表面为白色中粗砂，如图4.2-16所示。

②塌落的沙土撒落在刀盘辐条和牛腿上，同时空

图4.2-16

洞内的砂仍不时掉落，如图4.2-17所示。

③9点位置刀盘靠中心的开口处堆积了较多的白色砂土，如图4.2-18所示。

图4.2-17　　　　　　　　　　　　图4.2-18

④可以听到4点位置有异物从上掉落到泥浆里的声音。

⑤刀盘与盾体缝隙之间夹有带泥沙团。

⑥掌子面无渗水，但土舱内底部约有1m深的泥浆水。

（2）原因分析

分析带压开舱换刀的各个工作环节和进舱后的工况检查结果如下：

①进舱前刀盘后退4cm的动作有可能扰动掌子面土体，特别是上部土体，而且可能破坏部分掌子面的泥膜，从而导致前方和顶部部分砂土坍落。

②换气体进土舱时，发现排泥口有堵塞，进行了加泥浆进行冲洗，也可能造成上部砂层的失稳。

③虽然上部砂层有一定坍塌，但从掌子面无渗水和土舱内气压能保持稳定来看，掌子面还基本处于稳定状态。

基于上述结论，决定进行再次保压试验，重新确认掌子面的稳定情况及进行再次带压进舱换刀的可行性。

3）再次保压试验结果

在8月1日至8月2日进行了再次保压试验，以分析掌子面是否稳定、舱内气压能否保持稳定。第二次保压试验数据及分析结果如下。

（1）试验数据

①空压机加载间隔时间

在保压过程中，记录每次空压机加载起动时间，然后计算前次卸载和下次加载的启动的间隔时间。加载间隔时间如图4.2-19所示。

从图4.2-19可以看出，开始阶段的加载间隔时间波动较大，间隔时间约30min，后面加载间隔时间比较稳定，间隔时间约10min，说明后期气体泄漏量增加。这主要是因为左线启动了碳刨进行刀盘刀具的修复工作，导致用气量增加。同时说明右线掌子面比较稳定，没有异常情况发生。

②气体泄漏情况

在保压之前和保压之后，分别进行了两次从1.5bar降到1.2bar无补气的降压试验，其目的是为了了解保压前后气体泄漏情况。第一次降压费时约14min，第二次降压费时约7min。降压曲线图如图4.2-20和图4.2-21所示。

③保压期土舱气压的曲线变化情况

完成土舱第一次不补气从1.5bar下降到1.2bar试验后，即进行1.2bar保压试验，土舱与气舱中的气压变化如图4.2-22所示。

从保压记录数据来看，气舱内压力一直稳定在1.19bar，土舱压力则在1.12~1.17bar之间变动，土舱平均压力为1.14bar。

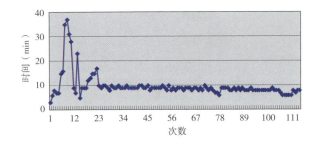

图4.2-19 空压机加载间隔时间

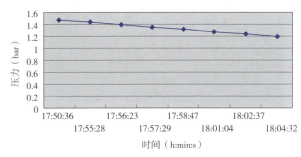

图4.2-20 第一次从1.5降至1.2 bar

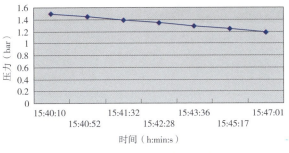

图4.2-21 第二次从1.5降至1.2bar

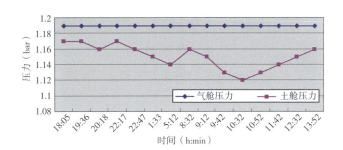

图4.2-22 保压期间气舱与土舱压力曲线

④地面监测情况

在地面盾构切口环的20m×20m范围进行全天24h监测，从地面监测的数据来看，地面沉降与隆起均在3mm范围，基本上没有变化。

（2）数据分析及初步结论

①试验结果表明，空压机补充气体及时，气压稳定。

②两次自然降压时间从14min减小到7min，反映掌子面泄气量增加，分析主要原因可能是由于保压时间长、泥膜干缩所致；与7月18日的第一保压试验比较，降压时间有所减小，主要是第二次保压试验的泥浆黏度及相对密度比第一次的泥浆黏度及相对密度低。决定通过加入膨润土改善泥浆的质量及重新补充优质泥浆修复泥膜。

③气压舱和泥水舱压力监测数据及空压机启停情况表明了气舱和土舱压力波动很小，可以判定掌子面在保压期间是稳定的。

4）第二次开舱检查

经过再次保压试验，气压舱和泥水舱压力监测数据及空压机启停情况表明了气舱和土舱压力波动很小，可以判定掌子面在保压期间是稳定的，具备进行人员带压进舱换刀的条件。8月3日在右线进行了开舱换刀前的工况检查。检查情况及分析结果如下：

（1）舱内较干净，无积水，掌子面无渗水现象。掌子面上部的砂层有泥膜封堵且较厚，而上部的<4-1>粉质黏土泥膜较薄，局部裸露（图4.2-23）。

图4.2-23

（2）筒体和刀盘之间的缝隙土层可以看到泥皮裂缝（图4.2-24）。

（3）刀盘前方土层有较厚泥膜与刀盘有一定间距（图4.2-25）。

图4.2-24

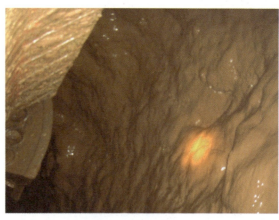
图4.2-25

（4）上次坍塌的孔洞表面已形成了泥膜，表观比较稳定（图4.2-26）。

5）第二次开舱换刀

从进舱检查情况来看，掌子面比较稳定，工况良好，气压能够保证稳定，不会造成大规模的坍塌，增加背板可以降低安全风险，具备开舱条件，决定第二次进舱换刀。换刀过程中，气压换刀与泥浆保压循环分12h循环进行，白天开舱换刀12h（每4h一班），晚上12h泥浆保压以确保泥膜均匀不皲裂以提高开挖面的稳定性。

开舱先由有经验的工程师和电工进入，接通防爆照明灯，并在人闸、气舱和土舱撒冰块降温，然后用锹、铲对切口环进行清理，并进一步检查土体稳定情况，确定无危险之后，立即用准备好的木板和拉杆对主轴以上开口进行了封闭。进行开口封闭时，先封堵主轴以上四个开口，换完一个条幅上的刀后，拆除最左边两开口的封堵板，然后把刀盘逆时针转动到下一个工作面，再封堵右边刚转上来的两开口。在做好支护之后，开始进行换刀。根据7月20日开舱后刀盘停止时的位置，为最大限度减少刀盘旋转次数以减少对开挖面的影响，制订出换刀次序，刀盘向左转动更换刀具次序见图4.2-27（图中所示为刀盘停止位置）。

图4.2-26

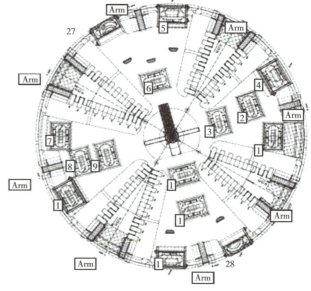
图4.2-27 刀具更换次序

本次右线共换刀15把。15把贝壳刀全部更换为双刃滚刀。从2007年8月4日~8月7日，共有32人次安全进入土舱内作业53.2h，实现了泥水盾构在软弱浅覆土砂层中的带压开舱作业（图4.2-28）。

在实施过程中，气压设置控制为120kPa，气压稳定，可以平衡水土压力；另外，按图4.2-29所示位置对地面沉降进行了同步监测，地面监测未发现有击穿地层漏气的现象，地面沉降值在-8.1~+2.3mm之间，未对体育中心内环境造成影响，如表4.2-2和图4.2-29所示。

图4.2-28 气压换刀作业

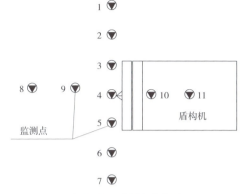

图4.2-29 监测点分布图

带压换刀过程监测统计表　　　　　表4.2-2

监 测 点 号	初始高程（m）	本次高程（m）	累计沉降（mm）
1	12.5148	12.5113	-3.5
2	12.5162	12.5139	-2.3
3	12.5203	12.5156	-4.7
4	12.5182	12.5194	1.2
5	12.5176	12.5118	-5.8
6	12.5205	12.5129	-7.6
7	12.5211	12.5184	-2.7
8	12.5089	12.5112	2.3
9	12.5102	12.5055	-4.7
10	12.5213	12.5144	-6.9
11	12.5209	12.5128	-8.1
备注		累计沉降值负数为沉降，正数为隆起	

4.2.6 经验总结

（1）现将本节浅覆土砂层泥水盾构带压换刀技术与其他换刀方法对比，汇总于表4.2-3。

（2）开舱前应细化方案，注意做好以下工作：

①保证换刀及后勤人员的配备；

②每天进行12h换刀作业，其余12h进行泥浆保压，泥浆黏度应保证在35s以上；

③尽可能在土舱进气口安装流量表观测舱内供气情况的变化，以及时反映舱内气体泄漏情况，确保人员安全；

④每次换刀必须由管理人员先进舱进行掌子面稳定、背板安装等工况检查；

⑤交接班时，必须对舱内情况进行详细描述（掌子面、换刀等情况）；

⑥时刻保持逃生通道畅通。

盾构带压换刀技术对比汇总 表 4.2-3

序号	方案	情况分析	对比分析
1	加固开舱换刀	1. 使用一台搅拌机施工； 2. 加固范围为长×宽×深 6m×10m×12m； 3. 施工工期约 10d，凝固时间需 60d，开舱换刀 3d，约 73d； 4. 占地面积约 60m²； 5. 加固后开舱作业安全； 6. 地面环境污染大	工期长，影响工程进度，对地面环境影响大
2	冻结法开舱换刀	1. 投入冷冻设备； 2. 经济投入大； 3. 技术难度大，夏季施工控制问题多（下雨、烈日）； 4. 冻结工期约 30d，开舱换刀 3d，约 33d； 5. 加固效果好，开舱作业有保障； 6. 占地面积约 50m²	工期较长，投入设备与资金多，设计操作存在不可控制因素多，对地面有一定的影响
3	气压开舱换刀	1. 利用盾构机自带设备； 2. 经济投入较少； 3. 作业保障技术要求严格； 4. 气压控制要准确及稳定； 5. 不存在占地问题； 6. 换刀时间 18d（其中因首次在浅覆土砂层中气压换刀，前期研究准备工作时间较长）	

4.3 盾构区间下穿既有铁路施工技术

4.3.1 大西区间泥水平衡盾构下穿广茂铁路施工技术

1）工程概述

大西区间采用两台改造后的日本三菱泥水盾构掘进，从大坦沙岛广茂铁路北侧盾构井始发，穿过珠江，在珠江东桥脚与广茂铁路第一次相交至铁路南侧，左右线与铁路相交的范围为 20~25m，见平面示意图 4.3-1 和图 4.3-2。相交处隧道洞顶埋深 33m，所处的地层较软，右线：<3-2>、<5-1>、<5-2>、<6>、<7>；左线：<3-1>、<3-2>、<6>，具体见图 4.3-3。过中山八站后第二次与广茂铁路相交至铁路北侧，左右线与铁路相交的范围为 51~66m，埋深约达 24m，所处的地层较好，右线：<7>、<8>、<9>；左线：大部分为 <9>、局部 <5-2> 和 <6>。

图 4.3-1 营运繁忙的广茂铁路

第4章 五号线及APM线盾构施工技术

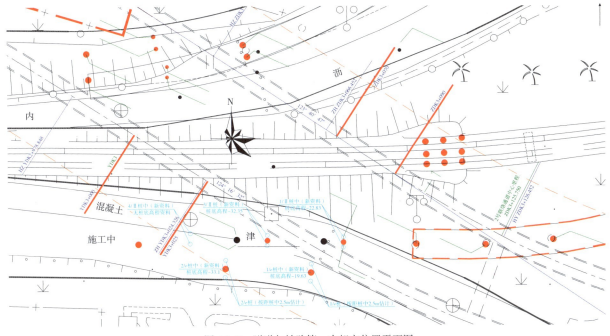

图4.3-2 隧道与铁路第一次相交位置平面图

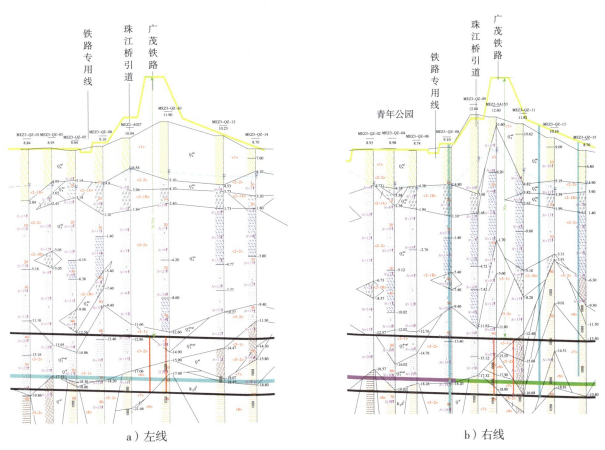

a)左线 b)右线

图4.3-3 隧道与铁路第一次相交位置纵断面图

广茂铁路行车的密度高，安全问题重大，地铁施工必须确保广茂铁路的正常、安全运营。施工时，火车行驶不限速，隧道通过铁路时，地面沉降控制要求较严格，铁路轨道沉降限值为：①轨面沉降值不得超过6mm；②相邻两股钢轨水平高差不得超过6mm；③相邻两股钢轨三角坑不得超过5mm。

为了盾构下穿广茂铁路的安全，布置了地面沉降监测网，轴线方向监测点间距小于盾构长度，5~6.5m 在路基两侧各布一个测点，10~15m 布置一个横剖面，在横剖面上从盾构轴线由中心向两侧由近到远，测点间距为 2m，布设的范围为盾构外径的 2~3 倍，即约铁路左右各 15m 范围，具体见图 4.3-4。

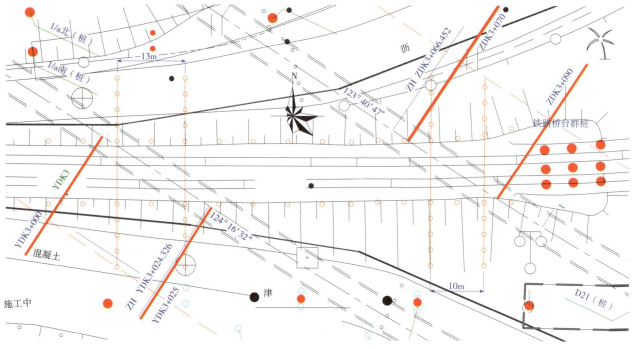

图 4.3-4　隧道与铁路第一次相交位置监测图

在盾构隧道施工过程中，由于开挖破坏了地层的原始应力状态，地层单元产生了应力增量，特别是剪应力增量，这将引起地层的移动，而地层移动的结果又必将导致不同程度的地面沉降。当差异沉降过大时，铁路路基就有可能遭到破坏，破坏主要是由于地层变形进而导致铁路的沉降或倾斜变形。对此，过铁路前制订了如下技术措施。

（1）选择正确的掘进参数，加强地表沉降、地下水位观测，并及时反馈施工。加强过程控制管理，实施信息化施工，防止开挖面失稳引起过大的地表沉降；同时也防止地面由于切口水压过大引起地表隆起。

（2）加强对盾构掘进中的工况管理，严防由于泥饼生成和土舱的堵塞，导致在铁路下清洗土舱。同时向泥浆水中加入添加材料，提高泥浆水的流动性，保障环流系统的顺畅。

（3）推进速度和姿态控制：盾构机的推进速度和姿态控制直接影响到土体沉降，因此在过铁路时适当放慢盾构的掘进速度，掘进速度控制在 25~35mm/min，即一环的掘进时间控制在 60~80min，以尽量减少对土体的扰动。

（4）穿越过程中，盾构机的姿态变化不能过大或过频，并且严格控制中线平面位置偏差、盾构切口与盾尾平面以及高程偏差均不超过 ±50mm。一旦出现盾构偏移轴线过大或地面变形偏大，则逐步纠正，及时调整推进速度。

（5）提高同步注浆质量与管理：每环推进前，对同步注浆的浆液进行小样试验，严格控制初凝时间为 13~15s。在同步注浆过程中，合理掌握注浆压力，注浆出口压力＝切口水压 +60~100kPa，使注浆量、注浆流量和推进速度等施工参数形成最佳匹配。

（6）加强盾尾舱的管理：在推进过程中，因设备故障和操作失误往往引起切口水压的波动，在每次调高切口水压后，必须进行试推进，并安排专人观察盾尾漏浆情况，确定无漏浆后再正式调高切口水压，进行正常掘进。同时注意盾构机本身要增加盾尾刷保护及其严格控制盾尾油脂的压注；在使用时对盾尾舱进行定期检查,平均每8环全面检查一次;并且在管片拼装前必须把盾壳内的杂物清理干净,以防对盾尾刷造成损坏。

(7)采用同步注浆时,要求注入的注浆压力大于该点的静水压力和上压力之和,做到尽量填充而不是劈裂。考虑盾构推进过程中纠偏、跑浆和浆体的收缩等因素,实际注浆量争取达到理论值的130%,即 $8m^3$ 以上。

(8)盾构机过铁路时对泥浆控制:随时具备足够的泥浆储备,制浆站具备足够的制浆材料,适当加大泥浆的密度和黏度,通过制浆站造浆把泥浆密度控制在 $1.20\sim1.25g/cm^3$,泥浆黏度控制在25s以上。

在实际施工中,右线首先到达铁路,从366R进入铁路路基前的每天8~10环,逐步降为每天一环,最长的387环用了7d,掘进速度为0,总推力25 043kN,扭矩2 399kN·m。在掘进390环时总推力高达31 025kN,扭矩2 184kN·m。由于掘进速度慢,一环掘进时间长,油温过高、频繁报警导致盾构被迫停机,只能待油温下降后再掘进,最后决定于390环停机,此时,盾构机的刀盘已离开广茂铁路轨道,但盾构机筒体仍位于铁路底下,邻近铁路每环的掘进参数如表4.3-1所示。

根据掘进参数的变化,最初判断可能是由于为了保证铁路安全而设置的切口压力过高,有效推力减小、推力不足而导致掘进速度较慢。但经过分析后认为:实际切削的土层跟前期地质资料提供情况存在较大的差别,不只是在断面下部存在较少的9号微风化层。在右线盾构停机期间,左线也接近了铁路,为了在左线盾构机通过铁路前,在铁路部门的同意下在铁路两侧的路基上补充了钻孔,具体位置见图4.3-5。

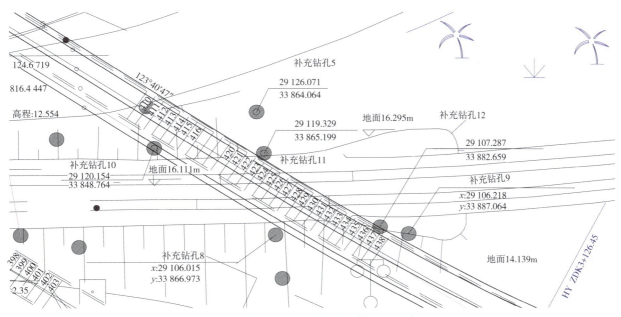

图4.3-5 左线隧道、铁路和补充地质钻孔平面关系图

根据历次地质钻孔情况绘制的沉积层底等高线图、<8>顶等高线图和地质纵剖面图分别见图4.3-6~图4.3-8。

通过分析上述地质图可以看出:左线过铁路段隧道底部410~426环不存在<8><9>地层,主要为<3-2>地层,直至427环开始底部开始出现少量<8><9>地层,并逐渐增厚,但到438环时,相比<3-2>地占少数。

根据左线钻孔资料和右线掘进情况,在左线盾构机上增加了一套油温辅助降温系统,以保证油温控制在允许范围内,保证了掘进能连续进行,顺利下穿了广茂铁路。

右线 353~389R 掘进参数表

表 4.3-1

施工环号	管片变换关键里程	施工类型	封顶块位置	注浆压力(MPa)	同步注浆位置	注浆量(m³)	管片注浆位置	后续注浆时间	切口水压(KPa)	干砂量(m³)	平均总推力(kN)	平均扭矩(kN·m)	高程 切口	高程 盾尾	平面 切口	平面 盾尾	拼装前 上	下	左	右	施工日期
353	YDK2+963.99	PP	2:00	0.36		7.7	11:00		296	32.6	19 799	1 423	32	−6	18	−25	35	35	40	20	2006/9/8
354	YDK2+965.49	PL	1:00	0.26		8.1	8:00		296	32	19 283	1 842	36	2	32	−23	30	30	40	25	2006/9/8
355	YDK2+966.99	PP	2:00	0.28		8.1	4:00		296	34.6	17 959	1 480	46	9	36	−14	35	35	35	25	2006/9/8
356	YDK2+968.49	PP	1:00	0.38		7.8	8:00		295	33.5	17 708	1 788	45	17	42	−4	30	40	40	20	2006/9/8
357	YDK2+969.99	PP	2:00	0.34		10.6	4:00		296	35.1	17 917	1 903	51	30	47	6	30	40	40	18	2006/9/8
358	YDK2+971.49	PP	10:00	0.25	4号	8.3	1:00		295	36.2	19 181	864	53	38	46	21	25	35	35	25	2006/9/9
359	YDK2+972.99	PR	2:00	0.25	4号	10	8:00		295	31.8	19 538	739	45	50	44	31	20	40	35	20	2006/9/9
360	YDK2+974.49	PP	10:00	0.33	4号	8.2	4:00		318	31.6	20 680	864	39	56	41	37	20	45	35	30	2006/9/9
361	YDK2+975.99	PL	11:00	0.33	4号	9.4	8:00		319	31.6	19 710	695	26	51	35	41	20	40	35	30	2006/9/9
362	YDK2+977.49	PL	1:00	0.4		8.7	1:00		316	316	19 382	19 382	23	40	34	35	20	40	35	30	2006/9/10
363	YDK2+978.99	PP	11:00	0.23		9	4:00		315	315	20 472	20 472	27	38	33	32	25	35	30	30	2006/9/10
364	YDK2+980.49	PP	10:00	0.2		10.8	8:00		307	307	21 734	21 734	20	33	28	33	35	40	35	25	2006/9/10
365	YDK2+982.126	PR	2:00	0.16	1号	13.9	8:00		305	68.3	23 658	2 511	19	28	27	28	20	20	30	35	2006/9/11
366	YDK2+983.626	PP	10:00	0.16	4号	14.8	2:00		306	42.8	24 576	2 547	27	24	23	22	20	40	35	30	2006/9/12
367	YDK2+985.126	PP	2:00	0.15	4号	14.6	8:00		305	54.2	24 617	2 479	26	22	27	19	35	25	30	25	2006/9/13
368	YDK2+986.626	PP	1:00	0.17	1号	11.4	8:00		308	41	26 032	2 724	21	18	26	21	35	20	25	30	2006/9/14
369	YDK2+988.126	PR	11:00	0.15	4号	10.5			294	30	26 564	2 493	24	17	24	22	40	15	30	35	2006/9/15
									9月16日到9月17日370环仍在掘进												
370	YDK2+989.626	PP	10:00	0.14	1号	12.8	8:00		282	29.9	28 276	3 175	20	13	8	16	40	20	35	30	2006/9/18
									9月19日371环在掘进												
371	YDK2+991.126	PP	2:00	0.14	4号	14.9	8:00		268	36.8	28 196	2 674	33	15	18	21	40	20	35	30	2006/9/20
									9月21日372环在掘进												
372	YDK2+992.626	PP	10:00	0.15	4号	8.2	3:00		250	30	28 612	2 686	37	16	20	21	40	20	30	30	2006/9/22

续上表

施工环号	管片变换关键里程	施工类型	封顶块位置	注浆压力(MPa)	注浆 同步注浆位置	注浆量(m³)	管片注浆位置	后续注浆时间	切口水压(KPa)	干砂量(m³)	平均总推力(kN)	平均扭矩(kN·m)	盾构机轴线姿态 高程(m) 切口	盾尾	平面(m) 切口	盾尾	盾尾间隙(mm) 拼装前 上	下	左	右	施工日期
373	YDK2+994.126	PP	2:00	0.24	1号	14.6	8:00		248	33.4	25 209	2 906	18	20	39	17	40	25	30	25	2006/9/23
374	YDK2+995.626	PL	3:00	0.26	11:00	9.3	9:00		249	37	24 875	2 960	17	20	44	18	50	15	35	25	2006/9/24
375	YDK2+997.156	BP	2:00	0.23	11:00	10.1	8:00		249	45.9	24 021	3 324	15	19	47	20	45	20	35	30	2006/9/25
376	YDK2+998.656	BP	1:00	0.26	11:00	9.4	7:00		249	36.6	24 259	3 227	14	19	53	23	40	20	35	25	2006/9/26
377	YDK3+0.156	BP	2:00	0.26	1:00	11.8	8:00		246	39.2	23 886	3 143	14	17	58	26	40	25	35	25	2006/9/27
378	YDK3+1.656	BP	10:00	0.23	1:00	11.8			246	39.2	23 886	3 143	10	17	61	28	40	20	35	20	2006/9/27
379	YDK3+3.156	PP	2:00	0.24	11:00	10.3	11:00		246	38.9	25 144	3 163	10	17	67	33	40	20	35	25	2006/9/28
										9月29日380环在掘进											
380	YDK3+4.656	BP	10:00	0.21	4号	12.4			310	35	26 544	2 937	70	35	4	16	20	40	30	30	2006/9/30
										10月1日381环在掘进											
381	YDK3+6.156	BL	11:00	0.23	1号	14.4	5:00		254	44.8	26720	2 604	0	14	76	38	40	40	40	15	2006/10/2
										10月4日382环在掘进，于10：40分推完											
382	YDK3+7.656	BP	1:00	0.17	11:00	12.5	7:00		251	40.2	28 362	2 467	-4	12	86	42	40	40	30	20	2006/10/4
383	YDK3+9.069	BP	2:00	0.12	10:00	9.4	8:00		236	45.8	29 106	2 176	-5	15	101	58	45	30	33	20	2006/10/9
384	YDK3+10.569	BP	10:00	0.29	1:00	9.78	4:00		239	36	27 481	2 746	-7	11	103	62	35	30	35	25	2006/10/10
385	YDK3+12.069	BP	2:00	0.18	1:00	15.35	8:00		242	39.4	23 073	2 529	-11	7	108	66	40	35	35	20	2006/10/11
386	YDK3+13.569	BP	10:00	0.21	1:00	16.12	4:00		242	44.2	22 855	2 052	-15	2	108	74	35	40	30	25	2006/10/14
										10月15日到10月19日387环仍在掘进											
387	YDK3+15.069	BP	2:00	0.21	2:00	17.07	4:00		242	49.4	25 043	2 399	-19	1	108	79	40	35	30	20	2006/10/20
388	YDK3+16.569	BP	10:00	0.26	2:00	10.38	4:00		238	41.1	24 433	3 264	-23	-2	103	83	40	30	35	25	2006/10/22
										10月23日389环在掘进											
389	YDK3+18.069	BP	2:00	0.25	10:00	11.45	8:00		232	39.4	29 934	3 267	-28	-5	100	82	40	40	40	10	2006/10/24
										10月25日到11月12日，右线停机											

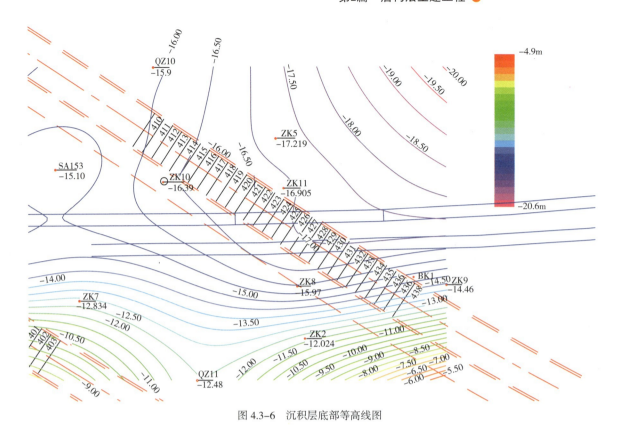

图 4.3-6 沉积层底部等高线图

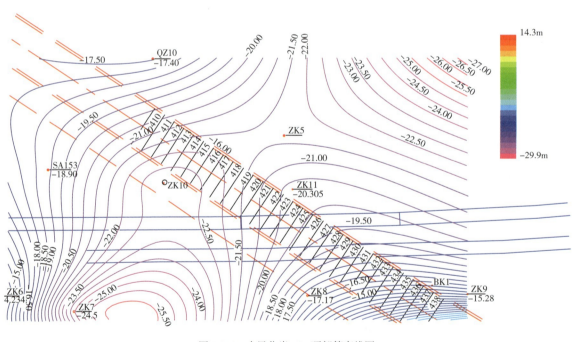

图 4.3-7 中风化岩 <8> 顶部等高线图

右线也重新进行了详细的补充钻探，根据补充钻孔情况（图 4.3-9）与原地质勘探报告和砂层、岩层的等高线（图 4.3-10~图 4.3-12）及断面示意图（图 4.3-13）显示，右线掘进至 390 环时，地质情况如图 4.3-10 所示，洞身范围内基本上为风化岩层，洞顶局部存在 <3-2> 层。但由于泥水盾构所配置的刀具为软岩刀具（图 4.3-14），故破岩能力较差，刀具磨损严重。

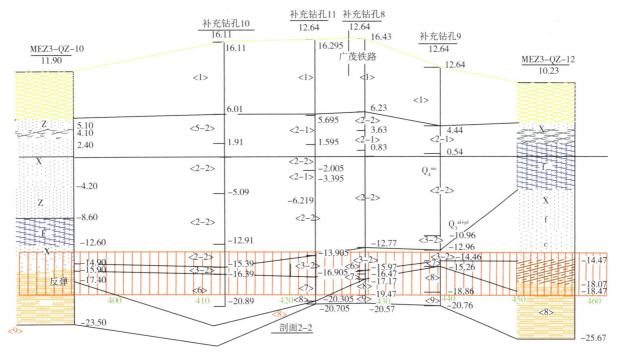

图 4.3-8 左线铁路路基下地质剖面图（高程单位：m）

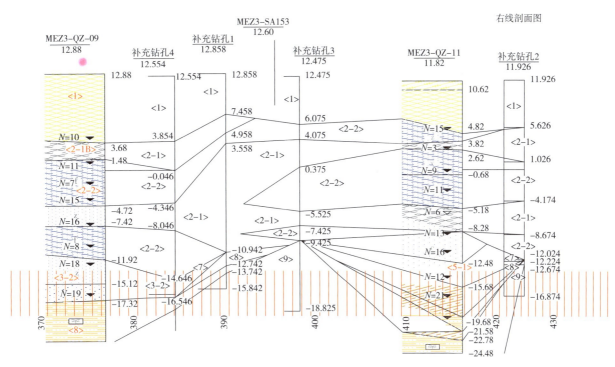

图 4.3-9 右线补充钻孔地质剖面图（高程单位：m）

2）盾构机的维修保养

综合近10环掘进的状况：在383环之前，掘进速度平均为2mm/min，但推力须不断增加，最大为32 500kN，切口水压不断降低，最低为210kPa，使盾构机的有效推力不断增加，经常在每次开机时刀盘扭矩较小，上升较慢，当刀盘扭矩上升到2 000kN·m以后，能挤出泥团，使盾构机能产生掘进速度。384 环掘进时，推力和扭矩有所下降，掘进速度可达 4~5mm/min，且挤出的泥团较多。385~386 环掘进时，推力下降，扭矩上升较快，经常出现扭矩超限并将刀盘卡住，不得已进行收缩千斤顶，甚至将盾构机后退 1~2cm，才能将刀盘转动，平均每班有 3 次将刀盘卡住。387 环起，盾构机推力又增大至 28 000~29 000kN，但刀盘卡住现象减少。

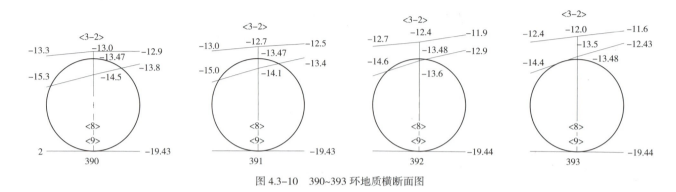

图 4.3-10 390~393 环地质横断面图

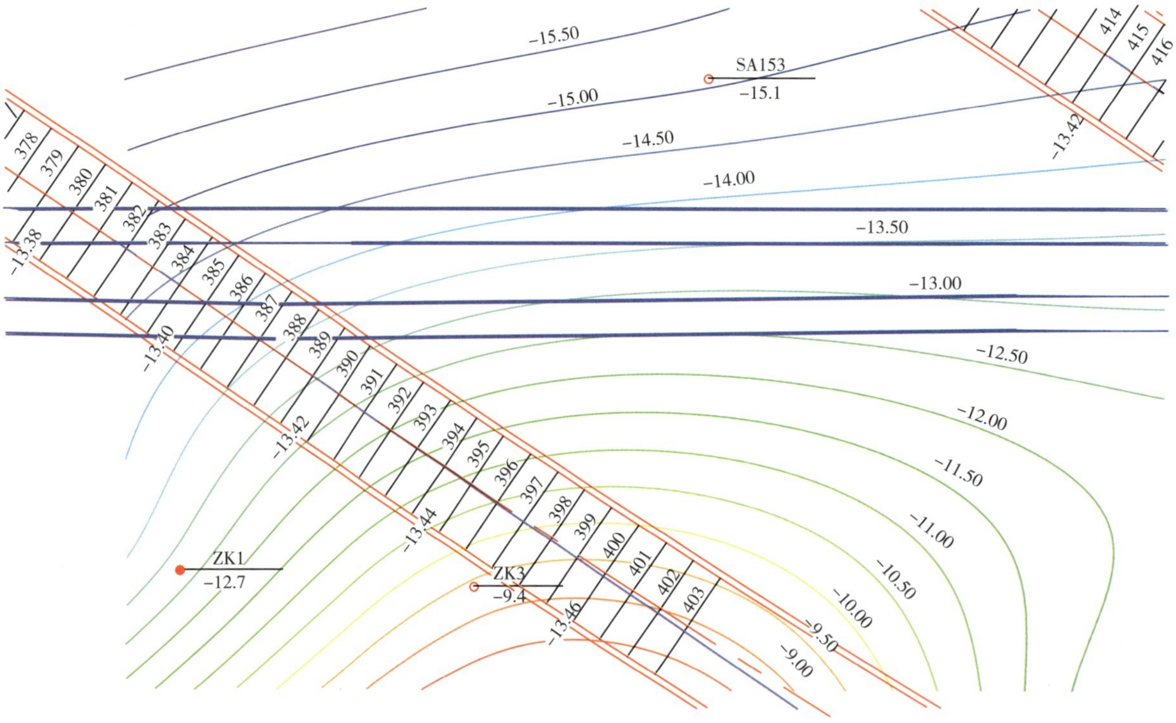

图 4.3-11 <3-2> 砂层底等高线

经分析地质情况和掘进参数，右线盾构掘进困难的原因主要有以下几个：

（1）383 环之前刀盘面板上结有较多的泥饼，使刀盘与切削面之间不能产生有效切削，推力较大，刀盘与切削面之间产生很大摩擦力，挤出的是泥团，泥团发烫且中间含有干粉状，判断是受到刀盘挤压和烘烤的结果。

（2）384 环掘进时，刀盘面板的部分泥饼开始产生脱落，刀尖逐渐开始外露，能产生切削，这时的掘进速度可以达到 4~7mm/min，推进相对稳定，但扭矩容易产生超限。

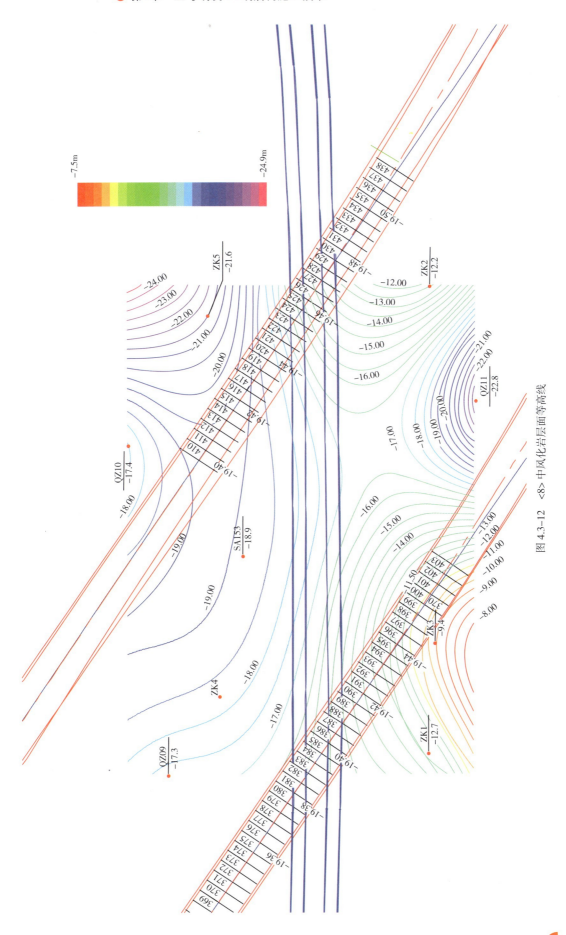

图 4.3-12 <8> 中风化岩层面等高线

（3）385~386环推力下降，但扭矩增加较快；推力略有增加，扭矩马上上升，甚至超限，多次出现刀盘被卡住现象，每班平均有3次刀盘被卡住，主要是刀具的设置存在缺陷。分析贝壳刀的轨迹线（图4.3-15）可以看出，刀盘中间设的五把双刃滚刀的刀座上所焊接的贝壳刀，其中贝壳刀的高度为170mm，其他可更换的贝壳刀的高度为140mm，而9号贝壳刀的内侧刀座保护板的轨迹与3号辐条上固定的19号贝壳刀（高度110mm）轨迹线相同，而保护板的高度（115mm）比贝壳刀还高，比同轨迹线的贝壳刀还先接触切削面。还有，17号与19号双刃刀的中间和外侧保护板分别与18号和20号贝壳刀的轨迹线重叠，而这两把刀的高度为140mm。若这两把刀磨损25mm便与刀座保护板高度一致。这样，保护板与切削面直接接触，而且，由于17号、19号刀的高度为170mm，而中间的18号刀高度为140mm，轨迹线的高度差使得中间切削困难，不利于切

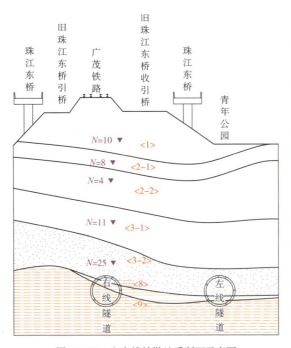

图4.3-13 左右线补勘地质断面示意图

削。刀盘刀具布置编号图见图4.3-16。

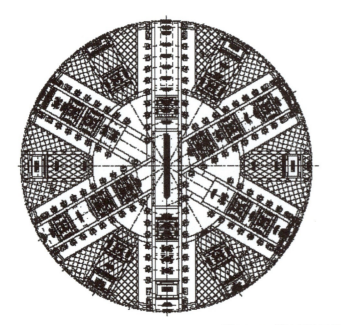

加强型先行（贝壳刀）

图4.3-14 泥水盾构刀盘及刀具

基于上述原因，9号和19号这两把刀的刀座直接与切削面接触，相当于3把钝刀在切削，而此时切削面的<8><9>岩层面较高，使得刀盘扭矩很大。刀盘面板刀具配置不合理，贝壳刀和刮刀的高度差别不大，使得所配置的刀具层次感不足，刀盘中110mm高的贝壳刀经过前段的掘进容易产生一些磨损，固定的贝壳刀只要磨损15mm，其高度便与刮刀一致。这样，这些贝壳刀无法起到先行破岩的作用，不能提前对岩层面产生刻痕，而是与刮刀一起作用于岩层上，从而严重削弱刀盘的切岩能力，导致刀盘和开挖岩面硬磨，进尺缓慢。刮刀刀座高出刀盘面板，影响刀盘切削下来的泥土流入土舱，造成刀盘面板黏结泥饼。

第4章　五号线及APM线盾构施工技术

贝壳刀

轨迹	辐条 No.1	No.2	No.3	No.4	No.5	No.6	面板 No.1	No.2	No.3	No.4	No.5	No.6
3140.25						39						
3140.25	1			21								
3136						38						
3114		37										
3093			16		33						33	
3081								36				
3037											35	
3012	2			22								
2982												34
2916									33			
2895	3		17									
2874					28							
2842								32				
2806						36						
2763											31	
2763		10		29								
2680				30								
2643	4	11										
2594			29									
2523									20			41
2507					28							
2419				27								
2404	5							14			34	
2331		26										
2285				23								42
2270					37							
2243										25		
2165	6		18	30								
2155								24				
2067									23			
2045				24		38						
1979												22
1925		7									35	
1891		21										
1806				25				15				
1802					20							
1713			19									
1686	8										27	
1623.9					18							
1567		12										
1534.8			17									
1448				31								
1445.7				16								
1356.6	15											
1328		13			39							
1267.5				14								
1208				32								
1178.4	13											
1092				26								
1089.3			12									
1000.2					11							
973	9											
911.1			10									
822					9							
730		13										

刮刀

轨迹	辐条 No.1	No.2	No.3	No.4	No.5	No.6
3026	112		4 456	6 778		109 122
3021		2 434			91 100	
2970				6 879		110 123
2965		2 535				
2910	213		4 557		92 101	
2825				6 980		111 124
2824		2 636				
2731					93 102	
2728	314		4 658			
2625				7 081		112 125
2624		2 737				
2552	415		4 759			
2550					94 103	
2435				7 182		113 126
2433		2 838				
2316	516		4 860			
2313					95 104	
2238				7 283		114 127
2235		2 939				
2119	617		4 961			
2117					96 105	
2000				7 384		115 128
1996		3 040				
1881	718		5 062			
1877					97 106	
1761				7 485		116 129
1757		3 141				
1642	819		5 163			
1638					98 107	
1521				7 586		117 130
1515		3 242				
1441	920		5 264			
1437					99 108	
1318				7 687		118 131
1313		3 343				
1193	1 021		5 365			
1066				7 788		119 132
982	1 122		5 466			
848					89	120
706	23		55			
554					90	121

注：贝壳刀中，彩色标志的为交换式（可拆换）刀具。

图 4.3-15　刀具轨迹表

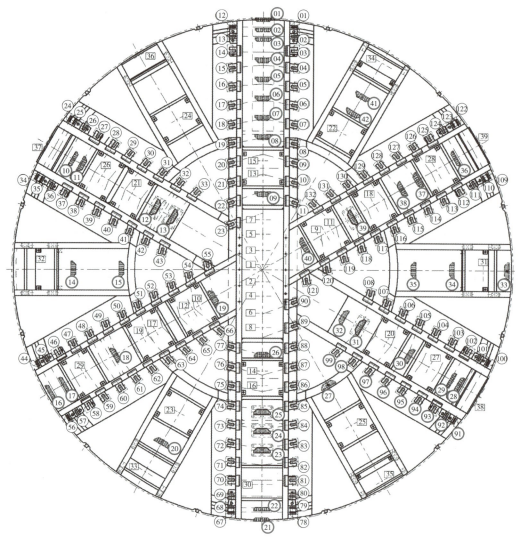

图 4.3-16 刀盘刀具布置编号图

为此,右线必须进行开舱作业后才能恢复掘进,清除部分土舱泥饼和刀盘面板泥饼,对刀具进行检查和更换,切除以前为保证过江安全、减小开口率而在辐条根部处加焊的钢板等,同时增加油温降温控制系统。

根据地质情况,虽然洞身范围内基本上为风化岩层,但洞顶局部仍存在<3-2>层,筒体上方也存在<3-2>层,如果筒体的间隙不充填满并有效止水,以确保筒体顶部不会塌方,不会有砂、土流入到土舱,会给开舱带来相当大的风险。因此,决定对该处地层进行注浆加固,对筒体注聚氨酯止水,以保证盾构机开舱的安全性。

地层加固的范围:在平面位置上,在砂层与盾构隧道重合部分左右范围各外扩3m,刀盘前后各3m为加固区;在横断面位置上,在砂层与盾构隧道重合部分沿隧道径向外扩3m,并进入风化岩层1m;小导管注浆的间距为600mm×600mm。

另外,对盾尾第4~10环范围内通过管片注浆孔补充双液注浆;离盾尾最近的两环管片通过管片注浆孔注聚氨酯,注入量以注入压力0.5MPa控制;检测土舱地下水情况,观察切口水压的变化,在确保安全下,开启舱门顶部检查口,在判断掌子面稳定和土舱水位能降至人闸以下后开人闸口进行作业。在盾构机中部壳体两侧腰部位置(2点、10点)钻一个ϕ25mm的孔,在筒体内焊接钢管和阀门,通过该孔往筒体上注入聚氨酯。开舱后,利用刀盘与筒体的间隙往筒体外侧的四周用麻绳或干海带塞满,从而形成筒体前端的密封圈。

在成功开舱后,发现刀具严重磨损,中央鱼尾刀将岩层磨出一个凹形坑,刀具合金大部分已脱落。更换了部分可更换的刀具,外圈附近三把贝壳刀也更换成滚刀,以更好地切削 <9> 地层,最终顺利穿过了广茂铁路。

4.3.2 西草盾构区间过广茂铁路施工

西草盾构区间过广茂铁路段位于火车站—西村区间,广茂铁路上方为环市西路上的克山铁路桥,左线已经顺利通过,右线所对应右线环号为976~1000环,线间距为41.1m,右线位于直线段,位于28‰的上坡。过广茂铁路所处地形起伏不大,地面高程19.0m,隧道顶面埋深约37m,轨道区域隧道顶面埋深27m。平面图如图4.3-17所示,地面铁路环境如图4.3-18所示。

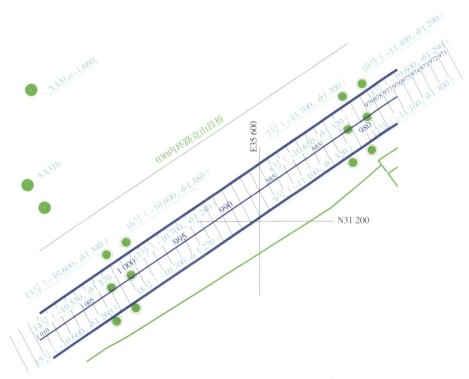

图 4.3-17　西草盾构区间过广茂铁路平面示意图

图 4.3-18　地面铁路环境

1）工程地质概况

过广茂铁路段隧道段内地层构造简单，无断层通过，如图4.3-19所示。此段位于荔湾单斜范围，属燕山构造阶段形成的褶皱，由白垩系上统地层组成，地层呈北东向展布，倾向北西，倾角约45°，不整合于石炭系地层之上。线路基本平行于地层走向。

本段下伏基岩为白垩系上统大塱山组黄花岗段（K2d2），主要岩性为暗紫红色粉砂质泥岩，含砾粉细砂岩及泥岩互层，部分地段夹石灰岩和石膏，属湖泊相。第四系覆盖层主要为冲积~洪积土层及残积土层。地层和岩性自上而下共分为3层，个别土层再细分亚层，其特征如下。

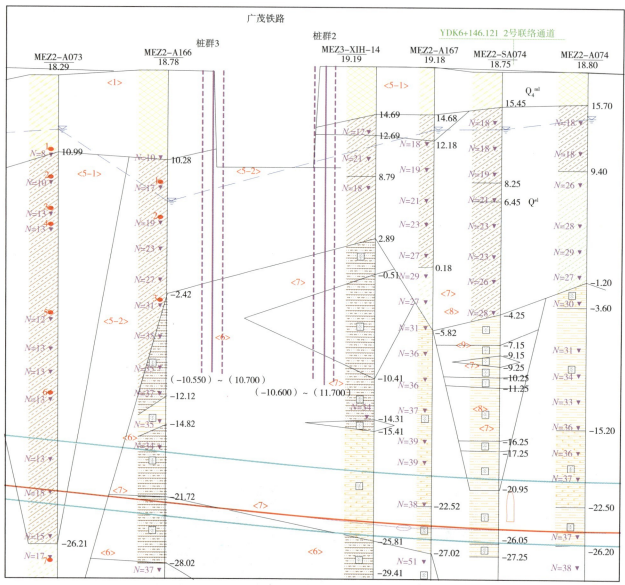

图4.3-19　过广茂铁路段地质断面图

（1）硬塑或密实状残积土层 <5-2>

呈褐红色、紫红色等，主要由粉质黏土、含砾粉质黏土组成，局部为粉土。含风化残留岩石碎屑或石英颗粒。粉质黏土、含砾粉质黏土呈硬塑状，粉土呈密实状，标贯击数15~38击，平均22.0击。

（2）岩石全风化带 <6>

主要由泥质粉砂岩，粉砂质泥岩、含砾粉~细砂岩等组成，局部夹粗砂岩、砾岩，呈暗褐红色、暗紫红色等，原岩已风化成土状，岩石组织结构已风化破坏，但尚可辨认，局部夹强风化岩块。岩芯呈坚硬或密实土状，标贯击数 29~60 击，平均 36.70 击。

（3）岩石强风化带 <7>

主要由白垩系大塱山组的泥质粉砂岩、含砾粉砂岩、泥岩、砾岩等组成，呈褐红色、紫红色，岩石组织结构大部分破坏，但尚可清楚辨认，矿物成分已显著变化，泥质、钙质胶结，风化残隙较发育，岩芯较破碎，岩质软，岩芯大部分呈岩状，局部夹半岩半土状。标贯击数 51~70 击，天然单轴抗压强度平均值为 1.32MPa。

水文地质：地下水按赋存方式分为第四系松散岩类孔隙水，层状基岩裂隙水。

（1）第四系松散岩类孔隙水

第四系松散岩类孔隙水主要赋存在冲积—洪积砂层。其砂层分布范围不广，厚度亦不大，地下水富水程度较差。冲积—洪积土层、残积土层和岩石全风化带含水贫乏，透水性较差。

（2）层状基岩裂隙水

层状基岩裂隙水主要赋存在白垩系泥质粉砂岩、粉砂岩、含砾粉砂岩中的强风化带和中风化带，以及砾岩的全风化带~中风化带，由于岩石裂隙大部分被泥质充填，故其富水性亦不大。岩体大部分完整，地下水赋存条件较差。

施工环境：该段隧道地面建（构）筑物主要是广茂铁路和跨越广茂铁路的克山铁路桥，隧道掘进通过该段时需采用必要的控制措施，以保证广茂铁路的安全。隧道从广茂铁路及环市西路下方穿过，环市西路交通繁忙，地下管线密布。

2）工程难点

过广茂铁路段隧道工程，隧道开挖范围内上部为 <6> 地层、下部为 <7> 地层，地质较软，在掘进过程中不可避免的对地层造成扰动，由于地层自身受力结构改变造成地面沉降。另外，由于注浆不及时或不饱满会造成后期沉降。沉降对所穿铁路影响范围广，存在一定的施工难度，本工程主要难点如下。

（1）地表沉降控制要求高

隧道通过广茂铁路时，地面沉降控制要求严格，铁路轨道沉降限值为：

①轨面沉降值最大不能超过 10mm。

②相临两股钢轨水平高差变化不得超过 4mm。

③在任何情况下轨面最大隆起量不得超过 10mm。

④12.5m 轨长范围内三角坑高差不得超过 4mm。

（2）隧道覆盖地质条件复杂

穿过的地层主要为残积土层、全风化带、强风化带。隧道采用盾构法施工时，隧道上部为软弱围岩，且围岩中可能存在夹层。这种地质情况对盾构参数的控制要求很高。主要控制的掘进参数有：土舱压力、掘进速度、注浆压力、注浆量，给隧道施工造成较大难度。

（3）广茂铁路制约施工

广茂铁路行车密度高，关系重大，工程施工必须确保铁路安全。

3）施工组织

总体目标：盾构掘进对轨道范围的环号为 976~1 000 环，共 25 环，根据临近铁路前的掘进进度和掘进参数，在正常情况下右线通过广茂铁路约需 3d，为了确保广茂铁路的运营行车安全，必须从工法上、施工参数上，以及各种保护措施上进行优化，具体施工组织如下。

（1）盾构掘进下穿广茂铁路施工过程全部采用土压平衡模式，以最大限度减小地面沉降，确保广茂铁路安全。掘进通过广茂铁路时，保持土舱压力 1.5~1.8bar，严禁出土量过大，造成掌子面上土方坍塌。

（2）从隧道即将通过广茂铁路前，与广茂铁路业主达成安全协议，进入轨道区进行沉降监测。

（3）与广茂铁路各部门及工区加强联系，取得有关铁路部门的专业配合，如填道渣等。

4）施工方法及技术措施

从接近广茂铁路前的推进情况分析，地面沉降控制不理想，每环出渣量正常时约60m^3，主要原因为盾尾漏浆严重，注浆不饱满，造成地层沉降，采取了管片粘贴海绵密封条的措施，起到了一定的作用，地面沉降速率有所减小。

在盾构掘进中，选择正确的掘进模式、参数控制和保证注浆量是控制沉降的关键，为了控制地表沉降，在施工过程中拟采用以下技术措施。

（1）盾构机在距离轨道群30m时，即960环左右，将停止掘进，停机时间控制在3h以内，对所有设备进行彻底的检查和维修（刀具检查，注浆系统、管片吊、运、装系统等维修），检查刀具并对刀具进行更换，机电部在过轨期间调用熟练技术和机修人员以确保盾构机以良好的状态顺利穿过轨道群。

（2）从进度50m范围内的掘进参数及地表沉降情况进行统计分析，设计通过铁路的掘进参数如下：刀盘转速1.1r/min，避免刀盘转速过高增大对地层的扰动；推进土舱压力设定1.5~1.8bar，保持开挖面稳定，禁止土舱压力过低造成土体塌方，过高造成地面隆起，出土量每环控制在60m^3以下，即电瓶车5斗可以满足推完一环，每个渣土斗装满时设专人告知机长，核对每斗是否满足推进30cm；若推进不够30cm，立即增大土舱压力，继续观察至出土量正常为止；刀盘扭矩控制在2 000kN·m以下；掘进速度35~50mm/min；掘进前10min开始加水，防止渣土过干造成刀盘扭矩过大、卡皮带机、甚至结泥饼，刀盘扭矩达到1 800kN·m或螺旋机油压到达75bar时停机5min进行加水，增大泡沫注入量，将4号泡沫管泡沫量调至最大，经常检查泡沫效果保证渣土改良效果；推进时一般存在0.5~0.8bar的气体虚压，停机时间若大于1h，应在停机时土压增至2.5bar。以上参数按正常情况设定，遇到特殊情况时，当机立断，果断采取相应措施。

（3）在通过广茂铁路期间，控制好盾构机姿态，严禁猛纠。每环纠偏量不超过3mm，以减小边缘滚刀和边缘刮刀的磨损量，防止因盾构机蛇型前进造成过大的开挖量以及单侧管片和开挖壁的间隙过大。

（4）做好管片选型，防止因某侧盾尾间隙过大造成漏浆，或因盾尾间隙过小过度挤压盾尾刷；注入盾尾油脂要及时、均匀、饱满，对漏浆点位重点补注，盾尾油脂注入量不少于40kg/环；在管片下井前做好海绵密封条的粘贴工作，防止砂浆通过管片纵缝流出。现场配备棉纱和海绵，必要时在盾尾间隙内塞棉纱增强盾尾密封能力。

（5）同步注浆严格做到同步及时。同步注浆采用活性浆液，保证砂浆凝固时间。在盾尾不漏浆的情况下保证每环注浆量不小于6m^3。二次注浆量每环要求15包水泥，在同步注浆量不能满足6m^3时二次注浆量作相应的增加，在860环平台处备用100包水泥，以便特殊情况下应急备用。现场必须保证两个砂浆车完好，地面有一砂浆车作为备用，二次注浆为气动泵，现场必须保证两台注浆泵完好，一台作为备用。二次补浆必要时采用深管注浆，现场配备长1m直径为25mm的钻头，长1m、2m、3m镀锌管花管各5根。如果3m花管很难打进去，即用风钻扫孔辅助。

（6）做好电瓶车的调配和轨道检修工作，增加轨道检修工作的人员，每班不少于4人，其中焊工2名，保证现场施工正常、连续，避免长时间的停机。

（7）做好现场正常施工的材料储备和渣土外运工作，主要是：HBW、EP2、盾尾密封油脂、泡沫、液压油、齿轮油、水泥、粉煤灰、细砂、膨润土、水玻璃、管片等。

（8）轨道区由于受铁路部门限制，只能早上和晚上各进行一次监测，如出现异常时通过值班领导反映至右线操作室，及时采取有效措施。

（9）若施工过程中发现轨面沉降，及时请工务段采用调整道渣的方法及时调整轨道高程，以满足铁路线路的标准。

5）应急保护措施

在施工过程中如发现地表沉降超过铁路轨道沉降限值，立即采取以下应急保护措施：

（1）保持上部土舱压力2.5bar以上，并立即通知广茂铁路业主，以取得广铁业主方面的专业配合（如调整道碴、车辆减速等）。

（2）在盾尾不漏浆的情况下，加大同步注浆量，并在沉降区内管片背后采用深管二次补充注浆，并加密地面沉降监测频率，及时反馈数据，以调整注浆参数和注浆量。

（3）对沉降区进行袖阀管注浆补强，控制沉降。

在推进过程中若出现多出土的情况，立即采取以下应急保护措施：

（1）增加土舱压力，启动深管二次注浆工作。

（2）立即汇报给值班领导。

（3）加密地面沉降监测频率，及时反馈数据，以调整注浆参数和注浆量。

（4）并立即通知广茂铁路业主，以取得广铁业主方面的专业配合（如调整道碴、车辆减速等）。

6）施工监测

在盾构隧道过广茂铁路段施工中，对广茂铁路轨道及周围地表等进行监控量测具有极其重要的意义。将隧道施工影响范围内的广茂铁路、地下构筑物、地下管线作为监控对象，根据本工程条件及其特殊要求建立管理基准值，将量测结果及时处理分析，并反馈到设计施工中，从而使施工更加符合工程的实际情况，保证广茂铁路及地下管线的安全。

测点布设原则：观测点根据工程性质、地质条件、设计要求、施工特点等因素综合考虑，尽可能全面反映被监测对象的工作状态。由于监测次数和时间受限，此次监测点仅布置在轨道上。

地面隆陷控制标准：根据有关规范要求，结合地铁的施工经验，一般地面隆陷控制在+10~ −20mm以内；建筑物的沉降控制在−30mm以内，倾斜率在0.3%以内。

在铁路范围内，规范要求铁路轨道沉降限值为：

（1）轨面沉降值最大不能超过10mm。

（2）相临两股钢轨水平高差变化不得超过4mm。

（3）在任何情况下轨面最大隆起量不得超过10mm。

（4）12.5m轨长范围内三角坑高差不得超过4mm。

7）过轨过程和效果

2009年3月7、8日，在掘进至968环，对应地面刀盘位于铁路路堑边坡，由于掘进推力逐渐加大，泡沫管被堵，掘进速度明显减慢，判断土舱内已结泥饼，当时盾构机刀盘未进入广茂铁路正下方，决定开舱清理泥饼和检查刀具（图4.3-20）。更换了8把滚刀后，于3月12日恢复掘进，3月16日掘进至1005环，最大沉降量仅5.6mm，各项沉降指标均在允许值内（表4.3-2），安全顺利通过了广茂铁路。

图4.3-20 右线968环土舱结泥饼图

表 4.3-2

地面铁路沉降记录

沉降记录

日期 年.月.日	A367 高程(m)	A367 下沉(mm)	A367 累计(mm)	A366 高程(m)	A366 下沉(mm)	A366 累计(mm)	A365 高程(m)	A365 下沉(mm)	A365 累计(mm)	A364 高程(m)	A364 下沉(mm)	A364 累计(mm)	A363 高程(m)	A363 下沉(mm)	A363 累计(mm)	A368 高程(m)	A368 下沉(mm)	A368 累计(mm)	A301 高程(m)	A301 下沉(mm)	A301 累计(mm)	A298 高程(m)	A298 下沉(mm)	A298 累计(mm)	A295 高程(m)	A295 下沉(mm)	A295 累计(mm)
2009.3.10	1.968 9	0	0	1.970 6	0	0	1.984 8	0	0	1.981 4	0	0	2.091 4	0	0	2.089 4	0	0	1.998 8	0	0	2.005 8	0	0	3.220 2	0	0
2009.3.11	1.968 1	-0.8	-0.8	1.97	-0.6	-0.6	1.984 2	-0.6	-0.6	1.981	-0.4	-0.4	2.091	-0.4	-0.4	2.089 2	-0.2	-0.2	1.998 7	-0.1	-0.1	2.005 6	-0.2	-0.2	3.220 4	0.2	0.2
2009.3.12	1.966 5	-1.6	-2.4	1.968 5	-1.5	-2.1	1.983 5	-0.7	-1.3	1.980 4	-0.6	-1	2.090 4	-0.6	-1	2.089	-0.2	-0.4	1.998 2	-0.5	-0.6	2.005 2	-0.4	-0.6	3.22	-0.4	-0.2
2009.3.13	1.965 8	-0.7	-3.1	1.968	-0.5	-2.6	1.983 2	-0.3	-1.6	1.979 6	-0.8	-1.8	2.090 1	-0.3	-1.3	2.088 8	-0.2	-0.6	1.997 7	-0.5	-1.1	2.004 9	-0.3	-0.9	3.219 6	-0.4	-0.6
2009.3.14	1.966	0.2	-2.9	1.968 2	0.2	-2.4	1.983	-0.2	-1.8	1.979 4	-0.2	-2	2.089 7	-0.4	-1.7	2.088 4	-0.4	-1	1.998 2	0.5	-0.6	2.004 5	-0.4	-1.3	3.219 5	-0.1	-0.7
2009.3.15	1.966 2	0.2	-2.7	1.968 1	-0.1	-2.5	1.983 1	0.1	-1.7	1.979 2	-0.2	-2.2	2.089 4	-0.3	-2	2.088	-0.4	-1.4	1.998 5	0.3	-0.3	2.004	-0.5	-1.8	3.219 3	-0.2	-0.9
2009.3.16	1.966	-0.2	-2.9	1.968	0	-2.5	1.981 2	-1.9	-3.6	1.977 9	-1.3	-3.5	2.087 7	-1.7	-3.7	2.085 4	-2.6	-3.7	1.995	-3.5	-3.8	2.002 1	-1.9	-3.7	3.218 5	-0.8	-1.7
2009.3.17	1.966 2	0.2	-2.7	1.968	-0.1	-2.6	1.981	-0.2	-3.8	1.977 6	-0.3	-3.8	2.087 5	-0.2	-3.9	2.085 2	-0.2	-3.9	1.994 7	-0.3	-4.1	2.001 4	-0.7	-4.4	3.216	-2.5	-4.2
2009.3.18	1.965 9	-0.3	-3	1.967 5	-0.5	-3.1	1.980 8	-0.2	-4	1.977 3	-0.3	-4.1	2.086 9	-0.6	-4.5	2.084 8	-0.4	-4.3	1.994 3	-0.4	-4.5	2.000 8	-0.6	-5	3.214 6	-1.4	-5.6

4.4 盾构在特殊地层的掘进技术

4.4.1 五号线特殊地层概述

广州地铁五号线呈东西走向,贯穿广州市区东西,线路西起芳村区的滘口,东至黄埔区文冲站。其中,盾构区间共 11 标段,共用 22 台盾构机(2 台泥水平衡盾构机,20 台土压平衡盾构机)掘进 42km(单延 m)区间隧道,隧道穿越地层从第四系到震旦系几乎所有地层(除第三系外),盾构通过砂层、软弱层、花岗岩硬岩层、灰岩溶洞、土洞、断裂带、复合地层等不良地层(除孤石外)。五号线特殊地层主要表现为以下 5 种。

1)微风化花岗岩及混合花岗岩地层

主要分布五号线草淘区间的微风化花岗岩及鱼大区间混合花岗岩,地貌除密集的建筑物、管线及珠江发达的水系(区间河涌、暗塘、水沟均较发育)外,典型地貌特征为草淘区间的越秀山,鱼大区间的蟹山。这也说明了花岗岩形成的原因。其地质岩性如下。

(1)草淘区间微风化花岗岩(9H),根据《广州市轨道交通五号线工程广州火车站至小北区间详细勘察阶段岩土工程勘察报告》和《广州市轨道交通五号线工程广州火车站至小北区间详细勘察阶段补充岩土工程勘察报告》,盾构隧道分别穿越五段微风化花岗岩层(表 4.4-1),最大的单轴抗压强度为 81.6MPa,层厚 2.55~37.39m,平均层厚 14.77m,分布在越秀山一带,由细~中粒花岗岩组成,呈灰绿色、青灰色、褐黄色等,块状构造,岩质坚硬。受构造应力影响,岩石中微裂隙较发育并有蚀变现象,岩质较坚硬,风化裂隙,构造裂隙,局部发育,岩芯呈粒状,RQD 值一般为 60%~80%。

草淘区间隧道穿越微风化花岗岩地层统计表　　　　表 4.4-1

里　程	长度(m)	天然单轴极限抗压强度 f_d(MPa)	岩石质量指标 RQD(%)
YCK8+336.6~YCK8+505.8	169.2	30.75~51.6	75
YCK8+736.9~YCK8+806.7	69.8	14~43.6	75
YCK8+858.8~YCK8+985.4	126.6	25.7~81.6	65~75
ZCK8+271.1~ZCK8+544.1	273	34.5~51.6	75
ZCK8+844.1~ZCK9+019.2	175.1	18.15~58.65	45~75

(2)鱼大区间微风化混合岩花岗岩层(9Z),主要分布在左线 ZDK28+869~ZDK29+049,右线在 YDK27+907~ZDK29+101 位置隧道洞身围岩为 <9Z-2> 微风化混合花岗岩。根据地质详勘报告其最大单轴极限抗压强度为 75.9MPa,通过地质补勘获得,在该段隧道洞身范围内围岩最大单轴极限抗压强度为 85MPa,RQD 值一般为 50%~85%。地质掌子面及抽芯图片见图 4.4-1~图 4.4-3。

2)灰岩溶洞地层

其主要分布五号线草淘区间,根据《广州市轨道交通五号线工程广州火车站至小北区间详细勘察阶段岩土工程勘察报告》

图 4.4-1　草淘区间花岗岩掌子面(1 把边缘刮刀脱落)

和《广州市轨道交通五号线工程广州火车站至小北区间详细勘察阶段补充岩土工程勘察报告》描述，YCK7+880~YCK8+035处揭露到溶洞，大部分溶洞位于盾构隧道之中或底板下部，部分位于隧道顶板上部。本段所揭露溶洞的地质特征详见表4.4-2、图4.4-4~图4.4-6。

图4.4-2　鱼大区间混合花岗岩掌子面（刀盘边缘磨损严重）

图4.4-3　鱼大区间混合花岗岩地质抽芯

YCK7+880~YCK8+035处溶洞分布特征一览表　　　　表4.4-2

钻孔及地质点编号	溶洞位置（高程 m）	洞高（m）	顶板厚度（m）	顶板岩性	溶洞充填物特征
MEZ3-GX-24a	−6.97~−9.07	2.10	2.00	微风化灰岩	含粉细砂黏性土及灰岩碎块，松散状
	−9.37~−9.97	0.60	0.30	中风化灰岩	
	−10.47~22.77	12.30	0.50	中风化灰岩	
	−23.37−23.97	0.60	0.60	中风化灰岩	硬塑状黏性土
MEZ3-GX-25a	−0.70~−1.00	0.30	2.30	微风化灰岩	粉细砂，松散状
	−1.80~−3.80	2.00	0.80	中风化灰岩	粉细砂和灰岩碎屑，松散状
	−4.00~−5.50	1.50	0.20	中风化灰岩	粉细砂和灰岩碎屑，松散状
	−8.60~−8.80	0.20	3.10	微风化灰岩	粉细砂和灰岩碎屑，松散状
	−8.80~−9.10	0.30	0.20	中风化灰岩	粉细砂和灰岩碎屑，松散状
	−9.50~−10.0	0.50	0.20	中风化灰岩	粉细砂和灰岩碎屑，松散状
	−13.60~14.30	0.70	3.60	微风化灰岩	粉细砂和灰岩碎屑，松散状
	−15.10~−20.10	5.00	0.80	中风化灰岩	流塑状黏性土
	−21.80~22.80	1.00	1.70	微风化灰岩	粉细砂和岩屑，松散状
	−23.50~24.20	0.70	0.70	中风化灰岩	粉细砂和岩屑，松散状
	−24.60~27.90	3.30	0.40	中风化灰岩	粉细砂和岩屑，松散状
	−28.60~36.00	7.40	0.70	中风化灰岩	粉细砂和岩屑，松散状
MEZ3-GX-25b	−3.75~−4.95	1.20	0.30	中风化灰岩	软塑状黏性土
	−5.45~−6.35	0.90	0.50	中风化灰岩	软塑状黏性土
	−7.35~−10.75	3.40	1.00	微风化灰岩	可塑状粉质黏土
	−13.15~14.75	1.60	2.40	微风化灰岩	软塑状黏性土和砂
	−15.15~16.45	1.30	0.40	中风化灰岩	软塑状黏性土和砂
	−16.85~17.75	0.90	0.40	中风化灰岩	软塑状黏性土和岩屑
	−20.05~20.75	0.70	2.30	微风化灰岩	软塑状黏性土
MEZ3-GX-26a	1.93~1.13	0.80	0.70	中风化石灰岩	粉细砂和岩石碎块，松散状
	0.43~−0.77	1.20	0.70	中风化石灰岩	粉细砂和岩石碎块，松散状
	−2.27~−7.97	5.70	1.50	微风化石灰岩	粉细砂和岩石碎块，松散状

续上表

钻孔及地质点编号	溶洞位置（高程 m）	洞高（m）	顶板厚度（m）	顶板岩性	溶洞充填物特征
MEZ3-GX-28	5.35~5.15	4.50	0.20	中风化石灰岩	主要为砂、碎石、炭质黏土等，可塑~硬塑状，不漏水
	0.15~-1.35	1.50	0.50	微风化石灰岩	主要为灰岩碎块，炭质黏土、砂，可塑状，全漏水
	-1.95~-3.95	2.00	0.60	微风化石灰岩	主要为灰岩碎块，炭质黏土、砂，可塑状，全漏水
	-4.95~-5.85	0.90	1.00	微风化石灰岩	炭质黏土，可塑状，全漏水
MEZ2-A097	-15.56~18.86	3.30	14.80	微风化石灰岩	主要为中砂，顶部夹有黏土及灰岩碎块，松散状
	-22.66~23.66	1.00	3.80	微风化石灰岩	主要为黏性土和灰岩碎块，可塑状

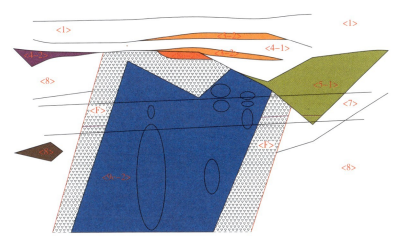

图 4.4-4 草滘区间溶洞与隧道纵断面图

图 4.4-5 草滘地质抽芯（28号）溶洞岩样柱状图（显示 3 个串珠式）

3）砂层地层

五号线砂层以第四系砂层为主，主要类型为以下 4 种，其地层岩性及物理力学性能说明如下。

（1）<2-2> 淤泥质细砂，主要成分石英质中细砂，呈松散~稍密状（N=3~11，平均 6.7），局部含少量黏粒及有机质，属弱~中等透水，渗透系数 1.0m/d（31m³/d）。

（2）<2-3> 壕壳片中粗砂、呈松散状，（N=5~13，平均 8.9）主要成分中粗砂，不均匀混杂 10%~40% 壕壳片等生物碎屑及少量淤泥，属中~强等透水，渗透系数 5.0m/d（155m³/d）。

（3）<3-1> 粉细砂、呈松散~稍密状（N=1~10，平均 6.7），主要成分石英质粉细砂，不均匀混含 10%~20% 黏性土，属中~强等透水渗透系数 5.0m/d（155m³/d）。

（4）<3-2> 中粗砂、呈松散~中密状（N=7~29，平均 15），主要成分石英质不均匀混含 10%~20% 黏性土，属强等透水，渗透系数 7.0~15m/d（232~465m³/d）。

表 4.4-3 为五号线鱼大区间砂层土工试验报告。

钻 孔 柱 状 图

工程名称	广州地铁五号线工程广州火车站至小北区间详勘						
钻孔编号	MEZ3-GX-28		钻孔类别	鉴别孔	里程	YCK7+974.63右6.72m	
孔口高程	12.25m	坐标	x=31 351.46	开工日期	2004.8.22	初见水位	
设计结构底板高程			y=37 388.21	竣工日期	2004.8.25	稳定水位	3.30m

分层	时代成因	层底高程(m)	层底深度(m)	分层厚度(m)	采取率(%)	柱状图(1:150)	岩土名称及其特征	标贯击数(击)	取样
<1>	Q_4^{ml}	9.25	3.00	3.00	100.0		杂填土：浅灰色、浅褐红色，压实，稍湿，主要成分为人工堆填的砂、碎石、碎红砖、粉质黏土、生活垃圾等	13 3.15–3.45	
<4-1>	Q_3^{al+pl}	6.15	6.10	3.10	95.0		粉质黏土：土黄色、深灰色，可塑，主要成分为黏粒、粉粒，局部含少量有机质，局部含腐木		
<3-1>		5.35	6.90	0.80	90.0		细砂：灰色，饱和，稍密，主要成分为细砂，级配差，含少量黏粒	12 6.60–6.90	
							溶洞：全充填，不漏水。充填物成分复杂，主要为砂、碎石、灰岩碎块、炭质黏土等，可塑~硬塑状。顶板有0.20m微风化灰岩	14 8.85–9.15	
		0.65	11.60	4.70			微风化灰岩：灰白色，裂隙面充填炭质物，岩质坚硬，敲击声脆	20 11.30–11.60	
<9C-2>	C_1ds	0.15	12.10	0.50	80.0		溶洞：全充填，全漏水，充填物主要为灰岩碎块、炭质黏土、砂等，钻进时有响声		
		-1.35	13.60	1.50			微风化灰岩：灰色，裂隙发育，裂隙面充填炭质物，污手，方解石脉发育，岩质坚硬，敲击声脆		
<9C-2>	C_1ds	-1.95	14.20	0.60	80.0				
		-3.95	16.20	2.00			溶洞：全充填，全漏水，充填物主要为炭质黏土、炭质页岩碎块、砂、灰岩碎块等，钻进时断续有响声		
<9C-2>	C_1ds	-4.95	17.20	1.00	80.0				
		-5.85	18.10	0.90			微风化灰岩：深灰色，裂隙发育，裂隙面充填炭质物，污手，方解石脉发育，局部呈网格状，岩质坚硬，敲击声脆		
							溶洞：全充填，全漏水，充填物主要为炭质黏土		
							微风化灰岩：浅灰~深灰色、灰白色，隐晶质结构，厚层状构造，裂隙发育，方解石脉发育。局部见溶蚀小孔洞，岩芯呈短柱状、碎块状，节长5~28cm，块径2~10cm，岩质坚硬，敲击声清脆，RQD=65		

图 4.4-6 草淘地质抽芯（28号）溶洞

例如，五号线车三区间，其地质属性主要表现为 <3-2> 中粗砂，灰白、灰黄、灰褐等色，呈稍密状为主，少量呈松散或中密状，含少量黏粒，少量钻孔含较多黏粒，局部含较多粉细砂。平均厚度 4.15m。天然含水率 21.6%，孔隙比 0.589，渗透系数 12.0m/d，砂层是本区段的主要含水层，属孔隙潜水或微承压水；砂层局部直接与上部填土层接触并受上述河涌的控制，本含水层与附近车陂涌及珠江的河水有一定的水力联系，水量较大，其地质断面图见图 4.4-7。

表 4.4-3 五号线鱼大区间砂层物理力学参数试验结果

试验室编号 No	钻孔编号 No MEZ3-MG-	取样深度(m) 自	取样深度(m) 至	天然含水率 w %	天然密度 ρ g/cm³	比重 G_s	孔隙比 e	饱和度 S_r %	静止侧压力系数	无侧限抗压强度 q_u kPa	渗透系数 k_{20}(℃) m/d	天然坡角 水上 (°)	天然坡角 水下 (°)	砾 粗 >20	砾 中 20~5	砾 细 5~2	砂粒 粗 2~0.5	砂粒 中 0.5~0.25	砂粒 细 0.25~0.075	粉粒 0.075~0.005	黏粒 <0.005	不均匀系数 C_u	曲率系数 C_c	有机质含量 %	土壤规范分类
<2-2>																									
1416	8A-3	7.50	7.90			2.66					1.0	33.0	25.0				1	7	50	27	1	11.25	2.22	0.83	粉砂
1418	12A-1	6.40	6.80			2.64					1.0	36.0	29.5				18	23	41	11	1	5.00	1.42	1.81	细砂
1419	13A-2	5.20	5.60			2.63					1.0			14	9	5	19	35	12	5	1	4.41	0.85	1.40	砾砂
<2-3>																									
1557	5A-2	7.10	7.50			2.62					5.0	36.5	29.0				9	24	44	13	1	5.60	1.61	3.28	细砂
<3-2>																									
1421	8A-5	11.50	11.90			2.63					7.5	39.0	32.5			11	42	19	17	10	1	12.50	1.87		粗砂
1178	41-2	4.20	4.60	17.3		2.65					7.5	38.0	35.0		2	14	28	21	16	8	10	120.0*	13.33		中砂

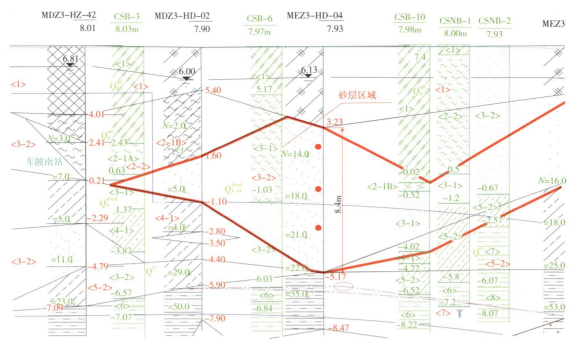

图 4.4-7　车三区间砂层与隧道纵断面图（高程单位：m）

4）上软下硬地层

五号线所有盾构区间都或多或少存在此类地层，隧道洞身局部或大部分的上软（Ⅰ，Ⅱ类围岩，有 <2> <3> <4> <5> <5z> <6z> <7z> <5H> <6H> <7H> 等），下硬（Ⅳ以上围岩，如 <8> <9> <8z、8H> <9Z、9H> 等），如五号线三鱼盾构区间，盾构区间隧道第 56~100 环（共 75.0m）典型的上软下硬地层，见图 4.4-8 和图 4.4-9。隧道上方覆土分别是 <2-2> 淤泥质砂层、<2-3> 含蚝壳中粗砂层、<3-2> 中粗砂层，隧道范围内上方为 <4-1> 软黏土层、<6> 全风化泥质砂岩、<7> 中风化泥质砂岩，隧道范围内下部为坚硬的 <8> 强风化泥质砂岩和 <9> 微风化泥质砂岩。上部砂层且同附近河涌和珠江相通，地下水丰富。

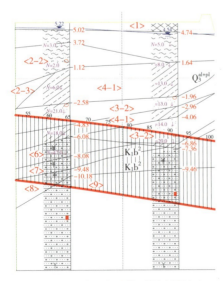

图 4.4-8　三鱼区间上软下硬地层断面

图 4.4-9　<2-3>（含蚝壳）、<3-2> 中粗砂渣样

5）断裂带地层

地铁五号线盾构隧道自西向东穿越的断裂带有：海珠断裂带（大西区间）、清泉沟断裂带（大

西, 西草区间)、环市路断裂带(西草, 草淘区间)、麓湖断裂带(草淘区间)、天河北亭断裂带(杨珠, 猎潭区间)、瘦狗岭断裂带(三鱼, 鱼大区间)、北龙~南沙断裂带(鱼大, 大文区间)、文冲断裂带(大文区间)等。

如大文区间受区域性文冲断层影响,勘察区内及其东侧约80m发育有一条宽11m的文冲次断裂构造—Fc6, 倾向253°~269°, 倾角47°~59°, 压性~张扭性, 破碎特征为: 灰绿杂灰白色, 中风化, 原岩为混合花岗岩, 碎裂结构, 由碎裂岩或角砾岩组成, 局部见10~20mm的断层泥, 节理裂隙极为发育, 呈不规则状产出, 多沿裂隙面见擦痕等构造特征及绿泥化现象, 岩芯极破碎多呈碎块状。具中等透水性, 为地下水弱径流区, 大气降水及越流补给, 延构造带向珠江水系排泄。由于车站线路调整导致盾构到达端的正好位于文冲断裂带, 给施工带来极大困难。其文冲断裂带的地质断面图见图4.4-10和图4.4-11。

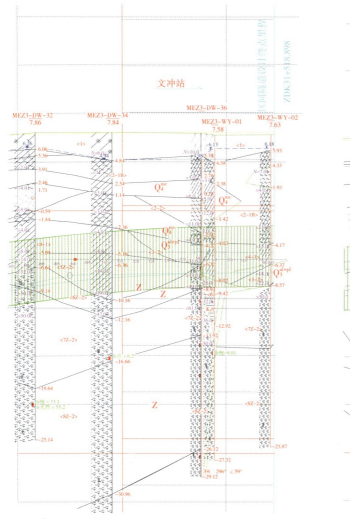 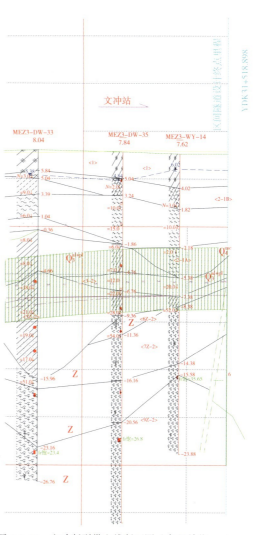

图4.4-10 文冲断裂带右线断面图(高程单位:m)　　图4.4-11 文冲断裂带左线断面图(高程单位:m)

4.4.2 特殊地层中盾构掘进的风险及相应处理技术措施

1) 微风化花岗岩及混合花岗岩(变质岩)地层

由于该岩层节理, 裂隙不发育, 岩层完整性好, *RQD*值高达80%, 强度高等地质特性。因此, 在该地层中掘进将遇到掘进速度慢、功率消耗大, 盾构掘进方向控制难度大; 刀具磨损大, 换刀频繁; 易发生盾构机振动, 盾壳旋转及被卡等风险。给施工带来很大难度, 采取的主要技术措施如下:

(1)在盾构机设计上,对刀具的配置、刀间距的设计充分考虑该地层的施工难度。根据广州地铁使用经验,目前刀盘中间100mm的滚刀间距偏大。

(2)施工前,对该段进行补充地质勘察,确切掌握岩层的分布情况及其各项指标,施工过程中利用盾构机的超前钻机及时探明前方岩石情况,及时调整。

(3)采用敞开模式掘进,遵循高转速、低扭矩原则选取参数,以提高纯掘进速度。掘进过程中随时监测刀具和刀盘受力状态,确保其不超载。

(4)硬岩段掘进时启动盾构稳定装置,减小盾构机的振动和防止盾构机产生超限扭转,使管片的受力稳定,防止盾构机的变形。

(5)勤检查,勤换刀具。

(6)备足刀具和刀圈,以备随时换刀。

(7)做好预案,在若盾构掘进受阻,可由此采用矿山法掘进策应,再由盾构拼装管片通过,确保进度。根据广州地铁三号线经验(大汉、市番区间),在围岩质量较好情况下,采用传统钻爆法比盾构法掘进速度快。

图4.4-12和图4.4-13为草淘、鱼大区间过完花岗岩地层后的刀盘图,单刃刀盘磨损明显小于双刃刀盘,说明单刃刀盘更适应花岗岩地层的掘进。

图4.4-12 草淘区间贯通后单刃刀盘图片

图4.4-13 鱼大区间贯通后刀盘图片(磨损严重)

2)盾构穿越溶洞

盾构掘进施工时会引起岩溶水和泥沙大量涌入隧道,产生盾构机载头、涌水、突泥、喷涌、刀具偏磨等工程事故,并导致产生地面塌陷和影响隧道永久结构。在该段盾构施工时要采取的主要技术措施如下:

(1)施工前对石灰岩的分布范围、溶洞发育情况进一步查清,并对溶洞进行注浆充填提前处理。

(2)掘进过程中,利用盾构机自身的地质超前钻机提前探明前方地质,若出现溶洞,则立即停机,用超前钻机充填前方溶洞。

(3)在盾构机掘进溶洞区域时,控制好盾构机施工参数,如掘进速度,注浆参数调整。同时,加强二次注浆,注浆材料采用水泥—水玻璃双液浆,通过实际情况调整水泥—水玻璃双液浆的配比参数,控制双液浆的凝固速度,达到加固区间隧道周围土体的目的。

3)盾构穿越砂层

由于在该层中黏土颗粒很少,在土舱和螺旋输送机中的渣土和易性差,在地下水作用下,会发生螺旋输送机喷涌,进而土舱失压,造成地面沉降甚至地面塌陷。在砂层施工,一般从如下几个方面采取施工措施。

(1)加强技术保证和过程控制

①盾构掘进采用土压平衡模式。

②施工中严格土舱压力、推进速度的控制，向刀盘、土舱及螺旋输送机添加泡沫、聚合物等以改良渣土，防止涌水涌砂及工作面失稳。

③盾构掘进中避免一次纠偏过大及刀盘推力剧烈变化，同时尽量保持刀盘转速均匀，减小对地层的扰动，防止砂土由于受施工扰动而产生液化。

④根据地表检测结果调节同步注浆参数，适当提高注浆压力及注浆量，必要时缩短同步注浆浆液凝胶时间。

⑤运用导向系统和分区操控推进油缸，严格控制盾构姿态，防止盾构在掘进过程中上浮。

⑥根据地表监测结果，必要时，通过管片预留注浆孔进行二次补强注浆。

⑦在盾构始发和到达前，加固洞门端头含砂层，应防止盾构通过时发生涌水涌砂。

⑧对砂层段进行重点补勘，确定砂层范围和性质，制订合理可靠的施工方案，保证施工的顺利进行。

（2）加强刀具管理，进行合理的刀具配置

根据盾构掘进过程中对刀具的磨损大的特点，在盾构进入砂层段掘进前，开舱检查刀具，全部换成新刀，刀具配备选择滚刀结合齿刀的方式布置。

（3）加强渣土改良与管理

①通过砂层段时主要以向掌子面、土舱添加泡沫、聚合物的方式进行渣土改良。在盾构机进入岩层段掘进前彻底检修泡沫系统，包括空压机等，确保泡沫系统工作正常，泡沫管路畅通。必要时采用加泥系统进行渣土改良。如隧道局三鱼文区间根据地层的特点，每环泡沫剂加入量拟定为50L。

②渣土管理主要是通过有效控制出渣量，保持掘进速度与出渣量的相对平衡，按设定土舱压力进行控制，维护开挖面的稳定。根据地质情况，认真统计出渣量。由于砂层段地层自稳性较差，容易出现出渣过量的情况，必须严格控制出渣量。

③加强渣土成分的观测和含水率的观察。出现异常时，停机进行处理。

（4）采取有效措施，确保铰接密封和盾尾密封的防水效果

①根据广州的地质特点，砂层段水发育，有发生突水突砂的危险。因此，盾构进行砂层段掘进前，对铰接密封和盾尾密封装置进行认真的检查、维护，确保密封效果。

②进入砂层段掘进时，对铰接密封进行调整，确保密封压板固定可靠。调节密封螺栓，保证螺栓在同一高度，加强对铰接密封的润滑。

③在掘进过程中要严格控制盾构掘进方向和铰接油缸的行程差，以确保铰接密封效果。

④加强对尾刷密封油脂的注入检查，确保盾尾油脂传感器的正常工作，加强对油脂控制阀组的检测，保证盾尾油脂密封压力正常，确保尾刷密封的防渗漏效果。

（5）管片背后注浆

①过砂层段注浆以同步注浆和二次补充注浆相结合的方式进行。同步注浆采用水泥砂浆，二次补充注浆采用水泥-水玻璃双液浆。隧道局三鱼文区间水泥砂浆的配比如表4.4-4所示。

同步注浆用水泥砂浆配比表（kg/m³）　　　　　　表4.4-4

项目	水泥	粉煤灰	膨润土	细沙	水
配合比	200	341	56	779	446

②加强施工过程控制，严格按照"注浆与掘进同时进行，确保注浆饱满"的原则进行控制。根据工程地质条件，每环水泥砂浆的凝结时间应不大于8h，同步注浆量不得少于6m³。合理调整与控制同步注浆压力，注浆压力不小于1.5~3.0bar，确保浆液饱满。

③根据地下水情况、管片监测结果等情况，在必要时及时进行二次补充注浆，严格控制注浆压力，

防止管片上浮。

（6）做好砂层段施工应急预案

在盾构过砂层施工中除需严格按施工方案施工外，还需针对以上特点制订施工应急预案，例如地表注浆加固、回填等，确保安全。

盾构在砂层中掘进，渣土改良是关键。车三区间考虑渣土改良刀盘设置7个孔（图4.4-14）。

4）盾构穿越上软下硬地层

在软硬不均地段施工时，对于多种岩层构成的交互层结构，由于岩土抗压强度差异性较大，在盾构推进过程中，刀盘刀具易切削工作面上部软弱地层，而下部硬岩较难破碎，如果工作面上覆软弱层较薄或缺失隔水层，往往发生喷涌，土压较难建立，若渣土改良较差，黏粒含量较高的岩层易结泥

图4.4-14　车三区间渣土改良系统刀盘布置图

饼，造成极大掘进困难（推力、扭矩、渣温等参数偏大）。因此，容易造成盾构机刀盘刀具的非正常损坏，也会导致盾构掘进时姿态变化较大，推进困难，速度上不去（低于5mm/h），刀盘几乎原地不停磨，进而发生较大沉降甚至"塌通天"。针对该地段的地质特点，制订以下5个方面的技术措施。

（1）地质调查

在施工前进行详细的补充地质勘探，基本查明了隧道范围内的地质情况：

①软硬不均地段的硬岩分布位置和占开挖面积，软土的类别和相应参数；

②硬岩侵入隧道的高度和走势；

③硬岩的风化状况、裂隙发育情况、强度和整体性；

④是否有其他硬质夹杂体存在；

⑤软硬不均地段的上方覆土类别。

（2）刀具的选择

①针对地层软硬不均的情况，特别是硬岩分布的位置，结合各种刀具的破岩特点，在刀盘面板上装配不同的刀具。

②为防止在黏性较大的软岩中掘进时形成泥饼，即使在硬岩部位安装的滚刀中也应安装适当数量的齿刀或切刀，以利于渣土及时顺利地流入土舱中。考虑在硬岩掘进时破碎下来的岩石可能撞坏切刀、刮刀，在刀具的布置上作了以下的考虑：把切刀、刮刀背向布置，并拉近两刮刀、切刀之间的距离，在硬岩双向掘进时能够对切刀和刮刀有一定的保护作用。

③在软硬不均地层掘进时，硬岩部位安装滚刀。盾构机采用滚刀进行破岩，其破岩形式属于滚压破碎岩石。滚压破碎岩是一种破碎量大、破碎速度快的机械破岩方法，其特点是靠工具滚动产生冲击压碎和剪切碾碎的作用达到破碎岩石的目的。针对硬岩的强度和整体性、掘进距离、含砂量等特点，确定需要安装滚刀的位置、超前量、数量、类型。根据有关资料的介绍，滚刀超前量在120~180mm为宜。

④滚刀的刀圈和刀座的材质以及其连接的形式、工艺、松紧配合程度等是滚刀能否胜任掘进软硬不均的关键，应根据硬岩分布的位置、所占刀盘的面积、岩石强度和整体性等慎重考虑和选择。为防止硬石块卡在双刃滚刀两个刀刃之间，使滚刀不能正常工作或偏磨，应正常选择双刃之间的间距和刀刃的形状。

图4.4-15为五号线三鱼区间在复合地层中使用的刀盘示意图。

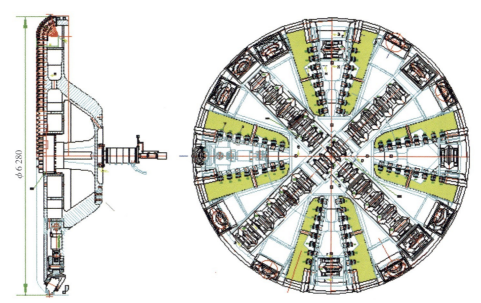

图 4.4-15　五号线三鱼区间在复合地层中使用的刀盘

（3）掘进参数的选择

①掘进推力一般不超过 10 000~15 000kN。

②在软硬不均地层中掘进时，刀盘转速不能快，最好是缓慢匀速地向前磨。根据经验，刀盘转速在 1.3~1.9r/min 为宜。

③渣土管理。

第一，在软硬不均地层中，土舱压力应根据软土的埋深和相关物理参数等决定施工中应保持的土舱压力。

但在软硬不均地段中掘进时，掘进速度较慢，扭矩较大，保持真正的压平衡比较困难，可以采取气压平衡模式掘进。

第二，一般每环出渣量不能大于 5 车（不大于 65m³）。

第三，结合软硬不均的特点，掘进过程中加强渣土改良；当岩碴和易性较差，影响螺旋输送机出土时，可用盾构上配置的泥土注入设备向土舱中注泥土，改善岩渣的和易性。

④在软硬不均地段施工时，及时根据 SLS-T 测量系统的测量成果，确定盾构机姿态的变化量，并根据姿态的变化情况调节五组油缸的推力，保证盾构机尽量拟合设计线路掘进。

⑤在施工中做好对地表建筑物的监测工作，并及时反馈测量成果到掘进作业班组，调整掘进参数到合理值，做到合理化施工。

（4）同步注浆

软硬不均地段掘进速度一般非常慢，给同步注浆带来了困难。不及时地进行同步注浆会造成地表沉降不易控制。注浆采用凝结速度快、结石率高的浆液，同时注浆量不少于 6m³。在坚持同步注浆的同时，根据需要及时对脱出盾尾的管片进行补强注双液浆，防止管片上浮。

（5）开舱

在软硬不均地段掘进时，不能在不采取措施的情况下开舱检查或进行其他作业。必须开舱时应做好以下工作：

①刀盘附近按需要布置沉降监测点，最好全是深层沉降点，一般应在刀盘前后布置两排，排距 1.5m，孔间距 1.5~2.0m。

②组织好开舱过程中的地面巡检和救援物资，以备在地面沉降时进行紧急处理。

③利用盾构机的超前注浆孔对掌子面进行注浆加固。加固后进行效果评价，再进行开舱检查。

④根据地质情况，必要时采取带压进舱。

⑤盾构穿越断裂带。

由于受其构造影响，断裂带内岩体裂隙较发育，岩体结构稳定性较差，易发生断层破碎带沿软弱面滑塌。局部断层破碎带涌水量较大，易引起地面沉降与周边建筑物变形。对盾构危害表现为：由于岩土分界线起伏较大，地层不均匀，掘进方向易偏离；岩块较大，易堵塞螺旋出土机；断裂带内的断层破碎岩石易造成刀具的非正常损坏。在该段盾构施工时要采取的主要技术措施如下：

①施工前在断裂带范围布孔进行补充地质钻探，进一步详细掌握断裂带的分布宽度、走向、地下水等情况，弄清其对盾构施工的影响。

②盾构掘进到达断裂带前，对盾构机进行全面保养维修，在条件允许下，更换一盘新刀，保证设备良好。

③利用盾构机配备的地质超前钻机，提前探明前方地质情况，根据地质情况选择合理的掘进参数和模式。

④盾构掘进中加强盾尾密封油脂的注入，确保盾尾密封效果；加强铰接处的密封检查，及时调节密封压板螺栓，保证其密封效果。

⑤在水量较大的地段掘进时，采用螺旋输送机双闸门控制，加注泥浆或高效聚合物，防喷涌、防涌水，必要时采用保压泵碴装置。

⑥加强地表沉降、地下水位监测，及时反馈施工，并预备好钻机、压水泵和双液注浆泵，一旦出现因地层严重失水引起地表沉降较大，立即采取相应措施从地表向地层补充注浆，以保证正常的地下水位，从而减小地表沉降。

⑦调整同步注浆的浆液配合比，使用凝胶时间较短的浆液，严格控制注浆程序，确保注浆效果，在水量大的地段及时采用二次注浆。

⑧掘进中密切关注盾构掘进参数和盾构姿态状况的变化，及时判断掘进到高强度混合花岗岩时刀盘是否明显偏载。一旦出现偏载可采取降低推力、降低转速掘进，以防刀盘损坏。

⑨在断裂影响带掘进时，密切关注盾构机掘进参数变化和渣土状况的变化，一旦遇到次生断层，及时转换掘进模式为土压平衡模式，以防开挖面地层失稳、涌水而引起大的地表沉降。

图4.4-16和图4.4-17为断裂带流出花岗岩岩块及注完浆后的断裂带泄水情况。

图4.4-16　大文区间水平注浆管流出文冲断裂带的岩石

图4.4-17　完成注浆后的断裂带泄水

4.4.3　特殊地层中盾构施工管理经验

（1）重视地质调查，摸清特殊地层的岩性及存在风险。地质水文掌握程度的多少是安全顺利通过特殊地层施工的前提，也是后续的设计、盾构机制造改造、施工等技术方案是否科学的保证。如车三区间，土压平衡盾构机在浅覆砂层塌陷的几率较大，而渣土改良好坏是关键，因此，从盾构刀盘设计增加泡沫、高压水等添加剂孔并设置独立泵，各孔之间能实现转换等盾构机技术改造，并大胆引进TAC 新型添加剂成功穿越砂层，黄埔大道的地面沉降最大值为 12mm。

（2）科学合理的设计可减少或规避特殊地层的风险。如鱼大区间通过调线调坡，有效降低区间隧道内微风化混合花岗岩的强度及长度，减弱对盾构机的磨损，规避施工风险。

（3）针对特殊地层的风险，重视盾构机适应性分析评估，并相应进行盾构机设计改造维修等工作，确保盾构机处于良好状态。如草淘区间原三号线使用 1 台双刃刀盘海瑞克盾构机，考虑花岗岩的复杂坚硬，通过与盾构厂家沟通，由双刃刀盘改为单刃刀盘，并作相应的盾构系统改造，从草淘区间所经历种种困难（推不动、喷涌、陶瓷大厦基础开裂等），并与鱼大区间双刃刀盘磨损严重的效果对比，假如草淘区间采用双刃刀盘后果将不堪设想。

（4）广州地层环境的复杂性，决定了设计施工方案等的动态变化，应根据环境的实际情况，不断调整优化，并严抓各工艺工序质量保证的落实，这是过任何困难地层的关键。如大文区间断裂带因车站线路调整导致文冲断裂带刚好位于盾构到达端，按常规端头加固满足右线盾构的安全到达，而左线到达时发现大量的涌水涌砂，危及车站的安全及地面密集建筑物、管线的安全，后经从地面竖直注浆到地下水平注浆，反复多次（8次）注浆，安全通过断裂带到达。

（5）渣土改良的必要性，土压平衡，注浆平衡，出土平衡以及各系统平衡。其中，保证渣土和易性是平衡建立的关键原因之一。如车三区间引进日本的 TAC 高分子材料，有效改良砂层和易性，可避免喷涌，将地面沉降控制在允许范围内。

（6）盾构施工是系统工程施工，任何环节失误都可能酿成重大的质量安全事故，施工管理的规范化、精细化能有效防止质量安全事故的发生。如三鱼区间在过鱼木幼儿园及天源大厦的上软下硬地层，从方案到技术交底，层层落实，根据沉降数据及时调整推进参数，实现动态控制，虽个别点沉降偏大，但未发生塌陷事故，也验证了"地面塌陷是可以避免的，沉降是不可避免"的道理。

（7）做好预案，尽量将危害减至最小。如草淘、鱼大区间针对微风化花岗岩的强度，在盾构推不动的不利条件下，采用矿山法通过的预案。

（8）人是根本，应坚持"地质是基础，盾构是关键，人是根本"的理念。在盾构施工体系三因素中，人最重要。人的积极努力可克服地质环境困境及盾构机的不足。如三鱼文区间在过砂层、上软下硬等不良地层及桩基侵入隧道的鱼木幼儿园、砂层上的天源大厦等不良建筑物，采用超压推进、截桩技术，24h 动态跟踪控制，加强渣土改良及多次注浆等措施，从盾构操作手到项目部领导，深入细致落实，克服盾构、地质方面的缺陷，确保工程安全顺利实施。

4.4.4 典型案例

1）草淘区间盾构穿越溶洞施工技术

广州轨道交通 5 号线草暖公园—小北站区间，在 F1、F2 两断裂带间地石炭系灰岩地层 149.105m（YCK7+903.505–YCK8+052.610）范围内，详勘阶段有 7 个钻孔揭示存在溶洞。但由于钻探孔间距（20~40m）过大，未能完整揭示溶洞的大小、分布及充填物的物理力学性质。

经对草暖公园—小北站区间整体地质与环境的综合分析，确定其区间隧道（埋深 22.86~24.30m）采用土压平衡盾构施工，而在岩溶地层中采用盾构法施工在国内外尚属首次。盾构掘进中可能发生盾构机栽头、陷落、地层大量失水、坍塌，严重差异沉降导致隧道结构破坏等事故。

为确保施工及运营安全，对溶洞的空间分布、大小及充填情况，溶洞处理，盾构掘进技术措施 3 个方面进行深入研究，并组织精心设计、精心施工。

（1）运用多种勘察方法，探明溶洞情况

根据目前可行的勘测手段，为切实探明溶洞的分布与填充状况，拟订以钻探为主、多种方法综合运用的探测方案，即高密度电阻率法地面物探（总体探查溶洞分布情况）、加密钻孔（直观掌握溶洞及充填物状况）、电磁波深孔 CT（在钻孔间加密剖切面勘察，判断边界），综合判断后结合注浆孔布置补孔探测。

① 高密度电阻率法物探

对 YCK7+880~YCK8+035 范围内纵向进行探测，共设计物探剖面 6 条，剖面长均为 177m，详见图 4.4-18，每条剖面均有两个基点控制。

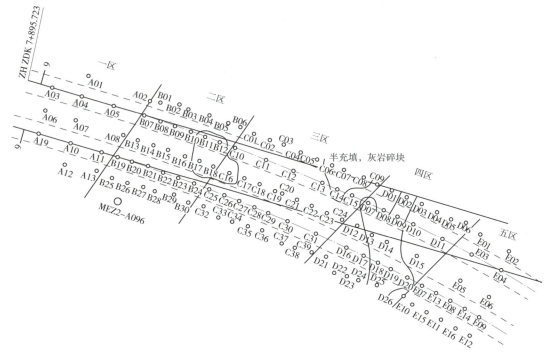

图 4.4-18　补充钻探钻孔布置图

勘察的结果表明，本区地下有 4 处岩溶发育区（图 4.4-19）。据其成果将勘察范围划分为 5 个区域单元进一步深入勘察。

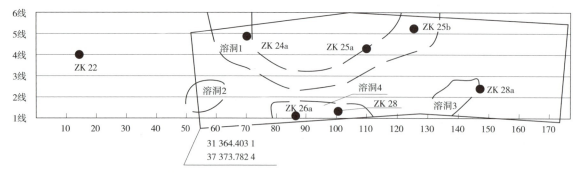

图 4.4-19　高密度电阻率法物探布线及探测溶洞分布图

② 补充钻孔勘探

在勘察区域内，分别在距离左右线隧道外侧 3m 处、区间隧道中线上和左右两隧道中间位置布置 5 列、25 排钻孔。每一排钻孔的间距约为 5m，布孔 124 个（其中技术孔 37 个），共计钻孔长度 4 109m，见图 4.4-19。因隧道底板埋深 22.86~24.30m，位于左右线区间隧道中心线位置的 2 列钻孔设计深度原则为 35m，另外，3 列钻孔设计深度原则为 30m，有溶洞的钻孔要钻至溶洞底下 2~3m。

在钻探施工过程中，准确、详细记录异常现象（如缩孔、坍孔、漏水、冒水、掉钻及遇到洞穴等）及其发生的位置和严重程度，描述溶洞空间大小、分布等。

把探到有溶洞的钻孔作为技术孔，采取土样 37 件、岩样 22 件、水样 2 件、标贯试验 111 次、测量地下水位 248 次，并抽水试验估算溶洞水流量。

编制了详细的勘察报告，作纵剖面图 5 个、横剖面图 24 个、投影图 2 个（隧道顶 3m 至隧道顶，隧道底至隧道底 5m），并作平切面图 7 个（分别为隧道上 3m，隧道顶、中、底，隧道下 1m、3m、5m）。

③电磁波深孔 CT 物探

CT 相邻孔对间距 5m，共 27 对，孔深 35m，各 CT 钻孔的终孔高程一般应基本一致，若在预定终孔深度处为溶洞时，钻孔深入溶洞地板 3m，孔径不小于 75mm。

CT 剖面与地铁隧道中心线呈约 70°斜交，使隧道的勘察剖面间距加密为 2.5m 左右。实测工作中，在岩溶发育异常复杂地段另增加了 5 条 CT 剖面，故实际共完成 CT 剖面 27 条，发射孔与接收孔的间距 26.1m，定点发射点数 5 个，各探孔内的动点观测间距为 1.0m，出现的异常特征加密定点发射点距与点数，实测探测点 11 137 个，如图 4.4–20 所示。

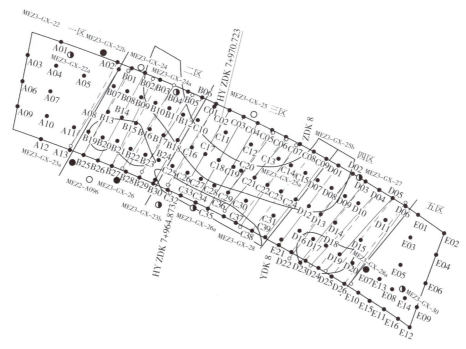

图 4.4–20　CT 孔对布置图

为尽可能利用钻探孔，在每个区域单元内应先钻外侧 2 列的孔，并进行孔间跨孔 CT 物探，而后按一般钻孔的顺序进行。

采用跨孔电磁波透视对隐伏岩溶进行探测，弥补了勘探钻孔网点稀少的不足，通过 CT 资料分析，即自上而下可分为土层软土 CT 异常带、浅部岩溶 CT 异常带和较深部岩溶 CT 异常，岩溶发育具有竖向分带差异。较深部岩溶异常带具有异常强、规模大、呈"串珠状"竖向分布等特点。

④探测成果综合分析判断

通过对钻探、高密度电阻率、深孔 CT 物探勘察成果的综合研究分析，较深入地掌握了溶洞及充填情况。

a. 溶洞分布

探明的溶洞分布在左线（ZCK7+928~ZCK8+019）91m、右线（YCK7+920~YCK8+025）105m 的区间内。溶洞分布主要特点如下：

（a）溶洞规模大但分布较集中。124个钻孔中有70个钻孔揭示有溶洞，大小总计167个，其中大于3.50m的27个，占总数量的16%；探到溶洞最大高度18.30m（D02），最深溶洞底高程为-31.44m；溶洞多呈串珠状，层数为1~12层，以2~4层为最多。平面上主要分布于二、三、四区，占揭露到溶洞钻孔的95.7%；在剖面上溶洞分布在高程为5.35~-31.44m范围内，位于隧道结构顶板以上3m及隧道结构底板以下3m范围内，揭露到有溶洞的钻孔有56个，占总数的80%。

（b）溶洞层间岩板厚以小于3.00m的为主，约占总数的2/3，大于3.00m的约占总数的1/3。裂隙发育，溶蚀强烈，如图4.4-21所示。

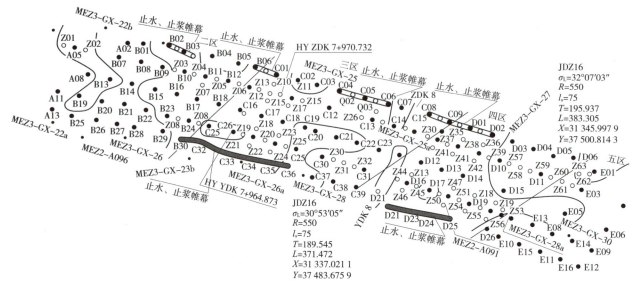

图4.4-21 溶洞分布投影图

b. 溶洞充填物特征

（a）根据钻进过程中钻杆下落、返水情况及芯样特征，综合分析判断溶洞的充填物及空洞、半充填、全充填状况。

（b）大于等于3.50m的27个溶洞中，4个为无充填物，占15%，其余均为半充填及全充填；小于3.50m的140个溶洞中有72个无充填物，占51%。

（c）溶洞充填物较为复杂，主要有黏土、中粗砂、灰岩碎块、岩屑等。根据充填物特征及其物理力学性质、围岩的饱和单轴抗压强度，判断充填物及围岩的承载力特征值。

c. 地下水的赋存

本场地地下水的赋存方式及水力特性为孔隙潜水及基岩裂隙水。孔隙潜水主要赋存在第四系松散冲积层中；基岩裂隙水主要赋存于基岩中的溶洞及裂隙中，靠大气降水及上层地下水的补给，涌水量大小及径流规律受地质构造及裂隙以及岩溶洞隙的连通性控制。

（2）溶洞处理的设计与施工

① 溶洞处理的设计原则与重点

a. 尽量避免盾构机突陷等事故及隧道结构后期沉降过大

盾构机本体质量320t，长12m，其重心距前端3.2m。掘进时隧道底部若突现大于3.2m以上的空洞或极软弱地层，可能致使盾构机栽头或陷落。处理的重点是隧道下部填充物为淤泥、松散砂层、软塑状泥炭质黏土（承载力40~80kPa）的溶洞，处理深度为隧底5m。对隧道中线底部，采用袖阀管水泥浆注浆加固。利用补充钻探孔并将注浆孔间距加密至2.5m。

b. 防止地表塌陷和过大沉降

隧道洞身周围3m范围内的溶洞要密实充填并注浆固结，有利于建立土压平衡，防止坍塌；要对处理区与外界开放连通的主要地下水裂隙通道进行封闭，防止大量失水以减少地表沉降。

c. 满足永久隧道结构的承载力、变形、防水要求

溶洞填充物和灰岩承载力有很大的差别。通过对地层进行处理，提高填充物的承载力，减小不同地层之间的差异沉降，减少管片渗漏，以满足地铁正常运营。

d. 全填充溶洞注浆扩散半径

当填充物为黏土、粉质黏土和泥炭质土时，按照1~1.5m设计；当填充物为砂、碎块时，按照3m设计。

e. 检侧重点

结合盾构施工特点，注浆加固效果的检侧重点以加固体强度及地基承载力控制为主。

②溶洞处理施工

a. 溶洞处理施工顺序

（a）全区先对周圈开放连通的裂隙通道封闭注浆，然后处理中间区域，以确保注浆效果，减少注浆损失。

（b）先加固水源一侧（靠近越秀山一侧），添加速凝剂，以确保注浆效果。

（c）中间区域补充孔跳跃施工，以防止跑浆、窜浆现象。

（d）先对无填充、半填充溶洞填砂处理，然后再进行其他溶洞注浆填充处理。

b. 施工方法及工艺

（a）无填充溶洞和半填充溶洞处理

对大于2m以上的无填充溶洞和半填充溶洞，在原钻孔附近（约0.6m）补钻一个127的投砂孔，填砂处理，后采用注浆加固的方法；对小于2m的无填充溶洞和半填充溶洞，直接注浆填充。

（b）全填充溶洞处理

采用压力注浆的方法进行填充加固，注浆压力从低到高，间歇、反复压浆。主要采用PVC袖阀管注浆工艺。

（c）注浆材料

周边孔：纯水泥浆+速凝剂；中央孔：纯水泥浆。

（d）注浆终止标准

根据设计的要求，注浆终止采用了双重标准：注浆终压达到设计终压，注浆量达到设计注浆量的80%；或虽未达到设计终压，但注浆量已达到设计注浆量，即可结束本孔注浆。

c. 注浆加固效果检查

（a）检测方法

采用钻孔取芯，以抗压试验为主，抽水试验为辅（左右线各做1个，尽量设在换刀位置）；溶洞填充物为砂层，做渗透系数试验。

（b）检测标准

隧道周边加固范围：试块无侧限抗压强度大于等于0.3MPa；隧道中心加固范围：试块无侧限抗压强度大于等于0.5MPa；渗透系数小于等于1.0×10^{-7}cm/s。

（c）检测结果

共取9个检测孔，试样指标均满足设计要求。

（3）盾构机性能的改进与掘进技术措施

①对盾构机设计的重要改进

为适应本区间困难的地质条件，对盾构机设计作了重要改进，使用目前国内性能最好的盾构机

施工。

a. 刀盘驱动功率由 945kW 增至 1 200kW，并改善了扭矩特性曲线，使盾构机在较高转速下，扭矩得到较大提高。

b. 采用重型刀座及刀具，滚刀配置到 40 刃，减小了刀间距，增强了破岩能力。

c. 在盾构机正面区设置了 4 个钻探注浆孔，配置 30m 自动钻探钻机，可对隧道断面内实施超前钻探地质预报与注浆加固。

d. 螺旋输送机设置双闸门出土口并预留接口，在水压大时采用保压泵渣装置出渣。

② 主要掘进技术措施

a. 严格控制盾构机掘进姿态。盾构机刀盘切削面地层软硬不均，方向不容易控制。按照给定的容许偏差值进行控制，当接近偏差值时及时调整，纠正于微小偏差之时。掘进过程中保持正确姿态。

b. 对富水区域进行盾构超前钻探并采用双液浆加固溶洞地层。

c. 盾构机通过时如果水压大，启动保压泵装置，防止大量失水，以保证隧道上方建筑物的安全。

d. 掘进判断掌子面的岩层和地下水量情况。当掌子面岩层稳定、地下水量不大时，开舱检查和更换刀具，必要时采用带压作业。

e. 足量同步注浆，并及时进行二次双液注浆，对地下水通道进行封堵，稳固管片。

（4）施工实况简述

① 地层加固

2006 年 5~6 月按设计完成地层加固施工，注浆时引起地面个别点上鼓，其余良好。图 4.4-22 为草淘区间海瑞克单刃硬岩刀盘。

② 盾构掘进

a. 工期与进度

左线于 2006 年 7 月 21 日~8 月 8 日共 18d 完成岩溶段 91m 的盾构掘进，平均每天掘进约 5m；右线共用 22d 完成，平均每天掘进 4.8m。

b. 掘进描述

总体上顺利通过了岩溶段的掘进。采取控制贯入量、加强同步注浆等谨慎掘进管理措施，但总推力仍较大，刀具更换较多；推进过程中揭示总体充填加固

图 4.4-22 草淘区间海瑞克单刃硬岩刀盘（过溶洞、花岗岩、复合地层）

效果良好，未发生盾构机陷落，但隧顶有局部坍塌发生；主要地下水通道得到封堵，部分段落地下水仍较大，掘进中予以及时注浆充填封堵。

c. 主要掘进参数

据盾构机 PLC 的记录，经归纳后可分为以下两类。

（a）硬岩及软硬不均区

土舱压力 0.5~0.8MPa；转速 2.3~2.5rpm；贯入量 10mm/r 左右；扭矩 2 500~3 200kN·m；总推力 10 000~13 000kN。

（b）较软或全断面为充填物加固区

土舱压力 0.6MPa；转速 2.0r/min；贯入量 25mm/r 左右；扭矩 2 000kN·m；总推力 7 000~9 000kN。

（5）结论

①应用多种探测方法,对勘测结果进行综合分析,探明了溶洞的分布及填充物特征。

②确定了合理的加固方案,满足盾构施工安全及隧道结构稳定,控制了加固范围,避免了不必要的过度投入,有效地实施了地层加固施工。

③针对该地层特点,对盾构机设计作了改进,提高了其性能。

④制订了必要的盾构掘进技术措施,采用信息化施工,有效实施施工控制。

⑤顺利完成了岩溶段盾构隧道施工,验证了加固方案,填补了国内空白。

2)车三区间盾构穿越含水砂层掘进技术

盾构法施工因其噪声低、扰动小、污染少的特点,被认为是目前城市内隧道施工的首选。盾构机根据地层条件,分为泥水平衡盾构机和土压平衡盾构机。泥水平衡盾构机主要用于软弱地层,即流塑性淤泥层、淤泥质砂层、含水砂层及地下水丰富的地层;土压平衡盾构机主要用于一般土层,软、硬岩层及土岩复合的地层。由于广州地铁盾构隧道存在大量的复合地层,即在一段隧道内,有软弱地层,也有土层及软、硬岩层,使得盾构隧道在设计阶段就必须考虑盾构形式来分标段,而在施工阶段就要考虑盾构机的适应性。土压平衡盾构机在穿越复合地层时,在软弱地层掘进,特别是在含水砂层及地下水丰富的地层中掘进,极易造成地面沉降和塌陷,存在巨大风险。图4.4-23为车三区间三菱单刃硬岩刀盘。

图4.4-23 车三区间三菱单刃硬岩刀盘(过砂层,复合地层)

(1)含水砂层情况

广州地铁五号线车陂南站—东圃站—三溪站盾构区间工程位于广州市黄埔大道东的车陂南站与三溪站之间,全长4 988.979m,呈东西走向。该区间设计为两组双孔单线,采用盾构法施工。三溪站为盾构始发站,中间东圃站为盾构过站车站,车陂南站盾构到达站。隧道最大覆土厚度17.68m,最小覆土厚度9.11m。根据全线地质条件情况,隧道采用土压平衡盾构掘进。

东圃站—车陂南站区间地质详勘资料显示,东圃站出站90m范围内有<3-1>细砂层侵入隧道1~2.5m,且位于隧道顶埋设有$D1\,000$混凝土给水管,$D300$钢煤气管,管线走向与隧道掘进方向基本平行,埋深1.6~2.9m。该区域隧道埋深较浅,砂层较厚,施工沉降对管线的影响较大。车陂南站到站前90m范围连续分布有<3-2>粗砂层,呈V形侵入隧道,最厚处达5m。地下埋有$D300$钢煤气管、$D1\,000$、$D600$混凝土给水管。地面均为大型车辆繁忙通行的黄埔大道,对地面沉降要求高。其砂层分布情况见图4.4-24和图4.4-25。

(2)盾构过含水砂层需要解决的问题

土压平衡盾构机在掘进中要使地面稳定就必须保持掌子面的稳定,而保持掌子面的稳定就必须建立平衡的土舱压力。土压平衡盾构机土舱压力是依靠螺旋机内的渣土形成土塞来建立的。土塞是否形成,关键在于渣土的含水率,含水率的大小又取决于对渣土改良的好坏。当盾构在掘进过程中渣土改良不好,螺旋机内形不成土塞就会出现"喷涌"现象,而"喷涌"使土舱压力时高时低,使掌子面失稳,造成地表沉降和塌陷。所以土压平衡盾构机在含水砂层中掘进,最重要的是解决渣土改良不好,即通常所说的"喷涌"问题。

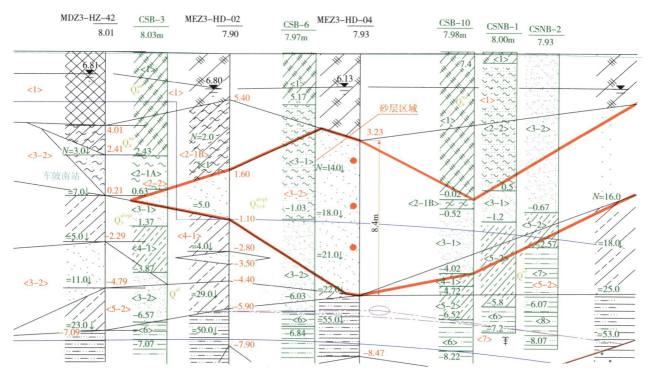

图 4.4-24　东圃站出站 90m 砂层分布情况（左线）

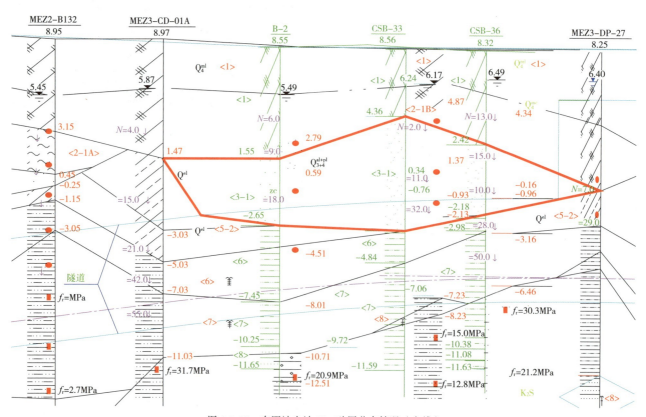

图 4.4-25　东圃站出站 90m 砂层分布情况（右线）

（3）目前我国盾构渣土改良状况

目前，国内地铁盾构使用的盾构机品牌有德国的海瑞克、维尔特，美国的罗宾斯，日本的三菱、小松、日立、石川岛播磨，上海国产盾构等。各厂家对渣土改良的设置各有不同，如德国盾构机配置水、泡沫和膨润土注入系统，泡沫注入系统配置完善，掘进中以注入泡沫为主来改良渣土。其余厂家均配置泡沫、水和膨润土的注入系统，掘进中根据土层情况，主要注入泡沫和水，如遇到含水砂层，则注入膨润土进行渣土改良，但难以达到理想效果。如广州地铁自一号线引进盾构挖掘隧道以来，均有盾构在含水砂层的复合断面中掘进造成喷涌，使地面沉降或塌陷的案例。

由于盾构法技术属于引进技术，而我国大量使用盾构机还是在2003年以来大量地铁施工开始的，所以渣土改良方法也只是接受各盾构机厂家的指导来使用，缺乏经验，难以满足国内复杂地质情况的需要。

（4）引进盾构新技术的必要性

广州地铁五号线车陂南站—东圃站—三溪站盾构区间工程于2006年6月盾构进场施工。本工程施工的最大难点就是两处盾构穿过含水砂层。当时参考广州已有经验，盾构穿过含水砂层只有两个方法：一是盾构穿过砂层时做好应急抢险并与当地供水、管线单位、交警沟通好，如有水管爆裂漏水、地面塌陷，立即封路抢险回填；二是在地面进行预先砂层固结改良。以上两个方法会带来以下负面影响：如盾构穿过砂层时造成地面塌陷进行抢险，将会给社会造成不良影响，企业信誉度降低；如采用地面预加固，则需费用达300万元左右。以上两点均不能接受，只有寻找更好的盾构掘进新技术、新方法，才能有效解决过含水砂层的问题。

2006年6月盾构机进入三溪站安装。日方三菱盾构机技术指导到工地协助工作，介绍了在日本盾构过含水砂层的技术与方法，渣土改良新型添加剂等，建议我们试用。2006年4月到日本盾构工地考察后，认为引进日本盾构掘进新技术，是解决盾构过含水砂层的最好方法，是土压平衡盾构机扩大适应性，提高社会效益、经济效益的最佳选择，是非常必要的。

（5）盾构掘进新技术的应用

①盾构新掘进技术关键点

a.利用高分子材料TAC through（斯乳）进行渣土改良

以含有凝集作用的高分子材料为主要成分，在渣土中可以吸收水分及黏土颗粒包裹砂粒形成黏稠物状，使泥浆砂粒从流淌状变成黏稠塑性状态，成为不透水泥浆膜，达到止水增稠润滑的作用。

（a）渣土状态

渣土中粗细颗粒良好，但仍可透水，如图4.4-26所示。

（b）渣土在地下水压作用下的状态

在地下水压大时，细黏粒被地下水冲走流失，降低止水效果，如图4.4-27所示。

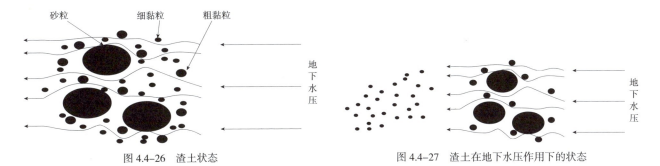

图4.4-26 渣土状态　　　　　　图4.4-27 渣土在地下水压作用下的状态

（c）高分子材料TAC through掺入后的效果

高分子材料TAC through掺入后凝集了细黏粒，会立即形成块状物互相包裹的砂粒，渣土呈有一定塑性流动性的状态，如图4.4-28所示。达到抵抗地下水压力的目的。

b.注入方式、注入量和注入浓度的控制

注入方式：高分子材料通过盾构机上的注水泵、泡沫泵打入刀盘正面。刀盘有 7 个注入孔，其中在刀盘中心辐条侧面有两个高压注水孔，刀盘正面有 5 个注入孔，7 个注入孔可通过管路和阀门转换实现注入不同的添加材料。刀盘注入孔布置如图 4.4-29 所示。改造后外加剂注入系统如图 4.4-30 所示。

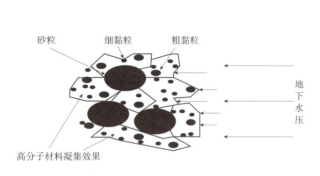

图 4.4-28　高分子材料 TAC through 掺入后的效果

图 4.4-29　刀盘注入孔布置

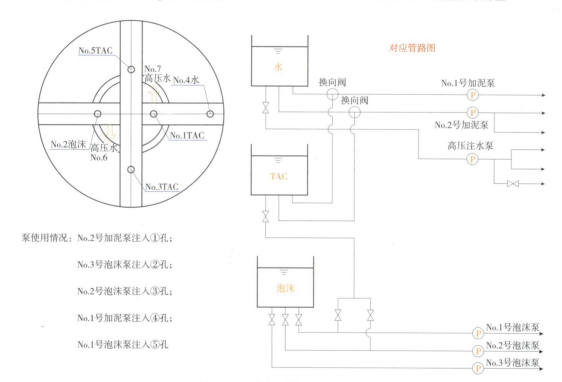

图 4.4-30　改造后外加剂注入系统图

c. 注入量和注入浓度：高分子材料注入量和浓度不同，有不同的作用，必须根据挖掘对象进行试验，确定注入量和注入浓度，在实际挖掘中再根据地层水量进行调整。

对于高分子材料在砂层中的作用效果，项目部前期在现场进行试验，结果表明，高分子材料浓度和注入率与砂层水分吸收效果成正比，浓度和注入量越大，效果越明显。高分子材料注入浓度为 0.3‰~2‰，注入率分别为 10%~20%，渣土改良效果良好。

结果还表明，对黏粒少于5%的砂水混合物掺入高分子材料没有明显效果。如砂层中黏粒含量低于5%，则应向土舱中注入适当的膨润土，高分子材料的效果才能够发挥出来。

d. 高分子材料TAC through的性状及特征

高分子材料是一种合成聚合物液体，呈淡黄色，pH值在7.2左右，黏度为348mPa·s。在25℃常温下，相对密度为1.06。

高分子材料外观是一种高浓度液体乳剂，易融于水，可任意兑水调整比例，易于存放。高分子材料外观见图4.4-31。

②盾构掘进新技术的工程应用实例

东圃站出站90m范围内有<3-1>粗砂层侵入隧道1~2.5m；车陂南站到站前90m范围连续分布有<3-2>粗砂层，呈V形侵入隧道，最厚处达5m。这两段砂层分别于2007年4月17日、8月20日开始挖掘。初次使用高分子材料TAC through盾构司机、管理人员都有个适应过程。浓度由高向低调试，经掘进5环试验调整，确定采用0.3‰~3‰浓度，注入率10%~40%可满足渣土改良的需要。盾构过砂层时渣土改良的非常好，盾构机参数正常，地面沉降控制远小于规范要求。

盾构过砂层掘进参数见表4.4-5。

盾构过砂层掘进参数表　　　　表4.4-5

序号	项　目	参　　数	备　注
1	刀盘转速	1.0~1.5r/min	
2	土舱压力	土舱中部150~180kPa	
3	掘进速度	15~25mm/min	
4	推力	9 000~13 000kN	视掘进速度调整
5	注浆压力	同步注浆0.3~0.5MPa	
6	注浆量	5.0~5.5m³	
7	注浆流量	60~100L/min	
8	刀盘注入材料	1号、3号、5号孔：注高分子材料；2号孔：注泡沫；4号、6号、7号孔：注水	
9	高分子材料注入	砂层：浓度0.1%~0.3%、注入率20%~40%　黏土砂层：浓度0.03%~0.05%、注入率10%~15%	
10	出土量	4~4.5箱，即65~74m³	

图4.4-31　高分子材料外观

地面沉降控制情况如下：

a. 东圃站—车陂南站盾构区间东圃站出200m共布设监测点68个，其中，建筑物监测点28个。车陂南站—东圃站盾构区间沉降监测累计沉降量大于30mm的测点2个，累计沉降量在20~30mm的监测点有1个，10~20mm的监测点有10个，小于10mm的监测点有55个，所占比例见图4.4-32。

b. 车陂南站进站端头90m范围内共布设测量点27个，其中，累计沉降量大于30mm的测点2个，累计沉降量在20~30mm的监测点有2个，10~20mm的监测点有6个，小于10mm的监测点有17个，所占比例见图4.4-33。

（6）掌握盾构掘进新技术的意义

采用高分子材料掘进砂层技术的成功应用，在国内盾构领域产生了很大影响，有着巨大的社会效益和经济效益。

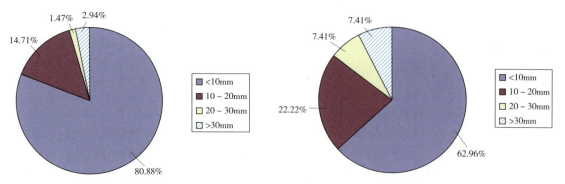

图 4.4-32　东圃站出站 200m 砂层段沉降量比例图　　图 4.4-33　车陂站进站 90m 砂层段沉降量比例图

① 社会效益巨大：盾构掘进技术的进步，改变了以往土压平衡盾构过砂层必塌陷的宿命，扩大了土压平衡盾构机对地层的适应性，减少了盾构工程风险和对社会环境的影响，为维护社会和谐稳定有着不可低估的作用。

② 节约成本显著土：压平衡盾构过砂层掘进，以往采取地面加固的方式解决沉降问题，不但对周边环境影响大，且成本费用高。以本工程为例，采用盾构掘进新技术后，取消了两处地面加固，节约费用约 150 万元。在后续盾构工程中，节约加固费用达几百万元。

③ 土压平衡盾构机采用高分子材料掘进砂层技术的成功应用，解决了国内土压平衡盾构机过砂层的技术难题，实现了国内土压平衡盾构机通过砂层等软弱地层新的掘进技术突破。

3）鱼大区间盾构穿越混合花岗硬岩施工技术

（1）工程概述

广州市轨道交通五号线鱼珠站—大沙东站盾构区间土建工程包括鱼珠站—大沙地站、大沙地站—大沙东站 2 个区间隧道，4 个联络通道及 8 个洞门等附属工程。盾构隧道设计为两条内径 $\phi 5.4m$ 的单线隧道，区间线路里程为 YDK27+763.300~YDK29+153.998、YDK29+322.798~YDK30+577.872，隧道单线总长 5248.441m，隧道埋深在 9.9~19.9m（蟹山除外），线间距 11~15m。

根据地质资料统计，本标段洞身穿过的 <8>、<8Z-2>、<9>、<9Z-2>（Ⅳ、Ⅴ、Ⅵ 类围岩）硬岩地层达 2 136m，占 40%，最大极限抗压强度为 85MPa。其中，区间左线 ZDK28+869~ZDK29+049，右线在 YDK27+907~ZDK29+101 位置隧道洞身围岩为 <9Z-2> 微风化混合花岗岩，呈清灰色，花岗岩变晶结构，块状构造，裂隙稍发育，岩质坚硬，岩芯以柱状为主，节长 6~30cm，个别达 50cm。根据业主提供的地质勘察报告，其最大单轴极限抗压强度为 75.9MPa，RQD 值为 50%~85%。后经地质补勘，在该段隧道洞身范围内围岩最大单轴极限抗压抗压强度为 85MPa。其岩芯及掌子面地质见图 4.4-34 和图 4.4-35。

（2）盾构机刀盘适应性分析

① 目前刀盘刀具的配置情况

两台海瑞克盾构机即 S240 和 S241，于 2005 年 2 月和 3 月完成广州市轨道交通三号线大沥区间盾构掘进。根据地质情况采用了三种刀具配置模式，软岩刀具布置、混合式刀具布置、全断面硬岩刀具布置。全断面硬岩刀具布置：除刀盘周边 5 把盘形滚刀、刮刀、外围铲刀外，刀盘面板中心区域上的双头齿刀全部换装为刀刃间距为 180mm 双刃盘形滚刀，以适应硬岩掘进。全断面硬岩刀具布置如图 4.4-36 和表 4.4-6 所示。

第4章 五号线及APM线盾构施工技术

图 4.4-34 混合花岗岩地质抽芯岩样

图 4.4-35 混合花岗岩掌子面岩样

硬岩刀具配置表 表 4.4-6

名 称	形式（尺寸单位：mm）	设 计 特 点
双刃正滚刀 13 把		用于硬岩掘进，最大设计破岩能力 80MPa； 刀刃距刀盘面 175mm； 背装式可换装齿刀
双刃中心刀 6 把		用于硬岩掘进，最大设计最大设计破岩能力 80MPa； 背装式，可换装齿刀刀刃高度 175mm

续上表

名　称	形式（尺寸单位：mm）	设　计　特　点
切刀 64 把	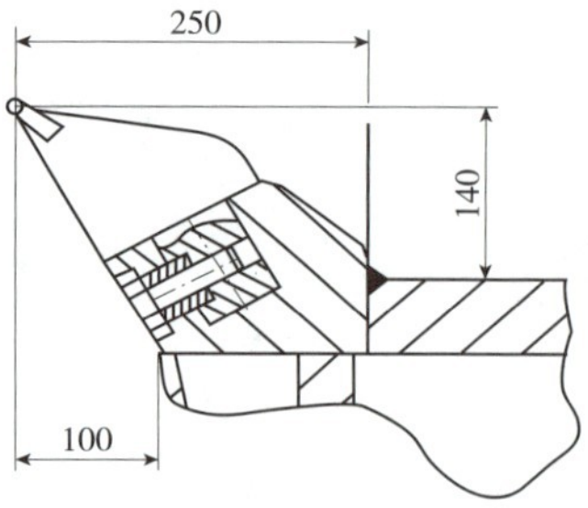	软土刀具，装于排渣口一侧；同时可用作硬岩掘进中的刮渣；刀刃高度 140mm
弧形刮刀 32 把	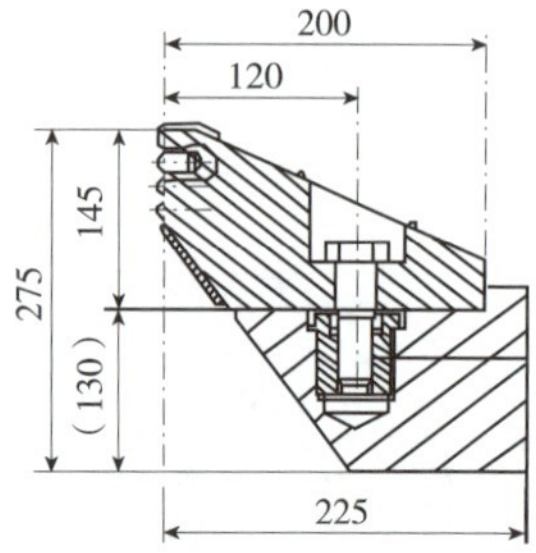	刀盘呈弧形的周边软土刀具，同时在硬岩掘进下可用作刮渣
仿形刀 1 把	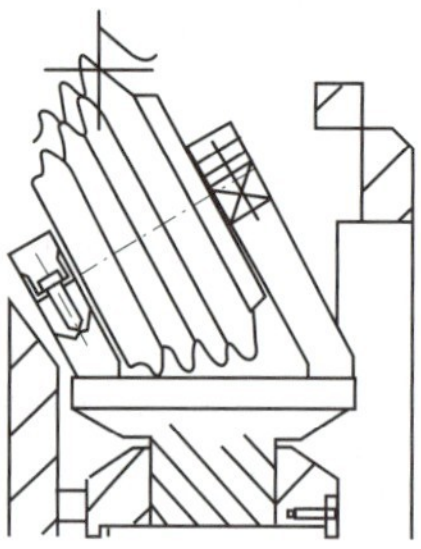	用于局部扩大隧道断面，行程 80mm

中心部分刀具采用 4 把双刃滚刀，双刃间距为 180mm，进一步提高了中心部分的开口率，刮刀高出刀盘面板 140mm，滚刀高出刮刀 35mm，刀具层次布置合理。

②双刃刀盘与单刃刀盘的争议

根据广州市轨道交通三号线、四号线双刃刀盘、刀具掘进分析，海瑞克盾构机硬岩刀破岩强度在 50MPa 内，有较好的掘进速度，而围岩强度超过 50MPa，其掘进速度明显降低，将影响到五号线整体施工工期。

单刃刀盘刀具布置采用单刃滚刀，单刃滚刀共计 31 把，其中，正面单刃刀 20 把，边缘单刃滚刀 11 把，大大加强了刀具的破岩能力，提高了掘进效率。采用滚刀为主的滚刮复合刀盘，边缘滚刀的数量充足，达 11 把边缘单刃滚刀。在保留了原刀盘对软岩、软土地层适应性的基础上，着重提高刀盘对硬岩的破岩能力和对软硬不均地层的适应性。

海瑞克产复合式盾构机配有两种刀盘，一种为双刃刀盘，安装 6 把间距为 180mm 的双刃滚刀，13 把间距为 100mm 的双刃滚刀，可与齿刀互换。另一种为单刃刀盘，安装 31 把单刃滚刀，4 把双刃滚刀。双刃刀盘和单刃刀盘由于结构差别，不能实现双刃滚刀和单刃滚刀互换。

通过与其他施工单位的交流，在广州已建成的一～四号线中，有部分区间是采用双刃刀盘通过抗压强度为 80MPa 以上地层的，如广东省源天公司、中铁一局，均有在单轴抗压强度 80MPa 以上地层中掘进的经历。另广东省基础公司也有同样的施工经历，虽然该区间采用的是泥水盾构，但同样是采用硬岩布置的双刃刀盘，顺利通过了单轴抗压强度 80MPa 以上地层。

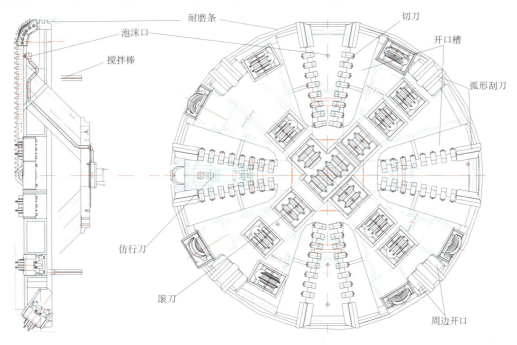

a) 硬岩刀具（双刃）布置图

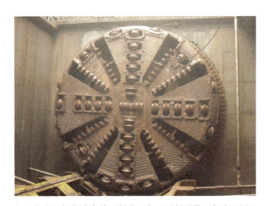

b) 三鱼文区间海瑞克单刃硬岩刀盘（过断裂带、复合地层）　　c) 鱼大区间海瑞克双刃硬岩刀盘（过混合花岗岩、复合地层）

图 4.4-36　硬岩刀具（双刃）

按设计能力，双刃刀盘适应单轴抗压强度 80MPa 及以下的地层，鱼大区间地质补勘资料表明，区间最大抗压强度为 75.9MPa，以目前盾构机的机况，完全可以顺利完成本区间的掘进。通过刀具生产厂商了解到，国外同类工程在施工中基本是以 80MPa 进行分类，80MPa 以上围岩采用单刃刀盘，80MPa 以下采用双刃刀盘。

由于广州地区处于珠江三角洲海陆冲积平原，多断裂带，地层复杂，地下水丰富。而单刃和双刃刀盘都有其局限性，不可能有单一的盾构机或刀盘能够适应广州地铁所有的盾构区间。

③结论

通过在五号线顺利推进的实践证明，平均每天进尺保持在 8 环（2 班），双刃刀盘在 80MPa 下混合花岗岩能完全适应，而且对广州的复杂地层更具优越性。

（3）刀具管理

盾构机在始发掘进以后，从 ZDK30+120 硬岩掘进开始，刀具的磨损和破损情况大量增加，根据开舱换刀统计，平均每推 5~7 环更换一把刀具，更换顺序依次是边缘刀、正面刀、中心刀。从开舱检查、更换刀具来看，刀具损坏总体可分为刀具磨损、刀圈脱落、刀圈偏磨、刀轴破损，如图 4.4-37 所示。

a）刀具正常磨损

b）刀圈脱落

c）刀圈断裂

d）刀具偏磨，刀轴破损

图 4.4-37　刀具损坏形式

从磨损和破损的刀具中任抽了 33 把破损的刀具进行统计和分析，结果如表 4.4-7 和图 4.4-38 所示。

刀具磨损质量缺陷统计表　　表 4.4-7

序号	缺陷项目	缺陷数	频率	累计频率（%）
1	刀圈磨损超限	16	48.5	48.5
2	挡圈切断，刀圈位移	9	27.3	75.8
3	刀体磨损严重	4	12.1	87.9
4	刀圈未转动，异常磨损	3	9.1	97
5	其他	1	3	100

图 4.4.38　刀具质量缺陷排列图

从以上分析可以看出，刀具破损主要表现在刀圈磨损超限、挡圈切断、刀圈位移，占刀具破损量的 75.8%，其主要原因有以下几点。

①地层原因：本区间含泥砂岩中的石英颗粒对刀具的磨损十分严重，以及大沙地进洞后的近 200m 花岗岩都将造成本区间刀具用量增加。另外，硬岩段围岩抗压强度高，对刀具破损严重。

②配件原因：不合格配件修复的刀具在使用中产生非正常磨损，同时影响圆周刀具旋转。

③掘进原因：不同地段需要采用不同的掘进参数，否则会对刀具产生很大的影响。比如在硬岩中

掘进时，如刀盘转速过大，刀具会产生很大的冲击力，从而造成刀具崩裂。在红层地层中掘进时，如果渣土改良效果不好，土体会在刀盘面板上结一硬层，俗称泥饼，使刀具无法旋转从而造成偏磨。如果土体流动性不好，或者滚刀破岩效果较差，那土体将从双刃中间摩擦而过，使刀体产生异常磨损。根据地层及时改变掘进参数非常重要。

（4）施工措施

①根据硬岩地层自稳性好的特点，在硬岩地层中掘进采取敞开式掘进模式掘进，以减小土舱土压力，提高盾构机的有效推力，从而提高掘进速度。针对刀具磨损和破损情况及不同地层情况，确定了盾构机在不同地层的基本掘进参数：

a. 在 <6> <7> 强风化红层，推力控制在 6 000~7 000kN，转速控制在 1.8~2.0r/min，速度控制在 30~40mm/min，加水量为出土量的 25% 左右，泡沫总液体流量控制在 50L/min，FIR（泡沫注射率）50%~60%，FER（发泡率）15~20，泡沫浓度 2%。

b. 在 8 号中风化红层掘进时，推力和转速可按强风化层进行掘进，加水量按出土量的 10%~15% 添加，提高泡沫 FER 到 20~30，FIR 到 20%，泡沫浓度 2%。

c. 在 9 号微风化层或花岗岩中掘进时，加大推力到 8 000kN 左右，转速降低到 1.6 左右。如岩层裂隙水较大，提前采用 TFA34 添加剂进行止水，并采用高 FER、低 FIR、高浓度的泡沫进行掘进。

②刀具主要配件如刀圈、轴承等的质量会决定刀具维修后的质量，小组经过与兄弟单位的交流和观摩，决定了部分配件品牌，并选定有资质和信誉的供货商供货，轴承采用 TMKEN 品牌，供货商为 TMKEN 在广东片区的一级代理商，刀圈使用庞万利品牌，供货商为品牌一级代理商；同时也试用一批国产配件，以进一步降低成本。

③左线盾构机进入硬岩地层后，开始沿用上软下硬地层修正后的掘进参数，发现盾构机掘进慢，刀具破损、磨损严重（图 4.4-39），立即对掘进参数进行修正，以寻求达到掘进速度和刀具磨损的最佳结合点，以降低施工成本，提高生产效率。其修正后的掘进参数如表 4.4-8 所示。

修正后硬岩掘进参数表　　　　　表 4.4-8

序　号	掘进参数	参　数	备　注
1	推力	5 500~6 500kN	
2	刀盘转速	1.5r/min	
3	推进速度	20~30cm/min	
4	土舱压力	0.08~0.10bar	1号点土舱压力
5	注浆压力	0.15~0.20MPa	
6	注浆量	5.0~6.0m³	

（5）经验与建议

①盾构在混合花岗硬岩施工中，刀盘、筒体及螺旋输送机磨损严重，应加强对刀具的管理，勤开舱，勤换刀。加强刀具保护，掘进施工控制以保护刀具为原则，掘进参数选择以刀具贯入量为基准，控制掘进速度和总推力。在硬岩单轴抗压强度 f_c>40MPa 的情况下，刀具贯入量取 3mm/（r/min）以下，严格控制总推力。在掘进施工前，根据隧道洞身围岩抗压强度高，盾构机 8 000kN 的推力与 6 500kN 推力刀刃切深相差仅为 1~2mm 的特点，重新核算刀具破岩力矩，将盾构机推力调整到 5 500~6 500kN，刀盘转速调整到 1.5r/min，避免在掘进过程中出现卡刀。

图 4.4-40 所示为刀盘的切口环已严重磨损，根据盾构机评估报告需要焊接 60mm 硬质钢板恢复到设计尺寸，其他也有较大损伤（刀座、螺旋输送机前叶等）必须进行修复。

a）混合花岗岩渣样

b）混合花岗岩掌子面（边缘刮刀脱落）

图 4.4-39　刀具破损、磨损情况

a）前盾与刀盘间隙严重超标

b）超挖刀刀盘边缘几乎磨掉

图 4.4-40　刀盘切口环严重磨损产生的问题

②混合花岗岩同一类别强度差异性较大，应根据地层变化，及时调整推进参数，避免受力不均，引起盾构刀盘被卡，盾构受困。对掘进数据及时进行分析和对比，发现参数异常（如掘进速度有变化，比上一环掘进降低 5mm/min 以上或刀盘扭矩突然增大 100kN·m 以上时），立即开舱检查刀具，对有破损的刀具进行更换。

③由于混合花岗硬岩的特殊性，应选择质地较好的刀具。通过对比国内几个生产厂家的刀具，并对其特点进行分析，对不同的地层采用不同的刀具。风化砂岩地层由于强度不高，石英含量大，采用耐磨江钻镶齿滚刀，在硬岩地层中，选用耐磨、韧性好的进口庞万力滚刀代替国产的江钻镶齿滚刀。

④加强泡沫等外加剂使用，加强渣土改良，有效减少盾构磨损。掘进过程中保证泡沫管畅通，有效地保护刀具和刀盘。

⑤坚持信息化施工，根据推力、扭矩、油温、土舱压力等参数变化，及时调整施工措施，实现动态管理，保证盾构安全有效快速掘进。加强施工过程控制，现场施工人员（主司机、值班工程师、工班长等）清楚在不同地质情况下渣土的颜色、性质、状态等，通过掘进过程中推力、扭矩以及刀盘发出的响声、出渣情况判断掌子面地质情况，并根据掌子面工程地质情况及时调整掘进参数。

4）三鱼区间盾构穿越上软下硬的施工技术

（1）概述

广州地铁五号线三溪—鱼珠区间盾构工程，位于五号线的东端，全长 498.5 单线延米，左右线两条圆孔单线隧道组成，左右线中心间距 13m，隧道外径 6.0m，内径 5.4m，隧道埋深 9.3~18.7m。

根据施工总体筹划，采用一台德国海瑞克公司生产的复合式土压平衡盾构机从三溪盾构始发井左线始发,到达鱼珠站贯通后,掉头从鱼珠站右线二次始发,到达三溪盾构井完成全部区间工程的盾构推进任务。

本工程虽然规模小,但具有"特点鲜明、要求至高、难度巨大、影响面广"等特点。具体来说,左线始发后,需先完成第0~55环(共82.5m)的全断面古河道砂层、第56~100环(共75.0m)典型的上软下硬地层、第120~295环(共264.0m)共180多座建筑年代不同、基础形式不同的民房密集住宅区楼房群等典型盾构,其通过难度很大,以往经验难以安全通过。右线反而行之,其平面布置和地质剖面见图4.4-41和图4.4-42。不均地层段统计见表4.4-9。

图4.4-41 三溪—鱼珠盾构区间平面布置图

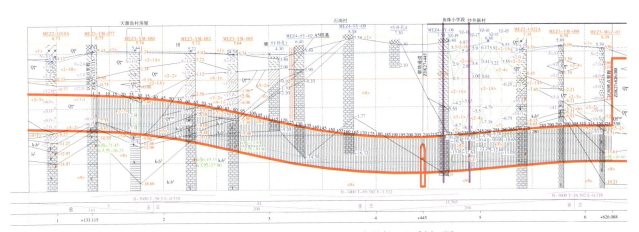

图4.4-42 三溪站—鱼珠盾构区间左线纵断面地质剖面图

三溪站—鱼珠站区间软硬不均地层段统计表　　　　　表4.4-9

类型	里程	长度(m)	岩层厚(m)	土层厚(m)	洞身地层描述
右线隧道					
上软下硬	YCK27+135.70~234	98.3	0~2.1	2.1~6.28	上<2-2><2-3><3-2>,下<7><8>
	YCK27+338~488	150	0~6.28	0~6.28	上<3-2><5-2><6>,下<7><8>
	YCK27+582~625.9	43.9	3.08~6.28	3.2~6.28	上<6>,下<7><8>
所占隧道总长的54.01%					

（2）本区间盾构工程施工关键技术的界定、施工和突破

①全断面超厚砂层的界定

盾构从左线始发后，需通过 0~55 环（共 82.5m）的全断面古河道超厚砂层，砂层最大厚度达 16.0m，且为含大量蚝壳和蚌壳的 <2-2> 淤泥质砂和 <2-3> 含蚝壳淤泥质中粗砂层，见图 4.4-43。其中，第 25~32 环需从天源大厦东附楼下穿过。此时，天源大厦东附楼从投入使用到始发，荷载沉降达 176.5mm，且为不均匀沉降，房屋倾斜率达 2.9‰，见图 4.4-44。

图 4.4-43 <2-3> 含蚝壳淤泥质中粗砂层

图 4.4-44 天源大厦东附楼不均匀沉降

a. 施工风险和重难点

这种中粗砂层具有含水率大、渗透系数大、易液化、流动性好、易被扰动等特点，呈流塑状。盾构机施工通过时，存在掌子面坍塌、涌水、涌渣或渣土无法改良、无法保压、同步注浆不易注进、注浆效果不佳等诸多困难。盾构机通过后，尤其是盾尾通过后，地层肯定会有很大的沉降。

根据地铁一号线黄沙—长寿路区间的经验，还存在着盾构隧道下沉的可能性。

天源大厦东附楼因地铁隧道的埋深等原因，基础形式由原来的锤击静压预制方桩改为条形天然基础，且无停业的可能性。所以，盾构通过时如何确保天源大厦不严重受损和正常使用，也是一个很大的技术挑战。

b. 施工策略

（a）使盾构保持良好的状态

盾构施工经验表明，地质是基础，设备是手段，人是根本。使盾构机保持良好的状态是能否顺利通过天源大厦的基础。盾构机始发前，对所有系统进行了测试和维修，并根据地层条件和换刀计划，对盾构机刀具进行了重点配置，全部更换了盾尾刷，更换了新的铰接密封件，确保顺利通过且不异常涌水、涌渣等。

（b）超土压推进

根据广州地铁土压平衡盾构施工经验，在软土段施工时，土舱压力的选择为主动土压力+水压力+0.01~0.03MPa 预压力或外部建（构）筑物荷载，同时，根据监测结果进行适时的、准确的修正。

根据库仑理论和水土合算，这一段的主动土压力为 0.14~0.16MPa。

施工过程中经过多次论证，认为本段采取超土压推进更合适。在推进过程中，使刀盘前方和盾构土体先隆起 5~7mm，从而可能会抵消盾构通过后的房屋沉降。实际推进过程中，土舱压力为 0.24~0.31MPa，房屋最大隆起 8mm。

（c）严格控制出渣量

盾构法施工水土流失是地表沉降的直接原因，如过度调向或地层坍塌等非正常施工造成土方超挖

则地表沉降会加剧。

盾构机通过此段超厚砂层时，首次采取了严格控制出土量、人为控制少出土的策略。出土量控制在正常出土量的75%~80%，盾构机把少出的土方挤向四周，则地表后期的固结及次固结沉降量会少得多。

（d）加大同步注浆量

土压平衡盾构机的几何尺寸要求盾构机推进时必须及时进行同步注浆回填管片背后的几何空腔，见图4.4-45。广州地区的施工经验是同步注浆为几何注浆量的100%~140%，上海地区则为180%~200%。

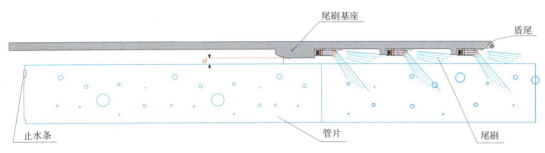

图4.4-45 盾尾结构图

经过讨论，认为这种含蚝壳中粗砂层可比拟上海软土地层中的注浆压力和注浆量的控制，而且要进行二次补注水泥—水玻璃双液浆。最终的施工结果表明，本段地层中同步注浆的浆液水泥含量为180kg/m³，注浆量最低为143%，最高达到了210%。同时，每隔3环均要注一次双液浆，平均每环注浆量达到了3.0m³，注浆压力达到了0.6MPa。

②上软下硬地层的界定

盾构推进通过的第56~100环（共75.0m）典型的上软下硬地层，见图4.4-46。隧道上方覆土分别是<2-2>淤泥质砂层、<2-3>含蚝壳中粗砂层、<3-2>中粗砂层，隧道范围内上方为<4-1>软黏土层、<6>全风化泥质砂岩、<7>中风化泥质砂岩，隧道范围内下部为坚硬的<8>强风化泥质砂岩和<9>微风化泥质砂岩。上部砂层同附近河涌和珠江相通，地下水丰富。

a.施工风险和重难点

盾构通过这种富水的、典型的上软下硬地层时，上方软土较易推进，而下面硬岩则切削困难。此时，刀盘旋转挖掘土时，上方的土体会难以控制地、源源不断地进入土舱，而下方则步进缓慢，从而地表发生较大的沉降，甚至"塌通天"。

深圳地铁一期工程和广州地铁三号线盾构施工过程中引发的较大的地面沉降，特别是几次"塌通天"的工程事故，几乎都是在这种上软下硬地质条件下造成的。

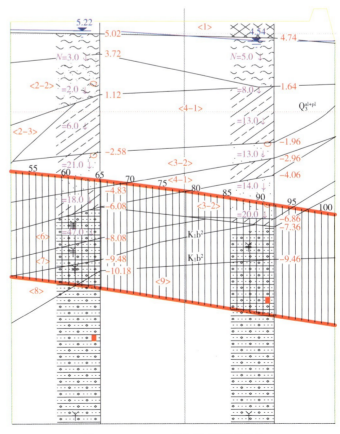

图4.4-46 56~100环上软下硬地质条件

b. 施工策略

（a）合理配置盾构机刀具

本区间盾构机的刀具是滚刀和齿刀可以互换的。始发之初，结合先过砂层和此段上软下硬地层，装上了31单刃滚刀、4把中心边滚刀和4把中心重型齿刀，确保推进切削下部硬岩时刀具的适用。

（b）合理添加泡沫剂

为了改良渣土，使渣土成"牙膏"状流塑体，在掌子面形成泥膜，很好地保持土舱压力的稳定和通过螺旋输送机有效地控制出渣量和地下水的流失，从而有效地控制地表沉降，杜绝"塌通天"。在此段推进时，合理地向土舱内添加了泡沫剂和膨润土泥浆改良渣土。

结果表明，日本Obayashi公司提供的下述公式经合理选择系数是比较适用的：

$$Q=0.5a\left[(60-4x^{0.8})+(80-3.3y^{0.8})+(90-2.7z^{0.8})\right]$$

式中：x——直径为0.075mm颗粒的比率；

y——直径为0.42mm颗粒的比率；

z——直径为2.0mm颗粒的比率；

a——系数，与均匀系数C_u有关，取$1<a<1.6$。

c. 适当地保压快速通过

通过这段的策略是适当的保压，通过土舱压力顶回向土舱内"自动"流入的土体和地下水，同时，快速通过，尽量减少地表沉降的时间和机会。盾构机快速通过后可以及时注浆加填，这样，最大限度地减少了地表的沉降。

③村庄密集民房住宅楼群的界定

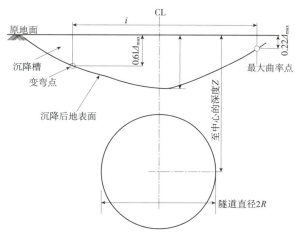

图4.4-47 地表沉降横向分布图

盾构法施工对地表建（构）筑物的影响或多或少都存在，在软土地层中更为明显。英国与其他一些国家在20世纪20年代就开始了这方面的研究工作。比较流行的，也可以说实际使用中有一定指导意义的是1969年美国科学家P.B.Peck结合采矿引起地面位移的估算方法，提出隧道施工沉降槽形状近似于概率论中正态分布曲线，并给出了地面沉降横向分布估算公式，如式（4.4-1）和图4.4-47。

国内有的专家学者对这一问题的研究方法可归纳为：实际数据回归、室内模型试验和理论分析三种途径。结合相近已完成工程的实际地表监测结果及本工程实际情况，最终确定施工可能影响的范围为隧道边界以外25m。

$$\delta(x)=\frac{V_s}{\sqrt{2\pi}\cdot i}\exp\left(-\frac{x^2}{2i^2}\right) \qquad (4.4-1)$$

式中：$\delta(x)$——距中心横向距离为x处的沉降量；

V_s——沉降槽体积，也称地层损失量（推进1m）；

x——距隧道中心线的距离；

i——曲线反弯点的横坐标，也称沉降槽宽度系数。

本区间盾构隧道第120~295环（共264.0m）开挖影响范围内，共有256座建筑年代不同、基础形式各异、结构不一的村庄密挤住宅区楼房群，其中，隧道正上方约180多座。三鱼区间盾构开挖影响范围内房屋统计表见表4.4-10。

三鱼区间盾构开挖影响范围内房屋统计表　　　　表4.4-10

房屋结构	数量（座）	房屋结构	数量（座）	房屋结构	数量（座）
A	4	A9	1	B9	1
A3	10	B	31	C	34
A4	32	B2	50	C2	2
A5	23	B3	23	D	20
A6	10	B4	14		
A7	1	B5	1		

a. 施工风险和重点、难点

（a）地质情况不明朗

通过的房屋属于广州市特有的城中村，俗称握手楼，房屋密集程度可见一斑。没有地质勘察的条件，在多次地质初勘和详勘过程中，对这段地质情况均不能按相关规范加密地质勘探。

（b）房屋变形要求高

由于房屋的建筑年代不同、基础形式各异等原因，很多房屋均存在不同程度的裂纹、变形等损坏，对盾构通过的要求会更高，国家盾构施工规范要求的地表沉降+10/-30mm，可能对这个区间并不太适用。

（c）基本不具备开舱换刀的条件

三鱼区的地层<8>强风化泥质砂岩和<9>微风化泥质砂岩均属于含砾红层，见图4.4-48。盾构推进时对刀具的磨损非常严重，距本区间只有7km的广州地铁五号线大文区间的推进经验表明，在这种地层正常推进时中心滚刀磨损速率为1mm/推进20m，正滚刀为1mm/推进11.5m，边滚刀为1mm/推进9.7m。所以，在房屋段开舱换刀是不可避免的。怎样才能确保在盾构开舱换刀时对地表沉降做到可控是个重难点。

b. 施工策略

（a）进行详细的地质补勘

项目进场之初，同当地老乡进行协调，把地质钻机拆开分块搬到老乡院中重新组装后进行地质补勘，在村中仅有的几条自行车路上也进行补勘，在村旁小河中则打上浮筒进行地质补勘，见图4.4-49。共完成地质补勘60多个，给设计调线和盾构安全施工提供了必要的条件。

图4.4-48　开舱时地质情况

图4.4-49　地质补勘

（b）严格房屋段推进管理

第一,采取真正的土压平衡推进,确保土舱内有 2/3 以上的土。土压波动值也作为一个控制指标。环内波动值不超过 0.03MPa。

第二,确保添加剂的效果,适时进行渣土管理。值班工程师每环都要多次观察渣土的泡沫剂改良情况、连续性和可塑性、温度、出渣量等。尤其是对出渣量的管理,每推进 30cm 计算一次,核实一次,不能多出渣。

第三,坚持信息化施工。进行每天 4 次的地表建(构)筑物沉降变形测量,并在第一时间由总工程师进行分析,对井下盾构主机及时发出指令。

第四,足量同步注浆,间隔补强二次注浆。此段采用的浆液水泥含量为 $120kg/m^3$,推进时每环均要求坚持足量注浆,只能多注不能少注。因同步注浆其浆液可能部分跑到土舱及后期收敛等原因,同时,也防止管片背后的水一直流向刀盘,导致推进困难及造成过量的水土流失而地表沉降,我们坚持每隔 5 环注 1 环的水泥—水玻璃双液浆补强,形成环箍和隔室。

c. 合理、科学地计划换刀

由于对地层的认知准确度及各家生产刀具的耐磨性有很大差异等特点,再加上各施工单位对盾构施工的认识和施工管理水平的不同,往往在推进过程中,大都存在着被动开舱换刀的情况,甚至被动修理刀盘的事也时有发生。

但如果在三鱼区间房屋下方因刀具异常损坏而被动开舱换刀则风险会非常大,损失将会不可估量。

我们认为,盾构施工应该把刀具提到管理的高度。首先从刀具本身出发,应用熟悉的、质量稳定的、性能清楚的刀具。其次,在推进过程中,各种参数也应在保护刀具的前提下进行选择,尤其要严格控制刀具的贯入度不大于 15mm。第三,合理科学地计划换刀位置,只要计算和经验判断需要,在地质情况允许的位置和刀具可能磨损严重的位置,均可进行开舱检查并更换部分刀具,而不是等到已经无法推进了才去"找"换刀的位置。

④盾构直接截断教学楼桩基的界定

三鱼区是左线 220~235 环、右线 54~75 环和 77~97 环均从 1973 年修建的 A4 鱼木小学和 1977 年修建的 A4 鱼木实验幼儿园下面穿过,见图 4.4-50 和图 4.4-51。该两教学楼因年代久远,无竣工资料,但从调查及地质补勘对桩基的形式分析,肯定有部分桩基侵入隧道,因各种原因无法拆除这两座房屋。

图 4.4-50 鱼木小学教学楼

图 4.4-51 鱼木实验幼儿园教学楼

a. 施工风险和重点、难点

盾构直接截桩通过对状况本并不好的教学楼来说,如釜底抽薪,所以如何确保盾构机通过,后房屋无大的、不可修复的变形则是本次施工的关键;其次,截断后的桩基直接支承在管片上对隧道会产生什么样的影响也是个技术难题。

b. 施工策略

（a）类比工程

广州地铁五号线某区间曾经发生过盾构直接截断一栋8层楼桩基后，楼房当天沉降140mm的工程事故。通过学习、取经和总结，同时也论证了盾构直接通过该两教学楼的可行性，认为从此段29个地质钻孔来看，当年的静压方桩工艺不可能会打入 <7> 中风化泥质砂岩地层，如果打入，也只是个别桩而已，所以盾构直接通过只是截断个别桩，而不是所有桩基。

（b）更换刀具

盾构到达该两房屋前均开舱，更换上重型破岩刀具，确保能够破桩。

（c）人员疏散和房屋鉴定

经过广州市地铁公司的协调和政府的帮助，该两校学生均提前临迁到其他安全地方，盾构通过时暂停该两教学楼的使用。

盾构截桩通过，房屋沉降稳定后，请专业的房屋鉴定公司对教学楼进行房屋鉴定，从专业的角度，论证房屋经简单修缮后继续投入使用后的可行性。

（d）信息化施工和推进管理

盾构通过时，24h对房屋地表进行监测和观察，并把测量结果直接通报到井下主操作员，同时，和主操作员沟通截桩时的情况。

（e）管片加强配筋和加强注浆

考虑盾构截断的桩会直接支在管片上，从而使管片点受力，对盾构隧道及后期地铁运营肯定会有一定的影响，经过设计人员的多方荷载验算和论证，认为采取加强管片配筋的办法能够确保隧道的安全。

最终此两教学楼下的管片配筋量用到了190kg/m³，每环管片背后均进行二次补注快凝型水泥-水玻璃双液浆，在桩的端形成扩大头，从而减少管片的受力。

（3）经验总结

① 施工效果

经过全体参战人员的共同努力，精细管理，及时调整，三溪—鱼珠盾构区间先后均顺利完成了上述关键技术和工序的施工。天源大厦没有加剧沉降，倾斜率没有变化。上软下硬地段最大沉降量为25.3mm。村中房屋最大沉降量为6.8mm，且无一开裂。鱼木小学和幼儿园教学楼最大沉降只有27.3mm，经过简单的修缮后又恢复了正常的教学工作。

② 经验和反思

a. 盾构通过超厚砂层段，我们首次提出并实施了超压推进和少出土推进施工。但这种施工可能会带来结泥饼和堵舱事故的增加，对泡沫剂的质量和要求也会更高，对工程施工的控制水平和精准度要求也会很高。

b. 对于这种在超厚砂层段有建筑物的盾构施工特殊情况，如能在建筑物下实施厚的筏板项目会更容易控制。在建（构）筑物四周提前施作止水帷幕对因地下水土流失而造成的房屋变形也有很大的帮助。

c. 盾构通过密集房屋段时，对房屋变形等的测量手段及方法还有待提高。

4.5　区庄站—杨箕站区间小半径重叠盾构施工技术

4.5.1　工程概述

广州市轨道交通五号线区庄站—杨箕站盾构区间工程，包括区庄站—动物园站区间和动物园站—

杨箕站两个盾构区间，线路总长 3 853m（图 4.5-1）。

图 4.5-1　动物园站—杨箕站线路平面图

盾构始发井设于杨箕站，盾构机于动物园站过站，盾构吊出井设于区庄站东侧。两区间均属珠江三角洲平原，沿线路面交通繁忙，为密集的建筑物、高架桥桩基区，地下管线密布。

1）工程地理位置与地面环境

区庄站—动物园站盾构区间属珠江三角洲平原，地形西高东低，略有起伏。区间隧道位于环市东路下，从区庄出发后，沿环市东路向东延伸，横穿东环路，到达动物园站。

动物园站—杨箕站盾构区间属珠江三角洲平原，地势平坦。线路下穿东风路、梅花路、梅东路和中山一路，道路交通繁忙，地下管线密布。

2）工程规模

本工程分为两个盾构隧道区间，分别为区庄站—动物园站盾构区间和动物园站—杨箕站盾构区间，始发井设在杨箕站，盾构机在动物园站过站，吊出井设在区庄站东侧。区庄站和动物园站均为矿山法施工的暗挖车站，杨箕站为明挖三层车站，但左、右线盾构机从杨箕站始发后要分别穿过约 40m 的矿山法隧道。

区庄站—动物园站盾构区间为两条圆形隧道，隧道长度约为 1 895.181 单线延米。该区间线路从区庄站出发后，沿环市东路向东延伸，横穿东环路，到达动物园站。该区间左线由直线段和两段曲线组成，曲线半径分别为 1 500m 和 2 000m；线路右线由直线段和三段曲线组成，曲线半径分别为 1 500m、800m 和 600m。盾构隧道区间起止里程：Y（Z）DK11+734.200~Y（Z）DK12+683.239。右线长度为 949.039m；左线长度为 946.142m，左线短链 2.897m。区间总长 1 895.181 单线延米。

动物园站—杨箕站盾构区间为两条圆形隧道，隧道全长 1 961.418 单线延米。该区间线路由动物园站出发，下穿东风路、梅花路、梅东路和中山一路，到达杨箕站。该区间线路包括直线段和 2

段半径为200m（左线为206m）和300m（左线为285m）的曲线。盾构隧道区间起止里程：Y（Z）DK12+811.839~YDK13+792.069（ZDK13+793.027）。右线长度为980.230m，左线长度为981.188m。区间总长1 961.418m。区间包括盾构隧道和1个联络通道（兼泵房）。整个盾构区间线路全长3 856.599单线延米。

3）隧道设计及工程地质

区间盾构隧道设计区庄站—动物园站及动物园站—杨箕站区间隧道下穿繁华市区，直接与内环梅东路立交桥桩基相交，且于动物园站左右隧道上下重叠，重叠区域隧道竖向净距仅2.4m。根据该区间工程地质与水文地质情况，以及该工程所处环境的复杂程度，为确保工程本身及周边环境的安全，设计采用土压平衡盾构机进行施工。

（1）隧道平纵断面设计

区庄站—动物园站区间，线路左线由直线段和两段曲线组成，曲线半径分别为1 500m和2 000m；线路右线由直线段和三段曲线组成，曲线半径分别为1 500m、800m和600m。动物园站左右线上下重叠，左线在上，右线在下，左右线轨面高差为8.4m，其线间距从28m渐变为0m，相应的，区间隧道轨面高差从0m渐变为8.4m。左线隧道轨面高程-11.792~1.887m，区间线路最大坡度为38‰，最小坡度2‰，最大坡长270m；右线隧道轨面高程-14.162~1.887m，区间线路最大坡度为37‰，最小坡度为2‰，最大坡长485m。

动物园站—杨箕站区间，线路左线由直线段和两段曲线组成，曲线半径分别为206m和285m；线路右线由直线段和两段曲线组成，曲线半径分别为200m和300m。动物园站左右线上下重叠，左线在上，右线在下，左右线轨面高差为8.4m，其线间距从0m渐变为15m，相应的，区间隧道轨面高差从8.4m渐变为0m。左线隧道轨面高程-19.016~-6.020m，区间线路最大坡度为30‰，最小坡度2‰，最大坡长426m；右线隧道轨面高程-18.326~-14.162m，区间线路最大坡度为9‰，最小坡度为2‰，最大坡长440m。动物园站—杨箕站区间的200m小半径圆曲线平面线路要素见表4.5-1，其线路见图4.5-2。

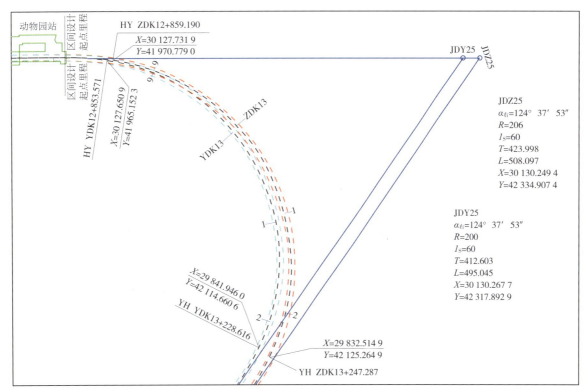

图4.5-2　动物园站—杨箕站区间的200m小半径圆曲线段平面线路图（尺寸单位：m）

动物园站—杨箕站区间的200m小半径圆曲线段平面线路要素表　　　　表4.5-1

起 止 里 程	线 路 名 称	曲 线 要 素			备注
		转向角	转弯半径（m）	曲线长（m）	
ZDK12+859.190 ~ ZDK13+247.287	圆曲线（JDZ25）	124°37′53″（右）	206	388.097	左线
YDK12+853.571 ~ YDK13+228.616	圆曲线（JDY25）	124°37′53″（右）	200	375.045	右线

左线盾构机进行200m半径转弯时的爬坡坡度为3‰。

（2）盾构衬砌管片类型

盾构隧道衬砌外径6 000mm，内径5 400mm，管片宽度1 200mm，厚度300mm，每环6片错缝拼装，衬砌环采用通用环的组合形式。

（3）隧道穿越的工程地质

隧道穿越的岩层主要为岩石强风化带<7>、岩石中风化带<8>、岩石微风化带<9>及岩石全风化带<6>。

4.5.2　区—杨区间盾构法工程特点

本工程施工有如下3个特点：

（1）区间线路地面特征主要为城市道路和建筑物群，在动物园站—杨箕站区间，线路沿线所经道路交通繁忙，道路及人行道内地下管线杂乱密布。区庄站—动物园站区间位于环市东路下，环市东路为城市主干道，地面交通繁忙，地下管线密集，道路两边建筑物密集。在工程施工中必须保证控制好地面沉降及安全文明施工工作，确保沿线交通畅通及环境是本工程的特点。

（2）区庄站—动物园站区间线路最大坡度为3.8‰，最大坡长为485m，线路坡度大，避免大坡度对施工掘进的影响也是本工程的特点。计划采用的盾构机适应线路坡度为5‰，同时在竖曲线段施工期间严格控制隧道轴线，使盾构尽量沿着设计轴线推进，每环均匀纠偏，减少对土体的扰动；加强隧道纵向变形的监测，并根据监测的结果进行针对性的注浆纠正，如调整注浆部位及注浆量，配制快凝及提高早期强度的浆液。必要时进行二次补充注浆。

（3）由于本标段盾构始发井设在杨箕站，在施工过程中，对既有杨箕站结构的保护、合理设置盾构机掘进参数也是本工程的特点。

在盾构掘进阶段，本工程的难点主要有以下几点。

1）急曲线隧道轴线比较难以控制

动物园站—杨箕站区间由直线段和两段曲线段构成，曲线半径分别为200m（左线为206m）和300m（左线285m），曲线半径过小。

在急曲线段，由于盾构机本身为直线形刚体，不能与曲线完全拟合。曲线半径越小、盾构机身越长，则拟合难度越大。在急曲线段盾构机掘进形成的线形为一段段连续的折线，为了使得折线与急曲线接近吻合，掘进施工时需连续纠偏。曲线半径越小，盾构机越长，则纠偏量越大，纠偏灵敏度越低，轴线就比较难以控制。其施工参数需要经过计算并结合地质条件等因素综合考虑，并进行试掘进后方可确定。特别在缓和曲线段，每米的施工参数都有所不同，操作难度更大。

为了控制好急曲线隧道的施工轴线，需要提高盾构机的纠偏灵敏度。而要提高盾构机的灵敏度，最有效的措施是缩短盾构机头的长度。在盾构机的中部增加铰接装置，即可减少盾构固定段长度。使用铰接装置后，盾构机掘进过程中所穿越的孔洞将不再是理论上的圆形，需要配套使用仿形刀装置进行超挖。

因此，控制好急曲线隧道施工轴线的关键技术之一，就是如何使用好盾构机的铰接装置和仿形刀装置。

2）曲线推进过程中盾构姿态的控制

急曲线隧道的施工与直线段施工相比，除直线段隧道施工原有的地层变形因素外，还将增加以下三个因素的影响：

（1）盾构在曲线段施工时，盾构姿态随着盾构掘进不断发生变化，盾构机处于纠偏状态，仿形刀也处于开启状态进行超挖，实际掘进面为一椭圆形，实际挖掘量超出理论挖掘量，造成地层损失，从而引起地表沉陷。

（2）在采用适当技术和良好操作的正常施工条件下，急曲线掘进将增加地层损失，地层损失达 $(0.5\%\sim1\%)8l2\pi R/(R+R_c)$，（$l$ 为盾构长度；R 为盾构外半径；R_c 为盾构掘进曲线半径）。

（3）纠偏量较大，对土体的扰动亦大，容易造成较长时间的后期沉降。

由于盾构本身是一个长 8m 左右的直线体，由图 4.5-3 可以发现，盾构在曲线段推进时，相当于在曲线内不断地画直线；同时，从断面看相当于在图 4.5-4 所示的圆中画内接多边形。依据几何学原理，在边数相同的情况下，正多边形面积最大。也就是说，盾构在曲线段掘进时，如果每段长度相等，则其土层损失最小。同样，依据正多边形边数越多，其面积越大的理论，盾构在曲线段掘进时，应当一小段一小段地掘进，划分的段数越多，土层损失越小。

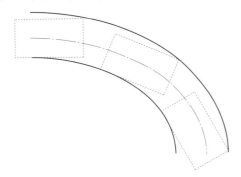

图 4.5-3　盾构曲线推进示意图

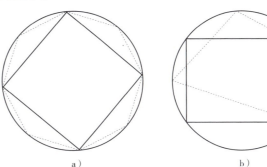

图 4.5-4　曲线推进原理

3）在不良地质条件下刀具的更换

从工程筹划及施工实际经验来看，本工程盾构机掘进过程中需更换刀具 6 次，由于本工程隧道穿越地层为红层区，其岩层都存在遇水软化现象。这是广州地区红层风化带的典型特征。同时在红层区的另一特点为软弱夹层分布，即在中风化或微风化岩层中发育强风化透镜体，造成同一剖面中上下岩层强度差别大，出现风化不均现象，夹层的出现与岩性、裂隙发育程度和地下水等多种因素有关，即在软弱夹层区一般是裂隙发育区，因此基岩裂隙水相对较大。如何在此地质条件下保证安全地更换刀具是本工程的重点。

虽然工程筹划中，盾构机换刀均在有利地质条件下进行，但由于地质条件的不可预知性，在换刀时应有充分的考虑及应对措施。

（1）由于区间线路位于广州市区内，沿线所经道路交通繁忙，道路及人行道内地下管线杂乱密布，建筑物众多，所以换刀应选择在对地面建筑物和管线影响较小的地段。换刀过程中应加强对地表和周边建筑物的监测，及时获取监测数据，以指导换刀进程。

（2）对换刀地段进行注浆加固，以改良土体，利于换刀。当遇到换刀过程中对土体进行加固的情况时，还应注意地层加固对盾构机及刀盘的握裹力造成盾构机在换刀后不能推进的危险。

（3）防止盾构机被土体加固的浆液握裹而不能推进的措施：采用水泥浆而非双液浆进行加固；在加固施工前，利用盾体上预设的六个注浆孔向周边地层注膨润土，以保持土体和盾体之间的低摩擦力；在注浆过程中，不时转动刀盘，以防加固浆液使刀盘内土体硬化后，造成刀盘无法转动。

（4）利用盾构机配套的超前勘探系统对换刀地段进行勘探，详细了解所处地层的地质情况，盾构机应在中风化、微风化地段更换刀具。

（5）在中风化、微风化地质条件更换刀具的危险主要来自地下泥水的涌入，换刀在气压状态下进行，并配备小型抽水机等应急设备。

（6）盾构机配备人孔气压舱及相关设备，人员进出、作业均在设备保障的前提下进行。

4）盾构机通过上下重叠的区间线路施工

区间线路由杨箕站出发，左右线并行，到动物园站左右线上下重叠，左线在上，右线在下。过动物园站后，左右线又渐变为左右并行，直至区庄站。

盾构机通过上下重叠的线路时，一般先施工下部线路，再施工上部线路。这样就要保证已施工的下部隧道的安全，如何确保避免左右线的相互扰动是本工程的难点。

为了确保盾构机顺利通过该线路路段将采取以下措施：

（1）施工该线路路段时，左线盾构机快速通过。即在保持盾构机正常掘进速度同时，避免盾构机因非正常原因而造成的停滞，如机械故障、人为因素等，从而避免对下方的右线隧道产生不良影响。

（2）施工该线路路段时，要加强对盾构机姿态的控制。对盾构掘进进行严格的线形控制和盾构机姿态控制，减小轴线偏差和及时纠偏，减小超挖和对围岩的扰动。

（3）施工该线路路段时，要适当调整注浆量和浆液配比，适当加大浆液中水泥用量。在施工该线路路段时，加强对左右线隧道的沉降和收敛监测，根据监测结果，及时调整注浆量和浆液配比。

（4）在盾构机通过距离下部线路很近的上部线路时，为确保下部隧道的安全，要对下部隧道进行合理的支护。

5）施工及工后盾构临近建筑物及地表沉降控制

地表沉降控制重点区域为多栋建筑物与内环路桩基的沉降控制。盾构机到达该段前100m时重点监测该段，每天至少1次，数据变化大时，每天2次，同时每天分析沉降的发展趋势，结合监测信息合理选择掘进模式和掘进参数，确保盾构机顺利通过。另外还需要做好以下工作：

（1）控制掘进中的盾构姿态，尽可能减小对地层的扰动。

（2）针对不同地质，合理选取掘进参数，保持掌子面稳定，防止或减少地层失水。

（3）"掘进与注浆同步，不注浆不掘进"，及时填充环形间隙，必要时进行二次补强注浆。

（4）加强监控量测，及时分析反馈，指导施工。

4.5.3　近接急曲线盾构隧道三维有限元数值模拟

为了分析和考察小半径曲线盾构施工技术方案的可行性，采用岩土工程三维有限单元法对近接急曲线盾构隧道进行有限元分析。

1）计算软件

采用MIDAS/GTS有限元软件建立小半径曲线盾构三维有限元模型并进行数值模拟分析，建模时考虑围岩的弹塑性性质。本构关系包括屈服条件和破坏条件、硬化定律、流动法则和加载和卸载准则。

2）有限元分析模型

有限元分析模型采用的单元形式有板单元、实体单元，分别用于模拟管片衬砌和围岩。模型的边界条件按照隧道力学分析要求，其横向边界到隧道边界的距离为3~5倍洞径，模型下边界到隧道底部边界的距离大于3倍洞径，向上取至地表。

计算中分别对近接施工的各种形态，即水平方向互相平行、斜45°平行和上下重叠进行了有限元模拟，分别对掌子面施加不同的顶进力，分析盾构隧道施工过程中后行隧道对近接先行隧道的影响规律。计算所建立的三维有限元模型如图4.5-5~图4.5-7所示，建模参数如表4.5-2~表4.5-4所示。

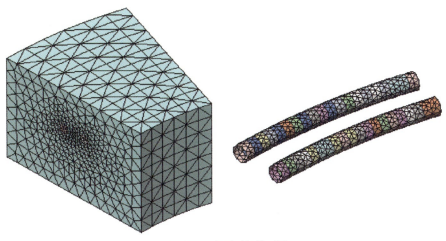

图 4.5-5　水平平行模型图

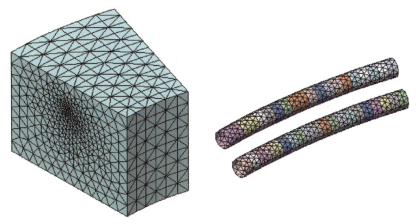

图 4.5-6　45°叠交模型图

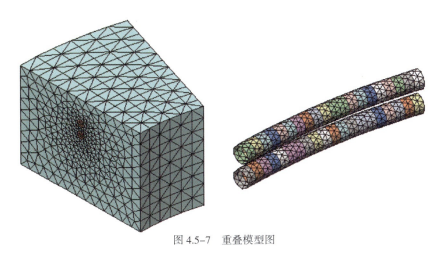

图 4.5-7　重叠模型图

3）计算分析工况

随着盾构机的掘进，地层及既有（先行）隧道的应力具有明显的空间三维分布，其变化与盾构机、地层损失、注浆等因素密切相关。因此，要考虑施工过程中各阶段的多次应力及位移重分布。有限元模拟施工的关键步骤如下所示，主要考虑的工况如下。

（1）计算围岩的自重应力场；

（2）在自重应力场下修建先行隧道（考虑地层损失及施加管片衬砌）；

近接隧道模型情况细表 表4.5-2

位置关系		隧道埋深（m）	隧道间距（m）	模型尺寸（m）（长×宽×高）	单元个数	备注
上下重叠	先下后上	22	2.4	60×100×680	20 578	该模型为六面体块
	先上后下	22	2.4	60×100×680	20 578	
斜45°平行	先右后左	22	4	60×100×680	21 342	
	先左后右	22	4	60×100×680	21 342	
水平平行	先右后左	22	9	60×100×680	22 350	
	先左后右	22	9	60×100×680		

（3）在既有隧道（先行隧道）存在的应力场下开挖新建隧道；

（4）对新建隧道考虑地层损失进行应力释放，然后施加管片衬砌；

（5）对掌子面施加顶进力，分析围岩与既有隧道的变形和受力规律。

4）材料计算参数

计算区间盾构主要穿越红层中等风化带和红层微风化带，计算范围地层分布及岩土力学参数见表4.5-3，衬砌管片力学参数见表4.5-4。

地层分布及岩土力学参数 表4.5-3

岩土分层	地层名称	天然重度 γ（kN/m³）	弹性模量 E（MPa）	黏聚力 c（kPa）	内摩擦角 φ（°）	泊松比 μ
<1>	杂填土	16.5	5.0	10.0	8	0.42
<4-1>	冲积-洪积土层	19.3	11.6	25	23	0.35
<5-2>	红层残积可塑状黏性土	19.9	30	28	25	0.30
<7>	红层强风化带	20.8	130	50	28	0.25
<9>	红层微风化带	22.0	200	300	26	0.25

钢筋混凝土管片力学参数 表4.5-4

材料	E（MPa）	μ	γ（kN/m³）
C50钢筋混凝土管片	31 950	0.16	25

5）近接急曲线隧道有限元结果分析

以下主要讨论上下线隧道重叠情况。

（1）施工引起附加土层位移（图4.5-8，图4.5-9）

由图4.5-8和图4.5-9可知，当下线隧道完工后，下隧道仰拱处地层隆起，隆起值达到13mm；拱顶处地层下沉，下沉值达到11mm；最大水平位移出现在隧道两个墙脚，达1.6mm，拱脚处地层水平位移为1mm，拱腰位移为0.7mm。当上线隧道完工后，仰拱隆起值有所增大，达15mm，但拱顶下沉值有所变小，为6.6mm，说明由于上线隧道的开挖，造成两隧道中间地层隆起；最大水平位移依然在墙脚处，为1.9mm，拱脚处水平位移为1.3mm，拱腰位移为0.5mm。

（2）两隧道中间岩柱位移曲线

取隧道30m处两隧道中间岩柱一点，得出该点在竖向、纵向（沿隧道方向）位移曲线，见图4.5-10~图4.5-12。

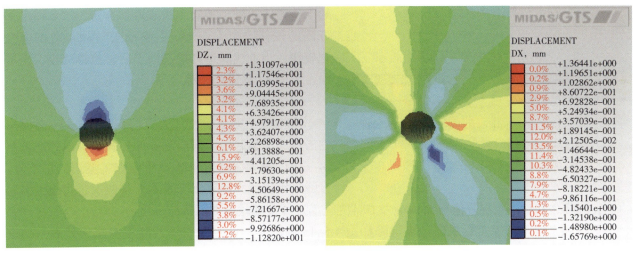

a）竖向位移　　　　　　　　　　　　　　　b）水平位移

图 4.5-8　下线隧道完工后地层位移

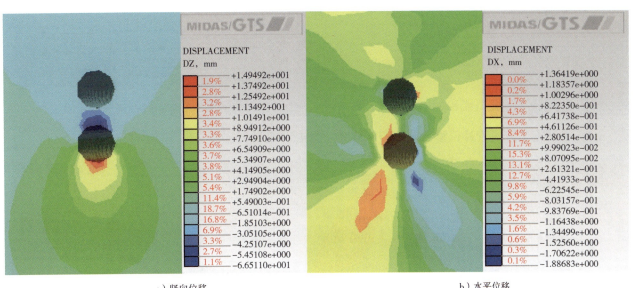

a）竖向位移　　　　　　　　　　　　　　　b）水平位移

图 4.5-9　上线隧道完工后地层位移

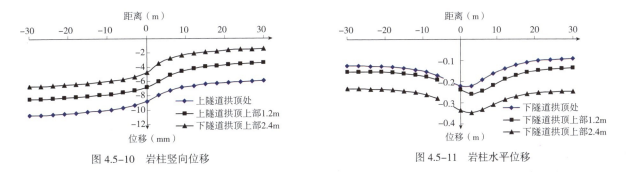

图 4.5-10　岩柱竖向位移　　　　　　　　　图 4.5-11　岩柱水平位移

由图 4.5-10～图 4.5-12 可知，随着上线隧道的开挖，岩柱在竖直方向的位移不断向上移动，同时该点也沿隧道前进方向移动。当掌子面开挖过该点后，其位移变化较快，造成该点向上移动，同时向隧道前进方向的反向移动。这主要是由于上线隧道的开挖，下线隧道上部土体的损失，形成二次应力，上部土体又急需稳定，造成土体向上、向后移动，当隧道开挖过该点后，纵向位移又急剧增加，最终

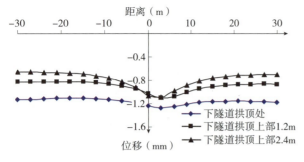

图 4.5-12　岩柱纵向位移

趋于稳定。另外，随着上线隧道的开挖，该点在水平方向的位移增大（土体向右移动），在 5m 范围内变化较快，当上线隧道开挖过该点后，位移减小（土体向左移动），最终趋于稳定。

（3）地表沉降

盾构施工完成后，地表沉降曲线图与 Peck 提出的盾构施工引起地面横向沉降槽公式计算出的结果基本一致，最大沉降量出现在盾构施工隧道的正上方，且隧道完工后，地表沉降基本上是两次盾构施工引起的地表沉降之和。最大沉降值为 5.4mm 左右，完全满足城市地铁地表沉降范围之内。

下线和上线隧道完工后纵向地表沉降如图 4.5-13 和图 4.5-14 所示。下线隧道完工后地表平均沉降为 2.4mm，最大沉降 3mm，当上线隧道完工后，地表平均沉降 4.6mm，最大沉降为 5.3mm。

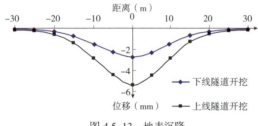

图 4.5-13　地表沉降

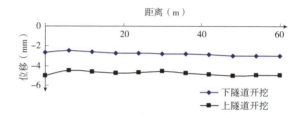

图 4.5-14　纵向地表沉降

（4）不同施工阶段管片位移云图（图 4.5-15～图 4.5-17）

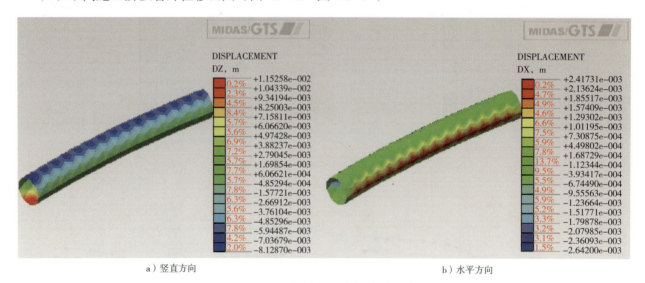

a）竖直方向　　　　　　　　　b）水平方向

图 4.5-15　下隧道完工后管片位移云图

管片位移曲线见图 4.5-18～图 4.5-20。

图 4.5-18 为管片拼装完成后拱顶和仰拱位移曲线图。由图可知，拱顶下沉、仰拱隆起，且在与掌子面距离 10m 以内时，位移变化较快，随后趋于稳定，分别为 1.6mm 和 1.1mm。

由图 4.5-18 和图 4.5-19 可知，随着上线隧道的开挖，拱顶和仰拱都向上移动，仰拱位移变化缓慢，达到 2.8mm，在上线隧道开挖掌子面与该环管片掌子面距离在 -10~10m 范围内时，拱顶位移变化较快，位移由 -1.6m 变化到 3.2mm，变化值达到 4.8mm，在此阶段，水平收敛值也急剧减小，由 2.2mm 到 0.2mm，变化值达到 2mm 左右。这主要是由于上线隧道的开挖造成下线隧道上方土体损失，围岩应力二次释放。建议在此阶段施工过程中,密切关注拱顶位移和水平收敛值的变化,以免由于管片位移变化较快造成管片结构的破坏,发生管片漏水等现象。

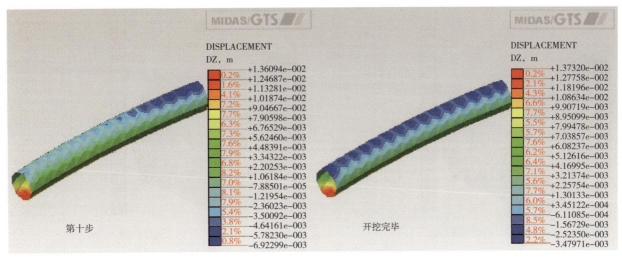

图 4.5-16 上隧道开挖过程中下隧道在竖直方向的位移

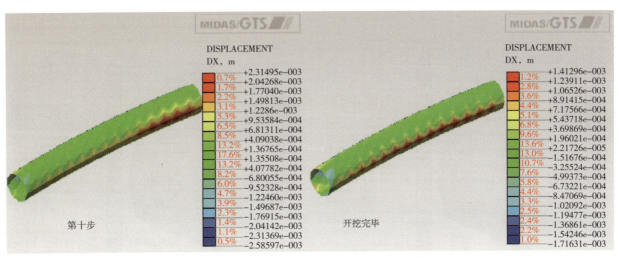

图 4.5-17 上隧道开挖过程中下隧道在水平方向的位移

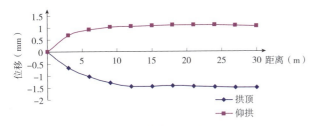

图 4.5-18 拱顶、仰拱位移

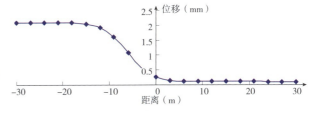

图 4.5-19 上线隧道开挖对右线隧道拱顶仰拱位移影响曲线

（5）管片内力分析

取下隧道 30m 处 1 环管片,对其内力进行分析。

管片轴力与弯矩图如图 4.5-21、图 4.5-22 和表 4.5-5 所示。

图 4.5-20 上隧道开挖对下隧道水平收敛影响曲线

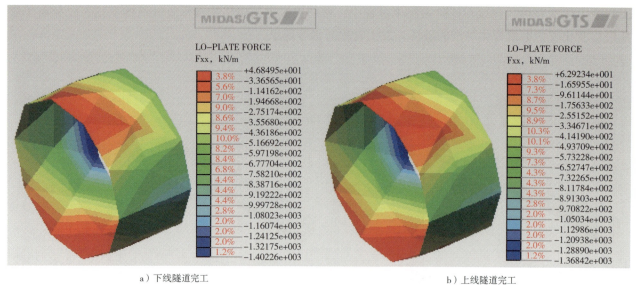

a）下线隧道完工　　　　　　　　　　　b）上线隧道完工

图 4.5-21　管片轴力

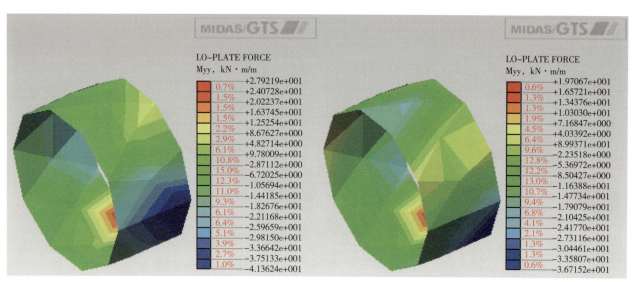

a）下隧道完工　　　　　　　　　　　b）上隧道完工

图 4.5-22　管片弯矩

管片轴力、弯矩　　　　　　　　　　　　　　　表 4.5-5

编 号	下线隧道完工		上线隧道完工	
	轴力（kN）	弯矩（kN·m）	轴力（kN）	弯矩（kN·m）
1	22.909	−4.321	69.923	14.8211
2	−479.689	−14.302	−431.064	0.227
3	−422.696	−3.997	−315.122	5.315
4	−134.003	−0.743	−71.244	−3.787
5	24.296	−7.157	7.31329	−11.870
6	46.850	−6.852	38.940	−11.096
7	−266.978	−0.117	−215.289	−1.387

续上表

编　号	下线隧道完工		上线隧道完工	
	轴力（kN）	弯矩（kN·m）	轴力（kN）	弯矩（kN·m）
8	−711.552	−24.154	−636.500	−5.465
9	−293.324	−11.249	−206.505	4.406
10	43.838	−12.091	42.954	−16.825

注：测点从管片左拱顶开始，逆时针编号。

表 4.5-5 为上下线隧道开挖完工后下线隧道管片轴力与弯矩。由表所知，下线隧道开挖完工后下部盾构管片除仰拱和拱顶部位，其余全受压，但受拉值不大，最大为 46.850kN。最大弯矩位于拱脚和拱腰部位处，弯矩最大值分别为 24.154kN·m 和 14.302kN·m，相应最大弯矩部位轴力为 711.552kN 和 479.689kN；最大轴力出现在拱脚，为 711.552kN。上线开挖完工后，由于上覆土减小，造成下隧道管片应力释放，各点相应轴力减小，只有拱顶处轴力增加，但增值不大，受拉部位依然出现在拱顶和仰拱。弯矩最大值出现在拱顶部位，为 16.825kN·m，对应的轴力为 42.954kN，最大轴力依然在拱脚，达到 −636.500kN。

分析计算结果表明，小半径盾构施工过程中最不利工况是重叠段，限于篇幅，此处不再列出水平方向互相平行和斜 45°平行两种情况的具体分析结果。

6）结论

通过对五号线杨箕—动物园站三种施工阶段重叠段进行的三维有限元数值模拟分析结果可得以下结论：

（1）上线隧道施工完工后，地表最大沉降在两隧道中线附近，最大沉降值为 5.6mm。上线隧道施工造成下线随道管片拱顶上浮，仰拱隆起，分别为 3.1mm 和 2.9mm。在此阶段拱顶变化较快，在施工过程中应密切监测，最大水平收敛为 2.2mm。

（2）下线隧道完工后，管片拱顶和仰拱部位受拉，最大拉应力位于仰拱处，为 2.278MPa；最大压应力位于拱脚部位，为 3.633MPa。上线隧道完工后，管片拱顶部位拉应力减小很大，为 0.346MPa，最大拉应力还是位于仰拱，为 1.516MP；最大压应力部位不变，为 2.969MPa。

4.5.4　区—杨区间盾构管片衬砌验算

1）盾构管片设计

（1）隧道内径的确定

盾构隧道内径的确定，应综合考虑限界、隧道通风、施工误差、测量误差、线路拟合误差、不均匀沉降等因素。综合考虑各方面因素隧道的内径定为 5 400mm。

（2）管片的拼装形式

管片的拼装形式通常有错缝拼装和通缝拼装两种。采用错缝拼装时接缝由于刚度增强而产生的变形被相邻管片约束，内力加大，但空间刚度加大，衬砌圆环变形减小，对隧道防水有利，因此本设计采用错缝拼装。

（3）衬砌形式及厚度

广州地铁一号线、二号线、三号线，上海地铁一号线、二号线盾构法区间隧道和国内外类似工程的成功经验表明，采用具有一定刚度的单层柔性衬砌是合理的。其衬砌的变形、接缝张开及混凝土裂缝开展等均能控制在预期的要求内，完全满足地铁隧道的设计要求，且使用单层衬砌，施工工艺简单、工程实施周期短、投资省。鉴于以上理由，本区间隧道采用单层装配式衬砌。

通过结构计算，并考虑结构100年使用寿命及参照已有工程实例，钢筋混凝土衬砌的厚度采用300mm。

（4）衬砌环分块及宽度

根据国外及国内广州、上海的经验，衬砌环全环由小封顶块、两块邻接块及三块标准块构成。小封块拼装方便，施工时可先搭接2/3环宽径向推上，再进行纵向插入。

根据广州地铁二、三号线，深圳地铁一号线施工状况及本标段小直径平面曲线的特点，本次设计推荐采用1.2m宽管片。

（5）衬砌环类型

目前，欧洲较为流行通用管片。它只采用一种类型的楔形衬砌环，盾构掘进时通过盾构机内环向千斤顶的传感器信息确定下环转动的角度，以使楔形量最大处置于千斤顶冲程最长处，也就是说，管片衬砌环可以360°旋转。深圳地铁一期工程7标段在国内首次采用通用管片。由于它只需一种管片类型，可降低管模成本，管片拼装简单化，易于盾构推进时的纠偏，不会因管片类型供应不足造成工程质量问题。

（6）环、纵缝及连接构造

管片之间及衬砌环间的连接方式，从力学特性来看，可分为柔性连接及刚性连接。实践证明，刚性连接不仅拼装麻烦、造价高，而且会在衬砌环中产生较大的次应力，带来不良后果。因此，目前较为通用的是柔性连接。

按螺栓连接形状又可分为弯螺栓连接、直螺栓连接、斜螺栓连接和榫槽加销轴等方式，从理论上来看，这三种方法均可行，但考虑到我国的施工企业状况及技术水平，及广州地铁一、二号线的成功经验，推荐采用弯螺栓连接。

在管片环面外侧设有弹性密封垫槽，内侧设嵌缝槽，整个环面不设凹凸槽。环与环间以10根M24的纵向螺栓连接，既适应一定的变形，又能将隧道纵向变形控制在满足列车运行及防水要求的范围内。管片的块与块之间以12根M24的环向螺栓相连，能有效减小纵缝张开及结构变形。

（7）洞口环

为适应盾构进出洞门的防水构造要求，还设置了出洞环、进洞环。

（8）特殊管片

联络通道与正线隧道相接处的管片采用特殊管片环。

特殊管片为钢管片，区间隧道联络通道处采用两环钢管片，环宽和普通衬砌环相同均为1 200mm，两环特殊钢管片采用通缝拼装。联络通道侧的封顶块及邻接块分为K1、K2、K3及BK几个小块。通道施工时，只需拆除K1、K2、K3块管片，向外施工通道即可。通道施工结束后，在钢管片的隔腔内填充混凝土。

特殊管片的另一种类型同标准管片，仍为钢筋混凝土管片。为便于洞口处混凝土的凿除，洞口范围内的钢筋采用临时性的玻璃纤维筋。玻璃纤维与一般的钢筋相比，其抗拉强度并未降低，但抗剪强度很低，非常容易被切割。

上述两种类型的管片都是可行的，考虑施工便利及其他原因，故推荐采用钢管片。

2）盾构管片计算

圆形区间隧道衬砌设计成具有一定刚度的柔性结构，严格限制荷载作用下的结构变形和接头张开量。接头设计以满足受力、防水和耐久的要求为前提。

荷载或基底地层沿隧道纵向有较大变化时，还应就纵向强度和变形进行分析。在结构空间受力作用明显的通道区段，还应进行空间分析。

（1）荷载及内力计算

①计算原则

砂性土中采用水土分算计算水土压力，黏性土中采用水土合算计算水土压力。

竖直荷载考虑上覆土重。地层反力与竖向水土压力、衬砌自重和地面超载相平衡。

侧向荷载根据地层的侧压力系数或 φ 角计算。

地面超载采用 20kPa。

地震作用与主要荷载组合进行结构验算，并提高接头的整体抗振能力。

衬砌计算中考虑接头刚度的影响以及拼装应力、盾构千斤顶力的影响等施工荷载。

结构抗浮安全系数：考虑摩阻力时大于等于 1.15，不考虑摩阻力时大于等于 1.05。

管片最大裂缝宽度：小于等于 0.2mm。

②计算荷载及荷载组合

盾构隧道结构设计主要考虑以下荷载：地面超载（一般情况下按 20kPa 计）；结构自重 G；垂直和水平土压力 Q_1、E_1–E_2；水压力；侧向地层抗力；地层反力；施工荷载（盾构千斤顶力、不均匀压浆压力、相邻隧道施工影响等）；结构内部荷载；特殊荷载（地震荷载、人防荷载）。

计算时，主要考虑管片圆环自重、竖向地层压力、侧向水平地层压力、静水压力、地基反力因素的影响。

结构设计时，分别就施工阶段、正常运行阶段可能出现的最不利荷载组合进行结构强度、刚度和裂缝宽度验算。但特殊荷载阶段每次仅对一种特殊荷载进行组合，并考虑材料强度综合调整系数（不需验算裂缝宽度）。

（2）正常使用状态时计算

由于接头的存在，对衬砌内力分布会造成一定的影响。衬砌环的计算对接头的处理有两种方法：第一种是将衬砌环看做刚度均匀的结构，但考虑接头的存在，将结构的刚度进行折减；第二种是将接头看做可以承受轴力和一定弯矩的弹性铰。

①匀质圆环计算法

将衬砌圆环考虑为弹性匀质圆环，用小于 1 的刚度折减系数 η 来体现环向接头的影响，不具体考虑接头的位置，即仅降低衬砌圆环的整体抗弯刚度。用曲梁单元模拟刚度折减后的衬砌圆，同时，在计算中用大于 1.0 的系数 ξ 来表达错缝拼装引起的附加内力值，根据国内外经验，在初步确定盾构隧道管片参数时，ξ 取为 120%~130%。

②考虑接头位置与刚度的精确计算法

在一衬砌圆环内，具体考虑环向接头的位置和接头的刚度，用曲梁单元模拟管片的实际状况，用接头抗弯刚度来体现环向接头的实际抗弯刚度。错缝式拼装时，因纵向接头将引起衬砌圆环间的相互咬合作用，此时根据错缝拼装方式，除考虑计算对象的衬砌圆环外，将对其有影响的前后衬砌圆环也作为对象，采用空间结构进行计算，并用圆环径向抗剪刚度 K_r 和切向抗剪刚度 K_t 来体现纵向接头的环间传力效果。

采用第一种模型计算简单，且基本上能反映管片环内力最不利情况，一般初步确定设计参数时采用。在初步确定计算参数后，本设计采用第二种方法，同时考虑错缝拼装的影响进行精确计算。

根据本区间的地质、线路埋深情况及初步计算结果，选用钻孔 MDZ3-HP-04 作为控制断面进行结构内力计算断面。

采用考虑接头影响及错缝拼装影响的计算模式计算，接头抗弯能力正向取 50 000kN·m/rad，负向取 30 000kN·m/rad，接头剪切刚度均取无穷大。

管片外径：6 000mm。

管片内径：5 400mm。

管片厚度：300mm。

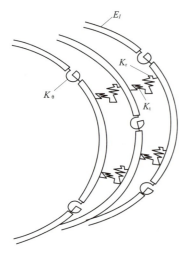

图 4.5-23 考虑接头影响时错缝拼装示意图

管片分块：5+1。

混凝土弹模：35.5GPa。

混凝土抗拉强度：2.75MPa。

混凝土弯曲抗压强度：26.5MPa。

钢筋设计强度：310MPa。

钢筋弹模：210GPa。

管片拼装模式：ABA（先偏转18°）。

由于管片拼装以 y 轴为对称轴，因此计算结果只要以 B 环为对象，即可反映管片的内力情况（图 4.5-23～图 4.5-33）。

（3）施工状态计算

施工过程中，千斤顶的作用对管片结构内力有较大的影响，因此，设计中考虑千斤顶荷载对管片结构配筋的影响。

千斤顶数量：20组共30个，单双千斤顶错开布置。

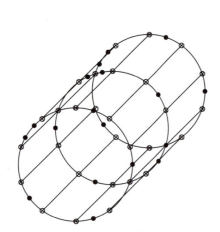

图 4.5-24 三环错缝拼装示意图

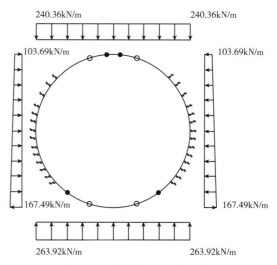

图 4.5-25 计算断面一荷载分布图

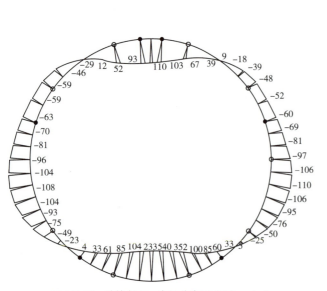

图 4.5-26 计算断面一弯矩分布图（kN·m/m）

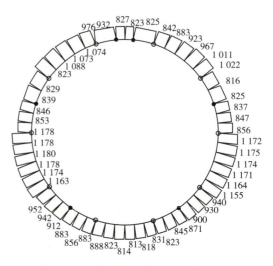

图 4.5-27 计算断面一轴力分布图（kN/m）

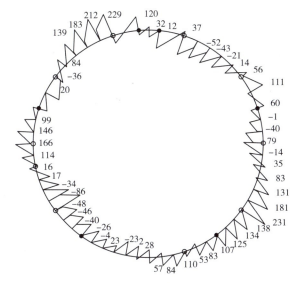

图 4.5-28 计算断面一剪力分布图（kN/m）

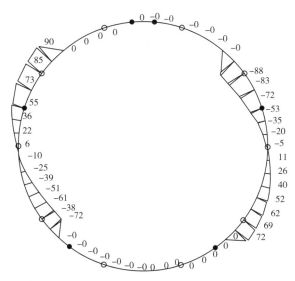

图 4.5-29 计算断面一切向地层反力分布图（10³Pa/m）

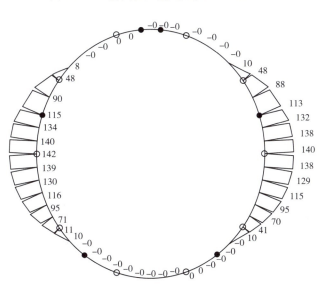

图 4.5-30 计算断面一法向地层反力分布图（10³Pa/m）

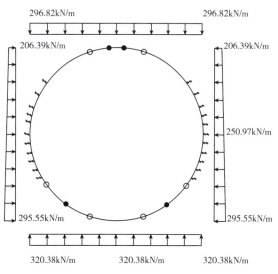

图 4.5-31 计算断面二荷载分布图

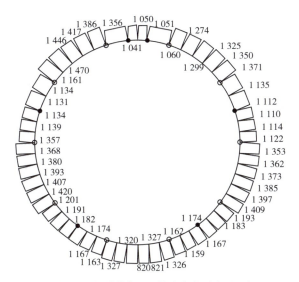

图 4.5-32 计算断面二轴力分布图（kN/m）

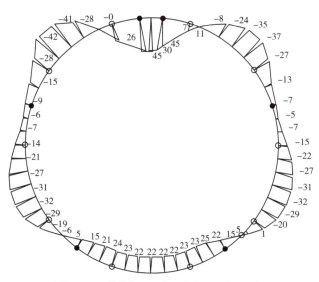

图 4.5-33 计算断面二弯矩分布图（kN·m/m）

千斤顶最大推力：F_{max}=1 410kN。

位置：在衬砌环上每18°（圆心角）有一个千斤顶，接缝和封顶块上均布有千斤顶。

工作荷载安全系数：1.75。

将管片看做宽1.20m，长3.14m，厚30cm的板，千斤顶撑靴板长度50cm，作用在宽度为14cm的管片端面上。环向接缝垫有初始厚度为3.2mm的人造纤维板，单个千斤顶对应位置宽度为472mm，双千斤顶对应位置宽度为566mm的纤维板。计算模型考虑了因管片错缝拼装产生环缝宽度最大为1.0mm的影响。通过有限元分析，可获得管片内力、变形，并可进行配筋计算。

邻接块、标准块典型配筋计算结果分别见图4.5-34和图4.5-35。

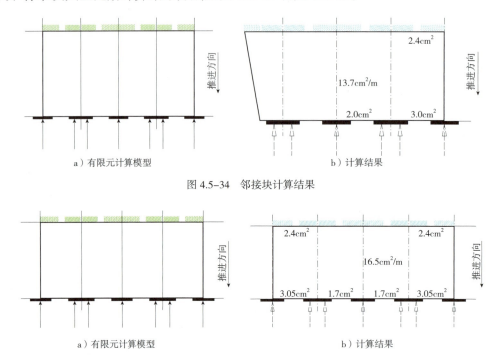

图4.5-34　邻接块计算结果

图4.5-35　标准块计算结果

施工中，盾构机千斤顶最大推力为1 410kN，管片的局部承压面积为500×140mm²，则：

$$F=1.5\beta f_c A_{1n}=2\ 691\text{kN} > 1\ 410\text{kN}$$

满足局部抗压要求。

同时，对管片施工过程中考虑管片堆放、管片单点吊装时的受力情况进行验算。管片堆放及管片单点吊装计算示意见图4.5-36。

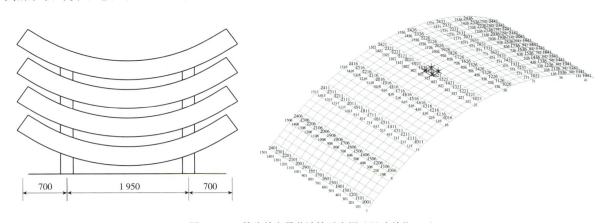

图4.5-36　管片单点吊装计算示意图（尺寸单位：m）

（4）隧道纵向计算

隧道的纵向计算按弹性地基梁进行，在施工图阶段将以考虑接头影响的弹性地基梁进行复核，计算模型见图 4.5-37。

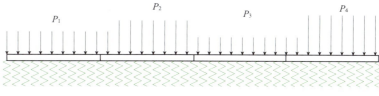

图 4.5-37　计算模型

（5）管片配筋计算

①强度计算

弯矩：$110 \times 1.35 \times 1.1 \times 1.2 = 196$（kN·m）。

轴力：$929 \times 1.35 \times 1.1 \times 1.2 = 1\,454$（kN）。

配筋类型：对称配筋。

截面厚度：300mm。

截面宽度：1 200mm。

混凝土强度等级：C50。

钢筋强度等级：HRB335。

保护层厚度：40mm。

计算配筋数据：

受拉钢筋面积 978mm^2，受压钢筋面积 978mm^2。

实际配筋数据：

受拉钢筋直径 16mm，受压钢筋直径 16mm。

受拉钢筋间距 150mm，受压钢筋间距 150mm。

实际受拉钢筋面积：1 608mm^2。

实际受压钢筋面积：1 608mm^2。

②裂缝计算

配筋计算 $a_s = 50$mm，$a_s' = 40$（mm）。

纵筋直径：16.00mm。

纵筋面积：1 608.00mm^2。

短期效应组合弯矩：145kN·m。

短期效应组合拉力：-1 077kN。

受力状态：偏压。

最大裂缝宽度：0.180mm。

实际配筋：管片实际配筋以本计算为参考，同时类比以往工程设计经验综合确定。通过验算，所选用的配筋量可以满足管片堆放、单点吊装及纵向强度要求。

（6）抗震计算

实践经验表明：地下结构在地震中遭受的震害一般比地面结构震害较小，较轻。由地震引起振动，地层中产生位移和地震力作用到结构上，使结构产生应力和变形。一般地说，抗震分析将会用来确定地层和结构的位移、速度及加速度。假如隧道能承受变形而保持弹性，那么就可以假设隧道能承受相应的能量，而当出现非弹性的反应，则需考虑抗震加强措施，其具体做法在施工图设计中确定。

①抗震设计的基本原则

地下结构抗震设计，主要是保证结构在整体上的安全。允许个别部位出现裂缝和塑性变形，但震后可修复。

结构应具有必要的强度、良好的延性。

使结构具有整体性和连续性，在装配式钢筋混凝土结构设计中，要采用必要的措施，加强管片间连接，使之整体化。

②抗震措施

衬砌环间用螺栓联系，保持结构连续性和整体性。

在环向和纵向接头处设弹性密封垫，以适应地震中地层运动引起的变形。

纵向产生的拉应力按由纵向螺栓承担进行设计。

（7）管片的通缝与错缝拼装

拼装方法根据结构受力要求，可分为通缝拼装和错缝拼装；按封顶块的插入形式又可分为沿径向插入型和沿轴向插入型。

通缝拼装是使管片的纵缝环环对齐，拼装较为方便，容易定位，衬砌圆环的施工应力较小，但其缺点是环面不平整的误差容易积累。错缝拼装是使相邻衬砌圆环的纵缝错开管片长度的1/3~1/2。错缝拼装的衬砌整体性好，但当环面不平整时，容易引起较大的施工应力。

在相同条件下，不同拼装条件下管片环结构的位移趋势基本相同，都是在拱顶和拱底位置向管片内部移动，在左右拱腰位置管片向外移动，拱顶位移大于拱底位移；但在管片环同一位置上，通缝式拼装结构的位移值大于错缝式拼装结构的位移值。

通用型管片的最大楔形量在封顶快位置上，也就是说，管片封顶块拼装在哪点位置上，哪点位置千斤顶的伸长量相对就长，在封顶块相对的位置千斤顶伸长量相对就短。在盾构机掘进过程中，封顶快拼装在那点，千斤顶就向封顶快位置转弯，当两环管片对拼时盾构机走直线。在小半径左拐弯施工中，管片拼装在左半面时，盾构机向左拐弯，管片拼装在9点位置时，盾构机转弯趋势最大。通缝管片拼装过程中，在盾尾间隙和铰接油缸伸长量满足要求的情况下，连续几环管片拼装在9点位，盾构机可以最大限度地转弯；错缝管片拼装过程中，在盾尾间隙和铰接油缸伸长量满足要求的情况下，为了使盾构机左拐弯，只能把管片拼装在9点及左右位置，这样由于管片楔形量的叠加效应较小，所以盾构机转弯能力减弱。在200m这么小的半径施工中，盾构机转弯是非常困难的，通缝拼装可以使盾构机更容易转弯，以满足施工要求。但是当通缝拼装环数较多时，管片的纵缝环环对齐，衬砌圆环的施工应力较小，环面不平整的误差容易积累，导致衬砌隧道整体刚度降低，对盾构隧道长久使用不利。

（8）实施效果分析

施工中选择了1.2m的管片，顺利地完成了大坡度急曲线段的施工，并且通过施工中的地面沉降监测及监控手段，地面沉降及管片变形均在允许范围内，顺利地完成了该段施工，并且在其他区段的施工中也没有出现问题。

4.5.5　区—杨区间盾构施工技术

1）工程施工的难点分析

动物园站—杨箕站区间，线路左线由直线段和两段曲线组成，曲线半径分别为206m和285m；线路右线由直线段和两段曲线组成，曲线半径分别为200m和300m。曲线半径小是该部分施工的最大难点，且区庄站—动物园站区间线路最大坡度为38‰，最大坡长为485m，线路坡度大，避免大坡度对施工掘进的影响也是本工程的难点之一。

2）小半径曲线段盾构掘进技术

为保证急转弯段顺利掘进，从盾构设备（超挖刀、铰接装置、盾构机改造）、管片选型和拼装、施工措施等方面采取必要措施，特别是对较软的<6> <7>地层采取了同步注浆和二次双液注浆相结合的措施，以保证小半径圆曲线段成型管片不出现侧向移动，具体措施如下。

（1）超挖刀的应用

在该地段施工中，盾尾间隙、超挖刀超挖量、最小转弯半径的计算如表 4.5-6 所示。

盾尾间隙、超挖刀超挖量、最小转弯半径计算表   表 4.5-6

记　号	数　值	记号的说明
K	2	盾构机的种类编号：泥水式 $K=1$，土压式 $K=2$
R_0	200m	隧道平面转弯半径
D_s	6 000mm	管片外径
B_s	1 200mm	管片宽度
D	6 280mm	盾构机刀盘外径
L_s	4 173mm	盾构机刀盘面到铰接中心的长度
L_b	3 997mm	盾构机后体长（自铰接中心到盾尾）
L_{b1}	1 562mm	第一环管片前面到铰接中心的长度
L_{b2}	2 435mm	第一环管片前端到盾尾的长度
C_w	150mm	超挖刀宽度

①盾尾间隙 TR 计算

盾构机在曲线掘进时的铰接中心如图 4.5-38 所示，它位于管片组装的前端面。

盾尾内管片的倾斜量 CT：

$$CT=R_1（1-\cos\theta_f）=197×（1-\cos0.7°）×1 000=14.8（mm）$$

$$R_1=R_0-D_s/2=200-6/2=197（m）$$

$$\theta_f=\sin^{-1}（L_{b2}/R_1）=\sin^{-1}（2.435/197）=0.7°$$

式中：R_1——隧道管片内侧曲线半径；

θ_f——盾尾端部至第一环管片前端对应圆心角。

考虑管片组装精度误差或变形量、盾尾的变形量等，根据管片的倾斜量 $CT=14.8mm$、盾尾间隙宽余量 $C=30mm$，可计算出盾尾间隙 TR：

$$TR=（CT+C）/2=（10.0+30）/2=22.4（mm）$$

而正在施工的盾构机的盾尾间隙为 75mm，可满足施工要求。

②盾构铰接角度 θ_t 及铰接油缸行程差 Δ 的计算

盾构机前体长度 $L_s=4.173m$，刀盘宽度 0.75m，铰接角度最大按 1.5° 计算。

最小转弯半径：

$$R_{min}=[（4.173+0.75）/2]/\sin（1.5°/2）=188.1（m）$$

而在 200m 小半径圆曲线上，盾构铰接角度大小依照上述公式进行计算，为：

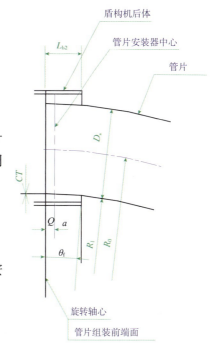

图 4.5-38　曲线掘进时的盾构机状态

$$\theta_t=\sin^{-1}[（4.173+0.75）/2×200]=0.7°$$

盾构机中铰接油缸组成的圆形直径为 5 790mm，则水平方向 3 点与 9 点位置的铰接油缸行程差 Δ 为：

$$\Delta=2×5 790×\sin\theta_t=2×5 790×\sin0.7°=141.5（mm）$$

而现有的盾构机铰接油缸行程最大为 150mm，可以满足施工要求。

③超挖量 OC 的计算

盾构机内侧曲线半径

$R_s = R_0 - CT/2 - D/2 = 200 \times 1\,000 - 14.8/2 - 6\,280/2 = 196\,853$（mm）

在图 4.5-39 中 C 点的坐标 (x_C, y_C) 为：

$$x_C = L_{b1} - (L_a - C_w)\cos\theta_t + (D/2)\sin\theta_t$$
$$= 1\,562 - (4\,173 - 150)\cos0.7° + (6\,280/2) \times \sin0.7° = -2\,422.3 \text{（mm）}$$
$$y_C = R_0 - (L_a - C_w)\sin\theta_t - (D/2)\cos\theta_t$$
$$= 200 \times 1\,000 - (4\,173 - 150)\sin0.7° - (6\,280/2) \times \cos0.7° = 196\,811.1 \text{（mm）}$$

OC 与 y 轴形成的转弯角度 θ_C 的计算：

$$\theta_C = \tan^{-1}|x_C/y_C| = \tan^{-1}|-2\,422.3/196\,811.1| = 0.7°$$

理论超挖量 OC 的计算：

$$OC = \left|\left(\sqrt{x_C^2 + y_C^2} - R_s\right)/\cos(\theta_C - \theta_t)\right|$$
$$\left|\left(\sqrt{2\,422.3^2 + 196\,811.1^2} - 196\,853\right)/\cos(0.7° - 0.7°)\right| = 27.0 \text{（mm）}$$

而盾构机配备的超挖刀超挖量最大达到 50mm，相对于理论计算量还有 23.0mm 的富余量，完全满足超挖量要求。

综上所述，理论计算的盾尾间隙和超挖的富余量之和为 22.4+23=45.4（mm），在实际的管片拼装中，盾尾间隙只要不小于 30mm 就可以，而 45.4mm>30mm，盾尾间隙可以满足要求。

（2）管片选型

动物园站—杨箕站区间由直线段和两段曲线构成，曲线半径分别为 200m（左线为 206m）和 300m（左线 285m），曲线半径过小。计划采用的 1.2m 通用型管模楔形量为 41mm，利用此种管片拼装而成的隧道最小转弯半径为 175m（左转弯时按楔形量最小的位置在同一个位置模拟的转弯半径为 175m，但要产生通缝拼装。如封顶块位置在 8 点和 9 点，以及 9 点和 10 点两个位置交替出现时则不出现通缝，模拟的转弯半径约 185m），完全满足线路半径需要。本段施工时，严格注意盾尾间隙的变化，根据情况进行适当调整。盾尾间隙标准值为 75mm，在圆曲线段掘进时盾尾间隙变化较大，

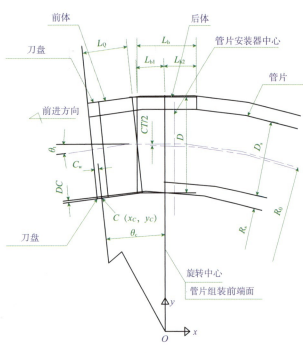

图 4.5-39 盾构间隙计算示意图

可将盾尾间隙保持在 75mm±15mm 范围内。

（3）推力控制

在强、中风化地层中小半径圆曲线掘进的过程中，对土体的扰动会显著降低外围土体的强度及自稳能力，土体具有的蠕变特性以及出现水平方向土体压力不均，管片在长时间承受千斤顶压力等情况下，管片很可能向外侧整体移动，见图 4.5-40。

小半径曲线掘进可能带来的管片位移量 δ：

$$\delta = P \times \zeta = \frac{T}{R} \times \zeta$$

式中：T——盾构机推力的反作用力；

P——土体对管片侧面的附加应力；

R——转弯半径；

ζ——变形系数。

由上式得知：

①当盾构机的推力越大时，管片侧向位移也越大。

②当掘进的转弯半径越小时，管片侧向位移越大。

故为了减小在小半径圆曲线段施工引起的管片整体移位所带来的隧道变形，掘进过程中必须减小盾构推力。土压平衡模式时，推力可控制在 8 000~13 000kN；半敞开模式时推力可控制在 7 000~12 000kN；在特殊地段需要严格控制推力时，推力可减小到 6 000~9 000kN。

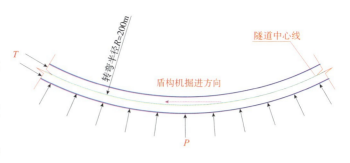

图 4.5-40　急转弯施工管片侧向受力分析图

（4）盾构姿态实时控制与调整

利用 SLS-T 系统对盾构机姿态的实时监测显示，根据地层的软硬分布情况，分区操作推进油缸，设定推力和推进速度，实现对盾构姿态的实时控制，必要时一个掘进循环可分几次完成。

盾构机掘进时，总是在进行蛇行，难免出现姿态偏差，蛇行修正以长距离慢修正为原则，盾构机姿态调整（纠偏）方式有：

①滚动纠偏。采用刀盘反转的方法进行滚动纠偏。

②竖直方向纠偏。盾构机抬头时，可加大上部千斤顶的推度进行纠偏；盾构机叩头时，可加大下部千斤顶的推度进行纠偏。

③水平方向纠偏。向左偏时，加大左侧千斤顶推度；向右偏时，加大右侧千斤顶推度。

盾构掘进的纠偏量越小，则对土体的扰动越小。处于 200m 转弯圆曲线时，为防止盾构机抬头以及管片上浮及向圆曲线外侧移动，通过 VMT 系统调整盾构机姿态为：垂直方向控制在 -30~-40mm 之间，水平视平方向应控制在 0~+15mm 之间。根据管片监测情况，如管片上浮量较大，则垂直偏差可调整为 -40~-50mm；同时应加密 VMT 移站频率，减少移站后出现的轴向偏差。

（5）同步注浆及二次补充注浆

在风化岩层中急转弯掘进，同步注足够的、快凝的双液浆也是必不可少的，它能尽早地固定管片，改善管片的受力状态，防止管片错台破损，为了减少惰性浆液早期强度低、隧道受侧向分力影响大的问题，在管片出盾尾 6~7 环后，通过管片注浆孔向管片外周进行二次注浆，来抵抗侧向分力。因此，盾构机配置了两套背填注浆系统，一套用于常规的背填注浆，另一套用于以侧面为重点的管片二次补充注浆。当隧道在左、右转弯时，注浆方式如图 4.5-41 所示。

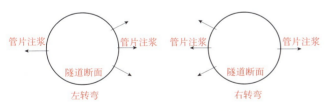

图 4.5-41　隧道在左、右转弯时注浆方式

4.5.6　大坡度区段施工技术分析

本工程的另外一个技术难点在于线路的纵坡大，标段最大坡度段在区庄站—动物园站的左线，起止里程为 ZDK11+820~ZDK12+40，最大坡度为 3.8%，长度为 220m，西高东低，示意见图 4.5-42。

在大坡度地段施工时，应该满足如下要求：

（1）在选择运输设备和安全设施时，必须考虑大坡度区段施工的安全，对牵引机车进行必要的牵引计算。

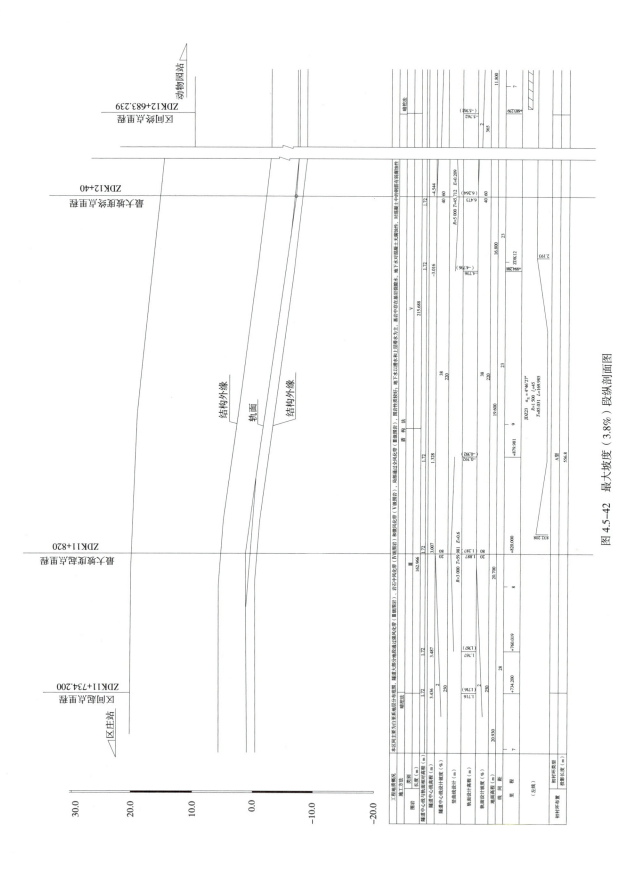

图 4.5-42 最大坡度（3.8%）段纵剖面图

（2）上坡时，应加大盾构下半部推进千斤顶的推力，这样可以有效控制盾构的方向。对后方台车，要采取防止脱滑措施。

（3）同步及即时注浆时，宜采用收缩率小、早期强度高于地层强度的浆液。

（4）在急下坡始发与到达时，基座应有防滑移安全措施。

（5）在急上坡到达时，为防止地层坍塌、漏水，事先必须制订相应对策。

（6）在大坡度区段，地层的土水压力随着推进而时刻变化，因此开挖面压力也必须根据土水压力进行适当调整，特别是下坡时，由于压力舱内的开挖，土砂有可能出现滞留而不能充分取土，必须慎重管理开挖土量。

4.5.7　区—杨区间盾构施工监测

为获取准确的施工信息，对围岩和支护的变化作出准确的分析和判断，及时指导施工，防止塌方，确保施工安全和工期，而且还通过现场监测获得围岩动态和支护工作状态的信息（数据），为修正和确定初期支护参数、混凝土衬砌支护时机，提供信息依据。因此，围岩动态监控量测工作是隧道施工的一个重要环节，贯穿在隧道掘进施工的全过程。

在区杨区间小径盾构隧道施工过程中，按照要求对沿线地表沉降、管片受力进行了监测，主要监测结果如下。

1）管片钢筋应力监测结果

共布置6个钢架应力测点，所测钢架应力横断面分布如图4.5-43所示，各测点钢筋应力随时间变化曲线如图4.5-44所示。由现有测得数据的测点监测结果可见，所测钢筋应力不大，最大值出现在右墙3号点处，其值为30.01MPa。其次为左腰6号测点、右墙2号测点、左底5号测点、右底4号测点。其中，4号和5号测点监测结果接近，左侧5号测点应力略大于4号测点，且均为拉应力，其余测点为压应力。管片钢筋应力已基本趋于稳定。

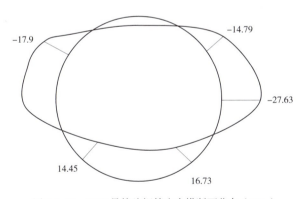

图4.5-43　1305号管片钢筋应力横断面分布（MPa）

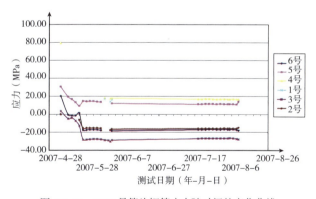

图4.5-44　1305号管片钢筋应力随时间的变化曲线

管片钢筋应力沿隧道横断面的分布如图4.5-43所示。由监测数据可见，管片内钢筋受力左右侧基本对称，其中右墙3号点应力最大，为27.63MPa，均在安全范围之内。监测内力分布与理论分析基本一致。

由1305号管片内侧钢筋应力与管片距掘进面的距离关系曲线图4.5-45可见，在盾构从监测管片开始向前约30m范围内推进施工时，监测管片受力变化影响显著，并呈逐步增长的趋势，应力平均增幅为20MPa左右。应力数值总体水平不大，表明洞周围岩压力荷载不高，管片受力相对较小。盾构推进距监测管片50m以外时，应力变化不明显，趋于基本稳定的状态。

由于左线隧道盾构推进过程中的监测数据尚未获得，目前尚不能观测到左线施工对右线管片受力的影响。

2）管片混凝土应力监测结果

由监测管片内埋设的混凝土应变计监测数据估算混凝土应力。如图4.5-46所示为混凝土应力随时间的变化曲线。管片各监测点除个别点外均为受压，其中，受压较大的为左腰6号测点、右墙3号点和右墙2号测点，混凝土应力为5~7MPa，满足混凝土强度要求。左底5号测点、右底4号测点混凝土应力较小，其中，4号和5号测点监测结果接近，左侧5号测点应力略大于4号测点，1号测点

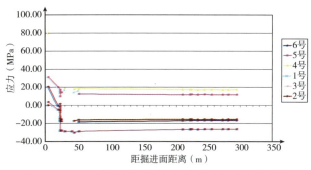

图4.5-45　1305号管片钢筋应力与管片距掘进面距离曲线

数据点存在问题未获得完整数据。管片内混凝土应力已基本趋于稳定。

由图4.5-47管片混凝土应力与掘进面距离关系曲线可见，对管片内混凝土应力影响较大的阶段为监测管片向前25~30m附近，管片内混凝土应力显著增大，但均在混凝土抗压强度范围内，在盾构推进距监测环50m以外时，混凝土应力基本保持稳定状态。

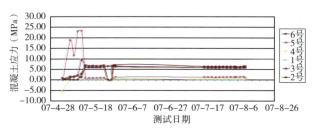

图4.5-46　1305号管片混凝土应力随时间的变化曲线

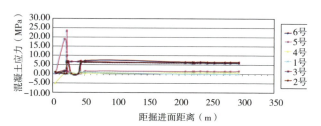

图4.5-47　1305号管片混凝土应力与掘进面距离曲线

3）沉降监测数据分析

在施工过程中，对线路的沉降进行连续监测，选取了如下典型断面进行分析。

（1）YD11-1~YD11-5断面沉降监测结果：该断面的4号点位于线路中心处。

该断面位于约520环管片处。随着施工的进行，该断面的各测点随着时间的变化，沉降量逐渐增大，其中线路中心线处4号测点的累计沉降量最大，约为7.5mm（5月26号），但仍处于规定范围内（图4.5-48）。

当该断面施工过后，如到达6月25号，此处的沉降量有所减小，已处于稳定状态。

（2）YD12-1~YD12-5断面沉降监测结果：3号测点位于该断面的线路中心处（图4.5-49）。

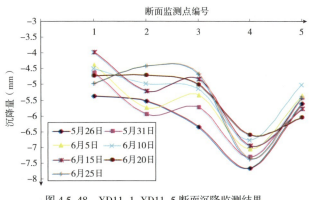

图4.5-48　YD11-1~YD11-5断面沉降监测结果

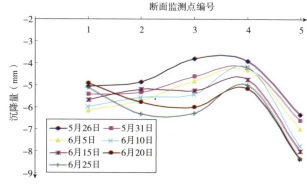

图4.5-49　YD12-1~YD12-5断面沉降监测结果

（3）YD13-1~YD13-5断面沉降监测结果：2号测点位于线路中心处（图4.5-50）。

同理，分析另外两个特征监测断面的沉降，结果显示，整个监测断面曲线在线路中心处的沉降量

最大,且由于隧道施工时间的不同,每个断面所处的阶段也不相同。

在 YD11-1~YD11-5 断面、YD12-1~YD12-5 断面处,由于盾构通过时间较长,该断面的地表沉降基本处于稳定状态,且沉降量较初始沉降量有所减小;但从总体而言,所有断面的沉降量都在控制范围之内,说明施工方案选择正确,推进速度比较合理。

4)监测结论

通过分析管片受力和沿线地表沉降监测结果可得如下结论:

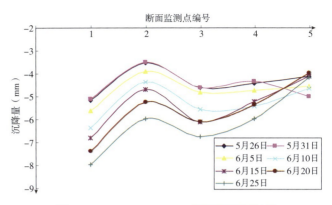

图 4.5-50　YD13-1~YD13-5 断面沉降监测结果

(1)钢筋应力和混凝土应力已经基本稳定,管片总体内力不大,管片两侧拱腰应力较其他部位大,应力分布与理论分析基本一致,结构满足施工安全要求。

(2)盾构推进对管片内力影响较大的范围在盾构向前施工 25~30m 内,应加强该阶段管片和地表变形等的监测,对管片周围岩土体及时注浆,确保工程质量,以利于结构稳定。

(3)地表沉降量均处于控制范围内,沉降曲线合理。说明施工方案正确,盾构推进参数设定合理。

4.5.8　小半径急曲线段施工效果

在方案与施工相结合的前提下,区庄站—杨箕站区间隧道不但顺利贯通,而且整条隧道轴线均控制在 –50~50mm 范围之内,地表沉降控制在 –20~–5mm 范围之内,各项指标均达到优良工程标准。

通过承建各方的共同努力,克服了施工中的各种困难,主体工程于 2008 年 12 月顺利完成。

第5章 盾构辅助施工技术

5.1 大坦沙南—西场站端头加固SEW工法及其应用

在盾构法地铁隧道施工中,盾构的始发和到达是整个盾构施工中非常重要也是风险较高的环节,而传统的盾构始发技术往往端头加固量大,且洞门凿除事故风险较高,为了开发更先进的盾构始发技术,研究如何解决洞门凿除以及端头加固等繁琐工序,同时也保证端头稳定性等问题,在五号线大坦沙南—西场站盾构区间工程中引进了国外先进的盾构始发技术,即"SEW(Shield Earth Retaining Wall System)工法",并对新型工法的材料、施工工艺、受力机理等相关内容进行研究。

"SEW工法"是指在始发和到达洞门处采用了FFU玻璃纤维材料(Fiber Reinforced Formed Urethane)替代钢筋混凝土材料作为洞门围护结构,在盾构始发时,盾构机直接对使用FFU材料的SEW墙进行切削,从而使盾构机能快速安全地始发。

5.1.1 初步设计方案

由于盾构始发是泥水盾构施工中风险非常高的环节,因此,SEW连续墙(34号连续墙)必须根据盾构始发端头地质条件的特性及盾构始发的防水要求进行设计,同时考虑隧道与明挖段结构的关系。

图5.1-1 SEW连续墙示意图

初步设计方案为:在盾构隧道始发洞门范围内,用FFU材料代替地下连续墙的钢筋混凝土,利用FFU材料较大的抗拉强度,代替钢筋混凝土作为围护结构的一部分来承受基坑开挖过程中的土压力,同时将FFU材料部件两端的预留筋与连续墙的钢筋进行连接,在连续墙成槽后,把钢筋笼整体放入槽内,然后浇筑混凝土,形成始发井基坑的围护结构,如图5.1-1所示。

基坑原围护结构及端头加固设计方案是:大坦沙南—西场站盾构区间在大坦沙南始发,围护结构采用钢筋混凝土连续墙加内支撑方式,从地面对端头进行全断面加固,方案是靠近洞门用双排 $\phi 1\,000$mm@600mm 三管旋喷桩、外围用单排 $\phi 1\,000$mm@600mm 三管旋喷桩止水,中间用 $\phi 600$mm@500mm 搅拌桩,搅拌桩桩间加 $\phi 600$mm 的单管旋喷桩作洞门底部止水。加固长度为9m,宽度为隧道左右各2.5m,加固体做到隧道底下4m,如图5.1-2所示。

由于盾构始发端头地质条件差,地下水位高,根据上述加固方案,该端头加固量较大,加固质量要求非常高,即使端头采取了地层加固,对洞门的凿除工作仍存有较大的风险,而且在左线隧道地下约2m处存在1根直径为800mm的自来水管与隧道斜交,为端头加固和盾构的始发带来了一定的风险。

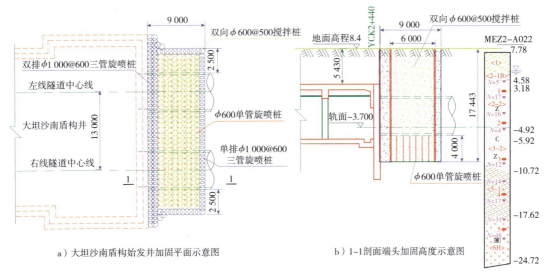

图 5.1-2　大坦沙南盾构始发端头原设计加固范围示意图（尺寸单位：mm；高程单位：m）

为了有效降低盾构始发风险，减少施工成本，经过研讨认为此类地质条件下最佳的加固方法，是在洞门范围内采用FFU材料代替钢筋混凝土连续墙作为围护结构的一部分，在基坑开挖过程中承受土压力，即SEW墙围护结构。SEW墙围护结构设计与验算如下。

1）FFU材料尺寸设计

始发洞门直径为6 500mm，且原围护结构设计为800mm厚连续墙，因此考虑FFU材料的保护厚度（FFU材料的厚度需确保混凝土和FFU材料间的厚度为50mm以上），以及材料的施工性等，拟采用6条FFU材料，4条长，2条短，较长的FFU材料长度为7.69m，较短的FFU材料长度为5.62m。FFU材料的截面尺寸：b=600mm，h=650mm，每条FFU的间距为1.1m，如图5.1-3所示。

弯曲截面系数 $W=1/6 \times bh^2$=42 250 000mm³，面积 $A=b \times h$=390 000mm²。

2）SEW墙强度验算。

通过围护结构计算可以得到在不同工况下，围护结构在始发洞门范围内所受的最大弯矩为 M_{max}=1 285.99kN·m/m，最大剪力为 V_{max}=748.91kN/m，轴力 N_{max}=0kN/m。

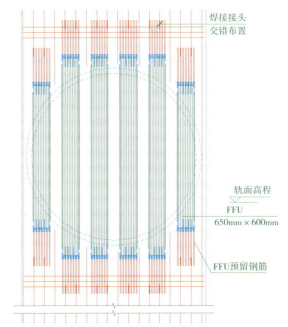

图 5.1-3　FFU材料布置示意图

由于FFU材料与连续墙钢筋笼的连接，只是用FFU材料代替其中部分钢筋笼的钢筋，不影响整个连续墙的整体稳定性，且满足原设计的抗倾覆、抗隆起以及抗管涌稳定性的验算，因此，只需验算FFU材料满足最大弯矩及最大剪力的要求即可。

FFU材料相关参数为：容许弯曲应力值 σ_{fba}=36.0MPa，容许剪切应力值 τ_{f2a}=3.1MPa。

（1）弯曲应力值的计算

$$\sigma_{fb} = \frac{M_{max}}{W} + \frac{N_{max}}{A} = (1\,285.99 \times 1.10 \times 10^6)/42\,250\,000 + (0 \times 1.10 \times 10^6)/39\,000$$
$$= 33.5\,(MPa) < \sigma_{fba} = 36.0\,(MPa)$$

（2）剪切应力的计算

$$\tau_{f2} = \frac{V_{max}}{A} = 748.91 \times 1.10 \times 10^3/390\,000 = 2.11\,(\text{MPa}) < \tau_{f2a} = 3.1\,(\text{MPa})$$

上述计算表明 FFU 材料强度均满足要求。

3）FFU 材料与连续墙钢筋笼的接头设计

FFU 材料与连续墙钢筋笼的连接处是整个 SEW 连续墙钢筋笼中最为薄弱的环节，若 FFU 材料与钢筋笼的连接失效或强度不足，使得 FFU 材料无法与钢筋笼连接为整体，导致 SEW 连续墙发生失稳、坍塌事故。因此，必须对 FFU 材料与钢筋笼的连接处进行加强处理，拟采用机械接头与钢板加强的形式加固接口处，通过计算获得接口长度及钢板厚度。

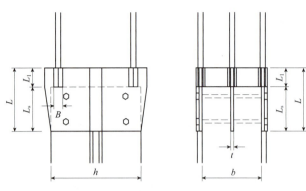

图 5.1-4 接头图

（1）接头长度的计算（图 5.1-4）

$$L = L_s + L_1$$

式中：L——接头长度，mm；

　　　L_s——铁板结合长度，mm，铁板结合长度应不小于 FFU 壁厚的 1/2；

　　　L_1——机械式接头的全长，mm。

①根据必要结合长度来求

$$L_s = \frac{\sigma_a \times A_s \times n}{h \times \tau_{f1a} \times \alpha} = \frac{300 \times 794.2 \times 2}{650 \times 4.60 \times 0.5} = 319\,(\text{mm})\,(\text{取为 320mm})$$

式中：σ_a——连接筋抗拉强度，MPa；

　　　A_s——连接筋截面积，mm²；

　　　n——连接筋数量；

　　　h——FFU 材料厚度，mm；

　　　τ_{f1a}——FFU 壁的容许切断应力值，MPa，$\tau_{f1a} = 4.60\,\text{MPa}$；

　　　α——安全系数，$\alpha = 0.5$。

②根据 FFU 的壁厚来求

由于 FFU 壁厚 650mm，而铁板结合长度应不小于 FFU 壁厚 1/2，即 650/2=325（mm），所以取 $L_s=325$（mm），$L_1=145$（mm），因此：

$$L = 325 + 145 = 470\,(\text{mm})$$

（2）铁板厚度的计算

$$t = \frac{\sigma_a \times A_s}{\tau_{sa} \times L_1 \times \sigma_{sa} \times B} = \frac{300 \times 794.2}{120 \times 145 + 210 \times 50} = 8.5\,(\text{mm}) \rightarrow 9\,(\text{mm})\,(\text{铁板的厚度最小为 9mm})$$

式中：L_1——机械式接头的全长，mm；

　　　B——机械式接头的对边距离，mm，$B=50\text{mm}$

　　　τ_{sa}——铁板的容许切断应力值，120MPa；

　　　σ_{sa}——铁板的容许拉伸应力值，210MPa。

5.1.2 SEW 连续墙施工

SEW 连续墙的施工是整个 SEW 项目中十分重要的一环。钢筋笼组装质量，钢筋笼部分位置的加固质量直接影响着整个钢筋笼的吊装施工；钢筋笼的安装和混凝土的浇筑质量对整个始发井的施工和后期盾构机的始发掘进起着至关重要的作用，如果钢筋笼安装不到位，可能会导致竖井施工过程中由于连续墙无法承受土压力而发生事故，或者发生严重漏水、涌沙，从而发生严重的安全事故。因此，必须加强连续墙施工期间的施工管理，保证连续墙施工达到预期的目标。

1）钢筋笼组装

2005年11月28日开始进行FFU材料与钢筋笼的连接工作。由于采用一次性升吊，为增加整个钢筋笼的刚度，桁架筋改$\phi 22mm$为$\phi 28mm$，间距200mm，两侧和每条FFU上各设置一条桁架，共8条；接口位置进行加强处理：将钢筋笼两侧开口"鱼头"改为闭口"鱼头"，两侧"鱼头"处两条主筋采用[10槽钢代替；并另行加固吊点处，以防止换钩时脱焊，共设置8个主吊吊点（其中4个在钢筋笼顶端，4个在洞门圈上方），4个副吊吊点（位于洞门圈下方）。在进行钢筋笼组装的同时，进行34号连续墙沟槽的开挖工作（图5.1-5和图5.1-6）。

图5.1-5　连续墙沟槽开挖一

图5.1-6　连续墙沟槽开挖二

2005年11月29日，完成34号沟槽的挖掘工作；继续加工钢筋笼，34号钢筋笼因桁架加工有些许偏差，造成钢筋笼吊装困难，修改钢筋笼，推迟吊装。

2）钢筋笼吊装

2005年11月30日，完成钢筋笼的加工，开始吊装钢筋笼和SEW墙的混凝土浇筑。由于34号连续墙钢筋笼中间洞门圈位置为FFU材料，若钢筋笼偏差较大，则可能会发生钢筋侵入洞门的现象，因此在钢筋笼安装时，必须确保34号槽段定位的准确性。因此在33号钢筋笼和35号成槽完毕后，安排测量组进行重新定位，复测槽段边缘线和导墙高程，然后再放置钢筋笼。

钢筋笼起吊分为两个过程，先利用履带吊和汽车吊平吊至合适位置，然后以15t吨汽车吊为主吊，80t汽车吊为辅，协助150t汽车吊将钢筋笼竖立起来；钢筋笼竖起以后，卸掉80t履带吊钢丝绳，以150t汽车吊单独起吊。当钢筋笼底部离地约20cm时，以绳子系于钢筋笼下部，人力牵引，避免钢筋笼大幅摆动；然后缓慢转动吊臂，将钢筋笼转至槽段处，对准槽段缓慢下放（图5.1-7和图5.1-8）。

3）浇筑混凝土

混凝土浇筑过程中，考虑到FFU尺寸为650mm×600mm，放入钢筋笼中后，FFU材料之间的间隙为440mm，FFU与槽壁之间的距离只有100mm。为保证混凝土在不同间隙中充满，拟提高混凝土坍落度为22~24cm，初凝时间为6h。同时，拟采用三条导管进行浇筑，分别置于1号与2号、3号与4号、5号与6号之间；当混凝土浇筑至FFU下端，拆管至FFU上端2m时，才能再次拆管。

浇筑过程中由于上浮力过大，导致FFU钢筋笼沉至离设计位置约5m左右时无法继续下沉，经讨论后调用一台钩机，强行将钢筋笼压至设计位置，然后将钢筋笼两侧"鱼头"处的槽钢与导墙钢筋焊接，固定钢筋笼，防止继续上浮。

图 5.1-7　　　　　　　　　　　　　图 5.1-8

4）效果检查

混凝土浇筑结束后，组织施工、监理及业主对 L34 号连续墙（SEW 连续墙）进行工程质量验收，验收结果为所有施工误差均在设计要求的范围内。

2006 年 4 月 12 日，竖井施工结束，检查竖井施工后 SEW 墙的部分状况：竖井开挖过程中及挖掘结束后的 SEW 墙面变形（变位）在容许范围之内，并且未发现 SEW 墙面出现漏水现象，部分出现少量渗水，对工程的影响甚微（图 5.1-9 和图 5.1-10）。

图 5.1-9　　　　　　　　　　　　　图 5.1-10

5.1.3　盾构始发掘进

SEW 连续墙与盾构始发井施工结束后，至盾构始发约 4 个月时间，SEW 墙的表现良好，墙面变形（变位）在容许范围之内，并且未发现 SEW 墙面出现漏水现象，部分出现少量渗水，达到了预期目标。整个洞门范围内由长条型的 FFU 材料按一定的间距排列而成，盾构机准备始发时，可对 FFU 材料直接进行切削，直接建立泥水平衡，SEW 墙的良好表现可以保证盾构机安全、顺利地始发掘进。施工过程如下。

1）2006 年 8 月 1 日

11：00，左线盾构机正式开始掘进。

13：30，当 FFU 的切削距离为 160mm 左右时，泥浆槽的排泥口开始有泡沫产生。

15：00，泥浆池泡沫量增加。

17:00，第一次开舱视察室内 SEW 切削情况，土舱内切削碎片较小，均可通过排泥管；至深夜（具体时间不详），泥浆槽内泡沫过多，为清除泡沫，暂停施工（图 5.1-11 和图 5.1-12）。

图 5.1-11　　　　　　　　　　　　图 5.1-12

2）2006 年 8 月 2 日

04:00，清除泡沫后继续掘进。

09:00，泥浆池内再次产生大量泡沫。因抽泥泵堵塞、泥浆无法循环，停止切削，进行清除泡沫及疏通堵塞处理。

12:00，第二次开舱确认土舱内情况，发现土舱内最大 FFU 切削碎片（长 80cm、宽 10cm、高 30cm）悬浮于土舱内。

15:30，排泥管堵塞、泥浆循环停止，进行堵塞原因排查，确定堵塞物为混凝土块（体积：21cm×15cm×10cm），尚未发现 FFU 切削碎片堵塞（图 5.1-13 和图 5.1-14）。

图 5.1-13　　　　　　　　　　　　图 5.1-14

3）2006 年 8 月 3 日

04:00，继续开始 FFU 壁切削作业。

06:00，FFU 构件切削结束。因施工前方 100m 处有河，且护岸的覆盖土较少（约 4.4m），考虑到河床下陷造成堵塞，以及切削面压力会给排渣及护岸造成负面影响，因此，决定清扫土舱。

09:00，为清扫土舱，第三次开舱作业，发现土舱内水面聚积约 20cm 高的泡沫及约 30cm 高的 FFU 切削碎片（最大的 FFU 切削碎片为：长 120cm、宽 10cm、高 3cm），土舱下端聚积有混凝土块。

17:00，土舱清扫结束，继续施工。

4）2006 年 8 月 4 日

07:00，继续施工后掘进约 1m，无任何异常情况发生。

5.1.4 施工难点分析及解决方法

1) 钢筋笼吊装

由于采用了 FFU 材料的地下连续墙钢筋笼全长 24m、宽 7m，质量约 30t，质量和体积均比普通钢筋笼大，且采用一次性升吊、架设，施工难度较大，需采用大型吊机。同时，由于钢筋笼中间洞门圈位置为 FFU 材料，若钢筋笼偏差较大，则可能会发生钢筋侵入洞门的现象，故在起吊钢筋笼时，必须确保槽段定位的准确。

针对此种情况，采用两台吊机进行吊装施工，一台 150t 汽车吊，一台 80t 履带吊。先利用履带吊和汽车吊平吊钢筋笼至合适位置，然后以汽车吊为主吊，履带吊为副吊，协助其将钢筋笼竖立。钢筋笼竖起以后，卸掉履带吊钢丝绳，以汽车吊单独起吊。此时钢筋笼底部离地约 20cm，以绳子系于钢筋笼下部，人力牵引，避免钢筋笼大幅摆动；然后缓慢转动吊臂，将钢筋笼转至槽段处，对准槽段，缓慢下放，将钢筋笼放至槽段中。

2) 钢筋笼上浮

由于 FFU 材料的密度小于水的密度，因此，无论在吊装钢筋笼阶段还是浇筑混凝土阶段，钢筋笼所受浮力都非常大，严重阻碍了工程的进度和施工安全。

为了减小钢筋笼上浮力对钢筋笼影响，首先增加钢筋笼本身的刚度，桁架筋改 ϕ22mm 为 ϕ28mm，间距 200mm，两侧和每条 FFU 上各设置一条桁架，共 8 条，防止由于浮力过大而导致钢筋笼变形。其次，在 FFU 材料与两端钢筋的连接处加焊两条钢板，防止浮力过大导致钢筋受力变形，从而破坏钢筋笼；同时，在钢筋笼定位后将"鱼头"处的槽钢与导墙钢筋焊接，防止浇筑混凝土时钢筋笼上浮（图 5.1-15 和图 5.1-16）。

图 5.1-15

图 5.1-16

3) 混凝土浇筑

FFU 尺寸为 650mm×600mm，放入钢筋网后，FFU 之间的间隙为 440mm，FFU 材料与槽壁之间的距离只有 100mm，在洞门附近占用了部分空间，不利于混凝土的浇筑。

为了确保在 FFU 材料的底部保证混凝土的填充密实性，在条形 FFU 材料间的空隙处跳开插入导管，并增加导管的长度，同时提高混凝土坍落度为 22~24cm，初凝时间为 6h；在 FFU 位置浇筑时适当放慢浇筑速度，浇筑速度为每小时 5m，即 25min 一车，其余位置按常规浇筑；当混凝土面浇筑至

FFU 底端（从导墙面下 13.5m）时，拆管，埋管约 2m，然后三条导管均匀浇筑，每条导管一次浇半车，浇筑速度放慢，确保混凝土能够扩散开来，并频繁测量每条 FFU 空隙处的混凝土面高度，混凝土面高度保持基本一致，均匀上升，防止 FFU 移位。

4）管路堵塞

（1）当盾构掘进约 500mm 时，泥浆池内产生大量的泡沫，导致抽泥泵堵塞、泥浆无法循环，为了保证环流系统顺畅，多次停机清理泡沫。分析其原因如下：

当盾构机刀盘切削 FFU 时，产生的切削碎片除了较大的碎片，同时也有 FFU 小粉末产生。由于小粉末的形状复杂多样，在水中搅拌时，很多气泡会附着在粉末上产生泡沫，在泥浆中进而产生大量的泡沫，泥浆输送泵停止工作，导致盾构掘进中断。

（2）在盾构机对 FFU 进行切削过程中，通过多次开舱检查土舱，发现大块 FFU 材料（最大切削碎块为：长 120cm、宽 10cm、高 3cm）和大块混凝土块（体积：21cm×15cm×10cm），由于不能随泥浆一同排出，容易造成环流系统的堵塞。分析原因如下：

①当盾构机刀盘切削 SEW 墙时，也切削到 FFU 构件与 FFU 构件之间的混凝土。但是，与 FFU 构件具有高度韧性相比，混凝土压缩强度高，但易碎。因此，随着切削作业的进行，混凝土先于 FFU 构件破裂，FFU 构件变薄时钻头回转方向的反作用力减少，故 FFU 横着折断，所以产生棒状 FFU 碎片（图 5.1-17）。

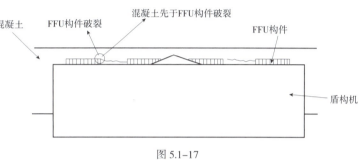

图 5.1-17

②左线始发线路坡度达 5.5%，而 FFU 材料预埋时为竖直状态，从而使得盾构机刀盘与 FFU 材料间形成夹角，刀盘与 FFU 材料的接触为点接触（而非面接触），FFU 构件在切削结束时处于悬臂状态，故 FFU 材料更容易破裂（图 5.1-18 和图 5.1-19）。

图 5.1-18

图 5.1-19

5.1.5 SEW 工法应用效果

34 号连续墙作业从钢筋笼组装至整个连续墙浇筑结束，施工过程较顺利。在竖井施工开始至施工结束后，SEW 墙的整体表现良好，达到了预期的效果，且盾构机也得到顺利始发。整个施工过程中遇到几个难题，即钢筋笼的整体吊装难度大、钢筋笼的上浮力较大、掘进过程中产生泡沫及大块 FFU 材料碎片堵塞排泥管的情况，增加了施工难度，对施工进度产生了一定的影响。工程人员通过对实际问题的分析，提出了相应的处理方案，成功解决了所遇到的难题，使施工顺利进行，确保了盾构机安全、顺利地始发。

5.2 盾构始发

5.2.1 人工挖孔桩在泥水盾构始发端头中的应用（APM）

在泥水平衡盾构施工中，当盾构机从工作井内开始推进时，开挖面会被盾构机的旋转刀盘所覆盖，此外，盾构机出洞前必须凿除洞口井壁的混凝土，以满足盾构掘进机顺利出洞的要求，而洞口工作井围护结构混凝土一般厚度较大，洞口凿除需时较长，为了避免洞口暴露过程中发生土体坍塌事故，需要对洞口周围土体进行改良加固和处理，在开挖面充分稳定后出洞。

对于大直径泥水平衡盾构，由于开挖面土体暴露面积大，土层情况复杂，因此，更需认真进行加固处理。洞口加固处理的方法有多种，选用时应根据工程规模、工程地质条件、施工环境、现场条件等，经技术比较后加以确定。一般使用的端头地基加固和处理方法有注浆加固（深层搅拌、旋喷桩、压密注浆等）、开挖面置换法、冻结法、素混凝土排桩或连续墙法等。

1）工程概况

广州市珠江新城核心区市政交通项目旅客自动输送系统土建1标段工程位于林和西站—天河南站之间，沿线穿过天河体育中心、天河路和宏城广场，地处繁华的城市中心地段。

隧道沿线地形较平坦，地貌形态为珠江三角洲冲洪积平原和珠江三角洲海陆交互相沉积平原，林和西站南端为盾构始发端头，盾构井所处地层自上而下依次为：<1> 人工填土层；<2> 冲积—洪积土层；<3> 可塑或稍密状白垩系红层残积土层；<4> 硬塑或中密状白垩系红层残积土层；<5> 粉砂质泥岩中风化带。地下水类型主要为赋存于第四系土层中的孔隙潜水和赋存于白垩系碎屑岩基岩风化裂隙的承压水，勘察资料显示地下水位埋深为2~3m，但据现场围护桩开挖情况看来，该端头部位地下水位埋深约4m，水量不大。隧道覆土厚度约为7m，开挖面地层自然稳定性较差，在盾构掘进时容易扰动周围土体，使端头土体稳定性降低，同时，由于地下水的存在，可能使端头地层出现坍塌和漏水等事故。为确保盾构始发的安全及端头的稳定，防范不确定因素，必须对端头采取加固处理措施。

2）加固方案的选择

根据原设计文件，林和西站车站围护桩采用挖孔咬合排桩，南侧盾构始发井地层加固采用搅拌桩+旋喷桩止水的形式，如图5.2-1所示。但根据该场地详勘地质报告及人工挖孔桩围护桩施工反映的土层岩样，隧道始发段位于<3>及<4>黏土地层，地层渗水性很小，承载力较高，其标贯值高达14~20击，搅拌桩施工难度很大，较难保证成桩质量，加固效果差。因此，必须改成其他端头加固方式。

经仔细研究，认为采用旋喷桩和人工挖孔桩代替搅拌桩+旋喷桩端头加固都是可行的，但只采用旋喷桩则使加固费用大幅增加，采用人工挖孔桩则非常经济。根据该段地质条件以及围护结构的施工情况，采用该桩型的施工条件较好，造价低，成孔及混凝土浇筑质量均可直接观测而便于控制，质量均衡稳定，承载力好，桩间相互咬合，能达到最佳的止水效果。因此，该站南侧始发端头地层加固采用挖孔咬合排桩施工是合理的优化方案。

3）人工挖孔桩端头加固设计方案及计算

（1）人工挖孔桩端头加固设计方案

在盾构始发端头紧靠盾构井围护桩处，采用单排 $\phi1\,500$mm 和 $\phi1\,200$mm 人工挖孔桩加固施工，两洞门处各采用3根 $\phi1\,500$mm 桩，其他部位采用 $\phi1\,200$mm 桩，桩芯混凝土均为C15，桩芯相切，护壁咬合。两边桩与主体围护桩芯相切,桩芯位置可根据主体围护结构位置适当调整,洞门范围的护壁钢筋采用竹筋代替,其余部位仍采用钢筋,桩孔平立面布置如图5.2-2所示。

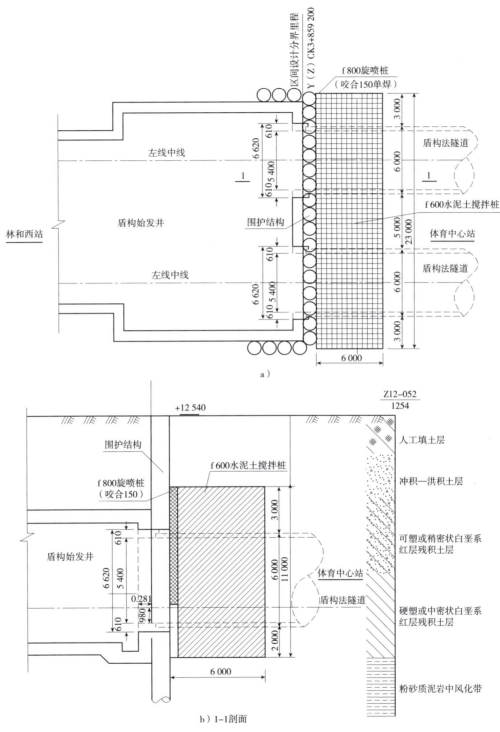

图5.2-1 盾构始发井地层加固原设计方案(尺寸单位:mm)

(2)人工挖孔桩受力计算

①荷载及模型如图5.2-3所示。

根据土力学公式,始发端头底部E_{max}=155kN/m,顶部E_{min}=60kN/m。

②计算结果如图5.2-4所示。

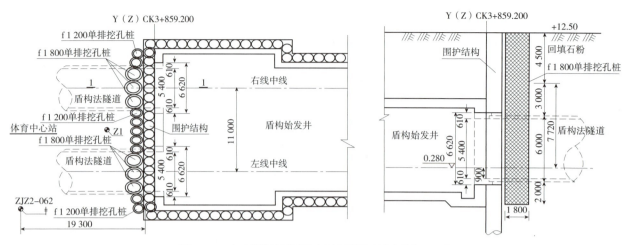

图 5.2-2　人工挖孔桩平面及立面布置图（尺寸单位：mm）

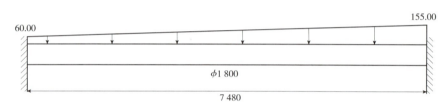

图 5.2-3　荷载计算简图（尺寸单位：mm；荷载单位：kN）

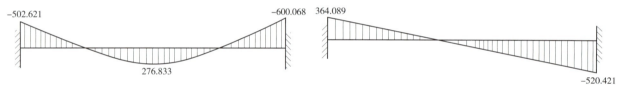

图 5.2-4　调幅后的弯矩包络图（单位：kN·m）

③挖孔桩界面计算

按照《混凝土结构设计规范》（GB 50010—2002），挖孔桩桩径取 $\phi 1\,800$ mm，则：

$$M < gf_{ct}W$$

式中：f_{ct}——素混凝土轴心抗拉强度设计值，按规范取 $0.55f_t$，f_t 表示素混凝土轴心抗拉强度标准值；

W——界面受拉边缘弹性抵抗矩，圆形 $W = pd^3/32 = 0.739\text{m}^3$；

d——桩径，考虑部分护壁的作用，取 1.96m；

g——界面抵抗矩修正系数，取 1.6。

$$M_{\max} = 520.421\,(\text{kN} \cdot \text{m}) < gf_{ct}W = 1.6 \times 0.91 \times 0.55 \times 0.739 \times 10^3 = 592\,(\text{kN} \cdot \text{m})$$

满足要求。

4）人工挖孔桩施工

为了加强防水效果，提高结构严密性和整体性，各挖孔桩之间需要设置一定的搭接范围，本方案采取护壁咬合桩芯相切的方式，将所有挖孔桩联成整体，以满足工程要求，两侧的桩与基坑围护结构挖孔桩也采取护壁咬合桩芯相切的形式连接（图 5.2-5），以防地下水从侧面渗漏。对于其他部位的桩，其护壁要与基坑围护桩的桩芯相切。挖孔桩采用跳挖施工，一序桩施工时要凿除原围护结构桩的部分护壁，并使一序桩护壁与围护结构桩的桩芯相切；二序桩施工时应挖去端头加固桩与围护结构之间的土体，将其作为加固结构的一部分，然后浇筑素混凝土。

（1）测量放线

挖孔桩开孔前，桩位应定位放样准确，将地面轴线、坐标标记在木桩上，确定桩位并自检后，通知相关部门复核签字，之后才能进行下一步施工。

（2）挖孔施工

施工时采用跳挖，待邻近桩孔完成挖掘和浇筑混凝土并达到75%强度后，再进行相邻桩孔的挖掘工作，按照搭接要求，挖掘过程中利用风镐凿除搭接部分护壁混凝土，刷清桩身混凝土表面，保证相邻新旧混凝土的连接效果，达到止水目的。

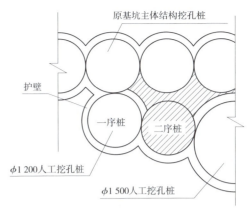

图 5.2-5　挖孔桩布置示意图

①开孔前，桩位应定位放样准确，并从桩中心位置向四周引测桩心控制点桩。当第一节桩孔挖好安装护壁模板时，必须用桩心点来校正模板位置，并在第1节混凝土护壁上设十字控制点，每节护壁模板的安装必须用桩心点校正模板位置。

②施工时采用分级挖土，每段高度应视土壁保持直立状态的能力确定，一般为0.8~1.0m。挖孔由人工自上而下逐层用镐、锹及风镐进行，挖土次序为先中间部分后周边部分。

③修筑第1节孔圈护壁（俗称开孔）应符合下列规定：孔圈中线应与桩轴线重合，其偏差值应控制在20mm以内；第1节孔圈护壁厚度比下面的护壁大100~150mm，并高出现场地面150~200mm。

④修筑孔圈护壁时应遵守下列规定：护壁厚度、拉结钢筋（或竹筋）或配筋、混凝土强度等级符合设计要求；桩孔开挖后尽快灌注护壁混凝土，且必须当天一次性灌注完毕；灌注护壁混凝土时，敲击模板或用竹竿木棒反复插捣；上下护壁间的搭接长度不得小于50mm；不得在桩孔水淹没模板的情况下灌注护壁混凝土，根据土层渗水情况使用速凝剂；护壁模板的拆除一般可在24h后进行；发现护壁有蜂窝、漏水现象时，应及时加以堵塞或导流，防止孔外水通过护壁流入桩孔内；同一水平面上的孔圈两正交直径的径差不大于50mm。

⑤遇到流动性淤泥或流砂时，孔圈护壁施工按下列方法进行处理：改用0.5m高的短模板，减小护壁高度（可取0.3~0.5m），采用上述方法后仍无法施工时，迅速用砂回填桩孔到能控制坍孔为止，并速报监理和设计单位共同处理；对易塌方段应随挖随验收并灌注护壁混凝土；开挖流砂严重的桩孔时，先将附近无流砂的桩孔挖深，使其起集水井作用，集水井应选在地下水流的上方；在孔壁外斜插φ16mm钢筋，并嵌入稻草或编织竹片用作过滤阻隔泥砂；护壁混凝土中加入早强剂或提高混凝土设计强度等级；在孔壁上预埋透水管，以缓解护壁水压力；增大降水井的密度以及深度，提高抽水效果；如采用上述措施均难以挖掘成孔时，则采用区域高压注浆法固结挖孔桩范围土体，封堵地下水，达到干作业挖掘成孔的目的。

⑥当风镐挖掘岩层难以作业时，可采用无声破碎法或松动爆破法等，施工前制订可行的施工方案并经有关公安部门批准，严格按爆破作业规定进行，孔内爆破时现场其他孔内作业人员必须全部撤离。

⑦终孔时应清除护壁污泥及孔底的残渣、浮土、杂物和积水，并通知监理、设计等部门对孔底形状、尺寸、垂直度等进行检验，合格后迅速封底和灌注桩身混凝土。

（3）桩身混凝土施工

①桩身混凝土原材料按招标文件技术规范执行，坍落度控制在4~8cm以内。

②混凝土下料采用串筒，深桩孔应用混凝土溜管，混凝土浇筑采用连续分层浇筑，每层厚度不得超过1.5m，采用插入式高频振动器和人工插实相结合的方法，以保证混凝土的密实度。

③当桩内渗水量过大（>1m³/h）时，采用水下混凝土灌注法，保证灌注质量。

④灌注桩身混凝土时必须留置试块，每根桩不得少于1组。

5）经验总结

盾构始发洞口的人工挖孔桩端头加固设计，必须认真研究地质条件因素，在技术可行的前提下，采用人工挖孔桩设计可达到节约施工成本和降低工程造价的目的。在挖桩施工时，必须按规定采取安全保护措施，确保施工人员的安全。

5.2.2 赤岗塔站—海心沙站盾构始发端头加固补强措施

1）工程概况

广州市珠江新城核心区市政交通项目旅客自动输送系统（APM）工程赤岗塔站—海心沙站盾构区间起始于海珠区赤岗塔站北侧，向北下穿珠江主航道到达海心沙站。线路平面两处的曲线半径为800m，线路纵断面最小竖曲线半径为1 000m，最大纵坡为5.5%。本区间隧道左线长566.326m，右线长566.326m，区间长度包括了海心沙站，工程利用赤岗塔站结构作始发井，采用海瑞克土压平衡盾构机掘进。

2）始发端头地质、水文情况

赤岗塔站北端始发段隧道埋深大约10m，地层从上至下为：

（1）人工填土层（Q_4^{ml}）。主要为素填土和杂填土，层厚1.80~7.05m。其中，素填土呈灰黄、灰色等，松散稍压实，为人工堆填的黏性土、中粗砂、碎石、混凝土块等；杂填土呈灰色或杂色等，主要成分为建筑垃圾和生活垃圾等堆填而成，欠压实。

（2）海陆交互相沉积淤泥质土层（Q_4^{mc}）。淤泥质土层呈深灰色、灰黑色，流塑状，含较多粉砂，含贝壳碎片，局部含淤泥，层厚0.60~3.90m。孔隙比平均值1.36，液性指数平均值1.40，压缩系数平均值0.71MPa，属高压缩性软土。

（3）海陆交互相沉积淤泥质粉细砂层（Q_4^{mc}）。淤泥质粉细砂层呈灰色、深灰色，组成物主要为粉砂、细砂，部分含较多粉、黏粒，部分与薄层淤泥质土互层，级配不均，饱和、松散状，局部稍密状，层厚0.60~9.70m。

（4）岩石中风化带（Ks）。白垩系红层碎屑岩中等风化带，呈棕褐色、紫红色等，岩性主要为泥质粉砂岩、粉砂质泥岩，局部砾岩、含砾砂岩、泥质细砂岩，碎屑结构，中厚层构造，泥质、钙泥胶结，原岩结构部分被风化破坏，裂隙较发育，岩芯较破碎，呈短柱状、碎块状，层厚1.3~17.2m，粉砂质泥岩、泥质粉砂岩天然抗压强度标准值6.66MPa，属软质岩，含砾砂岩天然抗压强度平均值37.93MPa，属较硬岩。

水文情况：本段区间临近珠江，地下水与珠江水有密切水力联系。地下水水位受珠江潮汐的影响较明显，总体上，地下水向珠江排泄，当珠江水位高于地下水位时，珠江水补给地下水。

3）始发端头加固方案

本盾构区间始发段位于典型的上软下硬不利地层，为了能使盾构机安全始发，对该端头进行了地层加固处理，采用厚度800mm、C15素混凝土地下连续墙加ϕ550mm@450mm水泥搅拌桩加固形式，且在C15素混凝土墙与原车站围护结构连续墙之间预埋10根ϕ42PVC管，以补充注浆加固，如图5.2-6所示。

4）始发端头洞门密封失效情况

右线盾构始发掘进−1环负环管片时，洞门密封首先在5点钟位置（假设洞门为1点钟表示）出现较大渗漏，并带出大量的粉细砂，经在底板洞门位置叠垒沙包后，涌水涌砂止住；过约半小时左右，洞门密封在7点钟位置再次被击穿，马上堆填沙包，防止洞门密封击穿部位再扩大，到晚上洞门处涌水控制住，但大量涌水仍从盾构机机体下部涌入，远远超过2台55kW水泵的排水量，始发井处水位不断上涨，后又投入4台水泵才控制住水位。在发生涌水后，主要采取了洞门堆填沙包并挂钢筋网浇混凝土，地面注丙凝进行堵水、防渗透等措施，但效果不理想。经过盾体内注入聚氨酯防堵渗水通道、地面钻孔回填砂等措施后，洞门（盾体下部）涌砂控制住，涌水量较小。

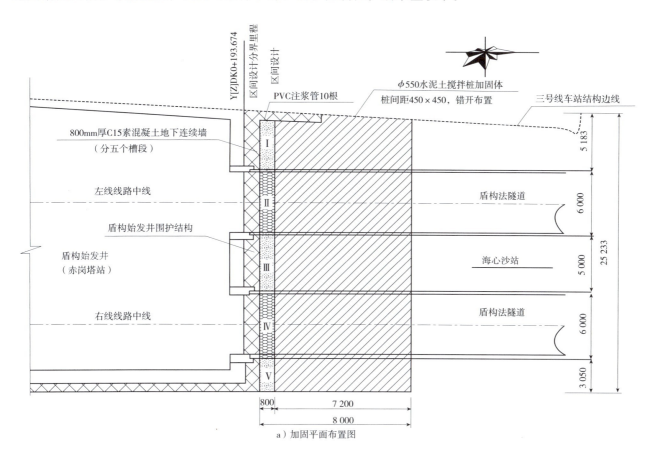

a）加固平面布置图

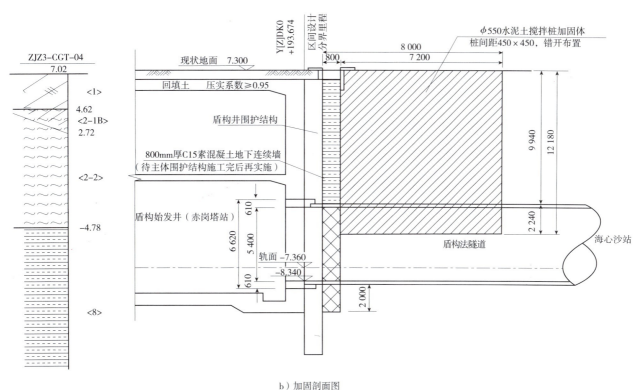

b）加固剖面图

图 5.2-6　始发端头加固平面、剖面（尺寸单位：mm）

5）密封失效原因

（1）根据地质资料，盾构始发端头存在较厚的淤泥质粉细砂层，下部直接与中风化粉砂质泥岩接触，盾构隧道断面上半部处于淤泥质粉细砂层中，该土层易发生流砂、涌水进而导致基坑失稳或地面塌陷，且地下水与珠江水相联通，在外力渗压作用下，粉细砂容易被渗水带走，最后沿盾壳外的空隙喷射而出。

（2）经过现场对搅拌桩抽芯检测及掌子面观察，发现始发端头搅拌桩加固体缺失严重，完全失去加固土体的效果。搅拌桩与基岩面接触不严密，容易形成渗水通道；没有预埋PVC注浆管，以便及时注浆加固；素混凝土墙并未施工至隧道底等。

6）加固补强方案

在右线盾构始发井内临时增设钢筋混凝土箱体，将洞门、盾构机及负环管片包裹且封闭，箱体与盾构机及负环管片之间空隙充填黏土，相当于人为将负环管片临时变成正环，使盾构机掘进时在密封土体内进行，避免再次发生洞门涌水涌砂问题。

钢筋混凝土箱体采用C30早强混凝土，箱体侧墙厚度为600mm，顶板厚度为500mm，如图5.2-7所示。在西侧箱体侧墙中低于负环管片的位置预留4个ϕ150mm带阀门的排水孔，排水孔箱体内一侧端口有反滤处理的措施。在盾体上部位置的顶板上预留两个1 000mm×1 000mm的孔洞作为填土补充的观察孔及入口，并在孔口四角预锚4个ϕ25mm的螺栓，以便在紧急情况下作孔口封堵之用。

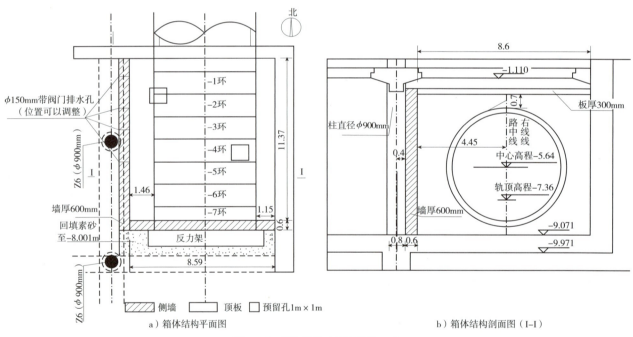

图5.2-7 箱体结构（尺寸单位：m）

侧墙封闭后在箱体中的空隙内回填黏土，以达到堵塞渗水通道的目的。将盾尾刷处涂满密封油脂，用快硬水泥对负环管片间的间隙进行封堵，再用土工布将盾体及负环管片进行全覆盖，以减少黏土回填对盾尾刷的破坏并防止土粒随水流从负环管片间隙漏出。

待钢筋混凝土箱体施工完毕及进行黏土回填后，打开侧墙上的4个排水口进行排水，在靠近反力架的-6、-7环负环管片下部打孔注浆，以封堵下部的渗水通道，注浆后关闭排水孔，观察负环管片下部渗水通道封堵的情况；若效果不理想，则继续重复以上注浆步骤。封堵成功并对端头处理后，再恢复盾构掘进。

若盾构机掘进后箱体内充水至顶板，此时可在顶板上堆放3m高沙袋以形成反压，减轻水压对顶板顶托的影响。

7）箱体结构计算

（1）内力计算

采用有限元分析软件 SAP84 和理正工具箱 5.11 进行计算分析。对箱体的计算取单位宽度建立模型，如图 5.2-8 和图 5.2-9 所示。

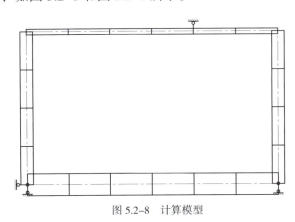

图 5.2-8 计算模型

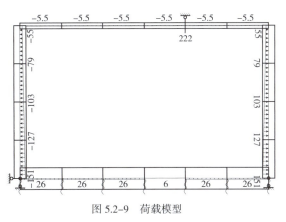

图 5.2-9 荷载模型

①设计参数：侧墙厚 0.6m，墙高 H=7.43m，墙长 L=11.97m，墙后回填黏土顶板厚 0.5m。

②配筋计算：取最不利工况，墙后填土完成后，墙体顶端与顶板固结，墙体顶端为固定端。计算结果见表 5.2-1。

结构内力及配筋计算结果 表 5.2-1

构 件		计 算 内 力			构件尺寸（mm）	配 筋
		弯矩（kN·m）	剪力（kN）	轴力（kN）		
顶板	跨中	75.58	1.55	309.6	500×1000	ϕ25@200
	支座	95.84	20.45		1100×1000	ϕ25@200
侧墙	跨中	556.7	43.55	−113.2	600×1000	ϕ28@150
	支座	590.4	609.7	−178.8	1200×1000	ϕ28@150

（2）抗浮计算

①箱体抗浮计算。考虑最不利工况，盾构掘进使箱体内充满水，地下水位根据实际观测水位取现状地面以下 4.0m，则地下水位高于箱顶，水位差 $h_水$=5.5m，按钢筋混凝土箱体顶板、压梁与侧墙联合抗浮计算假定，经过实际计算，仅靠箱体自重无法抵抗水浮力，考虑将钢筋混凝土箱体与已建车站底板及侧墙牢固连接，箱体侧墙钢筋通过植筋锚入车站底板，用双排钢筋抗拉抵抗水浮力。计算结果满足抗浮要求。

②管片抗浮计算。考虑最不利工况，盾构掘进使箱体内充满水，管片处于其中，按已施工的管片整体抗浮计算。计算结果显示，仅靠管片自重无法抵抗水浮力，需在钢筋混凝土箱体顶板上设置压梁，通过顶板压梁及管片自重抵抗水浮力。计算结果满足抗浮要求。

（3）压梁配筋计算

压梁的作用主要是防止已施工的管片上浮，当箱体内充满水时，由于水压较大，考虑在板上堆放沙袋形成反压，以减轻水压对箱体顶板的影响。取压梁 L2 进行计算，如图 5.2-10 所示。

设计参数为，压梁 L2 长 11.97m，截面尺寸为 $B×H$=0.8m×1.0m，计算简图见图 5.2-11。

（4）植筋支座处抗剪计算

根据 SAP 软件计算结果可知，侧墙支座处最大剪力值 V=609.7kN，支座截面尺寸为 $B×H$=1.0m×1.2m；

支座受剪承载力：

$$V_{max}=0.7f_tbh_0=0.7 \times 1.43 \times 1\,000\,(1\,200-70) \times 10^{-3}=1\,131\,(kN) > V=609.7\,(kN)$$

满足要求。

侧墙底腋角高600mm，变截面处剪力值V=448.1kN，支座截面尺寸为$B \times H$=1.0m×0.6m；支座受剪承载力：

$$V_{max}=0.7f_tbh_0=0.7 \times 1.43 \times 1\,000\,(600-70) \times 10^{-3}=530.5\,(kN) > V=448.1\,(kN)$$

满足要求。

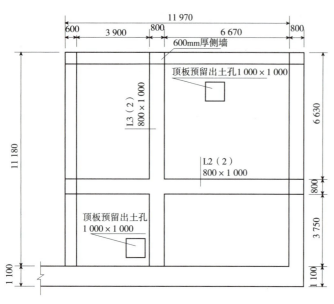

图 5.2-10　压顶梁平面布置图（尺寸单位：mm）

8）经验总结

（1）盾构区间端头加固的成功与失败，直接影响盾构机能否安全始发、到达，在含水率较高、水平渗透系数大的含砂地层，盾构机始发或到达盾构井时，容易造成水土流失。对于此类地层的加固，在经济及时间允许的条件下，首先应考虑采用冷冻法，或者采用素混凝土墙外包主加固体，内部主加固体采用三管旋喷桩加固措施。端头加固的主要目的是控制水土流失，将该部分土体结合起来，减少水土流失量，同时要重视对端头加固体效果的检测。

（2）在盾构始发过程中，洞门密封被击穿，发生涌水涌砂事故时，盾构机应立即停止掘进，在底板洞门位置叠垒沙包并挂钢筋网浇混凝土，利用水泵进行抽水，然后采取在盾体内注入聚氨酯防堵渗水通道、地面钻孔回填砂等措施。

（3）当由于先期端头加固质量不理想，洞门密封产生涌水、涌砂时，经过现场勘查论证后，可在盾构始发井内设置钢筋混凝土箱体，将洞门、盾构机及负环管片包裹且封闭，并在箱体与盾构机及负环管片之间的空隙内充填黏土，相当于人为将负环管片临时变成正环，使盾构机掘进时在密封土体内建立土压平衡模式，从而实现安全掘进。

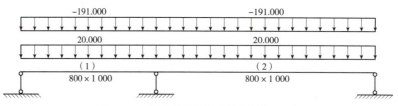

图 5.2-11　结构计算简图（尺寸单位：mm）

实践表明，通过上述措施实现了赤岗塔站—海心沙站盾构机安全始发掘进，钢筋混凝土箱体未见渗水及破坏。盾构机刀盘转速、刀盘扭矩及出土量等各项掘进参数正常。

5.2.3　珠江新城泥水平衡盾构始发技术

1）工程概况

广州市珠江新城旅客自动输送系统土建1标段包括2个车站和2个盾构隧道区间，隧道内径5 400mm，外径6 000mm，管片厚300mm、宽1.5m，工程采用德国海瑞克公司生产的ϕ6 250型泥水平衡盾构机进行隧道掘进施工。由于工程包括2个盾构隧道区段，中间由1个车站明挖段隔开。因此，

2台盾构机完成本盾构隧道施工须经过2次始发。

初次始发端头所处的地层自上而下依次为：人工填土层<1>，冲积—洪积土层<4-1>，可塑或稍密状白垩系红层残积土层<5-1>，硬塑或中密状白垩系红层残积土层<5-2>和粉砂质泥岩中风化带<8>。地下水类型主要为赋存于第四系土层中的孔隙潜水和赋存于白垩系碎屑岩风化裂隙承压水，地下水位约4m，水量不大。隧道主要处于<5-1>地层中，上部覆土厚度约为7m，开挖面的地层有一定自然稳定性。

2）始发前准备

泥水盾构机在始发前需进行一系列的准备工作，主要包括：①端头加固；②洞门施工；③泥浆处理系统场地布置与安装调试；④盾构施工场地布置；⑤盾构机托架及反力架安装；⑥盾构机下井、组装、调试等。其中，应特别注意盾构机基座托架、后盾构支撑安装。

（1）盾构机托架安装

盾构机托架安装前，按照测量放样的基线在盾构始发井底板安装托架预埋件，然后将加工好的托架焊接固定在预埋件上。

在安装过程中，托架必须处于水平支撑状态，按照测量放样的基线吊入井下就位焊接，托架上的轨道按设计要求放置，并设置支撑加固。

盾构需以一定的坡度始发，但考虑盾构在始发掘进过程中由于盾构机自身的重心靠前，始发掘进时容易产生向下的"磕头"现象，故盾构机托架安装时，纵向无须考虑坡度，只需使盾构机轴线与隧道设计轴线保持平行，盾构轴线可比设计轴线适当抬高20~30mm。

（2）反力架安装

盾构后盾由钢环、反力架框及钢支撑组成，钢环宽50cm。钢环精度要求：环面平整度5mm，使混凝土管片受力均匀。

钢环后部用56号二榀工字钢制作反力架框，钢环与反力架框之间焊接固定；在二榀工字钢后各采用3m和7m长的ϕ500mm钢支撑，盾构掘进时的后座反向力由其传递至车站结构（图5.2-12），钢支撑需焊接在预埋的钢板上。

ϕ500mm钢管通过预埋铁件传力至车站底板，预埋铁件厚为20mm，尺寸为1 200mm×700mm。预埋铁件与焊缝之间采用T形围焊，外加4块肋形钢板，前后2块焊缝长30cm，左右2块焊缝长10cm。焊缝高10mm，有效高度h_0=7mm。

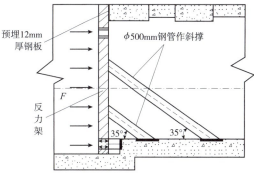

图5.2-12 反力架斜撑纵剖面简图

由于反力架的强度与稳定性不仅关系到始发的成败，而且关系到人员与设备的安全。因此，必须对其斜撑的强度和稳定性进行验算，同时还要验算预埋铁件的焊缝强度。始发时盾构推力一般控制在10 000kN以下，推力通过管片传递到反力架上。验算时假设推力平均作用在反力架上，根据结构力学计算结果可知，斜撑所受的弯矩和剪力很小，轴力很大。因此，可采用斜撑所受到的轴力来验算斜撑的强度与稳定性。经过验算，斜撑强度、稳定性以及预埋铁件的焊缝强度均满足始发要求。

3）盾构始发

盾构开始向前推进到盾体完全进入土体后洞门封堵完成是泥水盾构始发的关键。在这个过程中，应注意负环管片安装和盾构掘进参数的设置。

（1）负环管片安装

盾构隧道施工中，一般称隧道洞门处管片为0环管片，盾构井中用作传递反力的管片则称为负环管片。负环拼装时第一环负环的定位相当重要,对后面的管片拼装起着基准面的作用。为保证管片环面安装精度,负环管片采用闭口环安装方式,靠后的 4 环负环管片拼装均由盾构举重臂在盾构壳体内按顺序拼装成型,环向和纵向螺栓连接牢固后分别逐环将负环推到要求的后座位置上。在安装负环管片之前,为保证负环管片不破坏尾盾刷和负环管片在拼装好以后能顺利向后推进,在盾壳内安设厚度不小于盾尾间隙的方木或型钢,以保证管片在盾壳内的位置。

(2)切口水压控制

①切口水压理论计算

由于盾构始发端头处覆土厚度较小,上部覆土有一定拱效应,但稳定性不够,因此,可采用主动土压力的计算公式计算切口水压:

$$P_u = \gamma H \tan^2(45°-\varphi/2) - 2c\tan(45°-\varphi/2)$$

根据地质勘查报告,此处掘削地层的土体重度 γ=19kN/m;掘削面底部以上 2D/3(D 为盾构机刀盘直径)处到地表覆盖土层的厚度 H=7.2m+2m=9.2m;土体的黏聚力 c=25kPa;土体的内摩擦角 φ=13°,计算得开挖面土体压力为 70.4kPa,预压取 10kPa,所以切口水压理论值为 80.4kPa。

②切口水压实际设定值

盾构始发掘进阶段由于受到反力架承载力设计值及洞门密封圈等因素的限制,切口水压实际设定值不宜过高。

a. 盾体出洞前的切口水压 盾体出洞之前,泥浆主要靠洞门密封圈封堵,此区域长度为盾体加 1 环管片长度。考虑洞门密封圈特性和端头加固及地质条件,取切口水压值为 60~80kPa。

b. 盾体出洞后的切口水压 盾构从加固区进入非加固区后,在保证反力架及洞门密封圈安全的条件下,逐步提高切口水压设定值至切口水压理论计算值,并根据地面监测情况进行调整,尽快掌握调整的规律以指导掘进施工。

(3)掘进速度控制

①为控制推进轴线、保护刀盘,推进速度不宜过快,使盾构缓慢稳步前进,推进速度应控制在 10mm/min 以下。

②盾构启动时,盾构操控手必须检查千斤顶是否靠足,开始推进和结束推进之前速度不宜过快。每环掘进开始时,应逐步提高掘进速度,防止启动速度过大。

③一环掘进过程中,掘进速度应尽量保持恒定,减少波动,以保证切口水压稳定和送、排泥管的畅通。

④推进速度的快慢必须满足每环掘进注浆量的要求,保证同步注浆系统始终处于良好工作状态。

⑤在调整掘进速度的过程中,应保持开挖面稳定。

(4)掘削量的控制

实际掘削量 W' 可由下式计算得到:

$$W' = \frac{\gamma_s}{\gamma_s - 1} \cdot [Q_1(\rho_1 - 1) - Q_0(\rho_0 - 1)]t$$

式中:γ_s——土的相对密度;

Q_1——排泥流量,m^3/min;

ρ_1——排泥密度,kg/m^3;

Q_0——送泥流量,m^3/min;

ρ_0——送泥密度,kg/m^3;

t——掘削时间,min。

当发现掘削量过大时,应立即检查泥水密度、黏度和切口水压。此外,也可以通过地面监测结果检查地面沉降情况。在查明原因后,应及时调整有关参数,确保开挖面稳定。

5.3 区庄站—杨箕站区间区庄站盾构机平移、解体和吊出

5.3.1 工程概述

1）区庄站基本情况

区庄站—杨箕站盾构区间土建工程包括区庄站—动物园站区间和动物园站—杨箕站区间。线路全长 3 943.734m。始发井设在杨箕站，盾构机在动物园站过站，吊出井设在区庄站东侧。区庄站和动物园站均为矿山法施工的暗挖车站，杨箕站为明挖三层车站，左、右线盾构机从杨箕站始发后要分别穿过约 40m 的矿山法隧道图 5.3-1。

图 5.3-1 区庄站—杨箕站盾构区间线路与周围环境示意图

根据盾构施工的总体规划和部署，本区间采用 2 台德国海瑞克公司生产的土压平衡式盾构机先后从杨箕站始发推进，分别掘进到达动物园站，过站后继续掘进穿越动物园南门风道，然后掘进到达区庄站。盾体进入区庄站东端的 C 风道，在 C 风道的底板上向北平移，进入 2 号竖井，完成盾体的解体、起吊，右线后配套设备用电瓶车拉回杨箕站始发井吊出。左线盾构机后配套设备取消拉回杨箕站始发井吊出方案，在区庄站 C 风道完成后配套设备平移吊出。区庄站盾构机平移平面路线见图 5.3-2。

2）施工依据

编制盾构机平移、吊出施工方案的依据有：

（1）LS-368 RH5 的 250t 履带式吊机、TADANO90t 汽车式吊机使用说明书、机械性能表。

（2）斯堪尼亚、三菱、斯太尔重型牵引车，重型液压多轴板，重型低凹板，重型宽面板的机械性能。

（3）建筑安装工程安全技术规程、建筑安装工人安全操作规程、建筑施工高处作业安全技术规程。

（4）盾构机设备图纸及盾构机设备吊装清单。

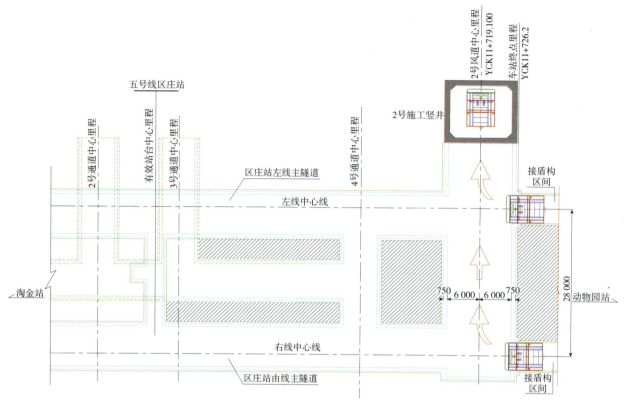

图 5.3-2　盾构机进入区庄站 C 风道平移、吊出的平面路线示意图（尺寸单位：mm）

（5）区庄站 C 风道结构设计图纸及场地现状。

5.3.2　区庄站现状调查

1）吊装场地周边环境

区庄站为采用矿山法施工的暗挖车站，盾构机吊出口位于区庄站车站 C 风道 2 号施工竖井，紧临车站北站厅施工现场，施工场地非常狭窄，地面构筑物较多，生活办公场所邻近 2 号竖井，在 2 号竖井西侧为区庄站北站厅基坑，现已进行基坑开挖。区庄站 C 风道施工场地现状见图 5.3-3。

盾构机为超大、超重设备，使用大型吊装设备进行起吊作业，而现有施工条件无法满足吊装作业的施工要求，需要对现场部分设施进行迁改。地面构筑物迁改情况见表 5.3-1。

地面构筑物情况表　　　　表 5.3-1

名　称	位　置	处理措施	原　因	备　注
提升塔架	井口正上方	拆除	影响吊装	
南北宿舍楼及水房厨房	井口北侧	拆除	主吊装位及吊车组装场地	
小型机械区、砂石料场、集装箱	井口西北侧	拆除	盾体各部件临时堆放地	
搅拌机	井口西侧	拆除	影响道路	
现场施工用电线	工地大门正上方	抬高	净高不够	
绿化带	辅路与主路之间	拆除 27m	平板车运输及交通临时改道	内有路灯 1 个、大树 2 棵、交通指示牌 1 个
办公楼	井口东北侧	保留		吊装时禁止有人

续上表

名　　称	位　　置	处 理 措 施	原　　因	备　　注
变压器	井口东北侧	保留		
模板堆放场	井口南侧	保留		
电线杆及路灯箱	工地大门外西侧	保留		
辅路交通	工地大门口	250t吊机组装时临时导改		临时导改4h

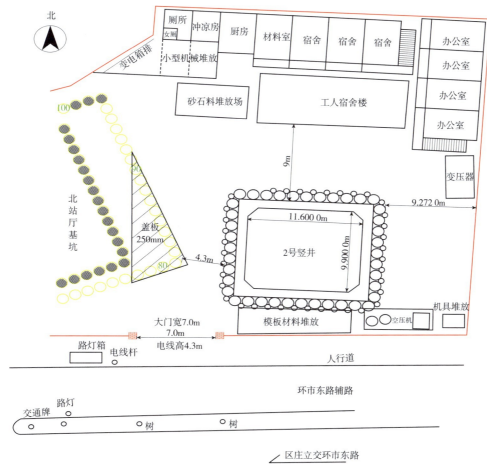

图 5.3-3　区庄站 C 风道施工现状图

2）平移场地调查

区庄站 C 风道为矿山法暗挖隧道，设计时并未考虑台车平移需要，现有净空不能满足台车平移要求。根据盾构机盾体出洞要求，车站承包人按设计要求只回填至第一次回填面高程，待左右线盾构机接收完成后才进行第二次回填，第二次回填高度为 1.15m，第二次回填高程处 C 风道净空为 10.9m，区庄站 C 风道结构断面如图 5.3-4 所示。

5.3.3　盾构机吊装方案

区杨盾构区间盾构机为德国海瑞克生产的 $\phi 6.28$m 土压平衡法盾构机，通常吊装方法是将设备解体为刀盘、前盾、中盾、盾尾、螺旋输送器、拼装机、连接桥、1号台车、2号台车、3号台车、4号台车几大部分进行整体吊装，以便保证设备性能，缩短吊装工期。盾构机解体后各部件尺寸及质量见表 5.3-2。

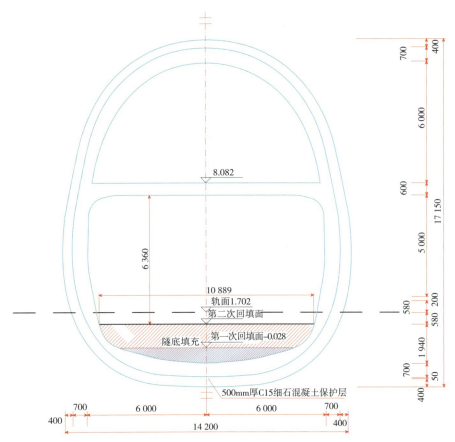

图 5.3-4 区庄站 C 风道结构断面图（尺寸单位：mm）

盾构机解体后各部件尺寸一览表　　　　表 5.3-2

型　号	长（m）	宽（m）	高（m）	质量（t）	备　注
刀盘	6.280	6.280	1.800	60.000	
前盾	6.250	6.250	3.200	92.000	
中盾	6.250	6.250	3.240	90.000	
盾尾	6.250	6.250	3.840	23.000	
螺旋输送器	11.900	1.800	1.600	20.000	
拼装机	4.430	3.900	3.230	16.000	
连接桥	14.00	4.800	3.000	14.000	
1号台车	10.70	5.1	3.700	28.500	
2号台车	11.90	5.24	3.400	34.000	
3号台车	10.30	5.1	3.530	20.000	
4号台车	13.80	5.1	3.450	16.500	

区庄站北站厅已开挖，吊出井附近场地非常狭窄，吊装工艺繁多，影响因素多。而盾构机为超大超重设备，通过对方案优化、经济对比分析，对盾构机进行解体吊装，采用 250t 履带式液压吊机为主吊装，将解体后各部件分别吊装；用 1 台 90t 汽车式液压吊机作辅助吊装，配合 250t 履带式液压吊机进行翻身等辅助吊装工作，吊装现场布置见图 5.3-5。

1）履带式吊机组装

吊机的组装占用场地最大，需要有 30m×15m 场地才能保证履带式吊机的安装，而区庄站所能提供的场地非常狭窄，因此根据现场实际情况，考虑 90t 汽车吊的吊装半径，分两步对履带式吊机进行安装，以尽量减少对交通的影响。

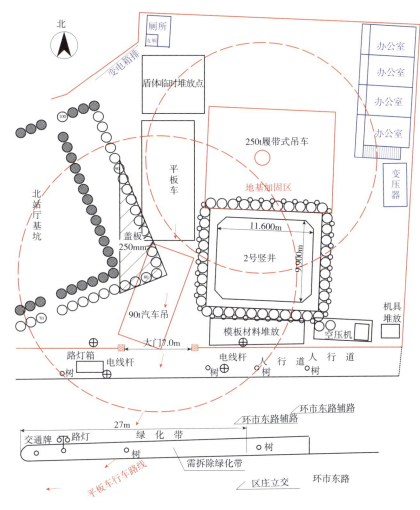

图 5.3-5 区庄站盾构吊装场地布置图

（1）主吊位地基加固

盾构机吊装前将 250t 吊机工作位置的地基进行必要的加固，基础容许承载力应大于 70kN/m²，局部受力部位和地面容许承载力应大于 350kN/m²，并有 11m×12m 的吊机站位面积和回转空间。为保证主吊机的安全，防止沉降和整体侧移，需要 15m×13m 混凝土场地用于主吊机位，具体做法是人工清土 30cm，底层铺 φ14mm 钢筋网，浇筑 30cm 厚 C30 混凝土。

（2）履带、吊车基座、吊车配重等主体安装

首先安装履带式吊车机体部分，因机体部分占用场地较小，质量较大，要求吊装半径不能过大，安装示意如图 5.3-6 所示。

（3）履带式吊车长臂安装

履带式吊车长臂有 22m 在安装过程中需要平放在地面，将连接杆连接，而区庄车站北站厅基坑已开挖，造成施工场地有限，需要占用环市东路辅路停放平板车，并对辅路进行临时交通导改，第 2 步安装示意图如图 5.3-7 所示。

2）盾构机吊装

吊机平稳地将构件吊到地面后，需采用抬吊方式翻转盾体各部件进行装车。构件翻身时 250t 履带

式吊机吊稳构件，90t 汽车式吊机在底部的吊环重新加多一组钢丝绳。然后，缓慢起钩，此时 250t 履带式吊机缓慢下钩，待构件呈水平状态时，两机同时停止起钩和下钩。两机同时、同步将构件放置在车厢上，见翻身示意图 5.3-8。

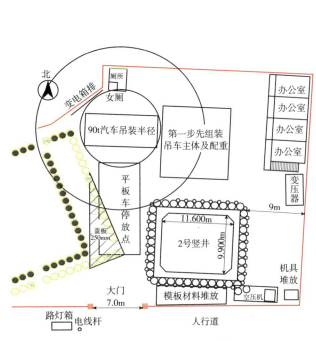

图 5.3-6　区庄站 250t 吊车组装场地示意图（一）

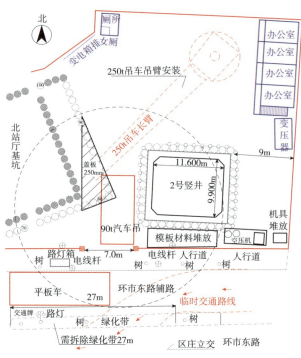

图 5.3-7　区庄站 250t 吊车组装场地示意图（二）

5.3.4　盾构机平移、解体

1）盾构机吊出施工流程

（1）盾构机拆卸施工流程

施工流程：车站平移区底部找平→在平移区满铺与底部相固定的钢板、在固定的钢板上铺设与接收托架底部大小相同的滑动钢板（两层钢板间涂刷润滑油）→将接收托架焊接在滑动钢板上并将滑动钢板与固定钢板间相互焊接→盾构机破除洞门步上接收托架→连接桥用 H 钢临时支撑→解除盾体与后配套台车之间的连接并将螺旋输送器上的驱动马达卸掉，放在事先备好的管片车上→将后配套车架及连接桥用电瓶车拉向隧道内→解除固定钢板与滑动钢板间连接、将盾体和托架焊接在一起→在车站内部利用千斤顶将托架与盾构机侧向移动至适当位置→盾体顺时针旋转→盾构机再次侧向平移至适当位置→盾体顺时针旋转→（重复侧移和

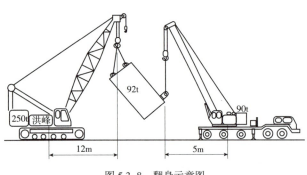

图 5.3-8　翻身示意图

旋转）直至盾构机转过 90°→将盾体平移至车站北端的竖井处→将固定钢板和滑动钢板焊接、解除盾体和托架之间的连接→螺旋出土器拆卸（放置在隧道内）→前盾拆卸并吊出井外→拼装机拆卸（放置在隧道内）→拼装机传接梁拆卸（放置在隧道内）→中盾拆卸并吊出井外→盾尾吊出井外→将拼装机传接梁吊出井外→将拼装机吊出井外→螺旋出土器吊出→将钢板及接收托架拆除→过站平板车安装→将过站平板车顶部轨道与隧道内轨道对接→连接桥上过站平板车→割除连接桥过长部分→用卷扬机牵

引过站平板车至吊出口起吊→1号台车平移吊出→2号台车平移吊出→3号台车平移吊出→4号台车平移吊出→拆除过站平板车。盾构机主要部件质量及起吊工作半径见表5.3-3。

盾构机主要部件质量及起吊工作半径一览表　　　　　表5.3-3

构件名称	质量（t）	吊装形式	离井边距离（m）	吊机型号	吊机工作半径（m）	吊机起吊质量（t）
刀盘	60	单机吊装	2	250t	12	69.4
前盾	92	单机吊装	2	250t	9	106.1
中盾	90	单机吊装	2	250t	9	106.1
盾尾	23	单机吊装	2	250t	22	30.2
拼装机	16	双机抬吊	任意	250t	22	30.2
			任意	90t	14	11.8
拼装机传接梁	8.6	双机抬吊	任意	250t	22	30.2
			任意	90t	14	11.8
螺旋输送机	20	双机抬吊	任意	250t	22	30.2
			任意	90t	14	11.8
连接桥	14	单机吊装	任意	250t	22	25.2
台车	34	单机吊装	任意	250t	18	40.0
前盾翻身	92	双机抬吊	8	250t	9	106.1
			5	90t	5.5	50.0

（2）盾构机拆卸顺序

①在出口井中安放盾构基座，为减少盾构机的滑移阻力，在盾构机基座面上涂抹油脂。

②盾构机刀盘破开洞门后，旋转刀盘，使边缘切割刀避开托架导轨。

③前移盾体，当推进千斤顶达到最大行程时，回缩推进千斤顶，在最后一环管片与千斤顶之间布置三根反力钢管。继续顶推盾体到位。

④断开连接桥与管片拼装机行走架之间所有管线连接，将连接桥前端通过H钢临时支撑架固定在管片小车上。

⑤将后配套车架及连接桥用电瓶车拉向隧道内。

⑥解除固定钢板与滑动钢板间连接。利用千斤顶使盾构机侧移并旋转一定角度，使之旋转90°与C风道轴线平行。前移盾体至螺旋输送器尾部到达竖井口处。

⑦拆除管片拼装机V形梁，利用井口的吊机，抽出螺旋输送机，放置在隧道内。

2）盾体旋转、平移（图5.3-9）

a) 右线盾构到达，开始平移

b) 左线盾构到达，准备平移

图5.3-9　左右线盾构到达盾体平移

盾构推进至区庄站东端C风道时,由于区庄站东端没有设盾构井,需要盾构机掉头,平移至北端风井进行解体、起吊。盾构机在车站内实施旋转、平移过站作业时,所需要的预埋件已在车站施工期间请车站施工单位协助埋入,预埋件与主筋焊接牢固,以保证预埋件提供足够的抗拉拔力。

盾体掉头、平移施工步骤如下:

(1)盾体进入车站,步上接受托架。盾构机进入车站示意图如图5.3-10所示。

(2)盾体侧移,为旋转提供空间,如图5.3-11所示。

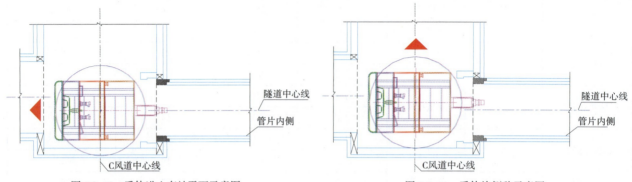

图5.3-10 盾体进入车站平面示意图　　　　图5.3-11 盾体旋侧移示意图

(3)盾体旋转一定角度,并留一定的安全余量,防止螺旋输送器碰到管片内壁,如图5.3-12所示。

(4)盾体沿轴线前移至适当位置,如图5.3-13所示。

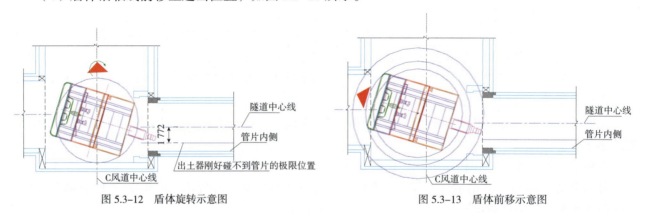

图5.3-12 盾体旋转示意图　　　　图5.3-13 盾体前移示意图

(5)盾体再次侧移,为旋转提供空间,如图5.3-14所示。

(6)盾体重复旋转、侧移直至盾构机中线与风道轴线重合,如图5.3-15所示。

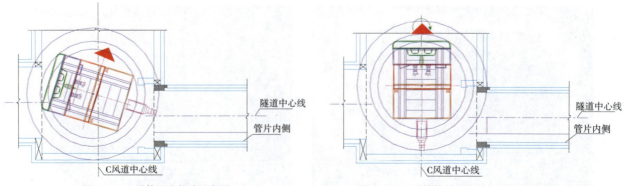

图5.3-14 盾体再次侧移示意图　　　　图5.3-15 盾体旋转至中线与风道轴线重合示意图

(7)利用千斤顶把盾体及托架向北平移至北端竖井,盾体平移至吊出口后,解开盾体与托架间的连接，将盾体进行解体吊出，具体步骤如下。

①刀盘

刀盘在井上初安装盘型滚刀/齿刀约重60t。当盾构机平移到竖井，刀盘行至井中间位置时，进行刀盘拆卸。根据刀盘的尺寸和质量，用预紧专用工具按拉伸力由低到高分两次放松螺栓，同时用250t履带式液压吊机和多个手拉葫芦吊紧。将刀盘用手拉葫芦拉开，缓慢离开前盾，待完全离开后，吊车起吊。

②前盾的拆卸

前盾即承压舱壁、主轴承、前部盾壳、人员舱。前盾吊装方式与刀盘吊装方式一样。拆卸与中盾进行组装的螺栓，吊机把前盾吊稳后，拆卸人员将前盾向前端推，使前盾完全与中盾脱离，吊车起吊。

③螺旋输送器的拆卸、吊装

在螺旋输送机伸缩油缸处上方焊接一吊耳，利用盾尾与井壁之间的间隙，放下钢丝绳固定在焊接的吊耳上，用手动葫芦将螺旋输送机吊稳；在人闸下部焊接一吊耳，把吊耳附近的管线拆除干净，在必要时把顶端的两个主驱动马达拆除。将10t气动葫芦挂在吊耳上，将螺旋输送机前端吊挂在气动葫芦上。另外用四个手拉葫芦向前后左右四个方向拉住螺旋输送机，用以稳定螺旋输送机及把螺旋输送机平稳地向后拉，用手拉葫芦将螺旋输送器向后拉，始终保持螺旋输送器与水平方向的夹角约23°，缓慢地斜吊出来。斜吊时应时刻注意螺旋输送机尾部，防止碰到竖井边壁。如果快碰到边壁时，应使盾体前移一定距离，然后继续斜吊。向外吊的过程中有可能要改变螺旋输送机前面的吊点，这时可在螺旋输送机下面中盾位置处焊接一架子，铺上方木，把螺旋输送机放在架子上，改变螺旋输送机前边的吊点，螺旋输送机向后拉到一定的位置，平稳地将螺旋输送机的尾部放在管片车上，同时用方木将螺旋输送机前端也垫起来，卸掉气动葫芦，并将吊点向前移，用管片车及手拉葫芦配合，将螺旋输送机继续向后拉，直至把螺旋输送机的前端放在垫好的方木上，卸掉所有吊点，将螺旋输送机拖回隧道内，吊车起吊。

④拼装机、拼装机传接梁

将盾尾和中盾分开一段距离，使得两台吊机可以同时从盾尾两边下钩，用焊接的方法将拼装机和拼装机传接梁牢固地连接在一起，用两台吊机分别从盾尾两边下钩吊稳拼装机和传接梁，卸掉传接梁与中盾之间的连接螺栓，缓慢地将拼装机及传接梁放到就位的方木上后，吊车起吊。

⑤中盾

中盾包括中部盾壳、推进油缸、拼装机安装支架。中盾吊装方式与前盾一样。

⑥尾盾

在尾盾盾壳上部焊接吊耳，盾尾吊装方式与中盾一样。

⑦后配套设备

右线盾构机第1、2、3、4号台车在隧道中用电瓶车直接拖回杨基站中间井工地吊出，考虑台车在隧道中占用的空间大，须将走台板架拆掉，拆掉的走台板铺放在轨枕上作为通道。走台板架用电瓶车拖回。

3）后配套设备平移

左线盾构机后配套设备需要从区庄站C风道吊出。根据区庄站C风道现有净空条件及现有国内技术条件，将后配套设备解体为连接桥、1号台车、2号台车、3号台车、4号台车五部分进行整体吊装，以便保证设备性能，缩短吊装工期。因受C风道施工条件限制，并进行下述调整：

（1）连接桥传接梁为整体框架结构，长度14m，须将其切割为两部分后从C风道吊出。

（2）后配套2号台车长度为11.9m，超过区庄站C风道第二次回填面位置净空1m，拆除部分油泵、电机设备及将部分台车平台割除，将台车长度减少至10.9m以内。

（3）后配套4号台车因加装有尾架，长度达13.8m，在主隧道完成对尾架的拆除，分解成4号台车和尾架两部分吊出。

①平移拖车设计安装

根据区庄站C风道的实际情况,结合盾构机后勤部配套台车的尺寸要求,施工中提前定做1部台车过站平板车。过站平板车长10.9m,宽6.5m,下部设8个轨轮行走在4根轨道上,平板车上部预留有台车行走轨道,其构造见图5.3-16。

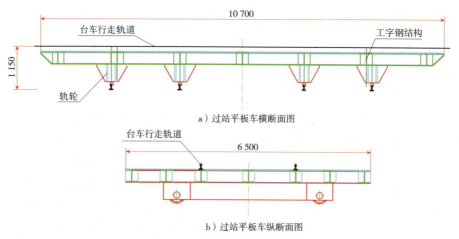

图5.3-16 过站平板车断面图（尺寸单位：mm）

待盾体完成平移吊出后,在混凝土上铺设钢轨,并用膨胀螺栓固定。将事先加工好的平板车分件下井,在井下完成组装工作。

②连接桥平移

盾构机盾体上托架后,断开连接桥与管片拼装机行走架之间所有管线连接,在连接桥下布置两台管片车,用H钢临时支撑架将连接桥与管片车连接成一个整体,断开与盾体的连接。在盾体旋转平移前,拆除连接桥全部油路、管片、传送带等小型构件。待盾体平移后,将定做的台车过站平板车移至合适位置,将过站平板车上面轨道与管片车行进轨道相连接,并将轨道延伸至区庄站主隧道。

a.过站平板车就位,将轨道相连接,断开连接桥与1号台车的连接,用电瓶车将连接桥接至过站平板车上。图5.3-17为连接桥进入C风道隧道。

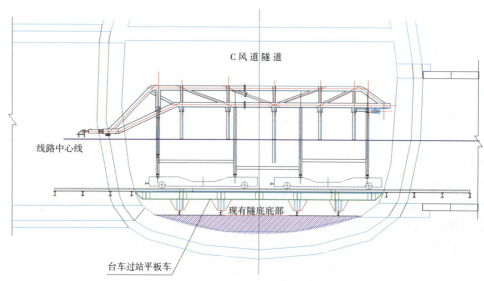

图5.3-17 连接桥进入C风道隧道

b.将连接桥前部割断（图5.3-18）。

第5章 盾构辅助施工技术

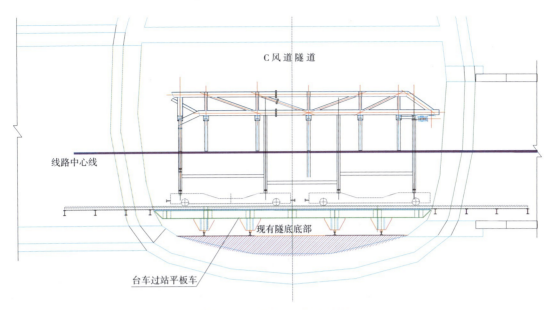

图 5.3-18 割除连接桥前端钢架

c.将连接桥传接梁降低高度,以降低重心,保持平移的稳定(图 5.3-19)。

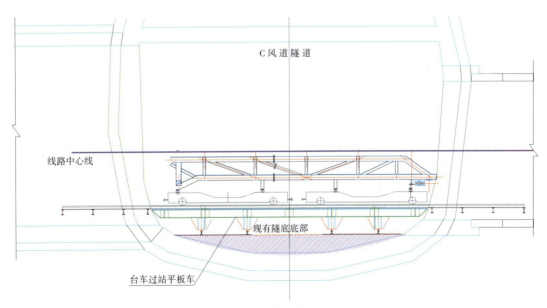

图 5.3-19 连接桥钢架平放在过站平板车

d.将台车平移平板车与隧道轨道断开,将连接桥与平板车固定后整体拉至吊出井。

e.将连接桥其他部件拉至吊出井吊出。

③台车平移

1号台车、3号台车因自重较轻,长度小于10.9m,可以将台车拉至平移平板车后直接拉至吊出井;2号台车因长度长、存在偏重情况,需要拆除部分设备并进行配重处理(图5.3-20);4号台车需要拆除尾架。

a.过站平板车就位,将轨道相连接,将台车头轻轻移至C风道,拆除部分电机及台车板面。

b.将过站平板车拆开轨道连接,台车与过站平板车进行固定,在台车上堆放配重块进行配重。

c.使用卷扬机牵引过站平板车沿混凝土上布设的四根钢轨行走至预定位置进行吊装。

通过上述施工措施,最终顺利实现了区庄站盾构机平移、解体和吊出。

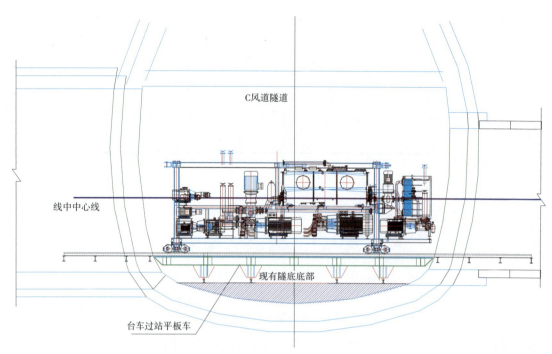

图 5.3-20　2 号台车上过站平板车示意图

5.4　大—西盾构区间 2 号联络通道的塌方及处理

5.4.1　工程概述

大—西盾构区间 2 号联络通道（含泵房）位于 YDK3+144.244（ZDK3+157.757），通道长 18.828m、宽 2.5m、高 2.5m，地面位于南岸路与珠江大桥引桥交汇处，距离珠江北仅 200m，北面靠近中山八立交高架桥和广茂铁路，南面延伸至双桥路下，东向紧靠南岸路，沿南岸路布设有大量地下管道。

通道原设计参数初期支护为拱部 2 排 ϕ42mm 超前小导管，全断面喷射 20cm 厚钢筋混凝土，格栅钢架间距 0.5m 布置，二次衬砌为 30cm 厚 C40 混凝土，施工方案采用台阶法施工，台阶长度为 2.0m。由于当时右线隧道未贯通，出于工期考虑，从左线隧道向右线隧道施工，施工步骤为：隧道管片加固→管片切割前小导管加固→非标准断面段施工（3.92m）→标准断面段施工。

2007 年 12 月 16 日开始施工，2008 年 1 月 17 日 15：00 时，左线隧道安装上台阶第九榀格栅（约 4.5m 处）时，掌子面右上角出现大量涌水、涌砂现象。作业人员随即关闭防淹门，并紧急撤离，随后听到一声巨响，防淹门被塌方体冲开，塌方体迅速充填左线盾构隧道，地面出现坍塌。事故造成联络通道东西方向部分隧道（左线 242~650 环）被塌方涌出物覆盖，同时，相应地面出现一个直径约为 36m，呈漏斗状的坑，造成相应绿化花圃、树木、电线杆下陷；南岸路由北往南行走车道和珠江大桥至中山八路的匝道口因受塌方事故影响而封闭，交通受到影响；沿南岸路人行道布设的 ϕ300mm 煤气管安全也受到威胁；中国联通等通信电缆中断；塌方口附近的内环路高架桥和广茂铁路等的安全受到严重威胁。左线隧道被淹及地面塌陷见图 5.4-1 和图 5.4-2。

5.4.2　塌陷事故原因分析

1）地质水文复杂性、突变性是塌陷的主要原因

联络通道所处位置的地质发展历史：该位置为古河道，古河道的冲刷作用造成风化岩表面凹凸

不平，结果导致沉积砂层底部高程不规则的急剧变化，这种变化目前还没有可靠的手段提前探明，而钻孔反映的拱顶风化岩覆盖层（<6> <7>）（图 5.4-3）最小只有 2.82m（原联络通道地质剖面图见图 5.4-3），且 2 号联络通道位于珠江边，与珠江有较强水力联系。

图 5.4-1　地面塌陷现场图片

图 5.4-2　塌方后左线隧道被淹现场图片

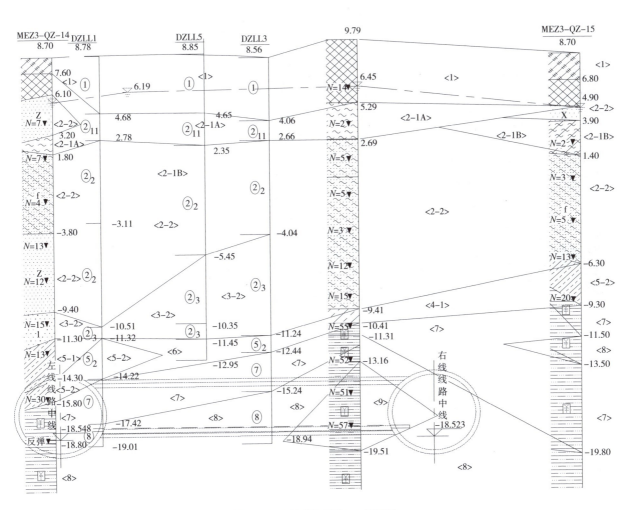

图 5.4-3　2 号联络通道 3-3 剖面图

在 2 号联络通道塌方之前，从左线往右线施工的过程中，通道拱顶右侧的地质异常薄弱，即使前 9 榀开挖是小断面破洞开挖，开洞高度已远低于原设计隧道拱顶 1 130mm，但 <5-2> 地层甚至是砂层已经侵入通道右侧拱顶（靠大坦沙站一侧），且 <5-2> 遇水易松散。<6> <7> 地层为砾岩风化而成，风化不完全情况严重，有一定的透水性。通道土方开挖情况见图5.4-4~图5.4-6。

图5.4-4　靠左侧拱顶近照（2007.12.26）　　　　图5.4-5　拱顶砂层大样（含有较多砾石）（2007.12.26）

2008年12月17日将2号联络通道上台阶开挖完成。在2号联络通道洞身作三条剖切线，并根据实际开挖过程中的地层状况，画出三个剖切面的地质素描图，如图5.4-7和图5.4-8所示。

 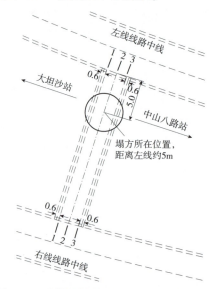

图5.4-6　塌方前的掌子面（2008.1.17，AM8：20）　　　图5.4-7　联络通道剖切线示意图（尺寸单位：m）

从实际开挖施工现场得到的1-1剖面地质素描图所揭示的拱部地层（靠大坦沙站一侧）对比塌方前原有地质勘察资料和补勘资料所揭示的地层，相同点是<5-2>地层和风化岩层发展趋势和大概位置基本一致；但是实际开挖施工中的洞身拱部层变化大且快，<7>地层在距离右线洞门位置3.5m就变化为<6>地层，<6>地层到了距离右线洞门5.2m马上就变成了<5-2>地层。更为严重的是，<3-2>砂层在距离右线洞门9.4m位置就出现了，虽然侵入洞身比较薄，但却是通道土方开挖中最大的风险点。

2-2剖面地质素描图与塌方前原有地质勘察资料和补勘资料所揭示的地层相比较，<5-2>地层在距离右线洞门6.6m位置就开始出现了，比之前揭示的地层更早侵入洞身，且更厚，地质更为薄弱；且<5-2>和<7>地层之间在距离右线洞门9.3m处开始夹有少量的<6>地层。

3-3剖面地质素描图所揭示的地层虽然比较好，但是距离右线洞门8.6m也开始出现了<5-2>地层。

1-1剖面揭示的距离右线洞门9.4m的<3-2>砂层是原状的，并不像靠近左线洞门的砂层那样是塌方体涌出的。无论是原有地质勘察资料所揭示的地层状况，还是补充勘察资料揭示的地层状况，都显示靠近隧道右线的地质状况较好，而对于<3-2>砂层在联络通道中间位置就侵入洞身揭示地质是极其恶劣的。2号联络通道所在位置的<3-2>地层富含水,是涌水、涌沙,是最终导致塌方最大原因。

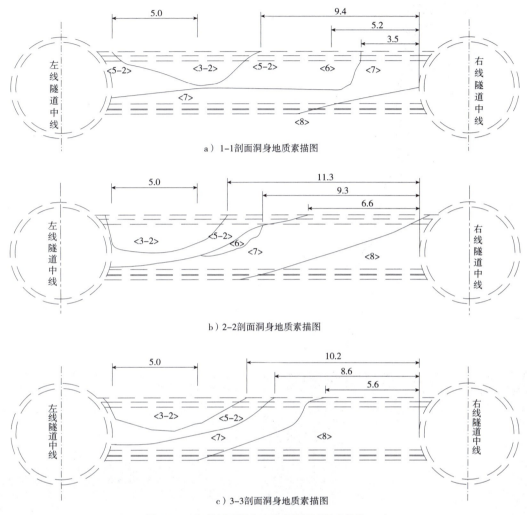

a) 1-1剖面洞身地质素描图

b) 2-2剖面洞身地质素描图

c) 3-3剖面洞身地质素描图

图5.4-8 相关剖面洞身地质素描图(尺寸单位:m)

由此可见,实际开挖施工中的通道拱顶层和洞身的地质发展趋势与2号联络通道补充地质勘察资料的基本吻合,但地质更加恶劣,地层变化大,靠隧道左线拱顶风化岩层逐渐变薄,<7>地层风化不完全,含有较大粒径砾岩;<5-2>地层和砂砾层侵入拱顶较多,且<5-2>地层遇水易软化。

综上分析,联络通道上覆自稳性较好的持力层(<5-2>、<6>、<7>地层)薄,据施工前的地质补充勘察资料显示,最薄位置距拱顶只有2.82m,并且联络通道上覆<5-2>地层含砂率较高,透水性强,遇水易松散,而<5-2>地层上部紧连<3-2>地层,该位置的<3-2>地层与珠江水直接连通,属于富含水地层,地下水易渗过<5-2>地层,使之变松散,在渗水的作用下逐渐在<5-2>地层中形成渗水通道,上部<3-2>砂层伴随地下水流到开挖通道内,从而引起涌水、涌沙,导致了此次塌方。因此,地质复杂多变,地质突变现象是塌陷的主要原因。

2)认识不足

根据地质水文复杂性分析,设计采用传统的支护手段[超前支护(小导管、管棚注浆等措施)+初期支护(挂网、喷射混凝土、格栅结合)+二次衬砌等支护手段]对付厚沙层。拱顶持力层较弱、较薄,地下水、地表水补给充足,地层变异性快的复杂地层,存在较大的风险,塌陷后通过地面加固及引进新型WSS工法,其优异的止水性能和加固土体,达到了地质改良的效果,极大地规避了风险,

图 5.4-9 拱顶砂层壁部小塌方（2007.12.27）

使工程顺利完成。

3）施工重视性不足、预见性不强

在施工过程中，出现以下异常现象，施工单位未引起重视：

2007 年 12 月 27 日，拱顶砂层局部小塌方（图 5.4-9），掌子面局部有小股水流。

2008 年 1 月 2 日，注浆压力 1.5MPa，在 3 点小导管注浆时，浆液从下方裂隙冒出，表面土层变松软，挤松的土层用手可抠脱。在渗漏处用水泥和速凝剂（粉剂）封堵，无效果。

2008 年 1 月 6 日，拱顶层开挖过程中，掌子面有失稳的砂土块、泥块不定时地偶然跌落（图 5.4-10）；拱顶正前方掌子面失稳的一块土块脱落滑下，约有 50kg。

2008 年 1 月 7 日，超前管均有清水流出，总体比以前水流大（图 5.4-11）；在注浆过程中，有串浆现象，且有少量喷射的混凝土在压力作用下崩出。

通过上述在施工过程中出现的几次异常现象，施工单位尽管采取封堵等常规施工措施，但由于对地层水文复杂性认识不足，以及对塌陷前预兆重视不够，采取施工措施不及时，这也是塌陷的原因之一。

图 5.4-10 失稳脱落的 50kg 土块（2008.1.6）

图 5.4-11 超前管流水变大（2008.1.8）

5.4.3 处理方案

（1）对塌方区进行围蔽抢险施工。

（2）对塌方回填区进行袖阀管注浆和花管注浆。

（3）在通道左右两边隧道共 25m 范围内的两端用砂包堆坝封堵，对隧道内进行注浆加固。

（4）对大中左线隧道两端进行封堵墙施工，并对隧道注满水。

（5）在塌方区进行三管旋喷桩施工，并进行注浆效果检测。

（6）凿除两端封堵墙，放水。

（7）对隧道内塌方物进行清理。

（8）2 号联络通道改从右线 WSS 工艺注浆后矿山法施工。

在实施一系列降低施工风险措施的前提下，加上作业人员在开挖过程中步步为营、稳打稳扎，

2008年12月17日终于将大中2号联络通道上台阶开挖顺利完成。

5.4.4 经验与教训

（1）对地层应高度重视，尤其对砂层厚、拱顶持力层较软、较薄，地层属性变化大等不良地层，应增加地质补勘，准确了解地层特性。

（2）重视地下水，尤其是<3-2>中粗砂层，其渗透系数大；同时了解地下水、地表水补给路径，如离江河较近时，应考虑潮汐影响。

（3）设计应了解传统工法适用条件及存在弊端，尤其对复杂的地质水文环境，采取调线、调位等方式回避风险；若无法回避，应根据地层属性，积极采用新型施工工法，有效降低风险。

（4）加强施工过程预警机制，如掌子面地质水文预警、监测预警等，对复杂地层，更应高度重视，避免因小的疏忽，酿成大的事故。

（5）加强对每道施工工序的控制，严格按设计规范施工，严禁违章、违规野蛮施工。

（6）应急措施到位，技术方案以及人、机、料等充分准备，并加强应急演练，一旦出现险情，能在较短时间内将损害减到最小。

5.5 西—草盾构区间右线盾尾突水及脱困处理

5.5.1 工程概述

本区间从草暖公园盾构井向西始发掘进，下穿广州火车站地中海商场和东广场地下停车场到达广州火车站，然后以地下过站的形式通过广州火车站和二号线广州火车站后重新始发，沿环市西路穿越克山铁路桥、人行天桥到达西村站，再次以地下过站的形式通过西村站后重新始发，穿越多栋民房、酒店到达西场站。线路多在内环路高架桥桩两侧通过，采用2台德国NFM公司制造的土压平衡盾构机掘进，隧道左长2 489.195m、右线长2 425m。

1）地质和水文情况

详勘工程地质情况：西村站—广州火车站区间位于广从断裂以西、广三断裂及海珠断裂以北的构造区间，存在清泉街断裂衍生的风化深槽，西—广区间荔湾单斜范围，属燕山构造阶段形成的褶皱，由白垩系上统地层组成，地层呈北东向展开，倾向北西，倾角约45°，不整合于石炭系地层之上，线路大致平行于地层走向。隧道穿越地层主以全风化<6>、强风化<7>、中风化<8>地层为主，局部夹微风化<9>地层，岩层主要是泥质砂岩、粉质黏土（图5.5-1）。

2）水文地质情况

松散岩类孔隙水：本区间段第四系冲积—洪积砂层<3-1>、<3-2>为主要含水层，由于本区间砂层埋藏较浅，厚度较小，分布范围不广，砂层富水性一般，总储量不大。冲积—洪积土层、残积土层和岩石全风化带含水贫乏，透水性较差。层状基岩裂隙水：主要赋存在白垩系红层碎屑岩的强风化带和中风化带，以及砾岩的全风化带~中风化带，由于岩石裂隙大部分被泥质充填，故其富水性不大，岩体大部分完整，地下水赋存条件较差。

5.5.2 事件发生及抢险经过

右线自推进545环后，土舱压力一般在 3.0×10^5 Pa 以上，根据原有地质资料、推进参数和两次带压进舱收集到的掌子面资料，可断定其为水压，并能确定地层为<9>地层，但存在大小不一、位置不定的空洞。掘进速度一般在10mm/min左右，喷涌时常发生。2007年9月27日，在606环位置带压作业进舱后,发现掌子面9点位置有一宽1.5m、高2m、深1m的空洞,3点位置有一直径约80cm的空洞,空洞下方有一直径60mm的泉眼,有大量水喷出。2007年10月9日下午,推进611环时高压水将盾尾刷击穿,大量水从盾尾涌出。由于盾尾出水量大、压力高,虽及时在盾尾注聚氨酯、双液浆,但仍然效果不大,隧道水深达1.6m。后在盾尾610环背后采用快硬水泥封堵并一次性注入800kg聚氨酯,至10月13日下午14:00左右才将漏水封住,总排水量约10 000m³。

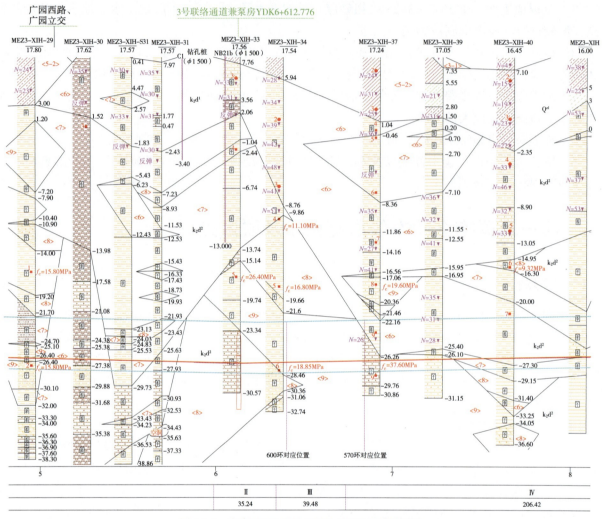

图 5.5-1 右线 YDK6+767~YDK6+500 段地质纵剖图

事件导致盾构机后方76m处的内环路高架122墩下沉69mm,桥梁出现裂缝。经检查,盾构机减速器齿轮全部损坏,盾构停机,刀盘处于<9>地层,停机里程YDK6+623。

为进一步确定地下水的来源,在盾构机停机前方的3号联络通道(里程YDK6+612),当上导坑开挖到距右线11m时,于2007年12月19日21:30发生涌水(图5.5-2~图5.5-5),在4台5.5kW水泵排水抽水的情况下,隧道积水深度约达1.70m,至2007年12月21日5:00对掌子面浇筑混凝土后才把涌水堵住,总排水量约12 000m³,加剧了内环路122墩沉降,使其沉降到79mm。

5.5.3 盾构脱困措施

由于掘进所显示的地层情况与详勘阶段地质报告所揭露的地层情况相差较大,为了进一步查清该段地层情况,重新进行了详细的补充地质勘察(图5.5-6),综合采取了钻孔、跨孔CT、浅层地震波法等多种手段,并进行了钻孔抽水试验。

第5章 盾构辅助施工技术

图 5.5-2 右线盾尾底部其中一涌水点

图 5.5-3 右线漏水隧道内水位

图 5.5-4 3号联络通道涌水情况

图 5.5-5 3号通道预埋水管涌水情况

图 5.5-6 补勘钻孔平面图

1）主要区域构造

西村至广州火车站区间位于广从断裂以西，广三断裂及海珠断裂以北的构造区间，南侧为清泉街断裂，受各条断裂影响，区间风化深槽较为发育，大部分钻孔岩石风化程度较深，在水平方向，岩面起伏较大，局部有突变的情况，风化裂隙、构造裂隙发育，对隧道施工有较大影响。在YDK6＋600附近，存在明显的中风化岩尖灭现象，即盾构机刀盘前方23m位置可能存在北西向断裂构造带F1，走向基本与线路垂直（图5.5-7）。

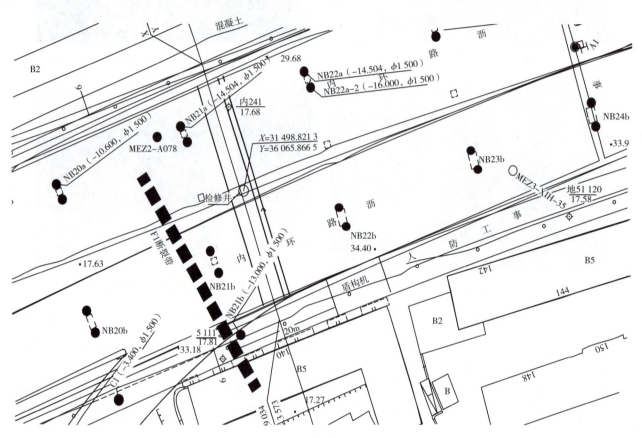

图 5.5-7　右线 F1 断裂带平面位置图

2）工程地质

补勘报告及跨孔 CT 成果显示，右线盾构机刀盘前方 8m 范围地层主要以微风化 <9> 地层为主，岩层主要是砂岩。YDK6+767~YDK6+500 段地层主要以强风化 <6>、中风化 <7> 地层为主，局部夹 <8> 地层，岩层主要是泥质砂岩、粉质黏土（图 5.5-8）。

3）水文地质

结合补勘地质情况及 MEZ3-SA074、MEZ3-XIH-S31、MEZ3-XIH-A16 号孔抽水试验，结果表明：区间含水地段主要分布里程为 YDK6+260~YDK6+720，含水层为全~中风化带和红层溶蚀空洞，含水层富水地段大部分埋深在 20~50m 范围内，含水层在平面上和垂直方向具不均匀性。在风化裂隙发育、砂砾岩风化程度较强的地段，地下水压为 $(3~4) \times 10^5$ Pa，地下水丰富且互为联通。

4）红层溶蚀空洞发育情况

根据详勘和补勘资料及跨孔 CT 成果显示，本区间 YDK6+590~YDK6+641 段，裂隙发育有红层溶蚀空洞。根据详勘和补勘资料，已探明红层溶蚀空洞发育情况如表 5.5-1 所示。

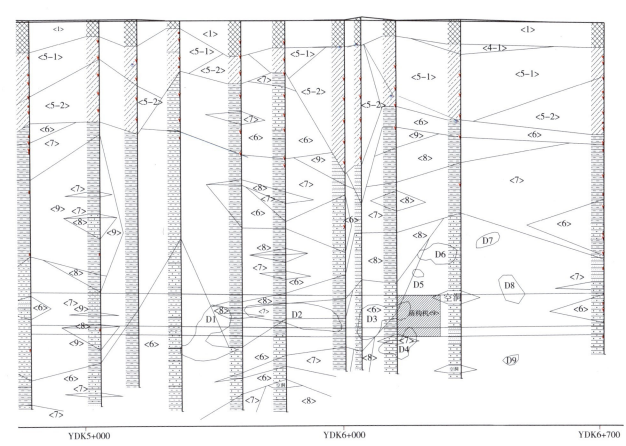

图 5.5-8 右线 YDK6+767~YDK6+500 段地质纵剖图

红层溶蚀空洞发育情况统计表　　　　表 5.5-1

编号	存 在 里 程	高程范围	位　　置	备　　注
D1	YDK6+590~YDK6+599，距盾构机刀盘前方 24~33m	-23~-32m	隧道内，部分位于开挖隧道底板下	观 3
D2	YDK6+600~YDK6+614，距盾构机刀盘前方 9~23m	-22~-28m	隧道内	CT01、CT02 剖面
D3	YDK6+617~YDK6+625，距盾构机刀盘前方 -2~6m	-23~-29m	隧道内，位于盾构机正前方	观 4
D4	YDK6+620~YDK6+626，在盾构机主机范围内	-27~-32m	隧道内，位于盾构机右下方	观 4，盾构已通过
D5	YDK6+625~YDK6+627	-18~-19m	隧道上方 2.7m	CT01 剖面，盾构已通过
D6	YDK6+626~YDK6+633	-14~-17m	隧道上方 4.7m	CT01 剖面，盾构已通过
D7	YDK6+636~YDK6+640	-12~-15m	隧道上方 7.2m	CT01 剖面，盾构已通过
D8	YDK6+640 以后	-19~-23m	隧道内	观 5，盾构已通过
D9	YDK6+641 以后	-23~-32m	隧道下方 2.9m	观 5，盾构已通过

已探明 9 处空洞，其中，D1、D2、D3 位于盾构机刀盘前方隧道开挖范围内，D4 位于目前盾构机主机位置右下方，D5~D9 在盾构机主体左上方隧道开挖范围外。根据补勘资料显示，YDK6+590~YDK6+500 段仍可能存在空洞。

由于红层溶蚀空洞富含地下水，补给面较广，在地层中发育无规律性，结合右线盾构隧道 YDK6+623、3 号联络通道 YDK6+612 突水实际情况，由于红层溶蚀空洞的存在，地下水丰富，水压大且互为沟通，在施工时具有突发性，对隧道施工危险性大、危害性大。

5）盾构脱困措施

鉴于涌水情况和物探报告及跨孔CT结果，为确保盾构机通过时，内环路高架桥桩、周边建（构）筑物的安全，必须提前对该段进行全断面注浆充填和加固止水处理。

为了保证盾构机注浆后能恢复掘进，经多方论证，决定在盾构机减速器修复后，先采取措施更换损坏的两道盾尾刷，在盾构机脱困后，再对盾构机前方120m段和3号联络通道进行地面注浆止水，确保安全顺利通过该段。具体措施如下：

（1）首先在盾构机后方对已成型的盾构隧道管片后进行系统注浆，再在盾尾注入聚氨酯和刀盘，土舱注入膨润土；最后进行盾构机前方YDK6+623~YDK6+503段，计120m范围进行全断面地面袖阀管注浆止水和加固。

（2）盾构机后方成型管片系统注浆

成型管片背后注浆，尽量防止隧道后方来水，并充分填充管片背后空隙。盾构机连接桥后方100环进行系统注浆，隔环进行开孔注浆，注浆孔按照5个/环进行开设，注入单液水泥浆，注浆压力控制在0.6MPa，大于0.6MPa即可停止施工。

（3）盾尾注入聚氨酯进行盾构机的保护，以免注浆过程中浆液流到盾体前方凝结，卡住刀盘；刀盘和土舱注入膨润土，保持压力的同时，防止刀盘前方注浆注入到刀盘里面困住刀盘，使得脱困难度增加。

（4）盾构机前方120m范围全断面注浆止水，采用袖阀管注双液浆，钻孔3m×3m梅花形布设，孔深49m，进行盾构机前方地层止水和加固，保证再次掘进时，掌子面前方不再失水，如图5.5-9所示。

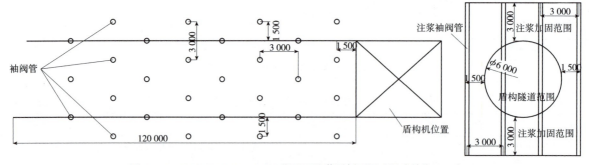

图5.5-9　YDK6+623~YDK6+503段地面注浆平剖面图（尺寸单位：mm）

（5）在减速器经原厂修复并安装调试合格后，对盾构机第一、第二道尾刷进行了更换。更换前，为了防止盾构机前方来水，向土舱注入膨润土10t进行填充，并从盾尾的注浆孔检查确认填满，土舱压力达2.8×10^5Pa。对610环围岩加固共钻25个孔，注聚氨酯400kg。为防止盾构机后方来水对611~506环共100环进行了系统注浆，同时，区间的系统注浆全部完成，注浆压力$0.3~0.8 \times 10^5$Pa。为进一步保证更换时无水涌出，对盾尾处盾壳钻了5个注浆孔，注聚氨酯200kg，待盾构机注浆保护完成后，及时更换了两道尾刷。

在恢复掘进前，对盾构机各系统进行了检查，减速器修复，刀盘能正常转动，设备完好。

（6）盾构机在更换完第一道盾尾刷后，准备脱困工作，在中体和盾尾之间焊接8个锰钢拉杆，保护铰接油缸；在中体和盾尾之间加设2个200t的千斤顶（实际在脱困中没用），开始推进时刀盘转速1.1r/min，推力达到32 000kN，速度8mm/min，扭矩在1 500kN·m，在推进50mm后推力逐渐减小，推进到200mm时推力减小到27 000kN，扭矩缓慢增大到2 500kN·m，但速度逐渐减小到2~4mm/min，土舱压力一直保持在3.0×10^5Pa左右，喷涌严重，出渣含大量的水，共推进22cm，初步确定已实现盾构机脱困。

7月19日上午，土舱压力达2.4×10^5Pa，准备从排水管路放水减压，打开碟阀后无水流出，并且土舱壁出现高温现象，之后立即启动刀盘，发现刀盘无法转动，最大扭矩3500kN·m。正反转都无法

转动,随后进行检查:

①土舱上部 1/3 位置土舱壁发热,顶部 44℃,中部靠换刀口位置 43℃,底部温度正常接近隧道温度 32℃。

②对顶部 11 点位置土舱壁观察孔进行检查,发现土舱内存有水泥。由此判断,地面注浆的水泥浆流入刀盘,将刀盘固结。

③准备进行土舱加压,并把千斤顶收回,准备用气压将盾构机整个后缩,使刀盘脱离掌子面,有利刀盘旋转。但经检查,土舱加气管被浆液固结,无法加气。

④对土舱壁和盾壳上的注浆孔进行了检查,检查结果如表 5.5-2 所示。

土舱壁和盾壳注浆孔检查结果　　　　　表 5.5-2

序　号	检查孔位置	检　查　效　果
1	土舱壁 4 点	钢筋可插入土舱 10cm,少量水流出,无水泥流出,感觉土舱渣土较多
2	土舱 9 点	钢筋可插入土舱 20cm,有细砂流出,无水泥,少量水流出
3	土舱 11 点	钢筋可插入 10cm,检查孔位置全是水泥浆
4	盾尾 3 点	偶尔有少量水流出,钢筋无法插入
5	盾尾 9 点	钢筋无法插入,偶尔有少量水流出

从各方面的检查结果看,土舱内上部 1/3 处有水泥进入,下部仍为渣土。决定用螺旋机出土,出渣开始较顺畅,约 $2m^3$ 以后出渣含水量较大,喷涌严重,土舱压力从 $2.5 \times 10^5 Pa$ 可降至 $1.5 \times 10^5 Pa$,降压关闭出渣门后,土压立即回升到 $2.1 \times 10^5 Pa$ 左右,土舱上部传感器从 $2.9 \times 10^5 Pa$ 降至 $2.4 \times 10^5 Pa$ 后无变化,左、右、下部变化明显;出土约 $4m^3$ 后,在土压为 $1.5 \times 10^5 Pa$ 时正反转刀盘仍无法旋转刀盘,扭矩一度达到 4 200kN·m,至 19:00 共出渣约 $8m^3$。土舱压力 $2.1 \times 10^5 Pa$,至 22:00 土舱压力升至 $2.6 \times 10^5 Pa$。20:40 用风镐、振捣棒振捣土舱壁。22:00 开始向土舱壁加注膨润土。

(7)地面注浆情况

地面 B4 号孔于 7 月 18 日 9:00 左右开始压浆,于 19 日早晨 6:00 左右结束。中间因缺水在 18 日中午暂停 4h 左右。注浆浆液为单液浆,水灰比为 1:1,总计在该孔注水泥 43.9t。B4 号孔距右线中心线 9.36m,距右线盾构机机头垂直距离为 8m 左右,直线距离约为 13m,孔深 47m,袖阀管花管长度为 16m。

(8)机电人员在 7 月 19 日上午 11:00 左右发现刀盘无法旋转后,检查刀盘驱动液压系统,发现刀盘驱动马达的分配阀进油管有振动(用手触摸),且油温比回油管高,初步判断进入液压马达的油管畅通。驱动系统各参数显示正常。测量各马达及减速器的温度无异常。自马达减速器修复后,运行时未发现异常声音。分别取各个减速器的齿轮油(美孚 632)油样,观察油样无明显金属颗粒,并将油样的定量、定性分析送专业单位检测。初步判断,刀盘转不动由刀盘驱动系统故障造成的可能性很小,并对刀盘驱动系统作了进一步检查。

经过以上几个方面的判断,可以初步确定是地面在晚上注浆时,刀盘长时间未转动,导致水泥浆进入土舱后硬化并发热,致使刀盘不能转动。在换刀孔及土舱隔板进行开孔后得到了证实,土舱上半部已基本被水泥浆液充填。

在判断土舱内注入水泥浆后,采取了相应措施进行处理,如在土舱隔板上钻孔,用高压水枪冲洗水泥浆,但由于水泥浆已初凝而未成功。后又采取土舱内爆破的方法,但由于土舱隔板可供钻孔的位置较少,设备较多,钻孔集中,加上装药量受限也没有成功。最后决定采取开舱人工清理的方案,先进行盾构机周边注浆止水,但要采取措施防止盾构机被浆液困住,根据止水效果再决定是带压开舱还是常压开舱。

（9）注浆处理先针对盾构机周边小范围进行，将盾构机周边水止住，根据地勘资料和空洞描述资料，结合前期袖阀管钻孔所揭露的地质情况，本阶段施工顺序为先处理空洞，再对该部位破碎带、裂隙等进行处理，从而达到止水目的。在盾构机周边注浆完成，经抽芯和开舱检查达到要求后，对土舱内的水泥浆进行清除，在盾构机恢复掘进后，再对盾构机前方地层进行处理，最终恢复盾构机正常掘进。

根据地质情况和现阶段注浆处理的目的，处理的主要方法改为在盾构机周边进行帷幕灌浆处理，即布置钻孔，分层、分段进行回填灌浆和帷幕灌浆处理，但对不同地层、不同深度的处理方式和所用材料不尽相同。灌浆施工后，要求盾构机周边基本止水，即要求灌浆材料必须将盾构机包裹起来，前提是钻孔基本能涵盖该部位，其困难在于盾构机底部。故钻孔布置方式为：沿盾构机外围 1~2.5m 布置垂直孔或小角度倾向盾构机的钻孔，孔深约 60m，终孔以达到微风化层 5m 为终孔标准。由于盾构机直径达 6m，为保证效果，在盾构机上部布置 4 排孔，孔位布置处于前期袖阀管灌浆孔的两孔之间，具体详见钻孔布置图 5.5-9。适当的时候在盾构机土舱壁上开孔，采用风钻成孔，作补充注浆。

施工处理范围暂定为盾构机刀盘前后各 10m，沿盾构机前进方向布置 4 排钻孔，排距暂定 1~1.5m，孔距 1.0~1.5m。盾构机掘进方向左侧按 4°钻孔，其余为垂直孔。盾构机正上方 4 排钻孔，孔底距盾壳 1m，孔深 39m，其余为 60m。计划钻孔共计 50 个。

施工过程中，严格按图放孔，确定单号孔为 I 序孔，双号孔为 II 序孔。选取每组的 I 序孔，作先导孔（按勘探要求施工），孔深 30m，后按 5m 一段分段施工。终孔孔深为进入相对不透水层（小于 10Lu）不小于 5m。终孔前必须做压水试验，由压水试验的透水率确定是否终孔。

（10）施工工艺。采用金刚石钻头、合金钻头进钻，孔口封闭，自上而下分段灌浆。

①工艺流程：ϕ130mm 三翼合金钻头开孔至 30m → 洗孔埋 PVC 管并待凝 8~12h → ϕ76mm 钻头扫孔并钻进 5m → 灌浆 → 循环下一回次钻孔灌浆 → 达到设计孔深孔，做压水试验确定是否终孔 → 最后一段灌浆、封孔。

②造孔技术要求：

a. 造孔采用 100 型回转地质钻机及 ϕ76mm、ϕ130mm 合金或金刚石钻头进钻。孔位偏差不大于 10cm，孔斜率不大于 1%。

b. 开孔至孔深 30m 采用直径 ϕ130mm 的钻具成孔，如采用三翼钻头钻进，需带 2m 以上的导向管防止钻孔偏斜，孔深 30m 后停钻，用浓泥浆洗尽孔内沉淀后取钻，孔内沉淀不得超过 0.5m，应保证直径 90mm 的 PVC 管能下到预定孔深 30m。取钻后立即下管。PVC 管到底后立即采用水泥—水玻璃双液浆对 PVC 管外壁与钻孔进行充填，并防止浆液大量串入管内而增加扫孔工程量。

c. 在确定 PVC 管完全被固化后，从管内下 76mm 取芯钻具开始灌浆段的成孔，终孔直径也为 ϕ76mm，先导孔孔深 30m 即开始取芯保存。

d. 钻孔时应对孔内情况进行详细记录，如地质分层情况、空洞、各孔段钻进水漏失情况等，以备有针对性地进行集中处理。

e. 钻孔施工时，如果钻到空洞，则要求立即停钻，探明空洞底板部位高程，同时停止钻进水，采用钻具探明空洞内的充填情况，适当的时候钻取部分充填物。

f. 空洞不管大小都必须先处理再往下施钻，禁止超各段段长。在灌入量大，或者待凝的钻孔，必须达到待凝时间才能开钻。

③灌浆技术要求：

a. 孔口段灌注方法。孔口段采用自流式灌浆，浆液采用水泥浆，适当情况下可掺入水玻璃。

b. 孔口段以下部分灌注方法。本次灌浆主要是对空洞进行处理，而空洞中的水和充填物对处理的效果又至关重要。处理方法为先对该部位地层的 30~35m 段进行灌浆，适当封堵红层中的水往下渗流，再处理盾构机外围的钻孔，后处理盾构机附近钻孔，即采用从外向内包围盾构机所在地层的处理方式，从而也达到减少下部空洞处理的目的。

当漏失严重（即遇到空洞、破碎带）时，首先采用水泥黏土水玻璃浆进行自流式灌注，待凝8~12h后复灌。灌浆结束12h后方可进行下一步施工。

非自流式灌浆时采用孔内循环式灌浆，射浆管下至离孔底50cm以内。

灌浆塞应塞在已灌段底以上50cm处，防止漏灌。

④浆液配比。为了防止盾构机被强度较高的材料固住，需采用强度较低又能速凝的材料。考虑到经济性和可操作性，决定先采用水泥黏土浆，再采用水溶性聚氨酯等化学浆材进行处理。经前期对浆材的试验，确定了水泥黏土水玻璃浆液配比为：水灰比1.5:1，黏土为水泥重量的10%，水玻璃为水泥重量的8%，适当加些纯碱。经试验，该浆材的初凝时间为31min，3d抗压强度为0.5MPa。如需再降低浆材的初凝时间，可再增加5%的黏土和5%~10%的水玻璃。施工过程需准确计量材料配比和用量。

各灌浆段灌浆前可用压缩空气检测，粗估地层的可灌性、灌入量。

⑤灌浆压力。采用0.2~0.6MPa。在地表不冒浆等正常情况下，将灌浆压力尽量升高到指定数值。

⑥浆液变换要求。基本上仅采用上述水灰比配置的浆液，灌浆过程中采用大泵量灌注，适当的时候加入部分干净的中细砂，灌浆中途尽可能少中断灌注。

每段灌浆结束后，需用0.5:1纯水泥浆对灌段进行保压闭浆处理。

⑦灌浆结束标准。当吸浆量小于1L/min时，再持续灌浆30min后结束灌浆。

⑧封孔要求。封孔采用0.5:1浓浆及人工结合将孔内封堵密实。

⑨特殊情况的处理：

a.若遇塌孔、空洞、冲洗液大量漏失等现象时，必须停止进钻，然后进行灌浆工作，待复杂孔段灌浆完成并待凝8~12h后，方可进行后续工作。

b.在灌浆过程中，若遇漏浆、冒浆、串浆、地表严重抬动等现象时，可以采取降压、限流、间歇灌浆、待凝或改用水玻璃—水泥浆灌浆并待凝等方法进行处理。

c.灌浆过程中，如果地下水较大，采用特制模袋进行灌注。

d.灌浆过程中，对灌入量大的空洞采用多台泵多孔群灌。

e.如空洞内有充填物、漏水而水泥黏土浆无法灌入时，采用化学灌浆处理。

⑩在完成地面灌注低强度水泥浆后，经土舱压力检查和放水减压试验，初步判断止水已成功，具备了常压开舱的条件，因此决定开舱清理已硬化的水泥浆。

a.开舱依据：

（a）盾构机范围内地面注浆已基本结束，注浆达到终孔要求且在盾构机刀盘前方注浆时土舱压力已无明显变化。

（b）土舱壁放水孔打开后基本无水流出，从放水孔向里面钻进1m后检查为固结水泥且基本无水流出。

b.开舱清理方法：在换刀孔门上已焊好的球阀上用电锤钻孔1m，检查水泥强度及渗水情况。

打开换刀孔观察土舱内情况，由现场专业人员检查土体稳定性，若满足进舱要求，则开始清理换刀孔门口处水泥浆（第一部分），土舱清理顺序如图5.5-10所示；然后向人闸门方向清理刀盘上方1/3的位置（第二部分），确保渣土清理后人闸门可顺利开关，渣土装入编织袋，由换刀孔运出。

土舱上部清理完成后，在刀盘辐条上焊接角钢（角钢焊接位置见图5.5-10），角钢后方插入木板防止土块掉落伤人，并随着进一步向下清理，将露出的辐条全部焊接角钢并在角钢后方插入木板。

当土舱上方1/3清理完成后，再次经专业人员检查土体稳定性及渗水情况。若条件允许，则开始向土舱下方清理土舱中部（第三部分），并转动螺旋机出土，若螺旋机不能出土，则仍采用编织袋装土。

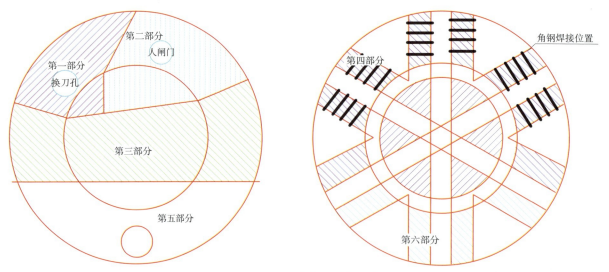

图 5.5-10　土舱及其刀盘清理顺序

当土舱中部清理完成后,开始清理刀盘辐条内水泥浆(第四部分),辐条内清理完成后,试运转刀盘;若仍不能转动,则开始清理滚刀刀座及刀盘前刮刀位置的水泥浆。清理间隙时间可试运转刀盘,看能否转动。若仍不能转动,则继续清理直到可以转动为止。

若清理完上面部分仍不能转动,则开始清理土舱下部(第五部分)和下部辐条内水泥浆(第六部分)。

清理刀盘辐条及前方泥土时土舱内不得超过 3 人,换刀孔处道路要通畅,以便发生危险时逃生,当舱内人员出来后及时关闭舱门,向土舱内充气提高土舱压力,减小地面沉降。

当土舱内出现少量渗水时要随时观察水流发展情况,当出现中量涌水时需对水流进行引导,将水引出土舱外以方便施工,可在土舱内放置水泵将水抽出。当出现大量涌水或塌方时,及时将土舱内人员及工具撤离,关闭舱门,考虑采用带压作业或其他可行方案。

经过 7d 的开舱连续清理,土舱上半部注入的水泥浆和大块的聚氨酯固结体被清理完成,刀盘成功转动。在随后的试掘进中,盾构机向前掘进了约 4cm,成功实现脱困。

5.5.4　经验总结

西草右线盾构突水事件是五号线盾构工程中影响最大的一次事件,整个处理过程用时 14 个月,最终得以成功。其中的经验教训总结如下:

(1)盾构机的机械状况和性能是正常掘进的有力保证。

(2)盾构机的管理和操作取决于人的管理和技能水平的高低。

(3)对地质的充分了解有助于盾构机的正确管理。

5.6　桩基托换施工技术

5.6.1　概述

地铁在城区内施工多会穿过密集的建(构)筑物,但密集的建(构)筑物地基基础不可避免地会侵入到地铁区间或车站轮廓线内。在地铁线路或地下建(构)筑物不具备改线、改址的情况下,就必须对原地基进行托换处理。地基基础多以桩基础为最深,对地下建(构)筑物地基托换多为桩基托换。对原建（构）筑物基础托换的成功与否，直接关系到地面建（构）筑物的稳定性和使用安全。

5.6.2 桩基托换施工技术

桩基托换技术一般用于建筑物地下基础改造，是进行地基处理和加固的一种方式，它主要解决既有建筑物的地基加固问题、既有建筑物基础下需要修建地下工程以及新建建筑工程影响到既有建筑物安全时需要处理等问题。桩基托换技术是技术难度大、费用较高、工期较长、风险性较强的特殊施工方法，具有涉及专业类别多、科技含量高、环境安全保护问题突出等特点。

根据目前国内外对托换技术的运用状况及其核心技术机理的不同，主要分为主动托换和被动托换两种。被动托换技术是原桩在卸载过程中，上部结构荷载随托换结构的变形，被动地转换到新桩，托换后对上部结构的变形无法进行调控，一般用于托换荷载较小的托换工程，相对可靠性较低。主动托换是原桩在卸载之前对新桩和托换结构施加荷载，以部分消除托换体系长期变形的时随效应，并在上部的荷载转换过程中，对托换结构及上部结构的变形可以运用顶升装置进行动态调控，一般用于托换荷载大或结构变形要求高的托换工程，相对可靠性较高。

5.6.3 杨—珠桩基托换土建施工

1）工程概况

广州轨道交通五号线（杨箕站—五羊邨站—珠江新城站）区间盾构法施工自珠江新城站西端始发后，采用"先隧后站"法通过五羊邨站，区间线路止于中山一路杨箕村。区间隧道在线路左线里程约ZDK14+790.0~ZDK14+850.0、线路右线里程约YDK14+810.0~YDK14+870.0间下穿175号建筑物五羊邨过街楼。

五羊邨过街楼跨寺右新马路修建，楼高约70m，25层框架结构。地面一层现状为寺右新马路行车道，双向6车道；五羊邨过街楼下方有构筑物五羊邨绿岛供水加压站，地面下为二次供水储水池和泵站，深7m，钢筋混凝土结构，储水池容量3 000m³。

五羊邨过街楼部分桩基侵入区间隧道开挖面，应进行桩基托换。由于寺右新马路车流量较大，且部分原桩紧挨绿岛加压站，不具备地面托换的条件；同时，被托换桩桩长均大于20m，若采用地面托换，部分托换桩长度大于25m，不利于人工挖孔桩成桩质量，且原桩截除工程量较大。综合考虑，本次托换采用地下暗挖隧洞主动托换方式，也是广州地铁首次采用地下托换方式进行桩基托换。桩基托换临时施工竖井设置于五羊邨绿岛加压站西侧约13m处的绿化带内；采用1条托换主洞和6条托换支洞，对五羊邨过街楼6号、17号、25号、26号、31号、39号桩基进行桩基托换作业，如图5.6–1~图5.6–3所示。

图5.6–1 五羊邨过街楼

图5.6–2 需要被托换的建筑物的柱及绿岛加压站

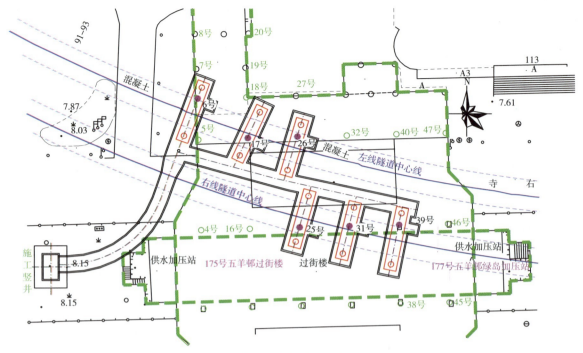

图 5.6-3　托换施工平面图

2) 区间隧道与桩基的相互关系 (表 5.6-1)

区间隧道与桩基的相互关系　　　　表 5.6-1

序 号	桩 号	桩径（mm）	桩长（m）	与隧道关系 纵向	与隧道关系 横向	备 注
1	6 号	1 500	24.817	YDK14+763.460	左边墙	
2	17 号	1 500	20.479	YDK14+813.510	中心右 0.91m	
3	25 号	1 500	20.703	ZDK14+831.060	中心右 1.81m	
4	26 号	1 500	21.200	YDK14+851.040	左边墙	
5	31 号	1 500	20.898	ZDK14+840.670	中心左 0.93m	
6	39 号	1 500	21.637	ZDK14+850.490	左边墙	

3) 工程特点和重点、难点

（1）工程处于广州市繁华地带，人口密集，寺右新马路车流量较大，由于地面条件的限制，采用了地下暗挖隧洞进行桩基托换方法，这在广州地铁尚属首次。

（2）地面情况复杂，周围高楼密集，车流、人流动荷载对桩基托换施工造成影响。

（3）过街楼下的绿岛供水加压站水池正处于 4 号、5 号、6 号托换支洞上方，托换隧洞的开挖对加压站水池基础的扰动、造成的沉降，必须严格控制在允许范围内。施工监测频率及操作精度要求高。这即是本工程的重点也是难点。托换支洞开挖减少了原桩的摩阻力，如何在开挖托换隧洞过程中尽量减少扰动及确保即有建筑物的稳定和安全，是本工程的另一个难点。

（4）施工项目多且复杂，各工序之间的衔接和安排必须科学合理。受力转换施工是桩基托换体系成功实施的关键，即是本工程重点及难点。

4) 工程水文地质

（1）地层特性

第5章 盾构辅助施工技术

区间隧道穿越的地层总体上为二元类型，即上部为新生界冲~洪积和风化残积地层，下部为白垩系陆相沉积的以红色为主的泥岩、粉砂岩、含砾砂岩和砾岩等组成的基岩层。根据广州地铁沿线岩土分层系统及沿线岩土层的成因类型、性质、风化状态等，将沿线岩土层划分为9大层，地层性状描述见表5.6-2，各地层物理参数见表5.6-3。

地 层 特 性 表　　　　　　　　表5.6-2

序号	地层编号	时代成因	地层类别	地层厚度	地层性状描述
1	<1>	Q_4^{ml}	人工填土	平均2.58m	全部为杂填土，厚度变化较大，呈黄褐、灰黄等色，结构松散~稍压实，由碎石、混凝土块、砖块、砂土、黏性土组成，硬质物含量较高
2	<2-1A>	Q_4^{mc}	淤泥层	平均2.40m	深灰~灰黑色，呈饱和，流塑状态，以黏粒为主，局部含少量粉砂，为海陆交互相沉积成因。本层强度低，压缩性高
3	<2-1B>	Q_4^{mc}	淤泥质土	平均2.40m	深灰~灰黑色，呈饱和，流塑状态，以黏粒为主，含少量粉砂或薄层粉砂，为海陆交互相沉积成因。本层强度低，压缩性高
4	<2-2>	Q_4^{mc}	淤泥质砂	平均1.60m	深灰~灰黑色，呈饱和，流塑状态，以黏粒为主，含较多粉砂或夹薄层粉砂，含腐殖物，以透镜体状分布，为海陆交互相沉积成因。本层强度低，压缩性高
5	<3-1>	Q_{4+3}^{al+pl}	粉细砂	平均2.80m	灰白、灰黄等色，饱和，呈松散~稍密状，局部中密状，主要为粉细砂，局部含中砂较多，含少量黏粒，局部含较多黏粒，多呈尖灭状或透镜体分布
6	<3-2>	Q_{4+3}^{al+pl}	中粗砂层	平均3.950m	灰白、灰黄色，呈饱和，松散~稍密状，局部中密状，主要为中粗砂，含少量黏粒，局部含粉细砂
7	<4-1>	Q_3^{al+pl}	冲洪积黏性土	平均2.65m	灰黄、灰白、黄红等色，以冲洪积作用而形成的粉质黏土和黏土为主，局部为粉土或含粉细砂，呈可塑状态（局部硬塑~坚硬状）。本层强度较低，压缩性中偏高
8	<4-2>	Q_3^{al}	淤泥质土	平均2.35m	深灰~灰黑色，饱和，呈流塑状态，以黏粒为主，含少量腐殖质及粉细砂。河湖相沉积成因，强度低压缩性高
9	<5-1>	Q^{el}	可塑粉质黏土	平均4.68m	紫红、褐红或棕红色，由红色陆相沉积岩（泥质粉砂岩、粉砂质泥岩、粉砂岩等）风化残积形成，以黏粒为主，呈湿，可塑状。本层强度中等，压缩性中等偏高
10	<5-2>	Q^{el}	硬塑粉质黏土	平均4.43m	暗紫红色、褐红色，主要由粉质黏土组成，局部为黏土，含少量风化残留岩石碎屑，呈湿，硬塑~坚硬状态。本层强度较高，压缩性较低
11	<6>	K	岩石全风化带	平均5.75m	由紫红、红褐、棕色的泥质粉砂岩、粉砂质泥岩等组成，原岩已风化成土状，岩石组织结构已基本破坏，但尚可辨认，局部夹强风化岩块，岩芯呈密实土状或坚硬状，可挖性方面属于土层。本层强度较高，压缩性较低
12	<7>	K	岩石强风化带	平均5.10m	主要由紫红色、棕红色的泥质粉砂岩、粉砂质泥岩等组成，泥质和粉砂质结构为主，泥、钙质胶结，岩石组织结构已大部分破坏，但尚可清晰辨认，矿物成分已显著变化，岩石风化裂隙发育，岩芯呈半岩半土状、碎块状或片状。本层强度较高，压缩性较低
13	<8>	K	岩石中风化带	平均8.30m	主要由红褐色泥质粉砂岩和砾岩组成，粉粒结构为主，泥、钙质胶结，中厚层状构造，岩石组织结构部分破坏，矿物成份发生变化，风化裂隙较发育，岩芯呈短柱状或柱状，岩质稍硬。本层强度较高，压缩性低
14	<9>	K	岩石微风化带		主要由红褐色泥质粉砂岩，局部为砾岩组成，粉粒结构为主，泥、钙质胶结，中厚层状构造，岩石组织结构及矿物成分基本未变，有少量风化裂隙，岩芯呈柱状，岩质较硬~硬

地层物理参数表 表5.6-3

岩土分层	岩土名称	时代与成因	天然密度 ρ (g/cm³)	天然含水率 w (%)	孔隙比 e	剪切试验 直接快剪 黏聚力 c (kPa)	剪切试验 直接快剪 内摩擦角 φ (°)	剪切试验 固结快剪 黏聚力 c (kPa)	剪切试验 固结快剪 内摩擦角 φ (°)	压缩系数 $a_{0.1-0.2}$ (MPa⁻¹)	压缩模量 E_{s1-2} (MPa)	变形模量 E (MPa)	天然抗压强度 q_u (MPa)
<3-1>	冲洪积粉细砂	Q_3^{al+pl}	1.90	26.7	0.78		25		27	0.365	5.04	18	
<3-2>	冲洪积中粗砂	Q_3^{al+pl}	1.90	26.4	0.81		26		29	0.37	5.26	20	
<4-1>	冲洪积土层	Q_3^{al+pl}	1.98	25.4	0.70	21	23	22	25	0.38	4.90	15	
<4-2>	淤泥质土层	Q_3^{al+pl}	1.70	40.0	1.06	8	8			0.83	2.53		
<5-1>	可塑状残积土	Q_3^{el}	1.97	28.4	0.77	23	24	23	24	0.32	5.40	18	
<5-2>	硬塑状残积土	Q^{el}	2.00	26.2	0.70	27	28	28	29	0.22	7.60	38	
<6>	全风化红层	K	2.00	21.5	0.62	33	30			0.16	10.50	70	
<7>	强风化红层	K	2.10	19.7	0.57	55	30			0.13	12.00	150	1.0
<8>	中风化红层	K	2.40			450	28					7 000	8.7
<9>	微风化红层	K	2.64			800	28					8 000	17

残积土层和岩石全风化带在成因上属于岩石,但在物理力学性质指标方面具有土的特性,室内试验结果也按土层提供,从可挖性方面考虑,它们与岩石强风化带有明显的差别。为了工程实施的便利,将岩土分层<7>~<9>层划分为岩层,将岩土分层<1>~<6>划分为土层。即在垂直方向上白垩系岩石强风化带的上界为岩土分界线。

(2)水文地质条件

①地下水位

地下水位的变化受地形、地貌、地层岩性、地下水的补给来源等因素控制,与地下水的赋存条件、补给、径流及排泄等条件关系密切。

本区间内地下水水位埋深1.0~2.5m,总体变化较小。大气降水和地表水体(珠江、河涌)是主要补给源,地下水位受季节影响明显。

②地下水类型

地下水类型主要有以下4种。

a. 上层滞水

上层滞水主要在上部的杂填土层中,富水性一般,总的储量不大。

b. 孔隙潜水或微承压水

孔隙潜水或微承压水主要分布在第四系地层中的松散砂层中,为主要含水层,透水性强,直接或间接受大气降水补给,并受地表水体的渗透补给,因此,水位不仅与季节性降雨量有关,还受河涌潮汐动态水的影响。

c. 基岩裂隙水

基岩裂隙水主要分布在第四系地层之下的白垩系陆相沉积的破碎基岩裂隙中,水量的大小受基岩的裂隙发育程度及裂隙的连通性制约及与裂隙水的补给有关。

d. 地下水补给

第四系砂层是典型的强透水层,直接或间接地由大气降水补给,同时受附近河涌或其他地表水体的渗透补给。基岩裂隙水的补给主要是上覆第四系地层的渗透补给和连通性裂隙的侧向补给。

各类土层的渗透系数具体见表5.6-4。

地层渗透系数表 表5.6-4

岩土名	人工填土层	淤泥层	淤泥质土层	淤泥质砂层	粉细砂层	中粗砂层	冲洪积黏性土
土层	<1>	<2-1A>	<2-1B>	<2-2>	<3-1>	<3-2>	<4-1>
K（m/d）		0.1	0.1		3.5~5.0	8.0~13.6	0.1
岩土名	淤泥质土	可塑粉质黏土	硬塑粉质黏土	全风化岩层	强风化岩层	中风化岩层	微风化岩层
土层	<4-2>	<5-1>	<5-2>	<6>	<7>	<8>	<9>
K（m/d）	0.1	0.1	0.1	0.2	0.6~0.8	0.4~0.5	0.1~0.3

托换隧洞底部地层主要为<6> <7>层。托换支洞及作业导洞主要穿越地层为<5-2> <6> <7>层。区间隧道在该地段埋深约20m，托换桩及隧道主要穿越<7> <8> <9>层。

5）桩基托换综合施工技术

（1）施工程序

桩基托换施工程序见图5.6-4。

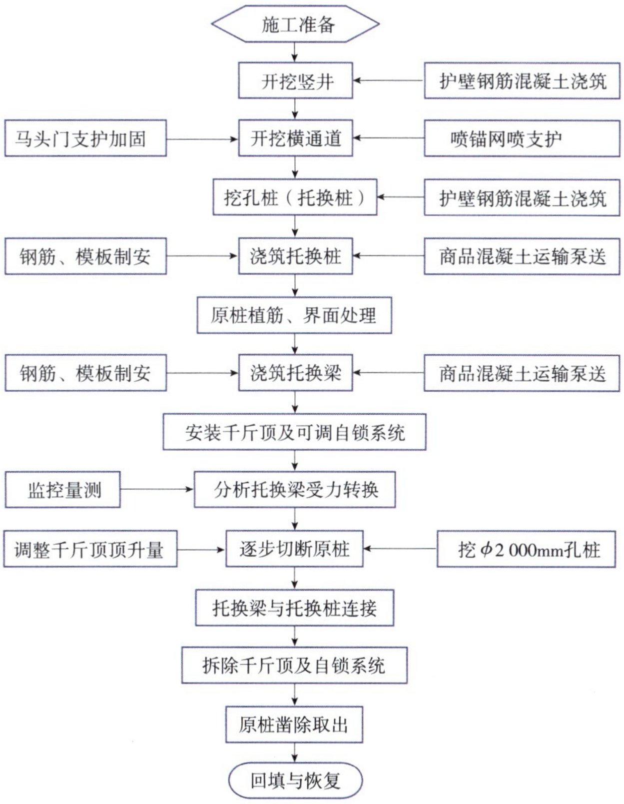

（2）竖井、托换隧洞施工

①竖井施工

施工顺序为自上而下，分三步进行，即探坑开挖、锁口梁施工和井身施工。

根据竖井工程的特点、工程量及地质情况，经比较确定施工方法为：人工挖探坑，探明具体地下管线，如有地下管线，先对管线进行改移或调整竖井位置；竖井位置确定后即可进行锁口梁施工，锁口梁施工完成后安装井架；井身土方采用人工开挖，石方采用浅眼松动控制爆破，井架电葫芦出渣；井身支护采用钢架，喷射混凝土，开挖支护循环作业，循环进尺控制在0.5m以内，随挖随支护，循序渐进，直到井底。

②托换主洞与支洞施工

a. 马头门施工

竖井施工完成后，即进行托换主洞马头门施工。首先，沿主洞顶部轮廓外侧打ϕ42mm小导管，长3.0m，环向间距30cm，仰角10°，进行注浆。注浆完成后，沿主洞轮廓线掏槽，安放马头门格栅钢架，然后破除洞口处格栅进洞，进洞后正常施工，见图5.6-5。

施工过程中应注意，马头门格栅钢架与竖井格栅钢架焊接牢固；洞口处2m范围内密排钢架进行洞口加固；洞口处不得进行爆破施工，采用人工开挖，保持洞口地层的完整与稳定。

b. 主洞施工

主洞采用超前小导管预支护，全断面开挖，预留核心土（图5.6-6）。尽量采用人工开挖，每循环进尺0.5m。出渣采用手推车运至竖井，电动葫芦提升出井。在开挖过程中如遇坚硬岩层需要爆破时，爆破布孔见图5.6-7。

图5.6-4 桩基托换施工工艺流程框图

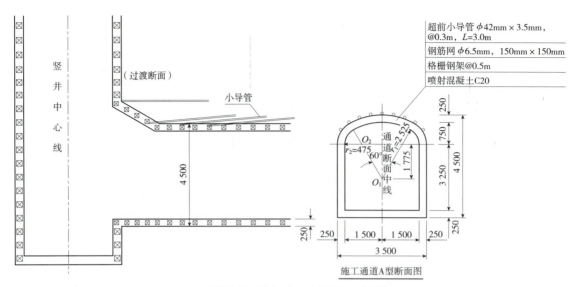

图 5.6-5　托换主洞马头门施工示意图（尺寸单位：mm）

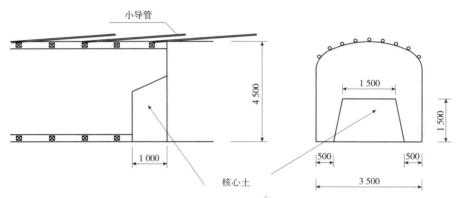

图 5.6-6　主洞全断面开挖示意图（尺寸单位：mm）

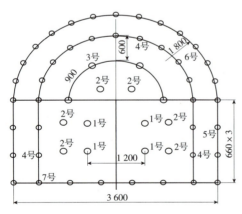

图 5.6-7　主洞钻爆设计图（尺寸单位：mm）

c. 托换支洞施工

托换支洞洞口处施工与马头门施工相同，但支洞施工时，横通道需超前施工 3~4m，掌子面封闭。进洞后支洞施工与横通道相同，全断面开挖，格栅钢架及喷锚支护。

d. 注意事项

竖井及托换隧洞施工前，应布置好 175 号建筑物及绿岛加压站的沉降监测点。

托换隧洞开挖过程中，应缓慢开挖并进行桩位复测，以明确原桩与托换隧洞的位置关系，不得破坏原桩。

托换隧洞开挖应坚持"管超前、短进尺、弱爆破、强支护、勤测量"的原则，尽可能减少托换隧洞施工对原桩及地面建筑物沉降的影响。

采取信息化施工，加强监控量测，及时向设计单位反馈监测信息，以便及时调整设计参数。

托换支洞应间隔开挖，减少施工过程中对相邻支洞土体及原桩的扰动和影响。托换梁下截桩作业空间的开挖，应在预顶完成后进行。

（3）托换体系

图 5.6-8 为托换体系示意图。

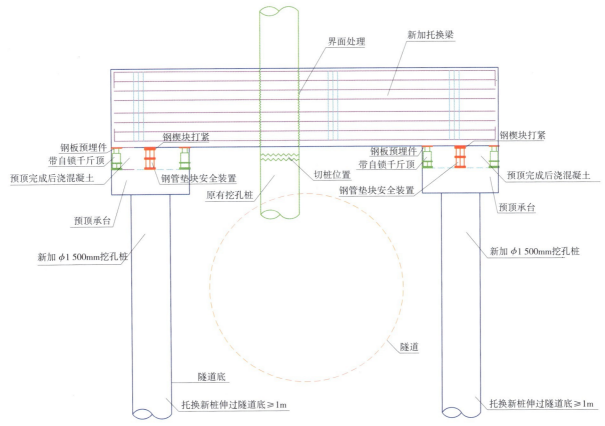

图 5.6-8 托换体系示意图

① 人工挖孔桩（托换桩）、托换承台

托换桩采用人工挖孔桩，桩芯为 $\phi 1\,500\mathrm{mm}$、C25S10 钢筋混凝土，护壁采用 C20 钢筋混凝土，厚 70~140mm，桩净长约 8m。桩端支承层为 <9> 微风化岩，嵌入微风化岩不小于 1.0m 并且超过隧道底不小于 1.0m。

人工挖孔桩主要施工程序为：测量放线、土石方开挖、修筑钢筋混凝土护壁、终孔验收、钢筋笼制作与吊放、灌注桩身混凝土、桩基检测。

托换承台断面尺寸为 2 400mm×2 500mm，承台 CT8、CT11 高为 1 500mm，其余为 1 200mm。首先按设计图纸及规范要求绑扎钢筋，支立模板，安装预埋件后浇筑 C35 混凝土。每个托换承台顶上预埋两块 500mm×500mm×20mm 钢板。预埋钢板安装时必须定位准确。

人工挖孔桩和托换承台施工见图 5.6-9、图 5.6-10，承台详图见图 5.6-11。

图 5.6-9 人工挖孔桩

图 5.6-10 托换承台

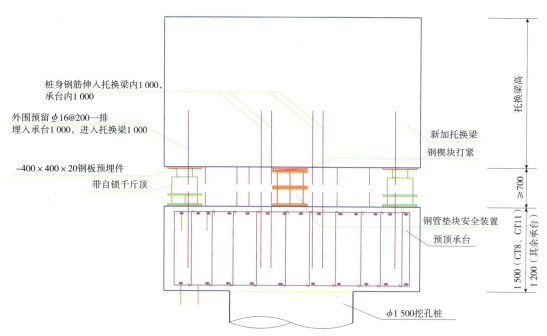

图 5.6-11　托换承台与托换梁关系示意图（尺寸单位：mm）

② 托换梁

a. 托换梁与原桩之间的节点、界面处理及衔接

托换梁与原桩接头为桩基托换工程中的关键部位，根据设计图纸，在原桩和托换梁结合处的混凝土界面采用植筋和凿毛处理，见图 5.6-12。

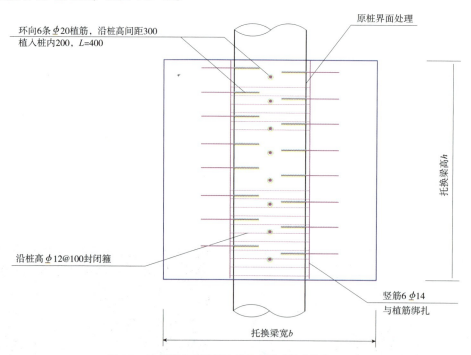

图 5.6-12　原桩与托换梁连接示意图（尺寸单位：mm）

在原桩上进行放样画线，定出界面凿毛位置，将原桩混凝土表面凿成凹凸不平状，凹深 10~20mm。凿毛后用水将桩体清洗干净。在托换梁混凝土浇筑前 4h 内刷一层环氧树脂乳液水泥浆作界面处理，以增强托换梁体与原桩之间的接合及握裹效果。若凿毛时发现裂缝等异常情况，则立即采取临时安全加固措施，并及时反馈信息给设计单位。

b. 植筋

植筋工艺流程见图 5.6-13。

在原桩上放样定位，标示钻孔位置；采用电动冲击钻进行钻孔，孔径为 $\phi26mm$，孔深 200mm，必须间隔钻孔。钻孔时若碰到原桩钢筋，则立即停止钻进，移动孔位后再钻；植筋施工前，应对钢筋表面进行处理，清除锈渍污泥；钢筋应做好标记，确保植入深度；用高压风清孔，用环氧水清洗孔壁。将已钻好的孔再清洗两次，用水清刷干净，确保孔壁具有良好的黏结力；用注胶枪从孔底部慢慢注入化学锚固剂，锚固剂为 VMPT 系列高效锚固灰浆，该锚固剂具有非膨胀性、无毒、快速高效等特点，主要是利用黏结和锁键原理产生握持力。注胶量不少于孔深的 3/4；化学锚固剂必须严格按配比在锚筋前试配，合格后方可配制使用，其抗压强度应不低于 30MPa，黏结剪切强度不低于 3.5MPa。

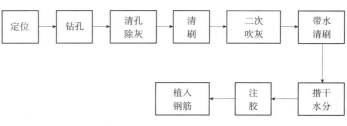

图 5.6-13　植筋工艺流程框图

将钢筋垂直准确无误地徐徐旋入孔内，使钢筋与化学锚固剂接触完全饱满，不得有空隙和气泡。植筋顺序也是间隔植入，每一批植筋在桩的任一水平截面内不应超过两孔，且待前一批植筋胶合剂凝固之后方可施工下一批，循环至锚固完所有锚筋。在锚固剂凝固之前不得扰动锚筋，施工后检查每孔植筋是否有松动情况，若有则补做。原桩凿毛和植筋图见图 5.6-14。

③托换梁施工

托换梁施工顺序为：施作 C25S6 防水混凝土垫层，绑扎钢筋，支立模板，浇筑 C35S8 混凝土。

施工时对托换梁端头预顶部位严格控制加强钢筋网的位置，且梁底纵向受拉钢筋较多，要进行分层浇筑，确保混凝土振捣质量。浇筑混凝土时，在托换梁底预留直径 20mm 导管（6 分导管）及对应托换承台连接的预留钢筋。由于托换隧洞最后需要进行回填，因此，托换梁混凝土达到 28d 龄期后，需要涂抹 2.5mm 厚非焦油聚氨酯防水涂料进行保护。

由于是地下托换，施工作业空间有限，各道工序相互之间影响较大，必须合理配置人员、机具等。托换梁施工见图 5.6-15，托换支洞与托换梁平面关系见图 5.6-16。

图 5.6-14　原桩的凿毛和植筋

图 5.6-15　托换梁施工

（4）受力转换

采用主动托换法施工，即采用托换梁结合托换新桩的方式，托换梁与人工挖孔桩各自独立施工操作，待桩基托换受力转换后再组成刚性整体结构。当人工挖孔桩、托换承台及梁混凝土达到设计强度时，才能进行受力转换施工。受力转换时，在托换梁与托换承台之间设置千斤顶加载，使上部结构的荷载转移到托换承台及挖孔桩上，同时使新桩的大部分位移通过千斤顶顶升的预压来抵消，从而通过主动加载实现挖孔桩替代原桩受力。

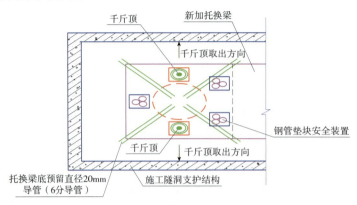

图 5.6-16　托换支洞与托换梁平面图

①安装千斤顶及可调自锁装置

a. 自锁顶升千斤顶的安装

在每根桩托换承台的预埋钢板上布置 2 个带自锁装置的 YSD5000kN 千斤顶。千斤顶高度不足时，可采用钢板垫块垫高，要求钢垫块确保足够的强度、刚度及平整度，承受荷载时有足够的稳定性。

b. 钢管垫块安全装置的安装

可调自锁千斤顶预顶到位时，及时安装钢管垫块安全装置并用楔型钢板打紧。安装时采用对称布置与千斤顶形成交错布置，每个托换承台共布置 3 个，一侧放一个，另一侧放置两个，呈三角对称，如图 5.6-17 所示。三重钢管垫块安全装置实物图见图 5.6-18。

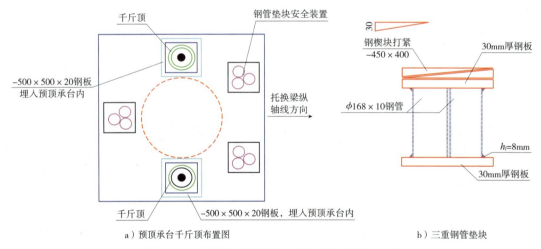

图 5.6-17　千斤顶与钢管垫块布置图（尺寸单位：mm）

钢管垫块安全装置的安装是主动托换施工中相当关键的一项工作，也是主动托换实施中控制上部结构变形与新桩预压所产生沉降的保证。施工工艺要求其结构形式必须满足预顶过程中具有可调性和稳定性；并且要求在顶升结束、千斤顶卸荷后，使新桩与托换梁之间能形成整体，且能承受原千斤顶全部的顶力并保持稳定。

②预顶

预顶的作用是通过在托换桩与托换梁间施加顶力，消除托换桩变形对托换体系的不利影响，检验托换体系的承载能力，并且通过千斤顶进行微调，确保托换的成功。托换预顶加载施工见图 5.6-19。

a. 预顶前的准备工作

（a）可调自锁千斤顶、钢管垫块安全装置在安装前必须进行标定和调试，确认合格后才能安装。

检查千斤顶、钢管垫块安全装置的安全可靠性，安装后保证有足够的行程，以便在整个调整时期内不需反复安装。

（b）建立全方位的位移、沉降、应变监测系统，并保证其数据的准确性。

（c）确定托换桩预顶荷载分级次数和施顶的时间。

图 5.6-18　三重钢管垫块安全装置　　　图 5.6-19　托换预顶加载施工

b. 施加顶力

（a）托换承台与托换梁之间预留 700mm 的顶升加载空间，钢管垫块高 680mm，剩余的 20mm 空间和顶升位移可通过钢楔块进行调整。在顶升过程中，当千斤顶回油或出现故障时，钢管垫块起临时支承的作用，另一方面，待受力转换完成后，置换千斤顶，钢管垫块在浇筑的封桩微膨胀混凝土中与承台混凝土一齐成为永久支承。

（b）预顶采取"等变形、等荷载"的分级加载原则，将设计最大顶升力不等分成 12 级逐步施加顶升力，前 80% 的顶力平均按 8 级进行加载，每级施加时间 20min，第 8 级持续 120min；后 20% 的顶力平均按 4 级进行加载，最后一级加载后持续 12h 以上，观测新桩沉降速度小于 0.1mm/h 后，顶紧钢管垫块，松开千斤顶。

（c）千斤顶逐级加载至 20% 的设计预顶力和位移值（通过钢管垫块应力测试、梁上应力测试及位移变化测试，与理论计算值对照双控），使原桩的荷载逐步转移到托换梁及新托换桩上，并实现对新桩和托换梁的预压。随后，用原桩位移、托换梁的截面应力测试值分析结果，指导千斤顶逐级顶升。

（d）严格控制每级顶力，并使顶力缓慢、均匀增加，避免桩和梁的荷载突变而导致不良后果。被托换桩的上抬量不能大于 1mm，大于此值时应停止加载。在加载过程中，应同时严格监测托换梁裂缝是否产生及发展，最大裂缝宽度大于 0.18mm 时，停止加载。

（e）预顶时，必须严格控制千斤顶的顶升力和托换梁两端的位移，各千斤顶顶升力达到控制值而梁端位移在设计范围值以内，或梁端位移值已达到控制值而顶升力未达到控制值时，则立即通知设计单位，对施工参数进行调整。

③预顶施工措施及注意事项

a. 可调自锁千斤顶及钢管安全装置具有随时无级调节托换承台与托换梁之间在顶压施工中所产生间隙的功能，是预防顶压系统故障的安全保障措施。

b. 2 只千斤顶压力同步及自锁措施：根据液压互给原理，采用油路系统中 2 只千斤顶的液压达到平衡，使托换梁在顶升中避免或减少扭矩力作用导致的侧向位移，为达到此目的，需设立油路加压站，集中供油，保证千斤顶顶力平衡。

c. 托换梁两端的顶压平衡：通过严密的监控系统，分析反馈来的信息，根据信息控制油泵的工作系统，来达到托换梁两端的顶压平衡，消除或减少托换梁在顶升过程中所产生的纵向位移。

d. 依据各桩位的轴力设计值,确定每个千斤顶的允许顶升压力,根据施压过程对压力进行分级,在每级顶升操作中严格控制油泵的工作流量和压力。

e. 在每级顶升过程中,通过对上一级出现差值,在下一级进行调整,使每一级顶升都控制在差值范围内,防止差值累计超过规定范围。

f. 在顶升过程,连续记录监测数据和加载记录。

g. 桩的沉降变形稳定后,即完成力的转换,将钢管垫块安全装置安装好并打紧钢楔块锁定。

表 5.6-5 为托换梁预顶施工参数表。

托换梁预顶施工参数表   表 5.6-5

托换梁编号	承台编号	梁端预预力(kN)	预顶千斤顶(数量×吨位)	预顶期间梁端位移范围值(mm)	预顶期间桩端上抬控制值(mm)	预顶期间桩端沉降控制值(mm)
TL1	CT1	4 885	2×500	1~2	1	-3
	CT2	2 187	2×200	16~17	1	-3
TL2	CT3	4 008	2×500	5~6	1	-3
	CT4	5 307	2×500	2~3	1	-3
TL3	CT5	5 023	2×500	1~2	1	-3
	CT6	2 418	2×200	12~13	1	-3
TL4	CT7	3 135	2×200	6~7	1	-3
	CT8	5 633	2×500	1~2	1	-3
TL5	CT9	5 033	2×500	2~3	1	-3
	CT10	3 734	2×200	5~6	1	-3
TL6	CT11	6 164	2×500	2~3	1	-3
	CT12	2 527	2×200	12~13	1	-3

(5) 截桩

① 截桩作业施工程序见图 5.6-20。

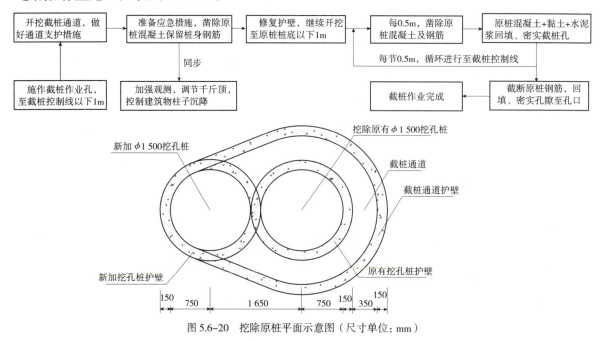

图 5.6-20 挖除原桩平面示意图(尺寸单位:mm)

②采用在原桩旁边施作人工挖孔桩至截桩控制点高程,采用风镐人工截除,由外及内层层剥离的施工方法。切割位置高程为托换梁以下约 1m 处,进行切割,按桩的截断面积比例将截桩施工分为 7 级,分别为 i=20%、40%、60%、80%、90%、95%、100%,每级沿径向切割深度按下式确定:

$$d_i = R - \sqrt{(1-i)R^2}$$

式中:d_i——第 i 级切割深度(距原桩外边圆周距离);

R——原桩半径。

③截桩前需对原桩沉降及新旧混凝土界面滑移进行观察,在切桩过程中实行不间断观测,做到信息化施工。在逐级截桩过程中,同时进行严密连续的监测,每级之间间隔 30min 进行观测,并根据监测信息适时调整顶升系统和锁定系统,保证接头处的竖向位移在设计值范围内,逐级完成截桩,实现荷载的可靠转换。

④截桩时应分批交错进行,断桩位置在托换梁底约 1m 处,先用风镐沿桩周边凿出一条深 100mm、宽 200mm 的断口,在此过程中旧桩钢筋不切断,同时观察各个观测点的沉降变化情况,通过同步调节千斤顶,使柱的沉降在设计允许范围内。如新旧混凝土界面滑移观测点有异常,则马上将应急钢板塞进桩断口,并需邀请设计单位、监理单位共同对原设计界面处理方案进行修正。如情况稳定,则再用风镐继续开断口。每次开断口的深度不超过 100mm。由于操作需一定空间,高度可不断加高,但最终切口高度不超过 500mm,且应遵循由外向内、层层剥离的原则直至把原桩混凝土全部凿除后再断桩身钢筋。

⑤截桩特别技术措施。

切桩前,必须充分观察、监测,做好以下工作:

a. 各监测点全面进行一切初始读数。

b. 机械自锁千斤顶及钢管垫块安全装置分别安排有经验技术高的工人待命操作。

c. 做好各项应急措施,在断桩孔内准备好各种规格的钢板及干硬性砂浆和钢箍,若发生异常,马上将钢板塞进断桩口,垫紧断柱位置。

d. 截桩应逐根进行,每根桩截断后必须保证桩上方的柱底不再产生向下的位移,方可进行下一桩柱的顶升和截断。

e. 原桩钢筋在旧桩混凝土全部断开稳定后割断。

f. 切桩的整个过程必须统一指挥,统一安排。

g. 截桩过程中,必须连续记录监测数据和千斤顶顶力调整情况,做到信息化施工。

(6)封桩

封桩作用是保护托换梁与托换承台的预顶结合部,使之成为一个整体结构。待截桩完成后,在保持预顶力稳定不变的情况下,将承台、梁预留钢筋焊接好,浇筑 C35 微膨胀混凝土封桩填充托换承台与托换梁之间的空隙。在封桩混凝土终凝后,再灌注 C35 水泥砂浆填充托换梁底与封桩混凝土之间的空隙,灌浆压力约 1MPa。

(7)原桩凿除

由于原桩均为钢筋混凝土人工挖孔桩,切断后盾构机直接推进破除较困难,且容易造成刀盘及刀具的损坏,为此需对盾构推进范围内(包括拱顶以上 1m)的原桩进行凿除,见图 5.6-21。

拆除利用截桩作业孔,凿除原桩桩身混凝土并保留原桩钢筋。修复截桩孔护壁,继续向下开挖至原桩桩底以下 1m 处,按每节 0.5m 凿除原桩,同时用原桩混凝土及黏土回填夯实截

图 5.6-21 原桩凿除

桩孔。原桩凿除至截桩控制点高程后，应对截桩孔进行夯实压密处理，并采用纯水泥浆密实回填空隙至作业孔孔口。

（8）托换施工中的计算方法

①被托换桩初始轴力的确定

采用应力释放法，在被托换桩下部4个方向各凿出一根钢筋，除锈后贴上应变片，然后切断钢筋并测出其应变值，并根据下式计算实际轴向压力：

$$N=E_s e A_s + E_c e A_c$$

式中：N——被托换柱的初始轴力；

E_s、E_c——分别为钢筋和混凝土的弹性模量；

e——分别为测出的钢筋应变值；

A_s、A_c——分别为原桩纵向钢筋总截面积和混凝土截面积。

②千斤顶预顶力计算

在确定被托换柱的初始轴力后，可据此预算出每台千斤顶需要施加的顶升力和油压表读数等，采用以下公式进行计算：

$$N' = \frac{N(L-a)/L}{n} \quad N_i = N' \cdot i\% \quad P = 0.01 N_i + b$$

式中：N'——每台千斤顶的顶升荷载；

L——托换梁的计算跨度；

a——计算支座与托换柱的距离；

n——计算一侧支座上千斤顶的数量；

N_i——每台千斤顶每一级的顶升荷载；

P——每台千斤顶每级油压表读数；

b——千斤顶油压表的标定率。

③施工参数的确定

a. 托换梁内力计算

托换梁内力计算见表5.6-6。

托换梁内力计算表　　　　表5.6-6

托换梁编号	TL1		TL2		TL3		TL4		TL5		TL6	
托换梁跨度 L_1（mm）	10 425		9 600		9 600		9 600		9 600		10 558	
托换梁长度 L（mm）	12 825		12 000		12 000		12 000		12 000		12 958	
托换梁宽度 B（mm）	2 500		2 500		2 500		2 500		2 500		2 500	
托换梁高度 H（mm）	2 000		2 500		2 000		2 800		2 800		2 500	
原桩荷载 P（kN）	6 500		9 000		7 000		9 000		9 000		9 000	
原桩与托换桩中心距 a（mm）	2 400		3 831		2 478		3 002		3 865		2 400	
原桩与托换桩中心距 b（mm）	8 025		5 742		7 122		6 598		5 735		8 158	
最大弯矩设计值 M（kN·m）	14 120		23 853		14 953		20 909		23 399		18 755	
最大弯矩标准值 M_k（kN·m）	11 172		18 904		11 838		16 589		18 564		14 882	
梁端剪力 V（kN）	6 148	2 640	4 958	6 646	6 327	2 941	3 948	7 320	6 511	4 757	8 068	3 159
梁端压力（kN）	6 351	2 843	5 211	6 899	6 530	3 144	4 232	7 604	6 795	5 041	8 321	3 412
托换桩顶轴力（kN）	6 773	3 265	5 633	732	6 952	3 566	4 654	8 089	7 217	5 463	8 806	3 834

梁最大弯矩值及梁端剪力由结构工具软件计算得出，梁端压力用作预顶使用，即梁端剪力+托换桩桩中至托换梁边缘部分的梁自重，托换桩顶轴力用作桩承载力值使用，即梁端压力+承台自重（含封桩承台和预顶承台）。

b. 托换梁斜截面承载力验算（梁宽2.5m处）

托换梁斜截面承载力（梁宽2.5m处）的验算公式如下。

抗震：$V_b \leq \frac{1}{\gamma_{RE}}\left(\frac{0.06}{\lambda+1.5}f_c bh_0 + 0.8f_{yv}\frac{A_{sv}}{s}h_0 + \frac{0.58}{\lambda}f_a t_w h_w\right)$ 验算过程见表5.6-7。

托换梁斜截面承载力验算表（梁宽2.5m处） 表5.6-7

托换梁编号	TL1		TL2		TL3		TL4		TL5		TL6	
集中荷载至支座距离 a（mm）	2 400	8 025	3 931	5 742	2 478	7 122	3 002	6 598	3 865	5 735	2 400	8 158
托换梁宽度 b（mm）	2 500	2 500	2 500	2 500	2 500	2 500	2 500	2 500	2 500	2 500	2 500	2 500
托换梁高度 h（mm）	2 000	2 000	2 500	2 500	2 000	2 000	2 800	2 800	2 800	2 800	2 500	2 500
a_s（mm）	165	165	174	174	165	165	174	174	169	169	173	173
梁截面有效高度 h_0（mm）	1 835	1 835	2 326	2 326	1 835	1 835	2 626	2 626	2 631	2 631	2 327	2 327
剪跨比 λ	1.31<1.4 取1.4	4.37>3 取3	1.68	2.45	1.35<1.4 取1.4	3.88>3 取3	1.14<1.4 取1.4	2.51	1.47	2.18	1.03<1.4 取1.4	3.51>3 取3
混凝土抗压强度 f_c（MPa）	16.7	16.7	16.7	16.7	16.7	16.7	16.7	16.7	16.7	16.7	16.7	16.7
箍筋抗拉强度 f_{yv}（MPa）	300	300	300	300	300	300	300	300	300	300	300	300
箍筋截面面积 A_{sv}（mm²）	679	679	679	679	679	679	679	679	679	679	679	679
箍筋间距 s（mm）	150	150	150	150	150	150	150	150	150	150	150	150
腹板抗拉强度 f_a（MPa）	215	215	215	215	215	215	215	215	215	215	215	215
腹板厚度 t_w（mm）	15×2	15×2	15×2	15×2	15×2	15×2	15×2	15×2	15×2	15×2	15×2	15×2
腹板高度 h_w（mm）	1 500	1 500	2 000	2 000	1 500	1 500	2 000	2 000	2 000	2 000	2 000	2 000
抗剪承载力 V（kN）	8 926	5 748	10 368	8 301	8 926	5 748	12 312	8 793	11 961	9 507	11 626	7 432
梁端剪力 V_1（kN）	6 148	2 640	6 646	4 958	6 327	4 921	7 320	3 948	6 511	4 757	8 068	3 159
是否满足要求	满足	满足	满足	满足	满足	满足	满足	满足	满足	满足	满足	满足

c. 托换梁斜截面承载力验算（原有桩边处）

托换梁斜截面承载力（原有桩边处）的验算公式如下。

抗震：$V_b \leq \frac{1}{\gamma_{RE}}\left(\frac{0.06}{\lambda+1.5}f_c bh_0 + 0.8f_{yv}\frac{A_{sv}}{s}h_0 + \frac{0.58}{\lambda}f_a t_w h_w\right)$ 验算过程见表5.6-8。

托换梁斜截面承载力验算表（原有桩边处） 表5.6-8

托换梁编号	TL1		TL2		TL3		TL4		TL5		TL6	
集中荷载至支座距离 a（mm）	2 400	8 025	3 931	5 742	2 478	7 122	3 002	6 598	3 865	5 735	2 400	8 158
托换梁有效宽度 b（mm）	1 300	1 300	1 300	1 300	1 300	1 300	1 300	1 300	1 300	1 300	1 300	1 300
托换梁高度 h（mm）	2 000	2 000	2 500	2 500	2 000	2 000	2 800	2 800	2 800	2 800	2 500	2 500
a_s（mm）	165	165	174	174	165	165	174	174	169	169	173	173
梁截面有效高度 h_0（mm）	1 835	1 835	2 326	2 326	1 835	1 835	2 626	2 626	2 631	2 631	2 327	2 327

续上表

托换梁编号	TL1		TL2		TL3		TL4		TL5		TL6	
剪跨比 λ	1.31<1.4 取1.4	4.37>3 取3	1.68	2.45	1.35<1.4 取1.4	3.88>3 取3	1.14<1.4 取1.4	2.51	1.47	2.18	1.03<1.4 取1.4	3.51>3 取3
混凝土抗压强度 f_c（MPa）	16.7	16.7	16.7	16.7	16.7	16.7	16.7	16.7	16.7	16.7	16.7	16.7
箍筋抗拉强度 f_{yv}（MPa）	300	300	300	300	300	300	300	300	300	300	300	300
箍筋截面面积 A_{sv}（mm²）	452	452	452	452	452	452	452	452	452	452	452	452
箍筋间距 s（mm）	100	100	100	100	100	100	100	100	100	100	100	100
腹板抗拉强度 f_a（MPa）	215	215	215	215	215	215	215	215	215	215	215	215
腹板厚度 t_w（mm）	15×2	15×2	15×2	15×2	15×2	15×2	15×2	15×2	15×2	15×2	15×2	15×2
腹板高度 h_w（mm）	1 500	1 500	2 000	2 000	1 500	1 500	2 000	2 000	2 000	2 000	2 000	2 000
抗剪承载力 V（kN）	8 027	5 167	9 329	7 464	8 027	5 167	11 026	7 862	10 703	8 491	10 487	6 696
梁端剪力 V_1（kN）	6 148	2 640	6 646	4 958	6 327	4 921	7 320	3 948	6 511	4 757	8 068	3 159
是否满足要求	满足	满足	满足	满足	满足	满足	满足	满足	满足	满足	满足	满足

d. 托换梁正截面承载力验算（梁宽2.5m处）

托换梁正截面承载力（梁宽2.5m处）的验算公式为：

$$M \leqslant \frac{1}{r_{RE}}\left[f_c bx\left(h_0 - \frac{x}{2}\right) + f_y' A_s'(h_0 - a_s') + f_y' A_{af}'(h_0 - a_a') + M_{aw}\right]$$

$$f_c bx + f_y' A_s' + f_a' A_{af}' - f_y A_s - f_a A_{af} + N_{aw} = 0$$

$$N_{aw} = [2.5\xi - (\delta_1 - \delta_2)]t_w h_0 f_a$$

$$N_{aw} = \left[\left(\frac{1}{2}\delta_1^2 + \delta_1^2\right) - (\delta_1 + \delta_2) + 2.5\xi - (1.25\xi)^2\right]t_w h_0^2 f_a$$

具体验算见表5.6-9。

托换梁正截面承载力验算表（梁宽2.5m处） 表5.6-9

托换梁编号	TL1	TL2	TL3	TL4	TL5	TL6
腹板上端至截面上边距离与 h_0 的比值 δ_1	0.098	0.077	0.098	0.183	0.182	0.077
腹板下端至截面上边距离与 h_0 的比值 δ_2	0.916	0.937	0.916	0.944	0.943	0.937
混凝土抗压强度 f_c（MPa）	16.7	16.7	16.7	16.7	16.7	16.7
托换梁宽度 b（mm）	2 500	2 500	2 500	2 500	2 500	2 500
托换梁高度 h（mm）	2 000	2 500	2 000	2 800	2 800	2 500
受压纵筋合力点至梁截面近边的距离 a_s'（mm）	62.5	62.5	62.5	62.5	62.5	62.5
受拉翼缘和受拉纵筋合力点至梁受压边缘距离 h_0（mm）	1 835	2 326	1 835	2 626	2 631	2 327
钢筋抗压强度 f_y'（MPa）	300	300	300	300	300	300
受压钢筋截面面积 A_s'（mm）	3 927	3 927	3 927	3 927	3 927	3 927
钢筋抗拉强度 f_y（N/mm²）	360	360	360	360	360	360
受拉钢筋截面面积 A_s（mm²）	19 302	32 170	19 302	32 170	38 604	33 778
型钢抗压抗拉强度 f_a'（MPa）	205	205	205	205	205	205
型钢受拉翼缘截面面积 A_{af}（mm²）	16 000	16 000	16 000	16 000	16 000	16 000

续上表

托换梁编号	TL1	TL2	TL3	TL4	TL5	TL6
型钢受压翼缘截面面积 A'_{af}（mm²）	12 000	12 000	12 000	12 000	12 000	12 000
型钢腹板厚度 t_w（mm）	15×2	15×2	15×2	15×2	15×2	15×2
混凝土受压区高度 x（mm）	316	450	316	515	556	461
腹板承受轴向力对受拉边合力点的力矩 M_{aw}（kN·m）	<0	<0	<0	<0	<0	<0
受压翼缘重心至梁受压边缘距离 a'_a（mm）	170	170	170	470	470	170
托换梁正截面承载力 M（kN·m）	33 295	55 865	33 295	69 728	74 053	56 833
托换梁最大弯矩设计值（kN·m）	14 120	23 853	14 953	20 909	23 399	18 755
是否满足要求	满足	满足	满足	满足	满足	满足

e. 托换梁正截面承载力验算（原有桩边处）

托换梁正截面承载力（原有桩边处）的验算公式为：

$$M \leq \frac{1}{r_{RE}}\left[f_c bx\left(h_0 - \frac{x}{2}\right) + f'_y A'_s(h_0 - a'_s) + f'_y A'_{af}(h_0 - a'_a) + M_{aw}\right]$$

$$f_c bx + f'_y A'_s + f'_a A'_{af} - f_y A_s - f_a A_{af} + N_{aw} = 0$$

$$N_{aw} = [2.5\xi - (\delta_1 - \delta_2)]t_w h_0 f_a$$

$$M_{aw} = \left[\frac{1}{2}(\delta_1^2 + \delta_2^2) - (\delta_1 + \delta_2) + 2.5\xi - (1.25\xi)^2\right]t_w h_0^2 f_a$$

其验算过程见表 5.6-10。

托换梁正截面承载力验算表（原有桩边处） 表 5.6-10

托换梁编号	TL1	TL2	TL3	TL4	TL5	TL6
腹板上端至截面上边距离与 h_0 的比值 δ_1	0.098	0.077	0.098	0.183	0.182	0.077
腹板下端至截面上边距离与 h_0 的比值 δ_2	0.916	0.937	0.916	0.944	0.943	0.937
混凝土抗压强度 f_c（MPa）	16.7	16.7	16.7	16.7	16.7	16.7
托换梁有效宽度 b（mm）	1 300	1 300	1 300	1 300	1 300	1 300
托换梁高度 h（mm）	2 000	2 500	2 000	2 800	2 800	2 500
受压纵筋合力点至梁截面近边的距离 a'_s（mm）	62.5	62.5	62.5	62.5	62.5	62.5
受拉翼缘和受拉纵筋合力点至梁受压边缘距离 h_0（mm）	1 835	2 326	1 835	2 626	2 631	2 327
钢筋抗压强度 f'_y（MPa）	300	300	300	300	300	300
受压钢筋截面面积 A'_s（mm）	3 927	3 927	3 927	3 927	3 927	3 927
钢筋抗拉强度 f_y（N/mm²）	360	360	360	360	360	360
受拉钢筋截面面积 A_s（mm²）	19 302	32 170	19 302	32 170	38 604	33 778
型钢抗压抗拉强度 f'_a（MPa）	205	205	205	205	205	205
型钢受拉翼缘截面面积 A_{af}（mm²）	16 000	16 000	16 000	16 000	16 000	16 000
型钢受压翼缘截面面积 A'_{af}（mm²）	12 000	12 000	12 000	12 000	12 000	12 000
型钢腹板厚度 t_w（mm）	15×2	15×2	15×2	15×2	15×2	15×2
混凝土受压区高度 x（mm）	486	694	486	793	856	710
腹板承受轴向力对受拉边合力点的力矩 M_{ax}（kN·m）	<0	<0	<0	<0	<0	<0

续上表

托换梁编号	TL1	TL2	TL3	TL4	TL5	TL6
受压翼缘重心至梁受压边缘距离 a'_a（mm）	170	170	170	470	470	170
托换梁正截面承载力 M（kN·m）	27 061	44 460	27 061	54 983	57 990	45 137
托换梁最大弯矩设计值（kN·m）	14 120	23 853	14 953	20 909	23 399	18 755
是否满足要求	满足	满足	满足	满足	满足	满足

f. 预顶力计算

梁端预顶力按以下公式计算：

梁端预顶力 = 梁端压力 /1.35

其具体计算见表5.6-11。

梁端预顶力计算表　　　　　　表5.6-11

托换梁编号	承台编号	梁端压力（kN）	梁端预顶力（kN）	预顶千斤顶（数量×吨位）
TL1	CT1	6 351	4 885	2×500
	CT2	2 843	2 187	2×200
TL2	CT3	5 211	4 008	2×500
	CT4	6 899	5 307	2×500
TL3	CT5	6 530	5 023	2×500
	CT6	3 144	2 418	2×200
TL4	CT7	4 232	3 135	2×200
	CT8	7 604	5 633	2×500
TL5	CT9	6 795	5 033	2×500
	CT10	5 041	3 734	2×200
TL6	CT11	8 321	6 164	2×500
	CT12	3 412	2 527	2×200

（9）托换隧洞回填

竖井及通道作为桩基托换的辅助工程，只是按临时结构进行设计施工，托换桩施工完成后应予以回填，消除隐患。在施工隧洞填埋之前，在托换梁周边抹一层2.5mm厚非焦油聚氨酯防水涂料。

回填采用设计规定的回填料，坚持分段、分层回填，要求回填密实，不留空隙，必要时注浆加固填充，防止以后上面地层出现下沉变形。

（10）施工监测情况

①监测目的

由于桩基托换施工可能引起建筑物局部沉降甚至结构开裂，盾构掘进引起建筑物发生不均匀沉降等，为保证建筑物以及地表寺右新马路路面、地下管线的安全，在桩基托换和盾构施工过程中，必须采取全方位的监测。其目的在于：

a. 通过施工全过程结构位移监测，将其控制在设计警戒值内，保证被托换建筑物的安全。

b. 通过对施工监测数据的相关分析和信息反馈，掌握托换施工的变形情况，及时修正设计和指导施工，对托换施工过程进行有效的预测和控制，优化施工工序。

c. 通过被托换建筑物长期监测，判断被托换建筑物是否处于安全状态。

②监测项目、测点布置

a. 监测项目

桩基托换监测包括两方面：一是桩基托换全过程本身的监测，主要包括对建筑物倾斜、裂缝、原桩沉降监测，托换梁应变及变形的监测；对托换新桩桩顶沉降的监测；托换梁与原桩间的节点滑移监测。二是盾构掘进阶段对托换结构影响的监测。具体监测项目如下。

b.建筑物初始状态的观测

桩基托换施工前对五羊邨过街楼、绿岛加压站以及周围环境进行详细、周密的调查（如裂缝、沉降和倾斜情况等）。

（a）托换新桩：托换施工中每一操作过程施加顶力，断桩应对本托换单元托换新桩桩顶沉降进行监测。

（b）托换梁：托换施工中每一操作过程对托换梁的变形进行监测。

（c）对被托换楼房的首层、二层的现有裂缝在托换施工过程中进行监测。

（d）被托换柱及其余柱：对所有柱进行沉降监测，确定相邻柱的沉降差。

c.地面沉降和管线监测

（a）测点布置

桩基托换全过程监测点布置如图 5.6-22、图 5.6-23 所示。

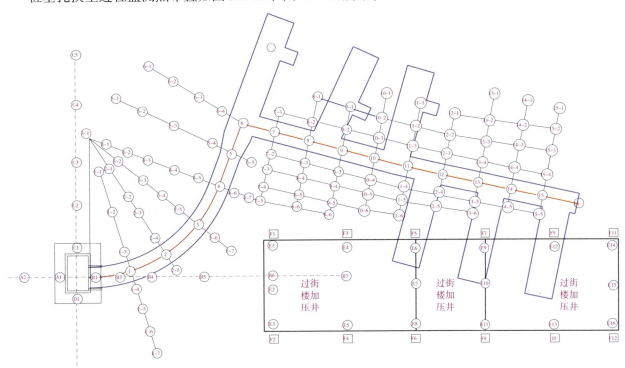

图 5.6-22 地面沉降监测点布置图

（b）新桩的沉降监测

新桩的沉降采用精密水准仪监测。新桩的测点布置在桩头。精密水准仪测试精度为 0.1mm，参考点应距托换桩足够远，避免地面变形产生的测试误差。此项观测可以掌握新桩的沉降过程，通过荷载沉降曲线和沉降时程曲线可以估计沉降稳定的终极值。

（c）梁—柱接头的相对滑移监测

梁—桩接头的强度是保证整个托换工程安全的关键问题，必须保证整个施工过程中不出现初始相对滑

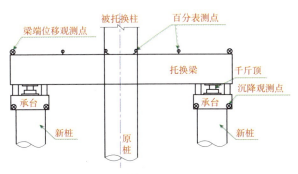

图 5.6-23 托换施工测点布置图

移。在接头主动端和被动端分别采用4只位移计测试。整个托换过程中都要密切关注滑移的情况。若有初始滑移发生，即应停止施工，查明原因，采取必要措施解决。

（d）托换梁的挠度监测

梁体挠度的测试，采用在梁顶两端简支刚度足够的钢梁，在钢梁与梁体之间布置10只百分表测试梁体的挠度。整个施工过程中，托换大梁的挠度应控制在安全范围之内。

（e）被托换柱与其余原桩相对沉降监测

被托换柱与其余原桩相对沉降的监测与控制是保证上部建筑物安全关键问题，必须始终予以重视。采用精密水准仪对托换建筑物所有柱进行沉降监测。

（f）建筑物裂缝监测

在裂缝上布置测缝计，随时监测裂缝的发展变化。

（g）地面、管线沉降监测

在施工影响范围，纵横两方向每5~10m布置1个沉降观测点。

③施工监测结果

暗挖隧洞施工结束一段时间后，隧洞的沉降和收敛都趋于稳定，最终隧洞拱顶最大累计沉降量为 –5mm，最大收敛点累计收敛值为 –3mm。地表最大沉降点为2~5号点，累计最大沉降 –24mm。沿线建、构筑物在盾构通过半年后监测数据显示，五羊邨过街楼最大沉降点为A014点，累计沉降值为 –8mm，加压站最大沉降点为E9点，累计沉降值为 –16mm。所有的监测值均满足规范及设计要求，被托换建筑物未出现任何异常。

图 5.6-24 是暗挖托换通道和桩基托换施工过程中五羊邨过街楼和地面沉降监测结果。从监测结果可以看出，实际施工监测的沉降值与计算值的变化趋势基本相同，且实际监测值均小于计算值。施工期间五羊邨过街楼未出现任何开裂和破损，保证了五羊邨过街楼的安全，表明洞内托换工程是成功的，设计所采用的参数及数值模拟计算分析是合理的。

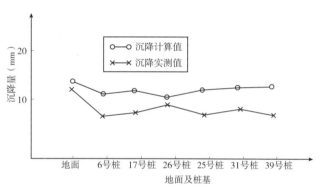

图 5.6-24　地面和五羊邨过街楼桩基沉降监测图

托换施工过程中，托换梁端上抬量，托换梁的挠度，全部符合设计要求。新桩最大沉降量为 –2.156mm（≤3mm），被托换桩最大上抬量为0.788mm（≤1mm），托换梁与被托换桩间未见滑移，托换梁及其他结构均未见裂缝产生。

施工监测结果表明，本次托换施工完全符合设计要求，并达到了预期的质量安全效果，建筑物桩基托换成功实现。本次托换施工的成功，为地下主动暗挖托换施工工艺做出了有益的探索，为今后的发展积累了宝贵的经验。

6）经验总结

（1）桩基托换关键工序是托换梁与原桩的连接，只有托换梁与原桩进行了可靠的连接，才能保证原桩受力状态逐步转换到新桩上。

（2）由于需要托换的桩基较多，因此，暗挖托换隧道具有一定的群洞效应。如何让群洞之间的影响最小，需结合施工步序和桩基荷载进行综合分析，并通过较为精细的有限元数值分析来确定。

（3）加强桩基托换施工过程中的全过程监测和信息化施工管理，保证施工处于安全可控范围内。

第 3 篇

浅埋暗挖隧道土建工程

第6章 浅埋暗挖隧道施工技术

6.1 概述

浅埋暗挖法是在距离地表较近的地下进行各种类型地下洞室暗挖施工的一种方法。它是继 1984 年王梦恕院士在军都山隧道黄土段试验成功的基础上，又于 1986 年在具有开拓性、风险性、复杂性的北京复兴门地铁折返线工程中应用，在拆迁少、不扰民、不破坏环境的条件下获得成功。同时，结合中国特点及水文地质系统，创造了小导管超前支护技术，8 字形网构钢拱架设计、制造技术，正台阶环形开挖留核心土施工技术和变位进行反分析计算的方法，提出了"管超前、严注浆、短进尺、强支护、早封闭、勤量测"的 18 字方针，突出时空效应对防塌的重要作用，提出在软弱地层快速施工的理念。

浅埋暗挖法是沿用新奥法基本原理，初次支护按承担全部基本荷载设计，二次模筑衬砌作为安全储备；初次支护和二次衬砌共同承担特殊荷载。应用浅埋暗挖法设计、施工时，同时采用多种辅助工法，超前支护，改善加固围岩，调动部分围岩的自承能力，并采用不同的开挖方法及时支护、封闭成环，使其与围岩共同作用形成联合支护体系；在施工过程中，应用监控量测、信息反馈和优化设计，实现不塌方、少沉降、安全施工，并形成多种综合配套技术。

浅埋暗挖法施工的环境特点一般为：地下洞室具有埋深浅、地层岩性差、存在地下水、周围环境复杂（邻近既有建、构筑物）等。由于造价低、拆迁少、灵活多变、无须太多专用设备及不干扰地面交通和周围环境等特点，浅埋暗挖法在全国类似地层和各种地下工程中得到广泛应用。在深圳地下过街通道及广州地铁一号线等地下工程中推广应用，并已形成了一套完整的综合配套技术。同时，经过许多工程的成功实施，其应用范围进一步扩大，由只适用于第四纪地层、无水、地面无建筑物等简单条件，拓展到非第四纪地层、超浅埋（埋深已缩小到 0.8m）、大跨度、上软下硬、高水位等复杂地层及环境条件下的地下工程中去。信息化技术的实施，实现了浅埋暗挖技术的全过程控制，有效地减小了由于地层损失而引起的地表移动变形等环境问题。不但使施工对周边环境的影响降低到最低程度，由于及时调整、优化支护参数，提高了施工质量和速度，使浅埋暗挖法特点得到更进一步的发挥，为城市地下工程设计、施工提供了一种非常好的方法，具有重大的社会效益和环境效益。该方法在总体上达到国际领先水平。

浅埋暗挖法既可作为独立的施工方法，也可与其他施工方法综合使用，在明挖法、盾构法不适应的条件下，浅埋暗挖法显示了巨大的优越性。浅埋暗挖法与其他施工法有很强的兼容性。浅埋暗挖法，整体配套技术处于国际领先水平，国际隧道协会有关专家也认为这是地下工程的一次突破。目前，浅埋暗挖法已形成了全套的设计、施工理论，作为一种方法已被国内外所采用。其施工步骤大致概括是：先将钢管打入地层，然后注入水泥或化学浆液，使地层加固。开挖面土体稳定是采用浅埋暗挖法的基本条件。地层加固后，进行短进尺开挖。一般每循环在 0.5~1.0m。随后即作初期支护。第三步，施作防水层。开挖面的稳定性时刻受到水的威胁，严重时可导致塌方。处理好地下水是非常关键的环节。最后,完成二次支护。一般情况下,可注入混凝土,特殊情况下要进行钢筋设计。当然,施工过程中需利用监控测量获得的信息进行指导,这对施工的安全与质量都是重要的。

6.2 区庄站超浅埋暗挖立体交叉隧道施工技术

针对广州市轨道交通五号线区庄站多层立体交叉隧道工程,本节介绍重叠段隧道施工工况及关键控制技术,对交叉重叠段地面沉降、五号及六号线隧道拱顶沉降数据进行分析,验证主要关键施工技术,提出近接群洞隧道施工安全距离,下层隧道初期支护完成后,即可进行上层隧道施工等结论。

6.2.1 工程概况

广州市轨道交通五号线区庄站位于环市东路与农林下路交叉的丁字路口处,是五号线与六号线的换乘站。因区庄站地处闹市区,应尽量减少对地面交通以及周边居民的影响,缩小施工场地。由于原北站厅设计基坑范围内有一栋广东工业大学9层宿舍楼未能全部拆迁,导致北站厅基坑缩小范围,需在北站厅东侧2号竖井处新增基坑,将五号线东端风亭与六号线北端风亭进行合建。经过反复比选论证,最终确定采用全暗挖站厅换乘方案,即通过地面施工竖井对五号、六号线车站主体进行暗挖施工,在环市路北侧拆迁空地设置明挖北站厅,为公用站厅实现两线换乘功能。由于六号线埋深很大,从北站厅去往六号线不能设置直达楼及扶梯,只能在各层设置转换楼及扶梯,导致五号、六号线之间的换乘距离较长,牺牲了部分车站功能,但最大限度地减少了车站施工对地面交通及周边居民的影响,详见图6.2-1~图6.2-3。

图 6.2-1

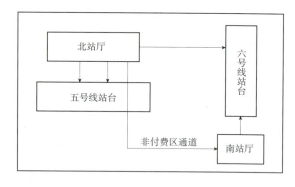

图 6.2-2 区庄站厅换乘示意图

两条线的车站主体、南站厅均采用暗挖法施工,北站厅明挖,地下四层(局部五层),地面四层为控制中心,五号线位于六号线的上方。两条线车站站台独立设置,在车站北部共用一个站厅公共区作为换乘点;六号线在南端另外设置一个小站厅,方便车站南部的乘客乘车;南、北两个站厅之间通过一个暗挖的非付费区通道进行联系。五、六号线主体为地下单孔暗挖分离岛式站台车站,六号线南站厅为暗挖地下二层两柱三跨形式,北站厅为地下四层明挖站厅(地面为控制中心),南北站厅之间通过暗挖的非付费区通道进行联系。

第6章 浅埋暗挖隧道施工技术

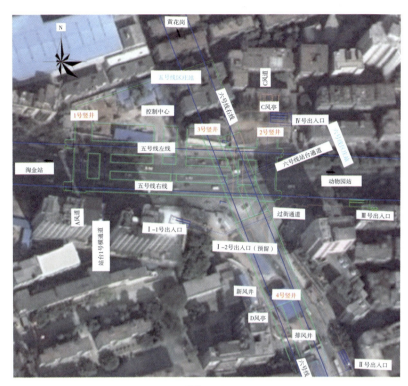

图 6.2-3

由于以上功能要求，使得五号线区庄站多处存在隧道交叉重叠，其中，五号、六号线重叠隧道处对施工影响较大。此处从上至下共有 3 层隧道：第 1 层为过街通道，第 2 层为五号线主体隧道、五号线站台 3 号横通道、B 风道，第 3 层为六号线北端隧道。其中，五号线主体隧道距六号线隧道拱顶仅有 2.47m，B 风道距六号线隧道拱顶仅有 1.806m，过街通道距五号线拱顶仅有 2.066m。重叠隧道平面示意如图 6.2-4 所示，重叠隧道空间模型如图 6.2-5~图 6.2-9 所示。

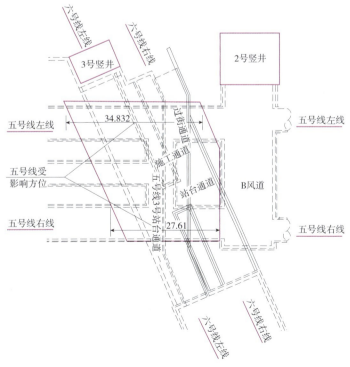

图 6.2-4 重叠隧道平面示意图（尺寸单位：m）

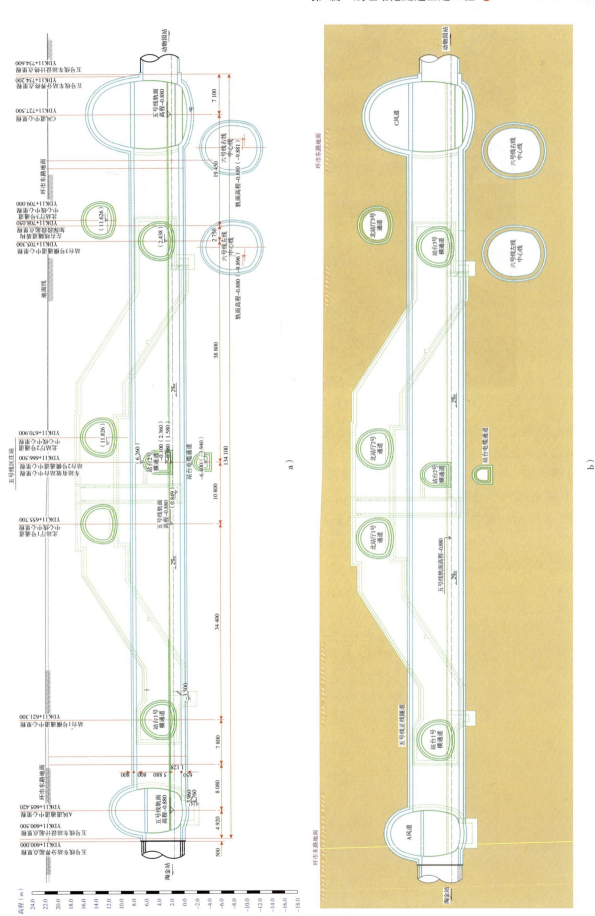

图 6.2-5 五号线区庄站纵断面示意图（尺寸单位：mm）

第6章 浅埋暗挖隧道施工技术

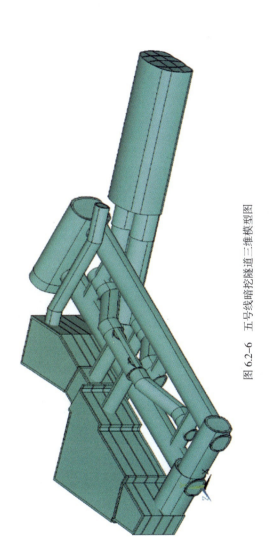

图 6.2-6 五号线暗挖隧道三维模型图

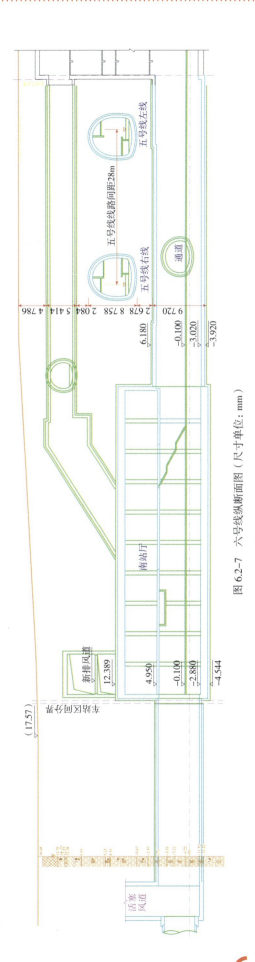

图 6.2-7 六号线纵断面图（尺寸单位：mm）

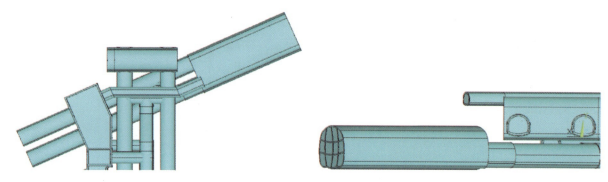

图 6.2-8 六号线暗挖隧道三维模型图

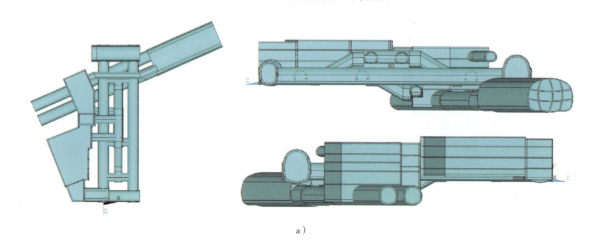

a)

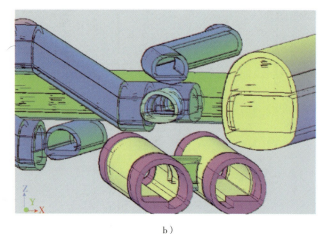

b)

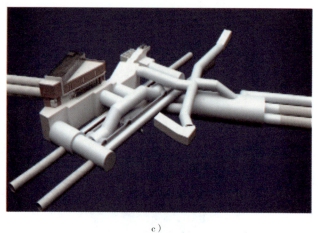

c)

图 6.2-9 区庄站重叠隧道三维模型

六号线北端隧道 B 型隧道断面总宽度为 8.107m，总高度为 9.958m；C 型隧道断面总宽度为 9.6m，总高度为 9.85m，五号线主体隧道断面总宽度为 9.21m，断面总高度为 8.8m。

区庄站站址所处地段为微丘台地，西临越秀山，北临白云山。场地岩土自上而下分布有：人工填土层 <1>、粉细砂层 <3-1>、冲积～洪积土层 <4-1>、河湖相淤泥质土层 <4-2>、坡积土层 <4-3>、可塑或稍密～中密状残积土层 <5-1>、硬塑或密实状残积土层 <5-2>、岩石全风化带 <6>、红层强风化带 <7>、红层中风化带 <8>、红层微风化岩 <9>。车站周边无地表水系，地下水位在现有地面以下 2m。地面沉降与软土震陷：场地内软土层为第四纪河湖相淤泥质土层 <4-2>，埋藏较浅，层厚 0.35~2.40m，平均厚度 0.86m，淤泥质土层具有含水量高、孔隙比大、压缩性高、抗剪强度低、灵敏度高的特点，易发生压缩变形，埋藏较浅时，易导致地面沉降和软土震陷（图 6.2-10）。

第6章 浅埋暗挖隧道施工技术

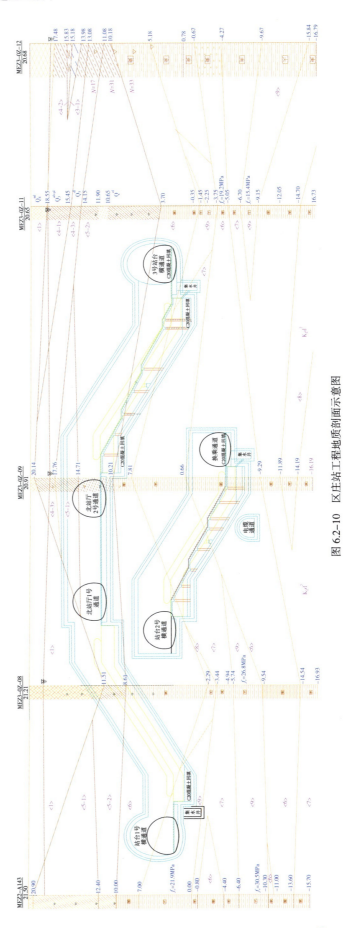

图 6.2-10 区庄站工程地质剖面示意图

6.2.2 关键施工控制技术

1）总体施工顺序

斜交重叠段总体施工顺序如下：六号线北端隧道初期支护→六号线北端隧道初期支护拱部地层注浆加固→五号线东端隧道及B风道初期支护仰拱超前注浆加固→五号线东端隧道初期支护、B风道初期支护→五号线东端隧道拱顶注浆加固→隧道衬砌→过街通道开挖初期支护→过街通道衬砌。

2）重叠段隧道施工工况及对应技术措施

区庄站五号、六号线及B风道斜交重叠段开挖初期支护施工工况和对应技术措施如下：

（1）六号线采用短台阶法施工，即上台阶循环进尺0.5m，隧道下半断面为石质围岩，采用光面微震微差爆破开挖，一次开挖长度1~1.5m，及时施作边墙及仰拱初期支护，上、下部台阶之间距离5~10m，详见图6.2-11a）。从3号施工竖井进洞，2006年11月7日~2007年1月23日完成六号线左线上台阶，详见图6.2-11b）。2007年1月12日~3月18日完成六号线左线下台阶，详见图6.2-11c）。

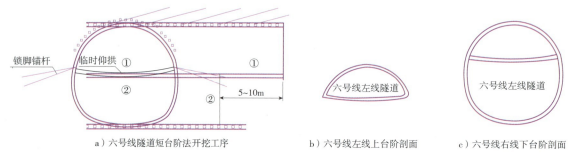

图 6.2-11 六号线隧道施工短台阶法

（2）五号线主体隧道采用短台阶法分3部开挖施工，1部人工开挖，2、3部机械开挖。1部一次支护长度控制在1m以内，1、2部台阶间距离控制在20m以内，2部一次边墙支护长度为3~4m，2、3部台阶之间的距离不大于8m，详见图6.2-12a）。2007年2月1日，五号线左线上台阶施工至进洞99m，2月8日左线下台阶施工至进洞72.5m，详见图6.2-12b）、c）。

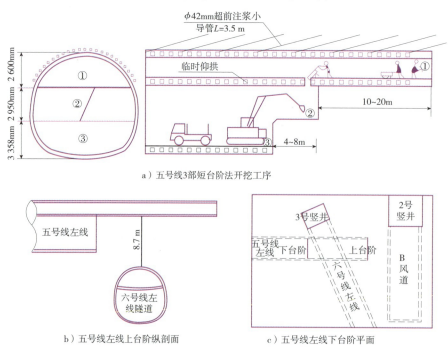

图 6.2-12 五号线隧道短台阶法

（3）2007年2月11日~4月23日完成施工横通道的开挖初期支护，详见图6.2-13a）。

（4）六号线右线从施工横通道进洞分别往左、右两边开挖，2007年3月19日~5月23日完成右线上台阶开挖初期支护，详见图6.2-13b）。

图6.2-13　六号线施工横通道的开挖初期支护剖面

（5）2007年4月21日，五号线右线上台阶施工至进洞96m，5月8日右线下台阶上部施工至进洞92m，5月11日右线下台阶下部施工至进洞90.5m，如图6.2-14a）、b）所示位置停止开挖。

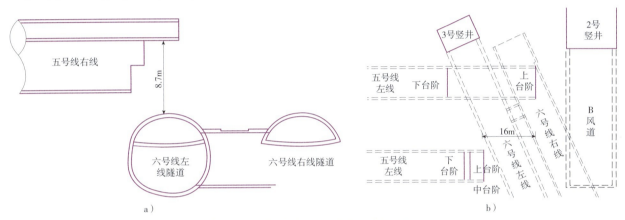

图6.2-14　五号线右线上台阶施工纵向、平面

（6）2007年4月17日~6月4日完成六号线右线下台阶开挖初期支护，详见图6.2-15。

（7）B风道采用CRD分8部开挖，1~4部导坑先行贯通，5~8部紧随其后。1、3部采用人工开挖，2、4部采用机械开挖。5~8部的开挖同1~4部，详见图6.2-16。

2007年6月14日B风道6部开挖至进洞27.01m，至六号线影响段时停止开挖，详见图6.2-17。

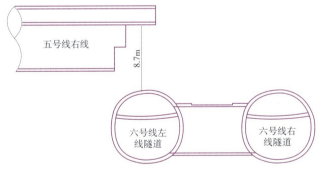

图6.2-15　六号线右线下台阶开挖初期支护剖面

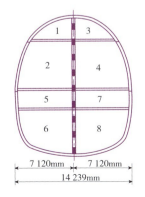
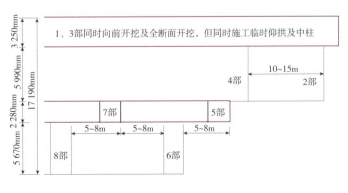

图6.2-16　B风道8部CRD法开挖施工工序

（8）2007年6月4日~6月20日六号线初期支护拱部地层注浆加固，详见图6.2-18。

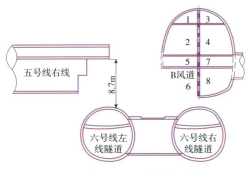
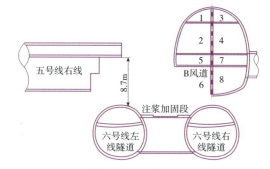

图 6.2-17　B 风道施工剖面　　　　　图 6.2-18　六号线初期支护拱部地层注浆加固剖面

（9）2007年6月23日，B风道6部在停工9d后，开始仰拱下地层超前注浆加固，继续开挖初期支护，至2007年7月1日，6部剩余部分开挖初期支护安全施工完成，详见图6.2-19。

（10）五号线受影响部分开挖前先对仰拱下地层进行注浆加固，详见图6.2-20。

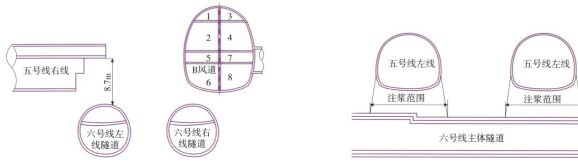

图 6.2-19　B 风道施工剖面　　　　　图 6.2-20　五号线仰拱下地层注浆加固剖面

（11）2007年6月10日~7月27日，五号线左线受影响段开挖初期支护施工，详见图6.2-21。

（12）2007年6月10日~9月12日，五号线右线受影响段开挖初期支护施工，详见图6.2-22。

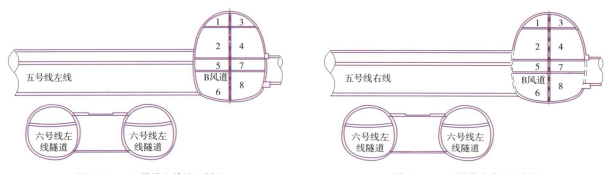

图 6.2-21　五号线左线施工剖面　　　　　图 6.2-22　五号线右线施工剖面

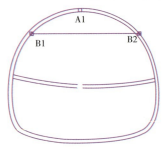

图 6.2-23　隧道拱顶沉降、断面收敛测线布置

6.2.3　施工监测及分析

1）监测断面及测点布置

洞内测点布置及地面沉降监测点布置见图6.2-23和图6.2-24。

2）监测信息处理及分析

（1）地表沉降

选取交叉段变化较为典型的地表沉降点Z228、Y228两点进行沉降分析，沉降监测时间曲线详见图6.2-25和图6.2-26。

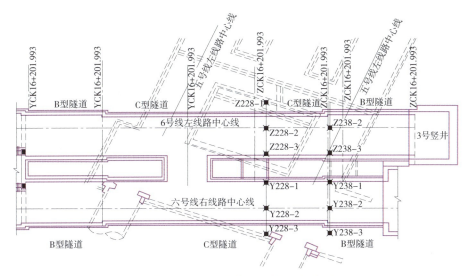

图 6.2-24　五号、六号线交叉端地表沉降监测测点布置

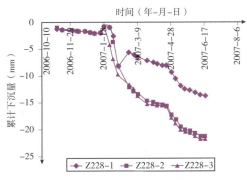

图 6.2-25　交叉段 Z228 观测线测点地面沉降

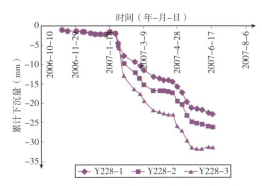

图 6.2-26　交叉段 Y228 观测线测点地面沉降

（2）六号线隧道拱顶沉降

六号线拱顶沉降观测点沿隧道中线方向共布置了 9 条测线，测线布置从 3 号竖井洞门位置处开始，测线距离 3 号竖井洞门的位置分别为 0.5m、9m、15m、20m、25m、30m、35m、45m，沉降曲线详见图 6.2-27。

（3）五号线隧道拱顶沉降

拱顶沉降测线的布置与五号线的开挖施工一致，沿五号线右线隧道中线拱顶，距离 A 风道内车站隧道洞门 0.5m、……95m 位置处布置 20 条测线，沉降曲线详见图 6.2-28。

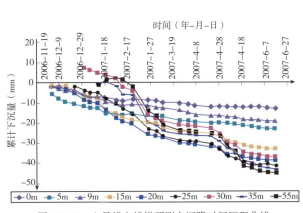

图 6.2-27　六号线左线拱顶测点沉降时间历程曲线

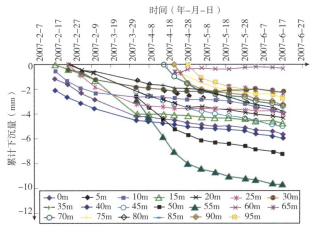

图 6.2-28　五号线右线拱顶测点沉降时间历程曲线

（4）监测结果分析

①交叠隧道段在重复开挖作用下，土体受到多次开挖扰动，地表变形重叠，导致地表在该段时间内发生了较大变形和地表沉降，最大值达 125.7mm，远大于一般单隧道开挖引起的地表沉降量，隧道左右线上方沉降槽呈不对称分布。

②六号线左线隧道拱顶沉降达 92.84mm，沉降量较大。2007 年 1 月 28 日开挖位于 25m 测线附近的施工横通道，2007 年 2 月 15 日 C 型隧道下台阶的施工位置也到达该位置附近，后续的横通道施工和 C 型隧道下台阶开挖在 30m、35m、45m 测线位置处交替进行。交替施工对土体应力产生叠加影响，导致上述 3 条测线拱顶沉降在该段时间内出现较大变化。因此，在交叉施工中要及时施作仰拱，封闭成环，加强初期支护背后的注浆，加强施工组织管理，尽量减少交叉施工带来的不利影响。

③六号线施工时隧道拱顶沉降值比五号线隧道拱顶沉降值量级大，五号线个别拱顶测线出现明显下沉阶段，主要原因是由于测点位置在未开挖前已经受到了相邻施工隧道的影响，在重复扰动作用下，土体应力反复调整，拱顶出现了较明显的沉降增加段。

6.2.4　结语

由立体交叉隧道段监测结果看，虽然个别沉降点变化较大，但总体上均在受控范围内。主要结论和体会如下：

（1）近接立体交叉隧道同时施工时，安全距离的控制最为关键，当水平近接隧道同时施工距离大于 16m、上下重叠近接隧道同时施工距离大于 8.7m 时，近接隧道的相互影响处于安全可控范围内。

（2）合理确定地层加固方法和加固范围，采用正确的开挖方法施工近接隧道时，下层隧道初期支护完成后，即可进行上层隧道施工。

（3）近接立体交叉隧道同时施工时，要加强施工过程控制和管理，随时掌握现场施工工况，同时加强施工监测，及时反馈信息并采取相应控制措施。

（4）根据监测结果并结合施工工况分析，地面沉降主要是由隧道下分部开挖引起的，施工过程中要及时施作仰拱，封闭成环，加强初期支护背后的注浆，控制拱顶下沉，从而减小地面沉降。

（5）在近接立体交叉隧道施工过程中，要合理控制开挖时间，合理控制开挖步骤及施工工序的转换，做好隧道施工协调工作，以减少相邻施工的影响和控制拱顶沉降。

6.3　淘金站过街浅埋暗挖隧道施工技术

6.3.1　工程概况

淘金站 2 号出入口横通道、1 号出入口横通道、A 端风道、B 端风道采用暗挖施工。1 号出入口暗挖横通道位于车站中部南向，长度 17.05m，马蹄形断面，断面参数净宽 × 净高：7.8m×4.8m，拱顶埋深约 8.1m，隧道穿过的地层主要有 <4-1> 冲—洪积黏性土层、<5-2> 硬塑~坚硬状风化残积粉质黏土层，拱顶以上 2.2m 处有 <3-1> 粉细砂层厚 0.5~1.0m。采用四步 CRD 法开挖施工，初次衬砌 350mm，二次衬砌 500mm。

B 端 1 号暗挖风道位于车站 B 端南向，长度 17.05m，马蹄形断面，断面参数净宽 × 净高：4.5m×4.5m，拱顶埋深约 7.9m，穿过的地层主要有 <3-2> 中粗砂层、<4-1> 冲—洪积黏性土层，拱顶以上 0.5m 处有 <3-1> 粉细砂层厚约 1.0m。采用台阶法开挖，初次衬砌 300mm，二次衬砌 300mm。

2 号出入口暗挖横通道位于车站中部北向，长度 14.35m，马蹄形断面，断面参数净宽 × 净高：

7.8m×9.3m，拱顶埋深约 8.1m，隧道穿过的地层主要有 <3-1> 粉细砂层、<5-1> 可塑状残积土粉质黏土层。其中 <3-1> 粉细砂层厚约 5.9m，分布于拱顶及部分掌子面位置。采用六步 CRD 法开挖施工，初次衬砌 400mm，二次衬砌 500mm。

A 端 1 号暗挖风道位于车站中部北向，长度 16.385m，断面参数净宽×净高：6.7m×9.0m，拱顶埋深约 8.7m，隧道穿过的地层主要有 <5-2> 硬塑～坚硬状风化残积粉质黏土层。拱顶以上 0.8m 处有 <3-1> 粉细砂层厚 0.5~1.0m。采用六步 CRD 法开挖施工，初次衬砌 400mm，二次衬砌 500mm。

暗挖隧道埋深 7.2~8.35m，隧道上覆地层为 <1> 人工填土层、<3-1> 粉细砂层、<3-2> 中粗砂层、<4-1> 冲—洪积黏性土层、<5-1> 可塑状残积土粉质黏土层、<5-2> 硬塑～坚硬状风化残积粉质黏土层。隧道开挖断面通过的地层主要为 <3-2> 中粗砂层、<4-1> 冲—洪积黏性土层、<5-1> 可塑状残积土粉质黏土层、<5-2> 硬塑～坚硬状风化残积粉质黏土层和 <6> 岩石全风化带，2 号出入口通道局部进入 <7> 岩石强风化带。各地层岩土物理力学参数见表 6.3-1。

地层物理力学参数表 表 6.3-1

岩土层号	岩 土 名 称	承载力标准值（kPa）	基床系数 K（MPa/m）	侧压力系数
<1>	人工填土层（Q^{ml}）		8~15	0.63
<3-1>	粉细砂层	130	10	0.33
<3-2>	中粗砂层	180	15	0.38
<4-1>	冲—洪积黏性土层	200	15	0.47
<4-2>	淤泥层	80	4	0.57
<5-1>	可塑状残积土粉质黏土层	220	20	0.43
<5-2>	硬塑～坚硬状风化残积粉质黏土层	250	40	0.39
<6>	岩石全风化带（K）	350	80	0.33
<7>	岩石强风化带（K）	600	200	0.3

本区段地下水补给来源主要是大气降水。本站地下水有第四系松散岩类孔隙水和层状基岩裂隙水两种类型。勘察所揭露的地下水水位埋深 1.7~5.3m，地下水位的变化与地下水的赋存、补给及排泄关系密切。

第四系冲—洪积砂层 <3-1>、<3-2> 为主要含水层，透水性强，含水量丰富，但仅局部地段有分布。总的来说，由于本站砂层埋藏较浅，厚度较小，分布范围不广，砂层富水性一般，因此总的储量不大。

4 条暗挖通道埋深 7.2~8.35m，隧道上方环市东路车流繁忙，周边是广州最繁华的商务中心，有白金五星级花园酒店、五星级白云宾馆、世贸大厦等高级商务酒店。因此，此暗挖隧道施工安全异常重要，地面沉降控制要求极高。本工程重难点主要有：

（1）隧道开挖断面跨度大，埋深浅，围岩自稳性差，施工风险大。

（2）结构位于粉细砂层、中粗砂层，开挖时必须做好砂层固结处理，以防漏水、防流砂、防坍塌、防涌水。

（3）隧道位于环市东路下面，交通繁忙，隧道施工控制地表沉降、保证环市路道路通行不受影响是本工程的施工技术难点之一。

6.3.2　浅埋暗挖隧道施工技术措施

开挖前采用围蔽范围内地表旋喷桩加固、大管棚与 TSS 管超前注浆预加固，隧道开挖范围上方地面满铺 3mm 厚钢板。

1）单管旋喷桩地面加固措施

由于本工程 4 个暗挖段拱顶都分布厚度不等的砂层：1 号暗挖通道拱顶以上 2.2m 处有 <3-1> 粉细砂层厚 0.5~1.0m，2 号暗挖通道拱顶 <3-1> 粉细砂层厚约 5.9m，A 端风道拱顶以上 0.8m 处有 <3-1> 粉细砂层厚 0.5~1.0m，B 端风道拱顶以上 0.5m 处有 <3-1> 粉细砂层厚约 1.0m，为降低暗挖通道施工风险，在暗挖施工前，对隧道拱顶位置（施工围蔽范围内的）采取单管旋喷桩地表加固措施。加固范围如图 6.3-1 所示。

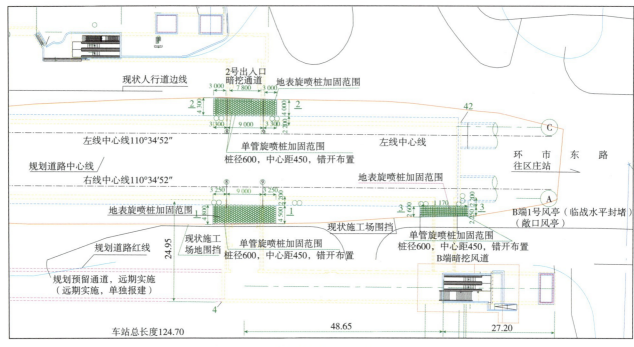

图 6.3-1　地表旋喷桩加固范围（尺寸单位：m）

根据设计图纸，地面加固采用单管旋喷，注浆压力大于 20MPa，提升速度不大于 12cm/min，旋转速度 20~25r/min；采用 M32.5 复合硅酸盐水泥，水泥浆液水灰比为 1.0；钻孔的垂直偏差不超过 1%，桩位偏差不大于 50mm；桩径 600mm，中心距 450mm，错开布置。

注浆深度要求：开挖面范围内要求进入 <5-2> 硬塑～坚硬状风化残积粉质黏土层 2m 或进入 <6> 岩石全风化带 1m，开挖面以外 3m 范围要求尽量进入开挖底面深度，如图 6.3-2 所示。

2）大管棚施工

（1）概况

本工程拱部采用 ϕ108mm 大管棚超前支护。管棚在入洞口处一次施工完成。管棚所处地层：1 号横通道位于 <4-1> 冲—洪积黏性土层、<5-2> 硬塑～坚硬状风化残积粉质黏土层，2 号横通道位于 <3-1> 粉细砂层，A 端风道位于 <5-2> 硬塑～坚硬状风化残积粉质黏土层，B 端风道位于 <3-2> 中粗砂层、<4-1> 冲—洪积黏性土层。

（2）设计参数

采用 ϕ108mm×8mm 热轧无缝钢管，钢管加工成 2.0~3.5m 的短节，两端采用 ϕ108mm×8mm

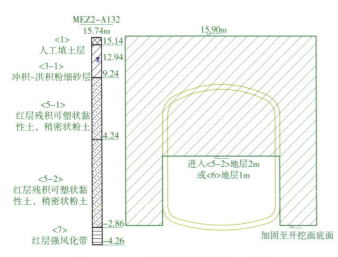

图 6.3-2　地面旋喷桩加固注浆深度示意图

梯形丝扣连接。每根钢管前导端加工自钻性钻头，以利于入孔；管身不设注浆眼。

浆液采用 32.5 级复合水泥，按水灰比 0.6：1~1：1 配制纯水泥浆，注浆压力为 0.5MPa，浆液固结体抗压强度为 20MPa。

采用 XY100 型管棚钻机，按水平方向钻进成孔。管棚在入洞口处一次施工完成。各部位管棚长度见表 6.3-2。

管棚长度统计表   表 6.3-2

部 位	暗挖长度（m）	单根管棚长度（m）	布置数量（支）	管棚总长（m）
1 号暗挖横通道	17.05	17.05	27	460.35
2 号暗挖横通道	14.35	14.35	27	387.45
A 端风道	16.385	16.385	32	524.32
B 端风道	17.05	17.05	25	426.25
合计	64.835			1 798.37

（3）施工流程

管棚施工工艺流程详见图 6.3-3。

（4）施工工艺

①开孔定位

洞口位置中板下有一条钢筋混凝土梁，作为管棚的固定端，孔口管采用 ϕ150mm×5mm 混凝土开孔机开孔（图 6.3-4 和图 6.3-5），先钻至围护桩与开挖面处，但不钻穿围护桩，并采用钢板封口板封口定位，四个角部用膨胀螺栓固定，确保不漏浆。

②钻机安装就位和对中

钻机安装前，先行测量布置管棚各个方向的后视点，可在后方的侧墙上作标记。钻机安装底座水平，机身稳固可靠。调整钻机高度，立轴对正孔位，将钻具放入孔口管内，使孔口管、立轴和钻杆在一条直线上，用水平尺和辅助线检测方向和外插角。

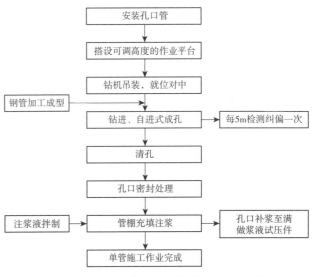

图 6.3-3 管棚施工工艺流程图

图 6.3-4 现场开孔图

图 6.3-5 大管棚和 TSS 管定位图

③钢管制作

本工程大管棚采用自进式,不预先成孔,钢管要事先在地面加工场加工成型再运至孔口工作面。要按设计对每个钻孔的钢管进行配管和编号,保证相邻钢管的搭接错开1.5m以上。采用 ϕ108mm×8mm 梯形丝扣连接。每根钢管前导端加工自钻性钻头(图6.3-6和图6.3-7),以利于入孔。

a)　　　　　　　　　　　b)

图6.3-6　大管棚图　　　　　　　　　　　图6.3-7　钻头大样图

④成孔作业

采用 XY100 型钻机, ϕ150mm 钻头,管棚跟进按水平方向钻进成孔。开钻前应调整好钻机的方向和 1°~2° 的外插角。开孔时采用低压慢转控制进尺速度,逐步加大给进压力和转速加快进尺速度,每 5m 检测一次方向和角度。成孔后,在大管棚左、右上角各插入1根 ϕ20mm 的钢管,以补充注浆加固管棚周边的空隙(图6.3-8和图6.3-9)。

a)　　　　　　　　　　　b)

图6.3-8　成孔钻进现场图　　　　　　　　图6.3-9　成孔注浆效果图

⑤安装注浆管及清孔

管棚注浆管采用 ϕ25mm 镀锌管,加工成3m每节,采用丝扣连接,由钢管内安放至底端。管棚左、右上角的 ϕ20mm 钢管采用相同尺寸的注浆嘴在管口注浆。注浆前先注入清水进行洗孔,把孔内浓泥浆和残留岩屑置换出来。清孔时间不得超过 15min,清孔后立即进行注浆。

⑥管棚充填注浆

管棚充填注浆采用 32.5 级水泥,按水灰比 1:0.5~1:0.8 配制水泥砂浆(或纯水泥浆)。注浆前应预先做好配合比试验。充填注浆至孔满后,采用棉布和木塞封堵孔口进行压浆。注浆压力为 0.5MPa。采用高速拌浆机拌浆,并注意控制原材料用量及水灰比,使浆液既满足强度要求,又有良好的泵送性能。注浆泵采用砂浆泵 KUBJ 型或 UB-3 型注浆泵(图6.3-10)。每根每米注水泥浆量约 0.3m³(水泥用量约 165kg)。

图 6.3-10　注浆施工现场图

管棚注浆技术参数详见表 6.3-3。

管棚注浆技术参数表　　　　表 6.3-3

项　目	参　数　名　称	参　数
浆液搅拌	原材料	32.5 级普硅水泥
	纯水泥浆水灰比	1∶0.5~1∶0.8
浆液固结体	抗压强度	20MPa
注浆	泵量	150L/min
	注浆压力终值	0.5~1.0MPa

3）TSS 管注浆措施

（1）概述

本工程 TSS 注浆施工包括以下几种类型：

①拱顶 TSS 长管注浆，采用 ϕ42mm 无缝钢管，长度视隧道长度而定，在进洞前一次施作完成。

②超前 TSS 短管注浆，采用 ϕ42mm 无缝钢管，长度 3.5m，环向间距 0.3m，纵向间距 1.0m。

③不良地质（<3-1> <3-2> <5-1> 地层）掌子面 TSS 短管注浆，采用 ϕ42mm 无缝钢管，长度 3.5m，间距 0.8m，梅花形布置。

④拱肩竖向 TSS 短管注浆，采用 ϕ42mm 无缝钢管，长度 4.0m，环向间距 0.3m，纵向间距 1.0m。

（2）TSS 管构件的组装

采用 ϕ34mm（外）× ϕ20mm（内）× 80mm（长）尺寸的橡胶止浆塞进行止浆。将 TS-A 顶管、TS-B 芯管、TS-C 顶杆螺母和 TS-D 止浆塞配套后装入独头焊接钢管中。顺时针旋转 TS-C 顶杆螺母，使止浆塞膨胀至旋转困难时为止，停止旋转，将止浆系统固定牢固后，可进行注浆，如图 6.3-11 所示。

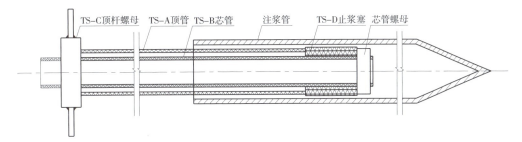

图 6.3-11　TSS 注浆管组装图

（3）TSS 管的制作

采用 ϕ42（外）mm × 3.25mm（壁厚）钢管作为注浆管，将注浆管一端切割成尖形，便于打入，并把切缝焊严密，使其密闭性良好。用水试验，水不得由焊接处渗出。TSS 管可以保证浆液通过压力注入地层，同时，可以避免地层中的砂粒涌入注浆管，减免地下水渗入注浆管中，使注浆管具有单向作用。注浆管管身采用钻床钻孔，注浆管身施钻内径 ϕ3~5mm，外径 ϕ6~8mm 的溢浆孔，溢浆孔呈螺旋形布置，相邻两孔中心间距 50mm。为保证注浆过程不反浆，在注浆管的尾端宜留 800mm 不布孔，埋设时外露 200mm。在注浆管打入前用直径为 6~8mm 的小铝片涂胶将注浆孔封盖，并用透明胶布粘牢，防止注浆管在打入时泥土进入管内使注浆芯管无法进入。注浆管加工示意如图 6.3-12~ 图 6.13-15 所示。

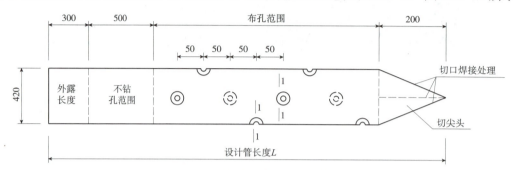

图 6.3-12　TSS 注浆管钻孔布置纵剖面图（尺寸单位：mm）

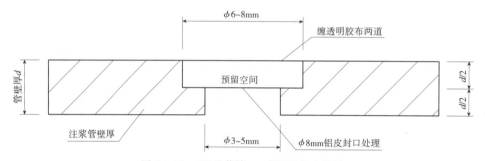

图 6.3-13　TSS 注浆管 1-1 剖面钻孔大样图

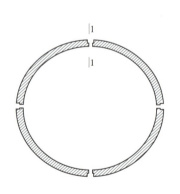

图 6.3-14　TSS 管钻孔布置横截面图

图 6.3-15　TSS 管现场图

（4）TSS 管施工方法

TSS 管注浆施工流程如图 6.3-16 所示。

对于较软弱的地层，采用风镐直接顶注浆管将其打入地层中；对于较硬的地层，可采用 YT-28 型手持式风动凿岩机进行钻孔（钻头稍大于注浆管外径），并确保成孔顺直，并及时清理孔内的残积渣土，然后将注浆管埋设进去。所有的注浆管外露 10~20cm，注浆管布设后，采用棉纱+速凝水泥砂浆将注浆管周围封填，以避免注浆施工中产生返浆。每环注浆管全部安设完成后，初喷 50mm 厚的喷射混凝土封闭开挖面。

注浆工艺施工采用后退式分段注浆，将带有止浆塞的芯管和顶管连接后插入到注浆管孔底，顺时针旋转芯管上的法兰盘，使止浆塞膨胀，以达到止浆效果。连接注浆管路向孔内注浆，每次注浆段长宜为 0.5~0.6m，即第一段注浆完成后，反时针旋转芯管上的法兰盘，使止浆塞恢复到原状，将芯管后退 05~0.6m，进行第二段注浆，如此循环，直到将整个注浆段完成。分段后退式注浆要特别注意止浆塞损坏程度，施工过程中若发现止浆塞出现破损失效，应立即更换，以免引起注浆管堵塞，造成芯管无法拔出。

（5）施工参数

拱顶注浆管沿拱顶按环向间距设计为 300mm，纵向间距 1.0m，外插角 15°；拱肩 TSS 管环向设计间距 300mm，设于拱肩部，纵向间距 1.0m，外插角 30°~45°。注浆管采用 $\phi 42$mm，壁厚 $t=3.5$mm，拱顶 TSS 管单根长度 3.5m，拱肩单根长度 4m。注浆管身施钻内径 $\phi 3~5$mm、外径 $\phi 6~8$mm 的溢浆孔，溢浆孔呈螺旋形布置，相邻两孔中心间距 50mm。设计开挖初期支护格栅钢拱架纵向间距为 500mm 一榀，按注浆管的搭接长度，即每开挖 1.5m 或立三榀格栅钢拱架就打设一环注浆管进行注浆超前加固地层。

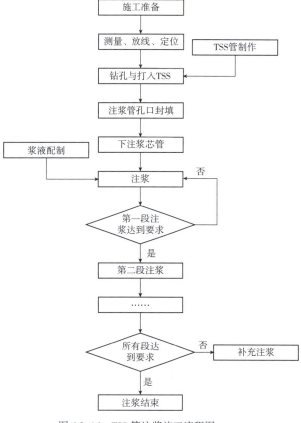

图 6.3-16 TSS 管注浆施工流程图

①注浆压力

注浆压力应根据地层致密程度决定，一般为 0.5~1.0MPa；对路面有供水管、煤气管等管线范围隧道，采取注浆压力 0.2~0.5MPa。

②注浆材料及浆液配比

a. 水泥—水玻璃双液浆：水泥采用 32.5R 普通硅酸盐水泥，水玻璃为 30~35B'e。水泥浆液水灰比为 1：1，水泥浆液与水玻璃体积比为 1：1。

b. 根据预配制水泥浆的体积，按水灰比计算出所需要的超细水泥和水的用量。

c. 根据用量，在搅拌机中加入水和超细水泥，强力搅拌，混合均匀。

d. 水玻璃浆的配制：在浓水玻璃中加入水，边加水边搅拌，边用玻美计测试其浓度，到达所需要的稀浓度 35B'e 时为止。

③注浆顺序及注浆量控制

a. 注浆时相邻孔位应错开，交叉进行。注浆顺序由下而上，以间隔对称注浆为宜。

b. 单根结束标准：注浆过程中，压力逐渐上升，流量逐渐减少，当压力达到注浆终压，注浆量达到设计注浆量的 80% 以上时，可结束该孔注浆；注浆压力未能达到设计终压，注浆量已达到设计注浆量并无漏浆现象时，亦可结束该孔注浆。注浆量单孔每米 0.2~0.3m³（水泥用量约 0.537t），每延米的水玻璃重量约为 0.141t。

c. 本循环结束标准：所有注浆孔均达到注浆结束标准并无漏注现象时，即可结束本循环注浆。

注浆效果：在主体内注浆时，发现对面附属明挖结构接口处有水泥浆冒出。开挖前，在洞口两根 TSS 管之间位置先抽芯，取芯结果发现有水泥浆块，但无明显水泥柱状体。开挖掌子面发现，有多处水泥浆脉，如图 6.3-17 和图 6.3-18 所示。

图 6.3-17 开挖效果图 1

图 6.3-18 开挖效果图 2

4）降水措施

暗挖开挖时，附属明挖部分围护挖孔桩还在施工，利用一根成孔的人工挖孔桩为降水井抽水，作为降水辅助措施。开挖前，在掌子面打一根探孔，渗水量较少，开挖过程掌子面基本稳定。

5）破洞门施工工序及技术措施

（1）主体破洞门施工工序及技术措施见表 6.3-4。

主体破洞门施工工序及技术措施　　　　　　表 6.3-4

序号	图示（尺寸单位：mm）	施工工序及技术措施
1		1. 测量、放线，在围护桩上钻孔； 2. 施作大管棚及超前 TSS 长管注浆
2		1. 破除左上导洞位置的 3 根围护桩； 2. 施工超前 TSS 短管、掌子面 TSS 管及拱肩 TSS 注浆； 3. 密排 2 榀格栅、临时型钢支架； 4. 进行左侧上导洞开挖，开挖时，预留核心土，环形开挖，并迅速进行初期支护，及时封闭

续上表

序号	图示（尺寸单位：mm）	施工工序及技术措施
3		1. 破除左测下导洞位置的3根围护桩； 2. 施工掌子面TSS管注浆； 3. 接长格栅钢架、临时支护、挂网、打设锁脚锚管、喷混凝土； 4. 进行左侧下导洞开挖，迅速进行初期支护，及时封闭
4		1. 破除右侧上导洞处的围护桩； 2. 施工超前TSS短管、掌子面TSS管及拱肩TSS注浆； 3. 密排2榀格栅、临时型钢支架； 4. 进行右侧上导洞开挖，开挖时，预留核心土，环形开挖，迅速进行初期支护，及时封闭
5		1. 破除右侧下导洞处的围护桩； 2. 施工掌子面TSS管注浆； 3. 接长格栅钢架、临时支护、挂网、打设锁脚锚管、喷混凝土； 4. 开挖右侧下导洞，迅速进行初期支护，及时封闭

（2）安全技术措施：

①进行分步开挖，施工时本着化大为小、先支后挖的原则进行。破除围护桩时，须将破除位置的围护桩切割成高为1~2m的小块，从上至下依次破除，严禁从下部掏挖。

②破除上部围护桩时须搭设稳固的作业平台，严禁随便抛掷渣屑。

③切割围护桩时如果出现涌水涌沙，则先进行超前TSS注浆，并打水平孔探水，直至确定注浆达到效果后，再进行破洞施工。

④加强监控量测，反馈信息，指导施工。

6）初期支护

本暗挖隧道结构采用复合式衬砌，初期支护喷C25（S6）早强混凝土，1号出入口暗挖通道，2号出入口暗挖通道，A端1号暗挖风道400mm，B端2号暗挖风道300mm。钢筋网、砂浆锚杆与格栅拱架联合支护，格栅钢架间距0.5m。

（1）初期支护施工作业程序

初期支护施工作业程序如图6.3-19所示。

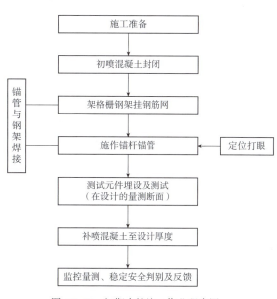

图6.3-19 初期支护施工作业程序图

（2）初期支护施工工艺及要点

为了保护围岩，调动和发挥围岩的自承能力，在掌子面开挖后，应立即进行封闭支护，使支护与围岩共同作用，保持掌子面的安全和稳定。因此开挖后先进行初喷混凝土封闭，喷层厚50mm，架设格栅拱架，打锚杆，再补喷混凝土至设计厚度将钢格栅喷满，喷混凝土采用早强混凝土。

① 喷射混凝土施工

在本工程施工中将采用喷混凝土工艺。

a. 原材料的选择

水泥：采用32.5级复合硅酸盐水泥；砂：中砂，细度模数2.5，最大粒径≤5mm，其他指标符合《普通混凝土用砂质量标准》；碎石：粒径小于15mm的连续级配，其他指标符合《普通混凝土用碎石或卵石质量标准》。

b. 配合比选择

水泥：砂：碎石=1：1.98：2.02，水灰比0.45，水泥用量每立方440kg。

外加剂掺量：早强减水剂掺量为水泥用量的0.4%~1.0%，一般取0.7%。

c. 混凝土坍落度

严格按配合比进行混凝土生产，混凝土的坍落度控制在8~15cm。

d. 喷混凝土工艺流程

喷混凝土工艺流程如图6.3-20所示。

e. 喷射混凝土施工注意事项

喷混凝土前应首先检查机具设备的完好情况，确保机具完好；施喷过程中，喷射机的风压保持在0.3~0.5MPa；输料管宜顺直放置或尽可能以大半径弯曲；上料应均匀连续，经常保持喷射机料斗满料；喷头与受喷面的距离应保持在1.5m范围内；喷射混凝土时，喷射的角度最好保持与受喷面垂直，若因支护钢架的影响不能保持垂直时，也不应小于70°；喷头操作应连续不断地作圆周运动，并形成螺旋状，喷射的路线应自下而上，呈S形运动，隧道内的喷混凝土应先边墙后拱部；一次喷射混凝土的厚度以边墙70~100mm、拱部50~60mm为宜；喷混凝土结束时，应待喷射机内的料喷完后再停风。

整个施工过程应严格依据有关操作规程进行作业，保证施工安全。

f. 劳动力组织及机械配备，如表6.3-5和表6.3-6所示。

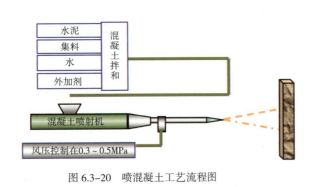

图6.3-20 喷混凝土工艺流程图

劳动力组织表　　表6.3-5

序号	职务	人数	备注
1	喷射手	3	含助手一人
2	喷射机司机	2	操作喷射机
3	上料工	6	喷射机上料（含管路工、电工）
4	搅拌机司机	2	操作搅拌机
5	上料工	6	搅拌机上料

g. 质量控制和检查

（a）喷射混凝土的抗压、抗拉强度和抗渗性能，通过工地喷大板，切割制取试块检查。

第6章 浅埋暗挖隧道施工技术

机 具 设 备 表　　　　　　　　　表 6.3-6

序号	机具名称	规模型号	数量	备注
1	混凝土喷射机	TK-961	2	喷混凝土
2	搅拌机	JS350	1	搅拌混凝土
3	空压机	26m³/min	1	压缩空气
4	小型机动车	斗容量 0.75	6	运输混凝土

（b）喷层厚度控制，以锚杆外露端头作标记。挂网地段，预先量测钢筋网与受喷面间距离，考虑保护层厚度，作为施喷时控制喷厚的依据。若无标记或无法控制喷厚时，则应在1h后，用手锤和钢钎等工具凿孔检查，如有问题应及时处理。

（c）对漏喷、超喷和表面凸凹不平处，应通过测试，根据具体情况予以及时处理。

②安装锚杆、补喷混凝土（架设钢格栅、挂网、安装锚杆、补喷混凝土）

初期支护的施工程序：初喷→架格栅→挂网→安锚杆→补喷混凝土至设计厚度。

a. 格栅拱架的加工与架设

格栅施工流程如图 6.3-21 所示。

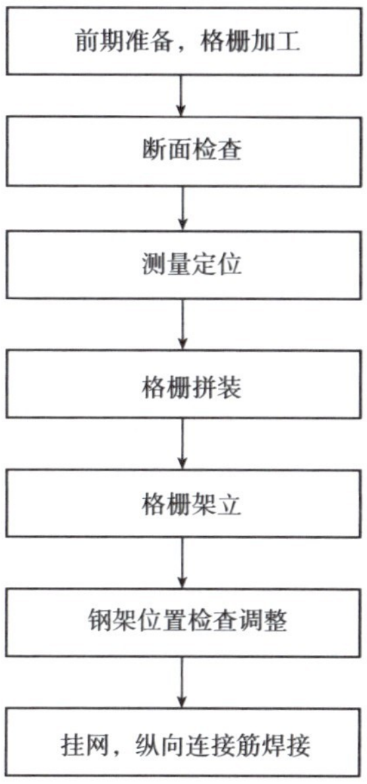

开挖后立即初喷一层厚约 50mm 的混凝土，将工作面封闭，然后进行格栅钢架的架设。

（a）格栅钢架在地面现场焊接加工。

（b）格栅钢架加工后要进行试拼，允许误差为：拱架矢高及弧长 +20mm，架长 ±20mm，拱、墙架横断面尺寸（高、宽）+10mm。组拼后需在同一平面上，允许偏差为：高度 ±30mm，宽度 ±20mm，扭曲度 20mm。

图 6.3-21　格栅施工流程图

（c）架设在与隧道轴线垂直平面内，安装允许误差为：横向 ±30mm，纵向 ±50mm，高程 ±30mm，垂直度 5%。

（d）格栅间距严格按设计要求控制，两榀之间纵向用间距 1m 的 ϕ22mm 纵向连接筋连接，以形成一桁架结构，各榀共同受力（图 6.3-22）。

图 6.3-22

b. 挂网

用 ϕ6.5mm 的钢筋制作钢筋网片，网格尺寸为 150mm×150mm，点焊挂铺在格栅或型钢钢架上，网片搭接一个网格。

c. 砂浆锚杆施工

锚杆设计参数：ϕ22mm 螺纹钢筋砂浆全长锚固型锚杆，孔径 ϕ42m，L=3.5m，环纵向间距 1m×0.5m，梅花形交错布置。砂浆用强度不低于 32.5MPa 的水泥拌制，水泥砂浆的强度等级不低于 M20，设置 150mm×150mm×8mm 的钢垫板。

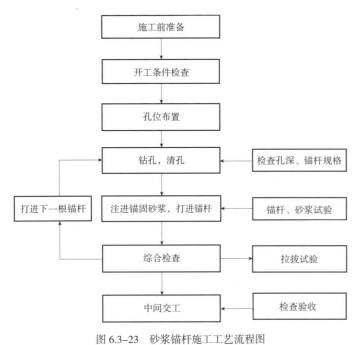

图 6.3-23 砂浆锚杆施工工艺流程图

(a) 砂浆锚杆施工方法

锚杆按设计要求提前加工，根据设计位置布眼、钻孔，加工好的锚杆及锚杆孔要符合规范要求。采用 YT-28 风钻成孔，成孔后用高压水将钻孔内石粉冲洗干净，然后注浆机注砂浆，将锚杆用风钻杆顶进、锚固。

(b) 施工工艺流程

砂浆锚杆施工工艺流程见图 6.3-23。

(c) 主要施工技术要点

施工准备：包括机具和材料的准备；钻进：采用 YT-28 风钻钻进至设计深度，开孔直径 42mm；清孔：安装前，锚杆去油污、锈蚀，用高压风清理孔内岩粉、碎屑；注浆：用注浆机将按照设计配比制成砂浆注进孔内，砂浆用强度不低于 32.5MPa 的水泥拌制，灰沙比 1:1~1:1.5，水灰比 0.38~0.45。

(d) 锚杆置入固定：将锚杆体用风镐顶入孔内，并固定牢固。

(e) 在无格栅地段，在初喷后施作锚杆；在有格栅地段，锚杆在格栅架设后施作，施工中尽量作些调整，使之与格栅架设位置基本一致，使锚杆可从格栅中间穿过或与格栅贴边打入，以利端部与格栅焊连成一整体。

d. 补喷混凝土

在上述初喷、（架格栅、挂网）锚杆安完后，自检合格并填写安装记录报监理办理隐蔽工程检查，经监理同意后，立即补喷混凝土至设计厚度。喷射混凝土施工作业同前所述。

7）暗挖隧道开挖施工步骤

根据隧道断面的大小、地质因素及周围环境情况和设计文件提供的结构形式、支护参数，B 端风道采用环形台阶法施工，1 号和 2 号出入口横通道、A 端风道暗挖隧道采用 CRD 工法，由于所通过的主要是Ⅴ、Ⅵ级类围岩，每循环进尺严格控制在 0.5m 以内。以 2 号出入口横通道为例说明，其他类同，不再详述。

2 号出入口横通道采用六步 CRD 法施工，临时支护及临时仰拱横连均采用型钢，并与正洞钢架相互连接，钢架之间焊接 $\phi22mm$ 的连接筋并挂网喷混凝土支护，中隔壁与临时仰拱需外喷混凝土，施工顺序如图 6.3-24 所示。

2 号出入口横通道施工顺序示意图如图 6.3-25 所示，图 6.3-26 为现场施工情况。

8）二次衬砌施工

二次钢筋混凝土衬砌在初期支护稳定、防水板敷设后施作，采用钢拱架配钢模板、中板和下部拱墙采用木模板和满堂钢管支架施工（图 6.3-27）。

（1）施工准备

首先检查隧道中线、高程、断面净空尺寸，各项尺寸必须全部满足设计要求；其次进行基面检查，确保基面平顺无尖锐物，对基面滴水要进行注浆封堵；基面检查合格后，按要求采用垫块热焊法敷设防水卷材。

第6章 浅埋暗挖隧道施工技术

图 6.3-24　2号出入口横通道顺序简表

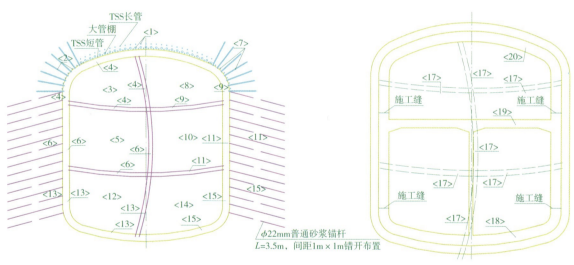

图 6.3-25　2号出入口横通道施工顺序示意图

a)

b)

图 6.3-26　现场施工图

图 6.3-27 二次衬砌施工

（2）钢筋施工

采用符合设计、检验合格、监理批准的钢筋在地面加工成半成品，然后运至洞内衬砌浇筑地段按规定焊接绑扎，构成二次衬砌钢筋骨架，在仰拱与边墙施工缝预留钢筋搭接焊接长度，设置排迷流条和拱部二次衬砌背后注浆管。

（3）拱架架立

拱架采用 I20a 工字钢加工而成，中间采用螺栓连接。隧道仰拱浇筑后，即架立模架，逐榀测量校正。该模架既可作钢筋绑扎的台架，又可作衬砌的支撑用。一切准备工作就绪，即挂模浇筑混凝土。

（4）混凝土浇筑

混凝土采用防水商品混凝土，混凝土输送泵分层、水平、两边对称浇筑，插入式振捣器（侧面开孔）振捣器进行密实振捣。在拱顶处密封施工缝端头模板，并在顶部安装 1m 长外露管，通过混凝土输送泵加压灌注直至外露管溢出混凝土后停止。

6.3.3　经验总结

（1）大管棚+TSS长管双液浆拱顶加固措施在本工程砂层中加固处理合理，效果明显，路面沉降控制在 10mm 以内。

（2）掌子面 TSS 管双液浆加固及利用附属挖孔桩降水措施有效，开挖面无明显渗水，掌子面自稳性较好。

（3）2号出入口横通道、A端1号暗挖风道大断面隧道开挖采用六部 CRD 工法，配合临时中隔壁、临时仰拱，对道路沉降控制比较有效，该工法适合闹市区过街暗挖隧道。

6.4　小北站站厅通道浅埋暗挖隧道施工技术

6.4.1　工程概况

广州地铁五号线小北站东、西端两条暗挖站厅隧道开挖断面尺寸分别为 9.9m（宽）×11m（高）、9.9m（宽）×11.7m（高），均为弧顶弧底直墙结构，采用格栅钢架+临时工字钢仰拱+临时工字钢中隔墙初期支护形式，采用分部开挖法开挖施工；隧道全长近 50 延米，隧道两端接明挖出入口；隧道正交下穿广州市交通繁忙的城市主干快车道环市中路，西端站厅隧道拱顶覆土仅 3.5~4.0m，属超浅埋暗挖隧道；东端站厅隧道拱顶覆土仅 4.5~7m，属浅埋暗挖隧道。工程地质及水文情况如表 6.4-1、图 6.4-1 和图 6.4-2 所示。

工程地质及水文情况　　　　　　　　　　　　　　　表6.4-1

地层编号	地层名称	地层特征、分布
<1>	人工填土层	分布广泛，主要由素填土、杂填土组成，层厚0.50~6.00m，平均厚度2.93m
<3-1>	冲积~洪积粉、细砂层	浅灰色、青灰色、灰白色等，饱和、松散~稍密状，局部分布，厚度较薄，层厚0.50~2.20m，平均厚度1.16m
<3-2>	冲积~洪积中、粗、砾砂层	局部为圆砾，灰白色、灰黄色、浅灰色等，饱和、松散状，部分呈稍密状，部分地段有分布，层厚0.80~3.80m，平均厚度2.20m
<4-1>	冲积~洪积土层	粉质黏土，可塑状，灰黄色、浅灰色、褐红色等，局部为粉土，呈稍密状，土质较均一，部分地段有分布，层厚1.00~4.50m，平均厚度2.47m
<4-2>	河湖相淤泥质土层	黏粒、粉粒，含少量有机质，流塑状，灰色~深灰色，局部地段有分布，层厚0.60~2.10m，平均厚度1.42m
<5-1>	可塑或稍密~中密状残积土层	碎屑岩风化形成的粉质黏土、粉土，红褐色，黏性土呈可塑状，粉土呈稍密~中密状，部分地段有分布，层厚0.60~11.10m，平均厚度4.19m
<5-2>	硬塑或中密状残积土层	碎屑岩风化形成的粉质黏土、粉土，红褐色，黏性土呈硬塑状，粉土呈密实状，部分地段有分布，层厚1.00~17.10m，平均厚度5.22m
<6>	岩石全风化带	大部分地段有分布，主要由泥质粉砂岩组成，局部为含砾粗砂岩、砾岩、粉砂岩，呈红褐色、紫红色，原岩组织结构已基本风化破坏，但尚可辨认，岩芯呈坚硬土状或密实土状，层厚0.50~11.00m，平均层厚2.88m
<7>	岩石强风化带	分布广泛，岩性主要为泥质粉砂岩、粉砂岩、砾岩、含砾粗砂岩，局部为泥岩，岩石组织结构已大部分被破坏，但尚可清晰辨认，矿物成分已显著变化，风化裂隙较发育，岩体较破碎，岩芯呈岩状或半岩半土状，岩质较软，层厚0.50~14.15m，平均厚度2.81m
<8>	岩石中风化带	分布较广泛，呈红褐色，岩性主要为泥质粉砂岩、粉砂岩夹砾岩、含砾粗砂岩等，陆源碎屑结构，中厚层~厚层状，岩石组织结构部分破坏，矿物成分基本未变化，有风化裂隙，泥质钙质胶结，岩芯较完整，呈短柱状~长柱状，岩质稍硬，层厚0.40~9.50m，平均厚度1.88m
<9>	岩石微风化带	分布广泛，呈红褐色，岩性为泥质粉砂岩、粉砂岩、含砾粗砂岩、砾岩等，陆源碎屑结构，中厚~厚层状构造，泥质、钙质、铁质胶结，胶结紧密，局部有少量风化裂隙，岩芯完整，以长柱状为主，岩质较硬，层厚0.60~28.78m，平均厚度6.73m

1）西端站厅通道工程地质（图6.4-1）

2）东端站厅通道工程地质（图6.4-2）

3）水文概况

勘察揭露的地下水水位埋藏较浅，稳定水位埋深为0.15~6.20m，平均埋深3.25m，高程为7.50~15.89m，平均为11.52m。地下水位的变化与地下水的赋存、补给及排泄关系密切，每年5~10月为雨季，大气降雨充沛，水位会明显上升，而在冬季因降水减少，地下水位随之下降，年变化幅度为2.5~3.0m。地下水按赋存方式分为第四系松散岩类孔隙水、层状基岩裂隙水。

东、西端站厅设计断面形式如图6.4-3和图6.4-4所示。

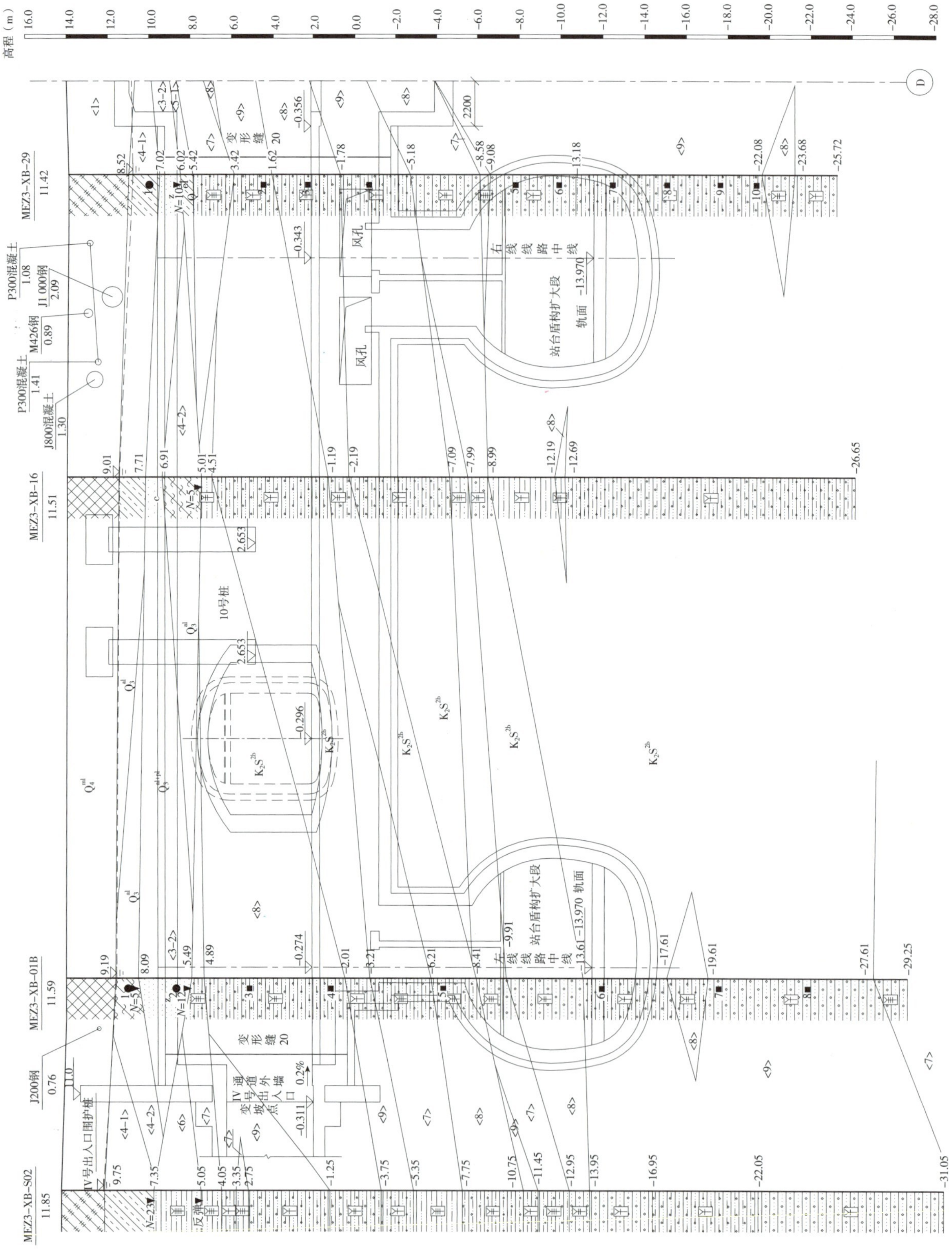

图 6.4-1　西端站厅通道工程地质纵断面图

第6章 浅埋暗挖隧道施工技术

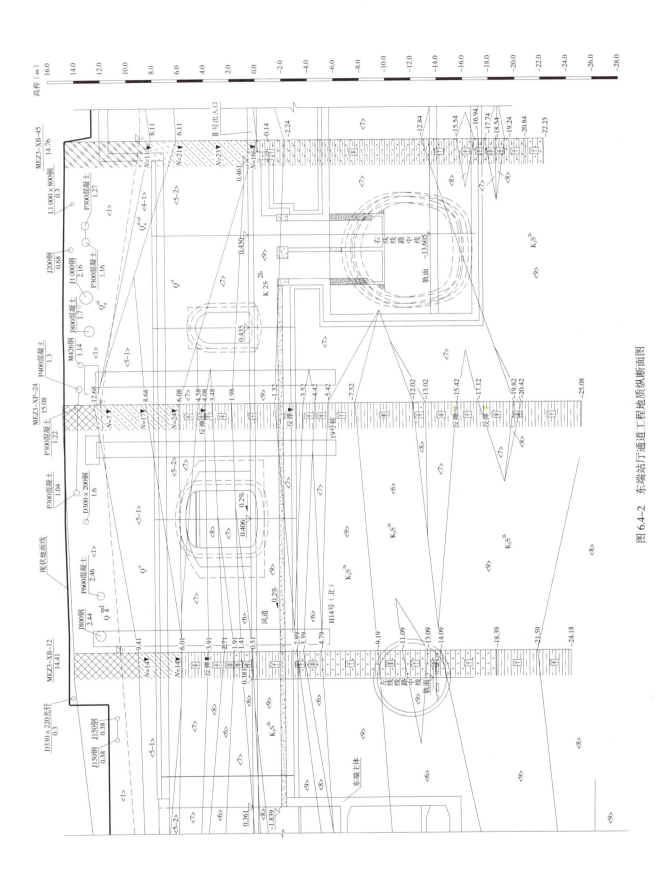

图 6.4-2 东端站厅通道工程地质纵断面图

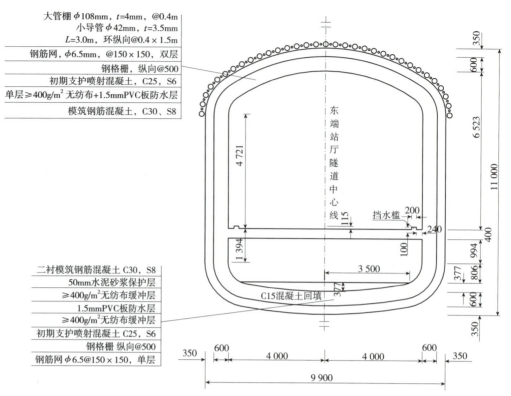

图 6.4-3 东端站厅设计断面形式图（尺寸单位：mm）

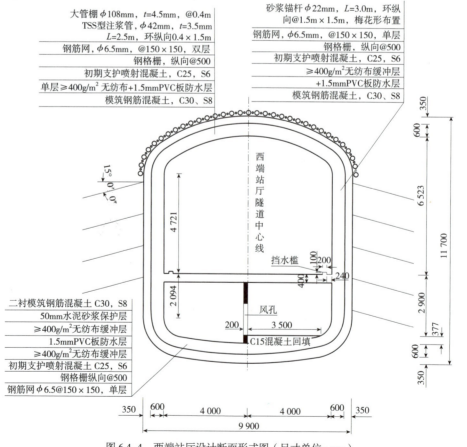

图 6.4-4 西端站厅设计断面形式图（尺寸单位：mm）

西端站厅隧道横断面如图 6.4-5 所示。

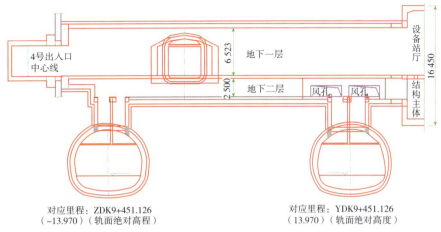

图 6.4-5　西端站厅隧道横断面图（尺寸单位：mm）

隧道通长拱部及拱顶地层均为含水砂层，砂层厚度为 1.0~2.6m，砂层进入隧道拱部 0.5~2m；砂层以中粗砂为主，部分有粉细砂，颜色呈暗灰色、粉白色及粉黄色等；地下水位平均位于地表以下 3.5m，砂层位于地下水位以下，无自稳能力，在天然状态下，一旦扰动就会发生涌水突泥，后经现场测试，站厅隧道砂层每小时涌水量为 45m³。

东、西端两条超浅埋大跨暗挖站厅隧道如何防止在含水砂层中开挖坍塌和控制环市中路道路的沉降，是本工程的主要难题。

6.4.2　站厅隧道通过含水砂层防塌和限沉技术措施

1）大管棚超前支护

主要采用了孔内精确导向大管棚施工方法，沿隧道周边含水砂层出露部位，打设 φ108mm 大管棚，环向间距 40cm，长度 45m，外插角 1°~2°，通过孔内精确导向，一次性穿越含水砂层，并通过注浆固结相临管棚之间的砂土，从而提高地层的刚度和起到棚架作用，将掌子面可能产生的破裂面与隧道上方的围岩隔开，防止隧道拱顶发生大范围坍塌和出现整体失稳。

该技术采用孔外远程自动精确测试偏斜、特殊钻头纠偏，全孔一次性长距离钻进的大管棚施工工艺，大大提高了长距离管棚的施工精度。具体操作方法如下：

将大管棚钢管作为钻杆，全孔一次性钻进，直接安装大管棚。大管棚钢管钻头采用与钻管等径的楔子板钻头，楔子板回转半径略大于钻管半径，钻头前端有 φ12~15mm 的水眼，当钻头正常回转钻进时，钻管沿直线前进；当钻头由于某种原因偏离预定轨迹偏向某一方向时，就进行纠偏。纠偏方法是把钻头楔子板面调至已经偏斜的方向，钻机停止回转加力顶进，钻头由于斜面的作用就会向相反的方向偏斜，以此调整钻进的方向。楔子板面向角的朝向和钻头的偏斜方位都是由装在钻头后部的导向探头监测的，该探头通过穿过钻管的导线连接到位于钻机操作台的显示屏，操作人员就可以方便地调整钻进方向，这样终孔偏差可以控制在 5‰ 以内。导向板钻头结构示意图如图 6.4-6 所示。

如图 6.4-6 所示：钻头内装有特制的传感器，传感器直接由 15V 直流供电。显示屏显示钻头的倾角（倾角度数）、面向角（导向板的方向：导向板朝上即为 12 点，如同钟面）。钻进角度如果偏下，可以把钻头调到 12 点，即导向板朝上，直接顶进，此时由于楔子板斜面面积大，受到一个向上的力，钻头轨迹就会朝上运动。同理，在 6 点纠偏可以

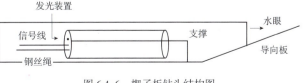

图 6.4-6　楔子板钻头结构图

使楔子板斜面朝下，9点、3点分别是为左、右纠偏方向。如果角度合适，钻机会匀速旋转钻进，此时钻杆轨迹一般是平直的。所以导向钻头是纠偏的关键，钻头偏角控制显示屏如图6.4-7所示。图6.4-8为西端站厅通道大管棚现场施工图。

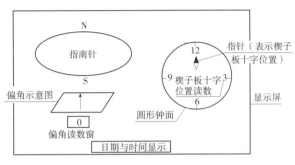

图6.4-7　钻头偏角控制显示屏

图6.4-8　西端站厅通道大管棚现场施工图

2）上半断面含水砂层超前TSS管预注浆

主要采用了阀片式小管分段后退式注浆（即TSS管注浆）方法，以提高地层加固和堵水质量。针对隧道上半断面内的含水砂层无自稳能力，容易发生涌水流砂的情况，采用了排浆孔带有单向阀片的小导管进行分段后退式注浆，小导管直径φ42mm，长度5m，注浆压力为0.8~1.2MPa，浆液扩散半径为0.4~0.6m，注浆加固范围为隧道开挖轮廓线外1.0~2.0m，超前预注浆的堵水率可以达到86%左右。通过掌子面超前预注浆提高了地层的强度和整体性，降低了地层渗透系数，从而确保围岩稳定和开挖安全。

（1）注浆参数

注浆材料为水泥—水玻璃双液浆，水灰比为1∶1，水泥和水玻璃的体积比为1∶1~1∶0.6，注浆压力为1.0~1.5MPa，注浆扩散半径为0.3~0.5m。

西端站厅通道TSS管施工参数：拱圈TSS管沿拱顶按环向间距设计为400mm，外插角10°~15°布设，每循环共34根，单根长度2.5m，水平纵向每1.5m打设一个循环；掌子面的TSS管按间距为0.9m×0.9m呈梅花形布置，每循环共34根，单根长度5m，水平纵向每3.5m打设一个循环，止浆盘厚1.5m。

单根结束标准：注浆过程中，压力逐渐上升，流量逐渐减少，当压力达到注浆终压，注浆量达到设计注浆量的80%以上，可结束该孔注浆；注浆压力未能达到设计终压，注浆量已达到设计注浆量，并无漏浆现象，亦可结束该孔注浆。

本循环结束标准：所有注浆孔均达到注浆结束标准，无漏注现象，即可结束本循环注浆。实际单孔注浆用量：水泥0.267t，水玻璃0.12t，每步拱顶设置16孔，掌子面设置18孔；每步注浆用量：水泥9.078t，水玻璃4.08t；每个循环注浆用量：水泥18.156t，水玻璃8.16t；总用量：水泥907.8t，水玻璃408t。

（2）注浆工艺

小导管加工（提前加工）→注浆设备检查与维修→施工准备→施工作业平台搭设→孔位测量放样→成孔→小导管安设→小导管与成孔间隙封填→挂钢筋网喷350mm厚喷射混凝土封闭开挖面→TS-B芯管与TS-A顶管安装→TS-C顶杆螺母安装→接输送小导管路→注浆机具设备调试→选进行注水试验→浆液配制→第一段注浆施工→松开TS-C顶杆螺母→将TS-B芯管向外抽60cm→拧紧

TS-C 顶杆螺母→第二段注浆施工→单管注浆完成→进入下一根小导管施工（重复以上相关步骤）→本循注浆完成→清理场地及机具→施工结束。

3) 小导管注浆

在隧道上半断面每一循环开挖之前，均施作超前小导管，小导管直径 $\phi 42mm$，长度 3.5m，环向间距 30cm，外插角度 $5°\sim 10°$，每开挖 2.0m 安设一次，根据水量大小，每根小导管注浆采用单液水泥浆或双液水泥—水玻璃浆，注浆终压为 0.5~0.8MPa。通过小导管超前支护进一步提高掌子面的稳定性。小导管组装图见图 6.4-9。

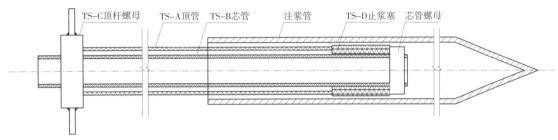

图 6.4-9　小导管组装图

4) 超前钻孔排水

注浆完成后，在上半断面每循环开挖之前，根据需要，在隧道墙脚钻 2~3 个排水孔，孔深 3.0m，钻孔深入开挖轮廓线外 0.5~1.0m，以排出堵水后流向掌子面的少量地下水，降低掌子面砂层的含水量和水压力，做到无水或少水开挖，进一步提高掌子面的稳定性。每根排水管的排水量控制在 $0.5m^3/h$ 以内，并且只允许排清水，不允许排混水。如果排水浑浊，可能带走掌子面周围较多的颗粒，影响掌子面的稳定，应进行注浆封堵。

经超前预注浆加固，开挖前在掌子面将小花管提前打入，试水流量，基本没有较大出水量；开挖时掌子面砂层基本稳定，未出现较大面积坍塌，如图 6.4-10 和图 6.4-11 所示。

图 6.4-10　左洞拱部隔栅人工架设图

图 6.4-11　左洞第一步贯通情景图

5) CRD 法分步开挖

在总结东端站厅中洞法施工经验基础之上，西端站厅选择了 CRD 工法施工，从上到下，共分 8 步进行开挖，通过分块分步开挖，减小对围岩的扰动，缩短初期支护施作时间，并且尽快封闭成环。相邻两步掌子面间距一般控制在 4~6m，（1）、（3）步上半短面为砂层，稳定性差，容易出现塌方，采用留核心土环形开挖，每循环长度控制在 0.6m 以内，每循环架设一榀钢拱架后，立即进行喷锚作业；其他各步每循环的开挖长度一般控制在 1.5m 以内，每循环架设两榀钢拱架。在每一步钢拱架架设完毕，必须在拱脚打设 2~3 根锁脚锚管，并且使锁脚锚管和钢拱架焊接牢固，同时加强注浆，提高地层承载能力，以防止钢拱架整体下沉和不均匀下沉，锁脚锚管的长度为 5m，并以 45°左右的角度下插，进入稳定性相对比较好的地层。东、西端站厅隧道 CRD 工法开挖步序如图 6.4-12~图 6.4-14 所示。

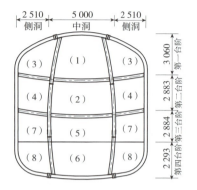

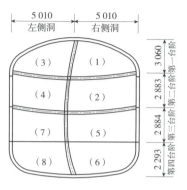

图 6.4-12　东端站厅隧道 CRD 工法开挖步序（尺寸单位：mm）　　　图 6.4-13　西端站厅隧道 CRD 工法开挖步序（尺寸单位：mm）

a）现场施工图

b）右侧洞人工风镐开挖图

图　6.4-14

6）初期支护尽快封闭成环

为了抑制侧向变形，形成合理的受力结构，每循环的钢拱架应尽快封闭成环和喷射混凝土，（1）、（3）步开挖由于核心土的影响，仰拱封闭一般滞后掌子面 2~3m，其他各步随开挖面向前推进，实行环环封闭。为了确保中间临时支撑的稳定，相邻两榀拱架临时支撑之间纵向必须用螺纹钢连接，并喷射和拱墙相同强度等级和厚度的混凝土。

7）洞内径向跟踪和抬升注浆

为了防止隧道下沉过大影响路面交通，在砂层较厚且含水量大的区段，（1）、（3）步每循环初期支护完成后，沿拱部 180°范围内施作径向注浆管，进行跟踪和抬升注浆，注浆管径向距离一般为 1.0m，纵向距离一般为 1.5m，直径为 $\phi 32mm$，长度为 1~3m，注浆管的排浆孔带有橡胶袖阀，对于沉降比较小的部位，采用全孔一次性注浆，对于沉降较大或稳定时间较长的部位，采用带有双控止浆塞的注浆芯管对同一跟注浆管可以进行分段反复跟踪注浆，逐次抬升地层，抑制沉降发展。因此，如果某一步在开挖过程中地表的沉降接近或超过警戒值，应立即跟踪和抬升注浆，防止水土流失和地层过度变形。跟踪、抬升注浆管紧跟掌子面施作，保持注浆的时效性，以适应土体的变形。每根注浆管每次的抬升值一般控制在 1~5mm 以内，抬升速率一般控制在每小时 0.2~1.0mm。

（1）注浆开始标准

用变形速率和总变形量进行控制，拱顶下沉按 15mm 控制，周边收敛按 30mm 控制，1/3 以内为安全，2/3以上为危险，变形速率按5mm/d、10mm/d两个指标控制。

（2）注浆主要参数（表6.4-2）

注 浆 参 数 表　　　　　　　表6.4-2

序　号	参 数 名 称	参 数 值	备　注
1	双液浆凝胶时间	10s~3min	根据现场情况调整
2	注浆终压（MPa）	0.5~1.0	
3	分段长度（m）	3~5	
4	注浆速度（L/min）	5~30	

（3）注浆施工工艺（图6.4-15）

袖阀管注浆，可用袖阀管代替小导管即可，施工工艺不变，但安装注浆管时，应做好橡胶逆止环的保护，利用袖阀管注浆时，可采用双向止浆塞，对孔中的某一特定区段进行注浆。

8）初期支护背后回填注浆

初期支护超前5~10m后，即可进行初期支护背后回填注浆，以固结拱背后松散地层及充填钢拱架和地层之间可能存在的空隙，并最大限度地减少地层松动和地表沉降。

回填注浆管每断面布置3根，分别设于上半断面拱顶和两侧拱脚部位，纵向间距3~5m。注浆管采用ϕ32mm钢插管，总长度不小于80cm，注浆管端部加工成尖锥形并焊接封闭，离末端20cm处钻4个ϕ6mm的注浆眼（环向布置）。回填注浆管一般在喷射混凝土前预埋，并与格栅钢架焊接在一起，内端用牛皮纸包裹，外端露出支护表面10cm，用棉纱封堵管口和地层之间间隙，注浆材料为单液水泥浆，压力为0.3~0.4MPa。

9）及时施工二次衬砌

由于站厅隧道相对较短，在开挖过程中施工二次衬砌，对前方开挖影响较大，因此二次衬砌在初期支护全部完成后进行。拱墙二次衬砌采用9.0m长的模板台车施工，在施工拱墙二次衬砌之前，先根据二次衬砌长度，拆除断面中间相应长度的临时支撑，进行仰拱混凝土填充。仰拱混

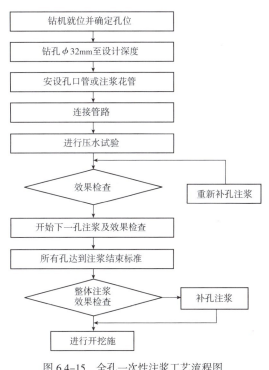

图6.4-15 全孔一次性注浆工艺流程图

凝土强度达到设计强度的70%时铺设防水系统，并进行拱墙的二次衬砌施工。二次衬砌达到设计强度75%以上时才能拆模，二次衬砌距离开挖面的距离一般控制在30m以内。

二次衬砌为钢筋混凝土防水混凝土，强度等级为C30，抗渗等级为S8，混凝土厚度为60cm，二次衬砌与初期支护之间设置排水盲管和柔性防水层。柔性防水层为：先铺设一层土工布，质量为300g/m²，然后铺设1.5mm厚聚乙烯防水板。所有防水板均采用无钉铺设工艺。

6.4.3 地表沉降和隧道周边位移分析

1）地表沉降分析

东西端站厅通道都是浅埋大断面隧道，埋深很浅，地面管线较多，设置了多个横向沉降槽。沉降点布置、沉降历时曲线如图6.4-16~图6.4-22所示。东西站厅通道沉降统计见表6.4-3和表6.4-4。

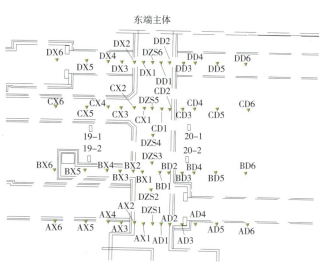

图 6.4-16 东端站厅通道地表沉降点布置图

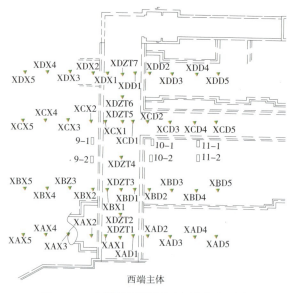

图 6.4-17 西端站厅隧道地表沉降点布置图

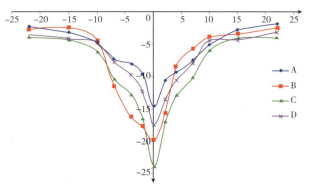

图 6.4-18 东端站厅通道横向沉降槽变化曲线

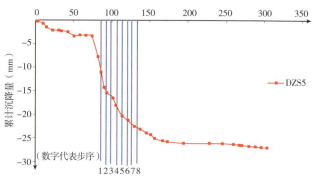

图 6.4-19 东端站厅最大沉降点地表沉降历时曲线图

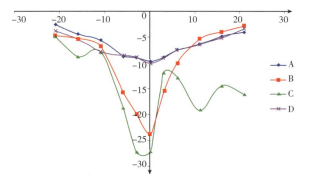

图 6.4-20 西端站厅通道横向沉降槽变化曲线

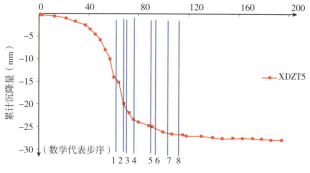

图 6.4-21 西端站厅最大沉降点地表沉降历时曲线图

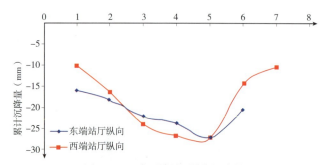

图 6.4-22 东西端站厅纵向沉降槽

东端站厅通道沉降统计表　　　　　　　　　　表 6.4-3

开挖步序	（1）	（2）	（3）	（4）	（5）	（6）	（7）	（8）	合计
各步开挖造成的沉降值（mm）	-5.29	-3.39	-2.65	-0.64	-1.31	-1.62	-0.14	-0.23	-15.27
各步开挖占开挖完成后累计沉降比例	29.5%	27.6%	15.6%	5.8%	12.3%	7.5%	0.9%	0.6%	99.8%

西端站厅通道沉降统计表　　　　　　　　　　表 6.4-4

开挖步序	（1）	（2）	（3）	（4）	（5）	（7）	（6）	（8）	合计
各开挖步序造成的沉降值（mm）	-4.52	-9.03	-1.03	-3.57	-2.56	-0.06	-0.67	-0.38	-21.82
各部开挖占开挖完成后累计沉降比例	20.4%	40.7%	4.7%	16.5%	11.5%	0.3%	3.0%	1.7%	98.8%

东西端站厅通道都是大断面超浅埋暗挖隧道，分别采用了中洞法和交叉中隔壁法的开挖方式。东西端站厅通道开挖对地表横向影响范围在 2~3 倍洞径范围内。沉降槽基本符合 PECK 描述的正态分布曲线，靠近隧道中线处的沉降较大，远离中线处沉降较小。东西端站厅通道开挖引起的地表沉降均较大，东端地表最大沉降值为 -26.81mm，西端站厅通道最大累计沉降 -27.69mm，均发生在斜通道上直段处，主要沉降发生在（1）、（2）步。

2）拱顶下沉和周边收敛分析（图 6.4-23~ 图 6.4-27，表 6.4-5 和表 6.4-6）

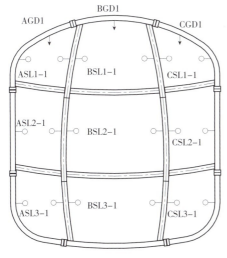

图 6.4-23　东端站厅布点

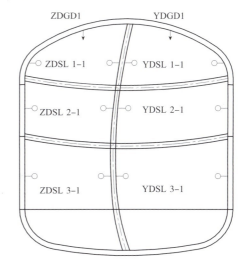

图 6.4-24　西端站厅布点

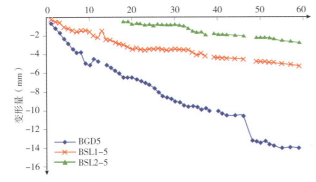

图 6.4-25　东端站厅收敛与沉降历时曲线

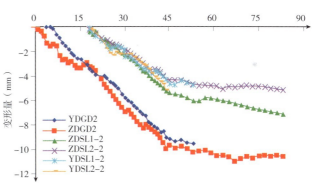

图 6.4-26　西端站厅收敛与沉降历时曲线

东端站厅2号测位各部变形（单位：mm）　　　　　表6.4-5

开挖步序	BGD2	AGD2	CGD2	BSL1-2	BSL2-2
（1）	-0.20	-0.20	0.10	-0.01	-0.01
（2）	-0.90	-0.30	0.00	-0.79	-0.42
（3）	-0.10	-0.30	-0.20	-0.10	-0.18
（4）	-0.50	-1.00	-0.30	-0.92	-0.24
（5）	-0.90	-0.60	-0.60	-0.36	-0.91
（6）	-0.40	-0.60	-0.60	-0.81	-0.39
（7）	-0.10	-0.40	-1.70	0.48	-0.67
（8）	-0.60	-0.30	-0.40	-0.11	-0.22

西端站厅2号测位各部变形（单位：mm）　　　　　表6.4-6

开挖步序	YDGD2	ZDGD2	ZDSL1-2	ZDSL2-2	YDSL1-2	YDSL2-2
（1）	-0.40	-0.10	-0.19	-0.20	-0.31	-0.10
（2）	-0.40	-0.20	0.21	-0.11	-0.22	-0.21
（3）	-0.20	-0.70	-0.56	-0.51	-0.45	-0.57
（4）	0.10	-0.50	-0.13	-0.18	-0.04	-0.24
（5）	-0.10	-0.20	-0.19	0.18	-0.30	-0.43
（6）	-0.40	-0.30	-0.33	-0.19	-0.21	-0.39
（7）	-0.10	-0.40	0.10	-0.16	0.10	-0.16
（8）	-0.20	-0.30	-0.10	-0.03	0.12	0.21

东西端站厅拱顶沉降与支撑收敛基本是平行发育，均表现出二台阶收敛值小于一台阶收敛值。西端站厅左洞室拱顶沉降量大于右洞室，由图6.4-26、图6.4-27可以看出，西端站厅（1）、（2）步收敛值小于（3）、（4）步收敛值，即后施工部变形大于先施工部。

3）拱顶下沉和地表沉降的关系分析（图6.4-28～图6.4-30）

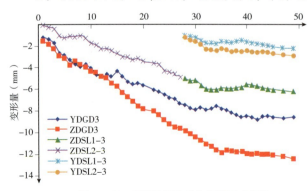

图6.4-27　西端站厅收敛与沉降历时曲线

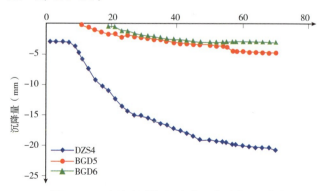

图6.4-28　东端站厅拱顶下沉与地表沉降历时曲线

第6章 浅埋暗挖隧道施工技术

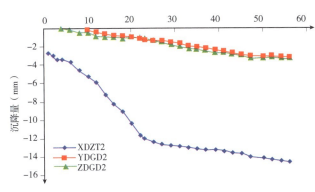

图 6.4-29 西端站厅拱顶下沉与地表沉降历时曲线

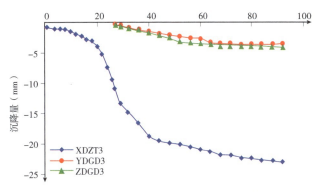

图 6.4-30 西端站厅拱顶下沉与地表沉降历时曲线

东西端站厅拱顶沉降均远小于地表沉降，沉降速率变化不大。

4) 东、西端暗挖站厅隧道地表沉降和拱顶下沉、周边收敛对比析（图 6.4-31 和图 6.4-32）

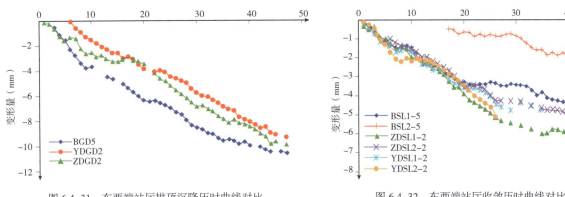

图 6.4-31 东西端站厅拱顶沉降历时曲线对比　　　　图 6.4-32 东西端站厅收敛历时曲线对比

采用中洞法施工的东端站厅中洞拱顶下沉值大于采用 CRD 法施工的西端站厅左右洞室拱顶的下沉值，下沉过程基本一致。

东端站厅中洞的收敛值小于西端站厅一、二台阶的收敛值。

6.4.4 经验总结

（1）总结提出了采用"大管棚和小导管超前支护、上半断面分段后退式注浆加固、径向跟踪和抬升注浆、CRD 工法开挖、掌子面适量排水"的超浅埋隧道防塌和限沉控制技术。通过以上措施的应用，将站厅隧道地表下沉控制在 30mm 以内，隧道拱顶下沉控制在 15mm 以内，周边收敛控制在 20mm 以内，防止了地表塌陷和隧道出现大变形，确保了隧道施工的安全和质量（图 6.4-33）。

（2）总结提出了"孔外远程自动精确测试偏斜、特殊钻头纠偏、全孔一次性长距离钻进"的大管棚施工技术，可以将大管棚施工精度控制在 5‰ 以内，从而改善了长管棚的联合作用效果，提高了地层的刚度，有效地防止了隧道坍塌。

（3）研究和开发了小导管分段后退式注浆和小导管分段反复注浆技术，研制了相应的注浆装置，制订了合理的参数和工艺，大大改善

图 6.4-33 完工后西端站厅通道上方道路状况图

了超前注浆、径向跟踪和抬升注浆的效果，提高了地层的自稳能力，保证了施工安全和质量。

6.5 小北站紧邻建筑物浅埋暗挖隧道施工技术

6.5.1 工程概况

穗声服装厂修建于20世纪60年代，共11层。1~3层为车间，4~11层为住宅。后来由于城市规划调整，环市路路面填高了3m左右，导致原穗声服装厂的一层变成了现在的地下室，目前地面一层为正在营业的店面。

1）穗声服装厂基础形式

穗声服装厂采用的是 $\phi 340mm$ 的锤击灌注群桩基础，桩长9~11m，桩基由6条南北方向的承台梁联系，2条承台梁之间为30cm厚的混凝土板，上下各配有 $\phi 9mm$ 的双向钢筋，间距20cm。基础形式见图6.5-1。

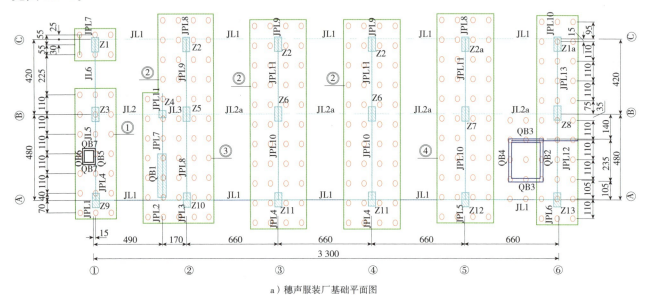

a）穗声服装厂基础平面图

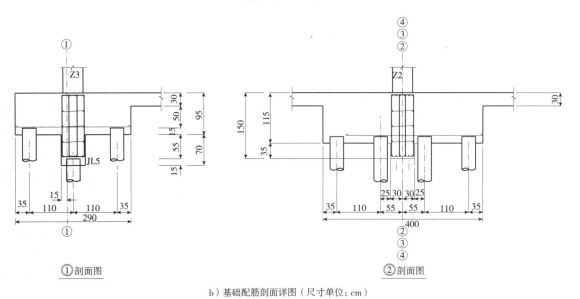

b）基础配筋剖面详图（尺寸单位：cm）

图 6.5-1

2）穗声服装厂与暗挖隧道空间位置关系及地质情况

穗声服装厂与右线站台暗挖隧道空间位置关系如图 6.5-2 所示。由于隧道距离地层很近，且需要爆破开挖，因此对穗声服装厂的安全和稳定影响很大。

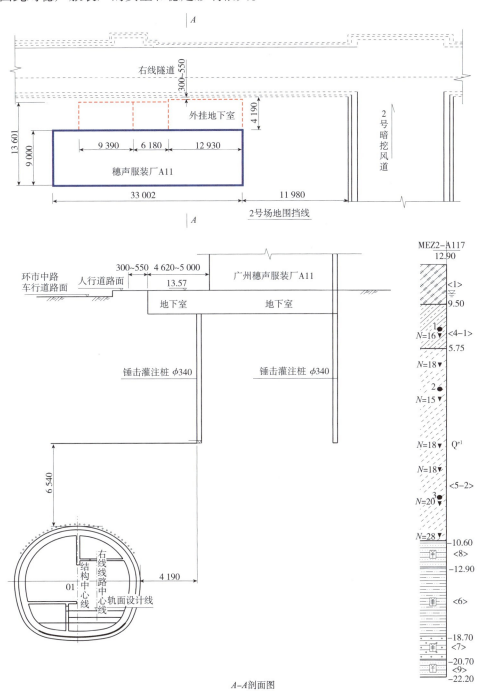

图 6.5-2 穗声服装厂与暗挖隧道平面位置关系图（尺寸单位：mm）

由图 6.5-2 可见，穗声服装的摩擦桩桩底位于 <5> 泥质粉砂岩的残积土中，桩底残积土层厚度约 6m。桩底距隧道拱顶垂直距离 6.54m。

3）右线站台隧道的工程地质和水文地质条件

（1）工程地质条件

右线站台隧道洞顶覆盖地层从上到下依次为人工填土层（Q_4^{ml}）<1>、<3-1> 冲积—洪积粉细砂层

（Q_{3+4}^{al+pl}）、<3-2> 冲积～洪积中粗砾砂层（Q_3^{al+pl}）、<4-1> 冲积～洪积土层（Q_3^{al+pl}）、<4-2> 河湖相淤泥质土层（Q_3^{al}）、埋深 10~15m，洞身地层从上到下依次为 <5-1> 可塑或稍密～中密状残积土层、<5-2> 硬塑或密实状残积土层、<6> 全风化岩层、<7> 强风化岩层中，洞身局部存在 <8> 中风化、<9> 微风化夹层。

（2）水文地质条件

勘察揭露的地下水水位埋藏较浅，稳定水位埋深为 0.15~6.20m，平均埋深 3.25m，高程为 7.50~15.89m，平均为 11.52m，右线隧道处于地下水位以下。

地下水按赋存方式分为第四系松散岩类孔隙水、层状基岩裂隙水。松散岩类孔隙水主要赋存在第四系冲积～洪积砂层 <3-1>、<3-2> 中，渗透系数 3.70~7.38m/d。由于本站砂层埋藏较浅，厚度较小，分布范围不广，砂层富水性一般，总的储量不大。层状基岩裂隙水主要赋存在白垩系红层碎屑岩的强风化带和中风化带，局部在全风化砾岩中，由于岩石裂隙局部发育，故其富水性不大。岩体大部分完整，地下水赋存条件较差。

4）隧道施工引起穗声服装厂沉降原因分析

（1）地下水位下降地层压密固结将造成建筑物沉降

隧道开挖后地下水的流失，将造成局部地下水位的下降，引起地层压密固结沉降，从而将引起建筑物的沉降，这部分沉降是建筑物沉降的主要原因。

（2）隧道开挖后围岩应力释放，造成地层松弛变位和侧向位移，引起建筑物沉降

右线站台隧道开挖轮廓尺寸 9.35m×9.743m，采用三台阶进行开挖，由于开挖断面较高，台阶较多。因此，初期支护结构工作量比较大，需要较长时间才能完成，并且整个断面的封闭也需要一段时间，因此导致隧道出现较大变形和侧向位移，从而引起周围建筑物基础位移，并发生沉降。

（3）爆破振动引起的桩基负摩擦将造成建筑物沉降

由于隧道下半断面位于中风化～微风化泥质粉岩中，需要进行爆破开挖，爆破振动将会造成桩周土体对摩擦桩的负摩擦，从而拉动建筑物向下沉降。

6.5.2 穗声服装厂保护方案的对比分析

小北站设计和施工过程中，关于穗声服装厂的隔离防护，初步确定了帷幕注浆、ϕ1 500mm 三管旋喷桩、钻孔桩、摩擦桩注浆补强四种方案，经过几次专家方案论证，大部分专家认为施作三管旋喷桩不能起到止水和隔离防护的作用，由于该区域地层上软下硬，实际桩身的咬合效果也很难保证，因三管旋喷桩很难封闭，且桩长难以达到设计的长度，因此止水作用难以实现；作为隔离防护桩，三管旋喷桩的桩长应施作至隧道底部以下方能发挥隔离防护作用，但由于洞身下部为 <7> 强风化、<8> 中风化泥质粉砂岩层，三管旋喷无法施作。钻孔桩和摩擦桩注浆补强需要占用场地较大，造价较高，由于场地限制，需要一层的店面停止营业，协调难度很大，因此最后选用了地表深孔帷幕注浆作为地表保护方案，同时洞内采用了上半断面隧道周边帷幕注浆和下半断面隧道控制爆破相结合的保护方案。

根据现场地质条件和桩基保护要求，为充分发挥帷幕注浆的隔离和止水效果，最后确定沿建筑物前面及东西两侧各施作两排垂直注浆孔，对建筑物形成三面包围状。注浆段长：建筑物前面 42m，东侧 21m，西侧 10.5m，平均钻孔深 30m，底部伸入隧道拱底高程以下 1.0m，注浆孔梅花形垂直布置，孔距为 1.5m，排距为 1.0m，浆液扩散半径为 0.9m，地表深孔帷幕注浆孔布置图见图 6.5-3。

第6章 浅埋暗挖隧道施工技术

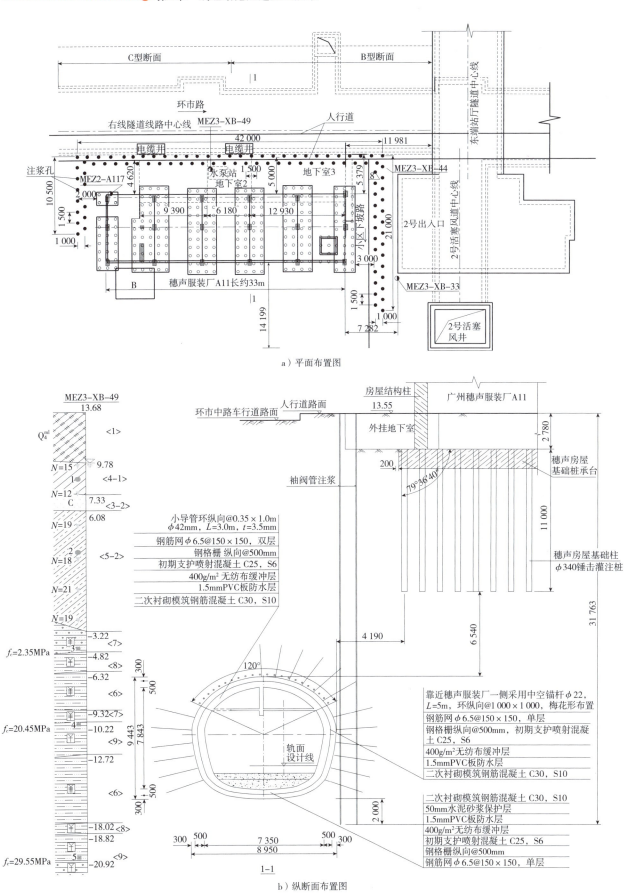

a）平面布置图

b）纵断面布置图

图6.5-3 地表深孔帷幕注浆孔布置图（尺寸单位：mm）

6.5.3 穗声服装厂保护方案施工技术及效果

1）地表垂直帷幕注浆技术

（1）注浆范围及平面布置

沿穗声服装厂前面及东西两侧各施工两排垂直注浆孔，进行袖阀管后退式注浆，在隧道外形成1.5m厚的注浆截水帷幕，通过注浆填充岩层裂隙和地层孔隙，并挤密地层，降低地层的渗透系数，减少因隧道开挖而引起的地下水流失。

帷幕长度：穗声服装厂前面42m，东侧21m，西侧21m，钻孔深度超过隧道底板2m，深度控制在30m左右。地面帷幕注浆范围如图6.5-4所示，注浆孔平面布置及注浆加固交圈如图6.5-5所示，帷幕注浆设计剖面如图6.5-6所示。

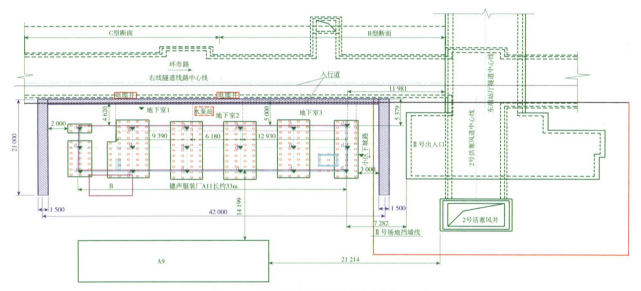

图6.5-4 地面帷幕注浆范围（尺寸单位：mm）

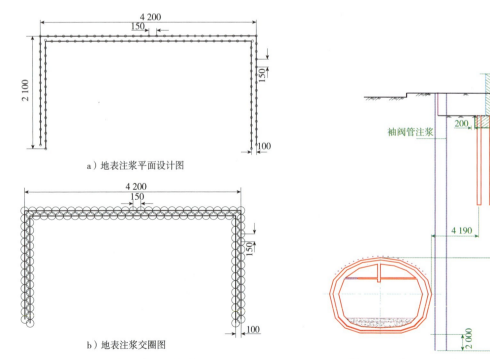

图6.5-5 注浆孔平面布置及注浆加固交圈图（尺寸单位：cm）

图6.5-6 帷幕注浆设计横剖面图（尺寸单位：mm）

（2）注浆材料、配比及参数

为了有效地控制浆液在地层中的扩散，并保证其在地层中具有较高的强度，注浆材料采用普通水泥浆和水泥—水玻璃双液浆。材料配比及性能如表6.5-1所示。

注浆材料及配比　　　　　表6.5-1

序号	材料名称	浆液配比	初凝时间	胶结体28d抗压强度（MPa）
1	普通水泥单液浆	水灰比 $W:C$=0.8:1~1:1	6~12h	15~20
2	超细水泥单液浆	水灰比 $W:C$=0.6:1~1:1	2~6h	20~30
3	水泥—水玻璃双液浆	水灰比 $W:C$=0.8:1~1:1 水泥:水玻璃 $C:S$=1:1~1:0.6	1~3min	10~15
4	外加剂	根据需要确定		

（3）注浆参数

注浆参数根据施工要求和地质条件并通过现场试验确定，注浆孔均采用梅花形垂直布置，沿右线站台隧道开挖轮廓线布置2排。注浆参数暂定为：注浆扩散半径为0.9m，孔距为1.5m，排距为1.0m，平均钻孔深度30m，帷幕厚度为1.5m，具体的设计注浆参数如表6.5-2所示。

注　浆　参　数　表　　　　　表6.5-2

序号	参数名称	参数值
1	浆液扩散半径（m）	0.9
2	注浆压力（MPa）	0.5~2.0
3	单孔注浆量（m³）	根据地层情况确定
4	有效厚度（m）	1.5
5	注浆深度（m）	进入隧道底板以下2，平均孔深度为30
6	注浆孔间距（m）	1.5
7	注浆孔排距（m）	1.0
8	钻孔深度（m）	28~32
9	注浆速度（L/min）	5~30
10	注浆分段长（m）	0.4
11	单段注浆量（L）	150~200

（4）主要机械设备

采用4台K-100工程地质钻机，4台注浆泵KBY50/70双液注浆泵进行平行作业。

（5）地表帷幕注浆施工

地表帷幕注浆工艺如图6.5-7所示。

（6）注浆结束标准

注浆结束条件应根据注浆压力和单孔注浆量两个指标来判断确定。单孔结束标准为：注浆压力达到设计终压；浆液注入量已达到设计值的80%以上。全段结束条件为：所有注浆孔均已符合单孔结束条件，无漏钻和漏注现象。

（7）注浆效果检查

注浆结束后必须对注浆效果进行检查，目前主要采

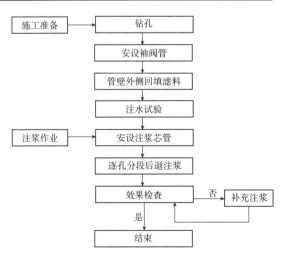

图6.5-7　地表帷幕注浆工艺流程图

用取芯和压水试验的方法。检查孔个数不应少于注浆孔个数的5%，且分布比较均匀，对薄弱部位，可增加钻孔进行检查，钻孔取芯率应达到60%以上，压水试验孔时，钻孔的单位吸水量应小于2~4L/min·mm。若未达到设计要求，应进行补孔注浆，直到达到要求指标为止。

（8）注浆异常情况处理

①套壳料使用及袖阀管的安设问题

在穗声服装厂地表帷幕注浆过程中，曾因套壳料使用不当造成浆液从袖阀管与孔壁之间上窜，从而导致地层进浆量极少，注浆压力难以达到终压标准。后经多次试验和研究，将套壳料由中粗砂改成了黏土水泥浆，并按照一定的工艺标准操作，最终保证了地表深孔帷幕注浆的效果。

②中风化岩层段难以注入的问题

穗声服装厂地表注浆孔深达32m，0~16m位于土层中，主要为杂填土、粉质黏土、及可塑~硬塑状残积土，注浆比较容易；16~32m位于岩层中，主要为全风化、强风化、中风化层的泥质粉砂岩上下互层。前期试验孔注浆时发现，中风化的岩层段，由于空隙率小，可注性差，注浆压力上升很快，最大压力达3.0MPa，单段进浆量仍不足0.05m^3，于是，通过试验，将水灰比为0.8:1的水泥浆改成了1:1的超细水泥浆，并将注浆压力提高到2.0MPa，同时在注浆前先压少量清水，以润滑和扩张裂隙。

③注浆压力的试验确定问题

前期施工在土层段注浆压力为0.5~1.0MPa，但压力达到后，注浆量满足不了设计要求量，研究决定地表下5~16m，注浆终力提高到1.5MPa，达到2MPa后继续注5min即可。

④钻孔在成孔过程中遇到地下空洞的问题

在穗声服装厂的东北角进行钻孔时，有3个孔遇到地下空洞，空洞深度位于地表以下20~30m。钻孔过程中，孔内的护壁泥浆突然间全部漏掉，致使钻机卡钻。分析认为，此空洞可能是地下窨井，因周围存在<5-2>的隔水层，透水性强，一直未被地下水所充满，泥浆漏掉后，现场先将钻杆拔出，然后向孔内灌水泥浆液至地表下3~5m，待浆液初凝后重新钻孔，终于按设计完成了钻孔。单孔最大的灌浆量为2~3m^3。

（9）实际注浆施工参数统计

实际施工的钻孔孔数101个，平均单孔深31.71m，总钻孔长度3 202.35m，平均每孔注浆量达到4~5m^3。

（10）地表帷幕注浆效果

①地表注浆帷幕内外地下水位差验证

在右线隧道通过穗声服装厂前面地层时，从穗声服装厂北侧分别位于地表帷幕圈内外的两个水位监测孔监测的数据看，帷幕注浆实施前两孔的水位稳定且基本相同，均位于地表以下2.5m左右。帷幕注浆实施后，实测得帷幕圈外（隧道一侧）的水位较帷幕圈内（穗声一侧）的水位低1.5~2.0m，证明了地表深孔帷幕注浆起到了止水作用，从而降低了穗声桩基础下的水向隧道内渗流的速度，减小了桩基的失水沉降。

②穗声与右线隧道之间的土体测斜数据验证

右线穗声段施工中，在穗声与右线隧道之间布设了3个土体测斜孔，监测了土体的横向位移。从监测数据来看，注浆加固后隧道与穗声之间最大的土体位移仅为2mm，方向偏向于隧道方向。

2）右线站台隧道洞内周边帷幕注浆

由于穿过穗声服装厂段的地层上软下硬，因此主要采取了右线站台隧道洞内上半断面周边帷幕注浆方案。

（1）上半断面周边帷幕注浆方法

根据现场的地质条件，采用周边帷幕注浆加固地层，主要加固开挖轮廓线外3~5m，掌子面内根据检查孔的水量和水压大小,采用局部注浆的方法,加固掌子面远端5m,形成桶形止水结构,如图6.5-8和图6.5-9所示。

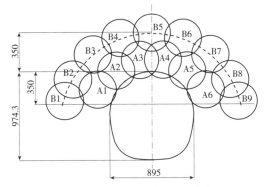

图6.5-8 注浆终孔横断面图(尺寸单位:cm)

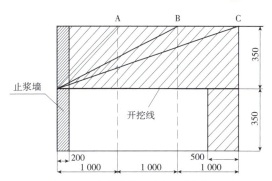

图6.5-9 注浆纵断面图(尺寸单位:cm)

（2）注浆材料

注浆材料主要为超细水泥单液浆、普通水泥单液浆、水泥—水玻璃双液浆,注浆材料的水灰比为1:1.2~1:0.8,水泥和水比例的体积比为1:1~1:0.6。

（3）注浆参数

注浆参数如表6.5-3所示。

注 浆 参 数 表　　　　　　　　　　表6.5-3

序号	参数名称	参数值
1	浆液扩散半径（m）	2.0~2.5
2	注浆压力（MPa）	1.0~2.0
3	单孔注浆量（m³）	根据地层情况确定
4	帷幕有效厚度（m）	3~5
5	钻孔深度（m）	12~30
6	注浆孔开间距（m）	0.5~1.0
7	注浆终孔间距（m）	2~3
8	平均钻孔深度钻孔（m）	30
9	注浆速度（L/min）	5~50
10	注浆分段长（m）	3~5
11	单段注浆量（m³）	1~10

（4）孔口止浆的钻杆后退式注浆工艺

由于站台隧道埋深在20m左右,其水压力在0.2MPa左右,且出水量不大,因此选择了孔口止浆的钻杆后退式注浆工艺,首先钻直径较大的孔,安装孔口管和止水装置,然后钻杆向前钻进,钻到设计孔深后,在孔口安装浆液密封系统,并将钻杆后的水管接头拆下,换成注浆装置,进行注浆。注浆过程中边旋转,边后退,根据地层吸浆情况,决定后退速度和注浆速度,防止浆液粘住钻杆,如图6.5-10所示。

（5）钻孔注浆设备

主要采用ZDY1900钻机、KBY50/70注浆泵和高速搅拌机,如表6.5-4所示。

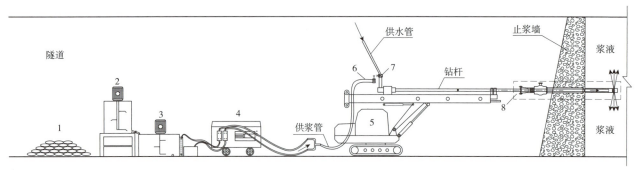

图 6.5-10 钻杆后退后退式注浆

1-注浆材料；2-水玻璃搅拌机；3-水泥浆搅拌机；4-双液注浆泵；5-水平地质钻机；6-进浆管；7-进水管；8-置中空压盘

钻孔注浆设备性能表　　　　表 6.5-4

序号	机械名称	型号	单位	数量	主要性能参数
1	水平地质钻机	ZDY1900S	套	3	额定转矩：1 900N·m 最大给进力：112kN 最大起拔力：77kN
2	双液注浆泵	KBY50/70	套	1	最大压力：7MPa 最大流量：50L/min
3	水泥浆搅拌机	ZSKYS-ZJ2	台	4	最大容量：300L 最大搅拌速度 1 200r/min

3）通过隧道穗声服装厂段右线站台隧道的控制爆破技术

由于站台中台阶和下台阶为全风化的岩层，强度较高，因此采用了控制爆破技术进行隧道开挖，以减小爆破振动对穗声服装厂的影响。

（1）钻眼深度

溶洞区注浆加固体初期支护钢拱架设计为每米架立一榀，同时为了保证围岩稳定和支护结构安全，防止大规模涌水、突泥，一般炮眼的钻眼深度确定为 1.2m，掏槽眼为 1.4m，预计循环进尺为 1.1m。

（2）采用微差爆破技术

利用微差爆破减少爆破地振动效应，必须采用适当的时间间隔，否则不但达不到减振的作用，反而会增大地振动效应，基于以上分析以及目前所用非电毫秒雷管的精度，在段别的安排上，使各段互不干扰，更容易实现，且效果较好，因此右线站台隧道爆破中，毫秒雷管的时间间隔均在 25ms 以上，避免了应力波峰值的叠加，减小了爆破振动的危害。

（3）爆破方案

二台阶和三台阶的爆破方案如图 6.5-11 和图 6.5-12 所示，装药参数表如表 6.5-5 和表 6.5-6 所示。

二台阶炮眼爆破参数表　　　　表 6.5-5

序号	炮眼名称	眼深（m）	炮眼数量（个）	单孔药卷（个）	单孔药量（kg）	线装药量（kg）	雷管段号	单段最大起爆药量（kg）
1	周边眼	1.2	16	1.0	0.15	2.4	11、12	11、12 段起爆药量最大为 1.2kg，总装药量为 12.975kg
2	掘进眼	1.2	38	1.5	0.225	8.55	1、3、5、6、7、8、9、10	
3	底板眼	1.2	9	1.5	0.225	2.025	13、14	

注：断面面积为 38.49m²，循环进尺为 1.0m，岩石单位消药量为 0.34kg/m³。

第6章 浅埋暗挖隧道施工技术

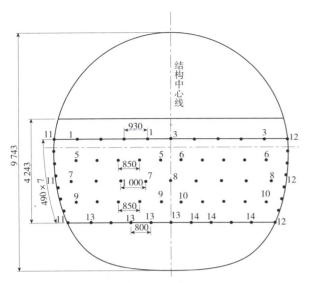

图 6.5-11 隧道二台阶爆破设计图（尺寸单位：mm）

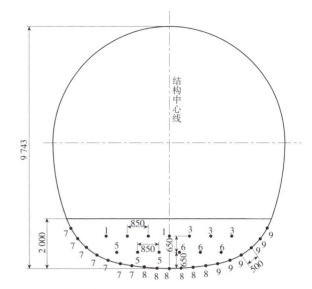

图 6.5-12 隧道三台阶爆破设计图（尺寸单位：mm）

三台阶炮眼爆破参数表   表 6.5-6

序号	炮眼名称	眼深（m）	炮眼数量（个）	单孔药卷（个）	单孔药量（kg）	线装药量（kg）	雷管段号	单段最大起爆药量（kg）
1	周边眼	1.2	18	1.0	0.15	2.70	7、8、9	11、12 段起爆药量最大为 1.05kg，总装药量为 5.025kg
2	掘进眼	1.2	13	1.5	0.225	2.925	1、3、5、6	

注：断面面积为 12.99m²，循环进尺为 1.0m，岩石单位消药量为 0.43kg/m³。

（4）爆破振动测试

①爆破点位置：右线中部二台阶 YCK9+628；测试位置：穗声服装厂东面北侧柱子 J23。测点距爆破点水平距离为 10.2m，垂直距离为 23.0m，炮眼数量 34 个，总段数 15 段，总装药量 12.6kg，单段最大起爆药量 1.2kg，爆破振动速度最大值 0.12cm/s，爆破振动速度最小值 −0.14cm/s，垂直爆破振动速度测试结果如图 6.5-13 所示。

②爆破点位置：右线隧道下部三台阶仰供 YCK9+609.5；测试位置：穗声服装厂东面北侧柱子 J23。测点距爆破点水平距离为 10.2m，垂直距离为 26.0m，炮眼数量 34 个，总段数 11 段，总装药量 5.7kg，单段最大起爆药量 1.05kg，爆破振动速度最大值 0.16cm/s，爆破振动速度最小值 −0.19cm/s，垂直爆破振动速度测试结果如图 6.5-14 所示。

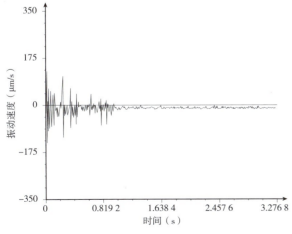

图 6.5-13 中台阶爆破服装厂柱子 J23 爆破振动测试曲线

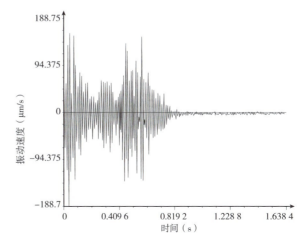

图 6.5-14 下台阶爆破服装厂柱子 J23 爆破振动测试曲线

右线隧道穗声段开挖完成后经统计：经过穗声服装厂前面的地层时，共进行了42次爆破，单段最大起爆药量为1.2kg，最大总药量15.0kg，最大炸药单耗0.93kg/m³，最大爆破振速0.67cm/s。由于爆破引起穗声服装厂的最大沉降为1mm，爆破引起的最大沉降速率为0.04mm/h。由此可见，施工取得了较好的控制爆破效果。

6.5.4 右线站台隧道通过穗声服装厂段的开挖支护措施

1）三台阶法开挖

右线站台隧道采用三台阶法进行开挖，台阶总长度控制在12m以内，上台阶做环形开挖留核心土，开挖一榀支护一榀；中部开挖左右错进，一次开挖不得超过三榀；上、中、下台阶长度划分一般为：3.5m、4.243m和2.0m；遇全风化或强风化岩层时尽量采用人工开挖，避免爆破，以减少爆破振动对建筑物的沉降影响。

2）初期支护封闭成环

为缩短围岩应力释放时间，减少地层变形，强制性规定同一里程处从上台阶开挖到仰拱初期支护封闭成环，时间不得超过10d，根据围岩变形情况，必要时设置临时仰拱。

3）径向注浆补强和堵水

为了防止地层过量失水，并提高地层的强度，上、中台阶开挖完成后，及时进行径向注浆，加固范围一般为开挖轮廓线外3~5m，并紧跟开挖位置向前推进，施工位置距离上台阶掌子面一般不大于10m，及时封堵地下水，进一步提高围岩强度，回填初期支护背后空洞，减少地层过量失水和围岩变形。

6.5.5 穗声服装厂的沉降监测结果

1）隧道施工对既有穗声服装厂桩基的影响分析

穗声服装厂地处地铁五号线小北站环市中路南侧，为11层的钢筋混凝土旧房屋，房屋基础为ϕ340mm的锤击灌注桩，桩长不等长。相关资料显示，桩底高程约为2.57m。房屋前墙边距小北站右线暗挖站台隧道南侧开挖边最近平面距离仅4.19m，桩底至右线站台隧道开挖顶最大高差约6.54m；房屋的地下一层地下室北侧墙距右线暗挖站台隧道南侧开挖边最近平面距离仅0.3~0.55m；同时，穗声服装厂东侧墙距离2号明挖出入口西侧开挖边最近平面距离约为7.172m，距2号暗挖风道西侧开挖边最近平面距离约为11.98m，穗声服装厂沉降监测平面布置如图6.5-15所示。

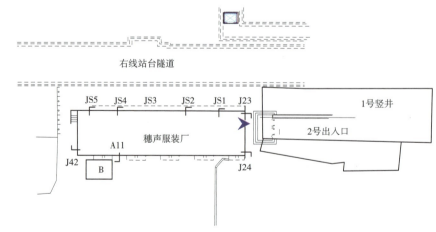

图6.5-15 穗声服装厂沉降监测平面布置图

2）2号竖井和风道开挖对穗声服装厂沉降的影响

图6.5-16为穗声服装厂东侧2号竖井开挖和风道开挖时沉降历时曲线，竖井开挖和2号风道开挖

引起穗声服装厂沉降如表 6.5-7 和表 6.5-8 所示。

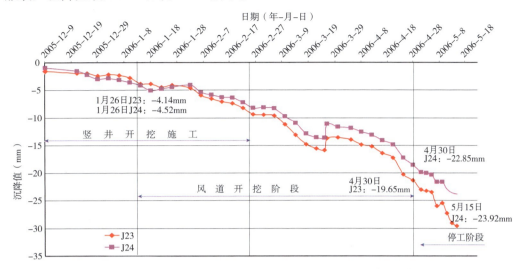

图 6.5-16 穗声服装厂东侧 2 号竖井开挖和风道开挖时沉降历时曲线

竖井开挖阶段穗声服装厂沉降统计　　　　　　　　　　　　　　　　　表 6.5-7

测点	本阶段沉降值（mm）	最大速率（mm/d）	平均速率（mm/d）	本阶段沉降所占总沉降比例（%）
J23	-0.49	-0.17	-0.008	1.60
J24	-4.44	-0.74	-0.07	18.0

2 号风道开挖阶段穗声服装厂沉降统计　　　　　　　　　　　　　　　表 6.5-8

测点	本阶段沉降值（mm）	最大速率（mm/d）	平均速率（mm/d）	本阶段沉降所占总沉降比例（%）
J23	-22.36	-2.77	-0.23	75.4
J24	-15.21	-2.05	-0.16	63.5

从图 6.5-16 和表 6.5-7、表 6.5-8 可以看出，在此阶段穗声服装厂累积沉降数值和沉降速率都比较大。主要原因为在 2 号竖井和风道施工过程中，穗声服装厂东侧还没有做止水帷幕，此外，洞内只进行了超前小导管注浆，没有进行上半断面帷幕注浆，因此止水效果不好，加之爆破振动也有一定的影响。该阶段穗声服装厂沉降主要由地层失水引起，即在 2006 年 5 月停止了工作面施工，沉降仍然在发展，并且沉降速率没有很快减小。

3）注浆止水作用分析

此地段地下水位埋藏较浅，稳定水位埋深为 0.15~6.20m，平均埋深 3.25m，地下水类型主要为松散岩类孔隙水和层状基岩裂隙水。地铁隧道在 2 号井及风道施工过程中，实际监测穗声服装厂附近水位在 4.5m 左右变化，2 号井及风道附近水位在 5.8m 左右变化，风道周围水位比穗声服装厂附近水位低 1.2m 左右，从帷幕内外的水位监测情况来看，帷幕内的地下水位保持稳定，基本稳定在地面以下 2.9m，而帷幕外的水位随着掌子面的前移而不断上升，基本稳定在地下 3.8m 左右，二者相差 0.9m。这种现象说明，地表帷幕注浆使地下水位升高 1.6~2.0m，起到了很好的堵水作用，减小了地下水的流失，而竖井和风导的水位上升较多，主要是由于洞内进行了周边超前帷幕注浆和径向注浆，并将初期支护封闭成环，减小了洞内的渗水量。

4）注浆限沉作用分析

2006 年 5 月，针对穗声服装厂在 2 号竖井和风道开挖阶段，J23、J24 点下沉超过 30mm 警戒值的情况，制订控制沉降措施，以减小对环境的影响。经过方案比选，最后选择了地表和洞内帷幕注浆及控制爆破方案。图6.5-17和图6.5-18是2006年6月25日地表开始帷幕注浆后建筑物柱测点J23和地表点FSD2的沉降曲线。从图中可以看出，由于注浆的止水和加固作用，建筑物和地表沉降速率明显减小。

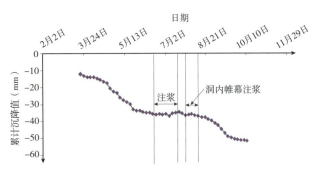

图6.5-17 穗声服装厂注浆前后建筑舞点J23沉降历时曲线

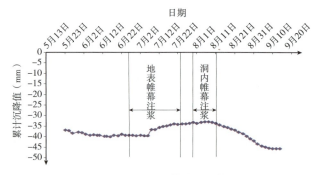

图6.5-18 地表点FSD2注浆前后沉降历时曲线

从图6.5-17和图6.5-18可以看出，在穗声服装厂附近进行地表帷幕注浆时，服装厂柱子基本稳定，沉降速率基本趋近于零，洞内帷幕注浆时点稍有升高，但变化很小；地表测点在地表和洞内帷幕注浆时有一定的升高，但变化不大。右线站台隧道开挖过程中，由于受到帷幕注浆的止水作用，建筑物和地表沉降基本稳定，说明注浆起到了很好的加固作用，控制了地层及建筑物的沉降。因此，在富水地层中修建隧道时，要严格控制地下水的流失，这就需要在施工前和施工过程中进行止水和加固，开挖后及时封闭，以控制地表和建筑物沉降。当地表存在建筑物需要保护时，可采用帷幕注浆等加固措施，阻断建筑物基底下地下水的流失，从而保证建筑物结构与使用的安全。

因此，地下水的损失使得地下水位下降，孔隙水压力随之下降，根据有效应力原理可知，下降了的孔隙水压力值，转化为有效应力增量，有效应力的增量导致土层发生压密。根据以往的经验，由于开挖引起的地下水流失对地表及建筑物的沉降影响很大，不能忽视。

5）站台隧道开挖对穗声服装厂沉降影响

穗声服装厂在受右线开挖过程中，沉降规律与地表沉降基本相同，上台阶开挖对建筑物沉降影响最大，中下台阶开挖对沉降影响较小，服装厂区域范围内，隧道上台阶岩层为全、强风化地层，中下台阶为中风化和微风化地层，在上台阶开挖过程中，对围岩扰动较大，建筑物沉降也最大，中台阶和下台阶开挖过程中，建筑物也有一定的沉降，但沉降不大，在隧道初期支护全断面封闭成环后建筑物沉降开始收敛，基本趋于稳定。右线站台隧道开挖时，当掌子面距离测点20m左右时建筑物沉降就开始缓慢增加，掌子面距离测点5m时沉降速率明显增大，当掌子面超过测点10m，即初期支护全断面基本上封闭成环后，测点沉降开始减缓，并逐渐趋于稳定。右线站台隧道开挖，建筑物JS4测点沉降历时间曲线如图6.5-19所示，三台阶开挖对沉降的影响关系如表6.5-9所示，掌子面位置和右线隧道的位置关系如图6.5-20所示。

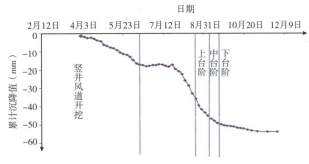

图6.5-19 穗声服装厂右线开挖阶段JS4测点沉降历时曲线

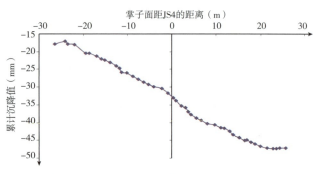

图6.5-20 掌子面与穗声服装厂沉降关系对照图

穗声服装厂沉降与右线隧道开挖步序的关系统计表   表 6.5-9

测点	上部开挖沉降值（mm）及其所占比例		中部开挖沉降值（mm）及其所占比例		下部开挖沉降值（mm）及其所占比例	
JS4	18.24	34%	3.73	7%	3.21	6%

6）土体侧向变形对穗声服装厂沉降影响

在隧道开挖过程中，对穗声服装厂北侧和右线隧道之间的土体变形进行了监测，该管埋设在穗声服装厂和 2 号井之间，距离穗声服装厂 6.5m，距离竖井西侧井壁为 5.48m，距离右线隧道中线 8m，测斜孔位置如图 6.5-21 所示，土体侧向变形测试结果如图 6.5-22 所示。

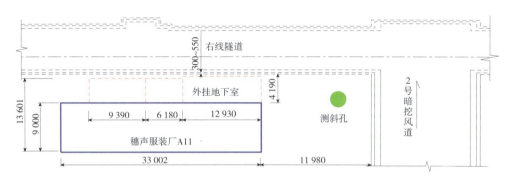

图 6.5-21　测斜孔位置（尺寸单位：mm）

从图 6.5-22 可以看出，土体最大变形出现在地表以下 12.5m 的深度，最大变形为 4.93mm，也就是在服装厂桩基础以下 3~4m 的深度，土体变形在右线隧道开挖过程中较大，当掌子面推进到测斜孔里程处时土体变形开始加大，直到全断面通过测斜孔里程且初期支护封闭成环后，变形速率很快减小，并趋于收敛，这与隧道开挖对服装厂沉降的规律是一样的。

7）穗声服装厂柱子总体沉降分析

右线站台隧道开挖前穗声服装厂沉降情况见图 6.5-23，右线站台隧道开挖完成后穗声服装厂沉降情况见图 6.5-24、图 6.5-25。

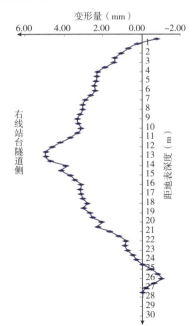

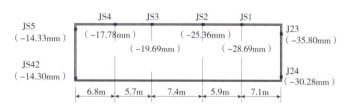

图 6.5-23　右线隧道开挖前穗声服装厂沉降示意图（2006-06-25）

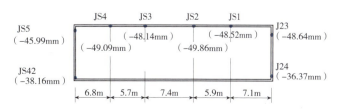

图 6.5-22　土体侧向变形　　图 6.5-24　右线隧道开挖完成后穗声服装厂沉降示意图（2006-09-17）

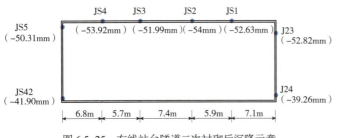

图 6.5-25 右线站台隧道二次衬砌后沉降示意

右线站台隧道开挖通过穗声服装厂前，柱子最大累计沉降量为 35.80mm，最大差异沉降量为 7.11mm，最大倾斜率为 1‰；右线隧道穗声段开挖期间，穗声服装厂的最大沉降速率为 0.98mm/d；右线站台隧道开挖完成后，穗声服装厂最大累计沉降量为 49.86mm，最大差异沉降量为 12.27mm，最大倾斜率为 1.2‰；2006 年 11 月 23 日右线隧道二次衬砌完成，服装厂柱子最大沉降为 JS2 点，沉降值 -54.00mm，最小沉降为 JS42 点，沉降值 -41.90mm，平均沉降 -49.60mm，最大差异沉降为 J23 和 J24 点，其值为 1.4‰，小于 2‰，在允许范围之内。

6.5.6 经验总结

（1）总结提出了软弱不均地层中，以地表垂直帷幕注浆、隧道周边帷幕注浆、控制爆破、台阶法开挖为主要手段的隧道邻近浅桩基础建筑物沉降控制技术。通过地表垂直帷幕注浆和周边帷幕注浆，控制、隔断地下水的通路和减小地层的渗透系数，并提高围岩的强度；通过控制爆破减小爆破振动的影响；通过台阶法施工实现快速开挖和支护，并使支护结构尽快封闭成环，可以有效地控制隧道变形和保护周围建筑物的安全。小北站通过以上措施的实施，浅桩基础建筑物的最大沉降控制在 54mm，最大沉降差控制在 1.4‰ 以内，保证了软弱地层中浅层摩擦桩建筑物穗声服装厂的安全，为暗挖隧道施工中临近建筑物的保护提供了新方法。

（2）研究开发了孔口密封钻杆后退式注浆方法和装置，并提出了相应的注浆材料、配比、工艺和设备配套形式，从而解决了含水软弱破碎全强风化地层中深孔定位超前注浆的难题，不仅改善了钻孔末端的注浆加固效果，而且大大提高了施工工效，与普通的孔口注浆前进式分段注浆方法相比，作业效率可以提高 2 倍以上。

6.6 动物园站单洞重叠浅埋暗挖隧道施工技术

6.6.1 工程概况

广州市轨道交通五号线动物园站工程位于环市东路与梅东路交叉路口，环市东路动物园南门前广场，西接区庄站，东接杨箕站，车站总长 129.3m，总建筑面积 18 305.26m²。车站主体工程包括暗挖站台隧道和明挖站厅。暗挖隧道左右线叠加布置为一单洞隧道，左线在上，右线在下，共四种断面形式，标准断面开挖跨度 11.2m，开挖高度 17.905m，见图 6.6-1。平面布置见图 6.6-2，断面开挖主要尺寸见表 6.6-1。隧道设计采用 CRD 工法，分 8 部开挖施工，初期支护采用 350mm 厚 C25 S6 喷射混凝土，内设双层钢筋网和格栅钢架（纵向间距 500mm，拱部采用 ϕ108mm 大管棚和 ϕ42mm 小导管）超前注浆加固。拱部径向采用 ϕ42mm 锚管、边

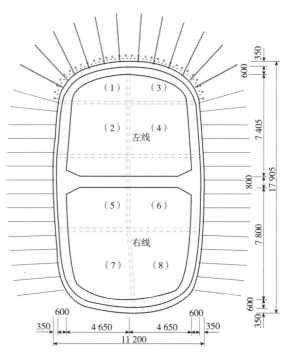

图 6.6-1 暗挖站台隧道标准断面图（尺寸单位：mm）

墙径向采用 ϕ22mm 砂浆锚杆加强。大断面浅埋暗挖单洞重叠隧道国内尚属罕见。

本工程地质上软下硬。隧道顶部主要为塑状残积土粉质黏土，泡水后软化强度降低，下部主要为全风化、强风化、中等风化和微风化岩石，均具有受水软化后强度降低和露空时间长加速裂隙发育甚至崩解的特点，地下基岩裂隙水发育。

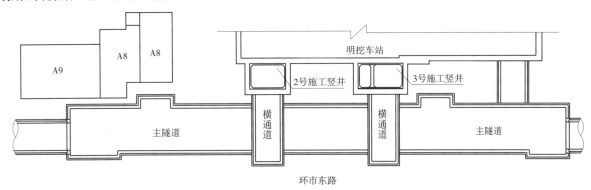

图 6.6-2 暗挖隧道平面布置图

暗 挖 隧 道 参 数　　　　　　　表 6.6-1

工程部位	断面类型	开挖长度（m）	开挖跨度（m）	开挖高度（m）	初期支护厚度（cm）	二次衬砌厚度（cm）
暗挖横通道	7-7	15.7	9.2	21.74	350	600
暗挖主隧道	6-6	57.2	11.2	17.905	350	600
	6a-6a	21.4	13.4	18.105	350	700
	8-8	32.3	12.726	18.652	350	650

6.6.2 施工重点及难点

（1）隧道埋深浅，开挖高度高、跨度大，且地层岩性上软下硬，开挖施工沉降控制难度大。

（2）工序转换频繁，由竖井转横通道、横通道转正洞的转换施工是一个受力复杂的转化体系，是本工程施工的控制难点。

（3）隧道临时支撑复杂，确定分区破除支护，加强监测，完成二次衬砌施工，是确保施工和结构安全的技术关键。

（4）隧道位于环市东路下面，交通挤忙且周边建筑物较多，隧道施工控制地表沉降、保证周边建筑物的安全是本工程的施工技术难点之一。

6.6.3 隧道开挖施工方案

按新奥法原则，结合浅埋暗挖法组织施工，认真研究本工程所处的特殊周边环境及地质、水文条件，有针对性地采取可靠的技术措施以控制地下水流失和地层变形。

1）竖井转横通道、横通道转主隧道施工

竖井转横通道、横通道转主隧道均存在破除原有支护体系建立新的受力体系的转换过程，施工中均设置马头门，竖井转横通道见图 6.6-3，横通道转主隧道工序见图 6.6-4，为确保施工安全，在施工中采取如下措施：

（1）结构加强处理

竖井转横通道马头门采用加密格栅，破除竖井围护桩时预留钢筋，横通道格栅与桩预留钢筋焊接牢固，保证结构受力安全。

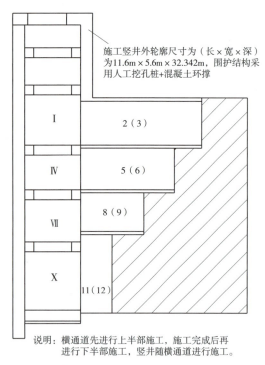

图 6.6-3 竖井转换通道施工简图

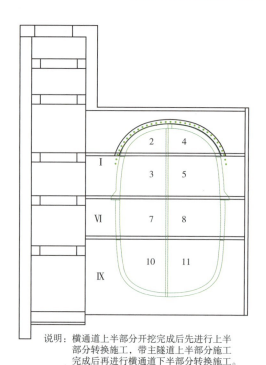

图 6.6-4 横通道转主隧道施工程序

横通道转主隧道马头门均采用暗梁，横通道开挖时，在与主隧道连接位置外扩 600mm，格栅架立时，在外扩范围内设置弧形纵向连接筋并加密，喷射混凝土后形成第一道临时暗梁，尺寸为 350mm×400mm，隧道管棚和小导管施工完成后，施工管棚连接梁，将单根管棚连接成整体，对隧道洞门进行加强，保证隧道洞门破除时结构安全稳定。测量拱部暗环梁的结构位置，保留横通道中隔壁、临时仰拱，在主隧道洞门处开槽，自上而下按 CRD 工法施工 450mm×500mm 的加强环梁，与临时横撑连接形成封闭环，对洞门进行加强，保证结构安全可靠。

（2）超前支护和预加固马头门围岩

竖井转横通道马头门：先破除横通道超前大管棚施工范围内围护桩，按设计和规范要求，做好大管棚和小导管的施工，加固地层，保证破口安全。

横通道转主隧道马头门：在施工临时暗环梁时预埋超前管棚套管，破除横通道初期支护前，按设计和规范要求做好大管棚和小导管的施工，加固地层，保证破口安全。

（3）开口施工化大为小，环行开挖，快速封闭

在横通道马头门破口时，按照台阶工法要求的施工顺序，分块破口施工，分块掘进，并迅速破除开口部分初期支护，掘进 3~4m 后开始下一块破口施工。

主隧道马头门破口时，上部按 CRD 工法进行施工，下部按台阶法施工，横通道两侧主隧道洞门按先后顺序分开进行施工，一侧主隧道进洞 8~10m 后，方可进行另一侧主隧道洞门的施工，以保证结构安全。

（4）破口过程中加强监测，在马头门处埋设拱顶下沉、周边收敛传感器及钢筋计，加强监控量测，确保施工安全。

2）洞身开挖施工

隧道采用 CRD 工法分 8 步进行开挖，开挖顺序和方法必须有利于结构受力转换，快速开挖、快速封闭，避免岩石风化、潮解而降低强度，确保结构和地面建筑物的安全，同时有利于机械作业，降低劳动强度，加快施工进度。

根据实践和摸索，最终确定了如下施工步骤：首先进行 1~4 导洞施工，各导洞相互错开 3m，1、3

导洞采用人工手持风镐开挖，土方采用手推车运至2、4导洞，2、4导洞采用挖掘机开挖，翻斗车出渣运输至竖井，井架电动葫芦提升至地面。1~4导洞开挖完成后，进行5、6导洞的施工，采用微振动爆破技术开挖，挖掘机装渣，翻斗车运输；5、6导洞开挖完成后，再进行7、8导洞的施工，方法同5、6导洞。

3）主要施工工法

（1）超前管棚施工。本隧道超前支护采用 $\phi 108mm \times 8mm$ 注浆管棚，环向间距为0.5m，外插角1°，长度分别为22m和50m。管棚施工采用北京中易恒通公司制造的HTG100定向钻机，在洞口一次完成，施工质量满足设计和规范要求。

（2）$\phi 42mm$ 小导管超前注浆。超前小导管采用 $\phi 42mm$ 无缝钢管，管长3.5m，搭接1.0m，外插角12°，地层松软用游锤或手持风钻直接将小导管打入，岩层较硬时先钻孔，后用风镐顶进。喷5cm厚混凝土封闭掌子面，冲洗管内积物后再注浆，注浆顺序自下而上，采用水泥-水玻璃双液浆，注浆压力为0.5~1.2MPa。

（3）格栅钢架安设。暗挖隧道格栅钢架统一采用主筋为 $4mm \phi 25mm$ 的格栅钢架，首榀格栅钢架加工后进行试拼，经检验合格后进行批量生产，开挖轮廓检查无误后，对开挖面进行初喷5cm厚混凝土封闭岩层，拱架底脚处虚碴清理完毕，用喷浆料调平后，开始安装钢拱架。格栅组装后应处于同一立面内，垂直线路中线，钢筋格栅与壁面应楔紧，每片格栅钢架节点及相邻格栅纵向必须分别连接牢固。

（4）暗挖隧道拱部采用系统注浆锚管，长3.5m，间距为 $1.2mm \times 1.2m$ 梅花形布置，注浆采用水泥-水玻璃双液浆，施工工艺同超前前小导管注浆。

边墙部分采用 $\phi 22mm$ 砂浆锚杆，长3.5m，间距 $1.0m \times 1.0m$。锚杆按设计要求提前加工，根据设计位里布眼、钻孔，加工好的锚杆及锚杆孔符合规范要求，采用YT-28风钻成孔，成孔后用高压水将钻孔内石粉冲洗干净，然后注浆，将锚杆用风钻杆顶进（用去掉回转轮的凿岩机配特制锤头打入）、锚固。

（5）喷射混凝土施工。隧道内喷混凝土分两次施工，第一次先初喷5cm厚，封闭开挖面，拱架安装后，侧向锚杆安设完毕后，再复喷至设计厚度。喷混凝土采用混凝土喷射机进行喷射作业，滚筒式搅拌机拌制混合料。喷射作业分段、分片、分层，由下而上，依次进行。

（6）临时支撑架设。为确保重叠隧道开挖初期支护阶段侧墙的稳定，暗挖隧道共设置三道横向支撑，支撑采用I22b工字钢，支撑间设纵向连接筋和钢筋网，并喷25cm厚C25混凝土，起到临时横向支撑及临时仰拱作用；每道支撑均采用螺栓与格栅钢架上钢垫板连接，保证下台阶施工时初期支护受力良好，避免初期支护处于悬空状态，防止初期支护下沉过大。

为了验证上述施工措施的可行性，采用了有限元分析软件对开挖过程进行了仿真模拟，图6.6-5是建立的分析模型，图6.6-6是完成全部开挖步骤时围岩变形和应变分布情况。

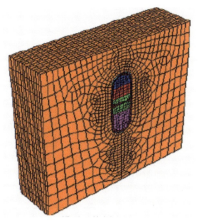 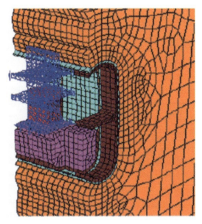

图6.6-5 有限元分析模型

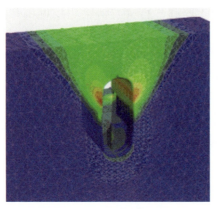 

a）围岩变形分布　　　　　　　　b）围岩应变分布

图 6.6-6　有限元分析模拟结果

6.6.4　监控量测

监控量侧是保证施工安全的重要环节，通过监控量测数据，可以分析确认围岩的稳定性，监测初期支护结构受力变形情况，通过监测数据的反馈信息及时调整支护参数和施工方案，控制并减少沉降，避免造成地面塌陷和建筑物破坏，保证施工安全又可加快施工进度。

1）监测内容

根据隧道开挖施工特点和技术要求，监测主要内容包括：周围建构筑物的沉降及倾斜观测；洞内拱顶下沉监测；洞内周边位移收敛监测；临时支撑沉降、变形；格栅钢筋应力监测；围岩压力监测。隧道内监测点布置简图见图 6.6-7。

2）监测仪器

水准仪、铟钢尺、收敛仪、土压力盒、传感器、钢筋计等。

3）监测频率

开挖面距量测面前后 $0 \sim B$（B 表示隧道开挖断面）时 2 次 /d；开挖面距量测面前后 $(1 \sim 2)B$ 时 1 次 /d；开挖面距里测面前后 $2 \sim 5B$ 时 1 次 /2d；开挖面距量测面前后 $>5B$ 时 1 次 / 周。

图 6.6-7　隧道内监测点布置图

4）监测基准值

根据设计和广州市有关要求，主要监测项目基准值如下：地面沉降 30mm，地面隆起 10mm，建筑物沉降倾斜 0.2%，拱顶沉降开挖中 50mm，成环后 15mm，周边收敛开挖中 30mm，成环后 0.2mm/d，格栅应力 117kPa。

5）监测数据分析

监测结果见表 6.6-2。

监　测　结　果　　　　　表 6.6-2

工序 项目	完成 1~4 部开挖	完成 5、6 部开挖	完成 7、8 部开挖
拱顶下沉（mm）	18.8	26.4	27.1
周边收敛（mm）	7.8	9.0	9.1
格栅应力（kPa）	32.3	38.4	40.2

施工过程中，隧道内主要进行了拱顶沉降、周边收敛和格栅应力的监测，其中，周边收敛和格

栅应力变化速率和累计值较小，拱顶沉降变化比较明显，取 3 个沉降点的数据进行分析，如图 6.6-8 和图 6.6-9 所示。

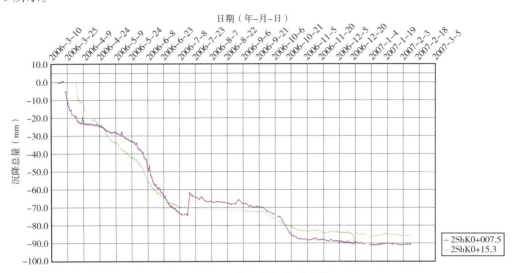

图 6.6-8　横通道拱顶沉降曲线

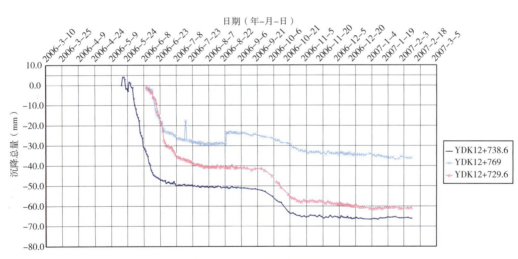

图 6.6-9　主隧道拱顶沉降曲线

监测数据表明，隧道 1~4 导洞开挖过程中拱顶沉降的变化最大，这与隧道所处的岩层是密切相关的，1、3 导洞基本位于黏土层中，2、4 导洞大部分处于强风化层中，5、6 导洞处于中等风化岩，而 7、8 导洞大部分位于微风化岩层中。

由监测数据分析可知，施工所产生的各种变形主要与地质条件有关。本暗挖车站埋深浅，拱部处于黏土层中，上半断面基本处于全风化至强风化岩层中，下半断面处于中风化至微风化岩层中，隧道 1、3 导洞开挖所引起的拱顶下沉、收敛最大，而 7、8 导洞开挖时拱顶下沉、收敛监测均无明显变形，表明在上部已封闭，下部围岩较好的情况下，隧道变形处于稳定状态。

监测结果表明，隧道开挖、施工引起的隧道变形均满足设计和规范要求，施工方法科学可行。

6.6.5　经验总结

城市地铁单洞双层重叠隧道，设计和施工在国内尚属罕见，同单线隧道的施工相比，其开挖施工、衬砌施工、监控量测等工艺都更为复杂。由于施工措施得力，隧道施工过程中，保证了结构和周边建筑物的安全，对类似工程施工具有很好的借鉴作用。

第7章 浅埋暗挖隧道辅助工法及周边建（筑）物保护

7.1 文冲站明挖改暗挖土建技术

7.1.1 工程概况

广州地铁五号线文冲站设计为两层双跨明挖结构，站区内原石化南一街6号房屋建于1982年，共2层，面积约170m²。由于种种原因，经过2年多协调仍无法达成拆迁协议，最终未能按计划拆除。6号房屋导致车站主体工程施工严重滞后，直接影响文冲站以及整个五号线的开通时间。为确保广州市轨道交通五号线的整体工期，被迫改变了车站的施工方式，由全部明挖改为明挖与部分暗挖相结合（图7.1-1和图7.1-2）。

图7.1-1 文冲站卫星影像平面图

a）位于施工场地内的6号房屋　　　　　　　　b）6号房屋近景

图7.1-2 施工场地内的6号房屋

7.1.2 地质条件

文冲站隧道两端均发现有破碎带，为进一步了解隧道的地质情况，对隧道范围内进行了补充勘察，该区域的不良地质作用主要为白垩系红层与震旦系混合花岗岩的不整合接触带及发育于震旦系混合花岗岩中的构造破碎带。

结合前期勘察资料，钻孔 MEZ3-WY-B02 南侧钻孔 MEZ3-WY-21 中揭露有构造破碎带 F′，属区域文冲断层次生构造，推测呈近东西走向，倾向北，张扭性，构造破碎带呈强-中风化状，主要由角砾岩、碎裂岩组成，局部可见糜棱岩，碎裂构造，母岩为混合花岗岩，胶结较差，节理裂隙极发育，绿泥石质半-全充填，部分隙面见擦痕、镜面等构造特征，绿泥石化现象强烈，岩石构造挤压痕迹明显，部分矿物有重结晶现象。补充勘察 2 钻孔因受该构造破碎带影响，岩芯破碎，呈块状，局部呈短柱状。岩土物理力学参数指标如表 7.1-1 所示。

土层物理力学参数表 表 7.1-1

地层编号	岩土名称	天然重度 γ (kN/m³)	泊松比 v	压缩系数 a_{v1-2} (MPa⁻¹)	压缩模量 E_{s1-2} (MPa)	黏聚力 c (kPa)	内摩擦角 φ (°)	岩石抗压强度标准值 (MPa)	侧压力系数 k_0	基床系数 K 的经验值（垂直）(MPa/m)	承载力特征值 (kPa)
<1>	素填土	19.3	0.40	0.50	0.29	22.6	17.1	—	0.50	10	70
<5Z-2>	硬塑状残积土	18.3	0.26	0.40	6.0	29.0	15.0	—	0.30	45	260
<6Z>	全风化砂岩	18.3	0.25	0.20	7.0	23.7	13.6	—	0.27	90	350
<7Z>	强风化砂岩	18.9	0.25	—	—	—	—	—	0.27	150	450
<8Z>	中风化砂岩	27.1	0.23	—	—	(2980)	(37.5)	15.0	—	—	2500
F′	构造破碎带（强—中风化状）	19.0	—	—	—	28.8	70.0	—	—	—	480

隧道上方 6 号房屋，距离隧道拱顶约 7m，经多方努力，无法收集到该房屋设计图和竣工图，无从判断房屋类型和基础形式。洞身基本位于 <8Z> 中风化混合花岗岩，该地层描述为：灰绿色，局部黄褐色，中细粒结构，块状构造或碎裂构造，主要矿物成分为石英、长石，节理裂隙发育，裂隙面少见褐色铁、锰质浸染，受构造影响，局部岩芯可见不同程度的绿泥石化镜面、擦痕等构造特征，岩质较坚硬，岩芯多呈块状，少量呈柱状，锤击声较脆。

7.1.3 变更设计

文冲站原设计为两层双跨（局部两层三跨）明挖结构，由于受 6 号房屋拆迁影响，原车站全明挖的方案不具有可实施性。

针对本方案设计难点问题和周边条件，通过全面、深入的研究，经多次会议研究决定，提出了如下变更设计方案，在 6 号房屋下 YDK31+743.098~YDK31+772.098 段，变更采用暗挖结构形式，两端采用明挖结构。具体设计措施为：增加 2 排封堵钻孔桩，将原石化路以东明挖结构划分为 2 个明挖结构和一段暗挖结构，其中站台层局部采用暗挖隧道将两端明挖结构连接起来，站厅层采用明挖管廊将两端明挖结构连接，暗挖隧道为 2 个单线隧道，长度均为 29m，两隧净距为 683mm，如图 7.1-3~图 7.1-5 所示，隧道支护参数见表 7.1-2。

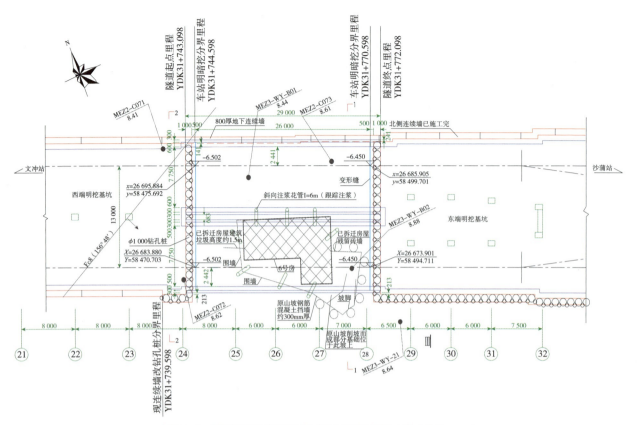

图 7.1-3 明挖和局部暗挖相结合施工方案平面图（尺寸单位：mm）

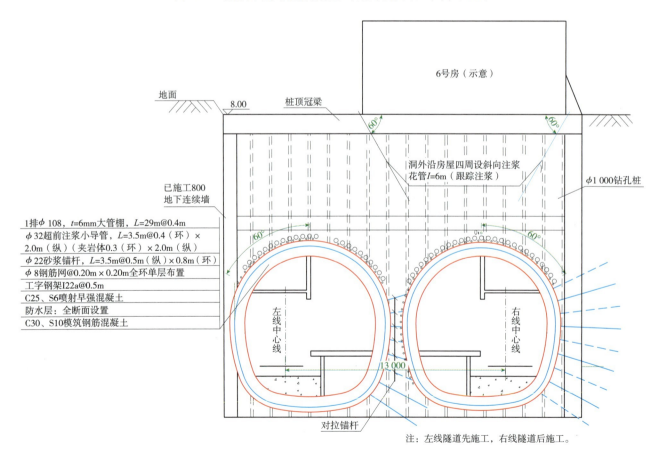

图 7.1-4 暗挖隧道横断面（尺寸单位：mm）

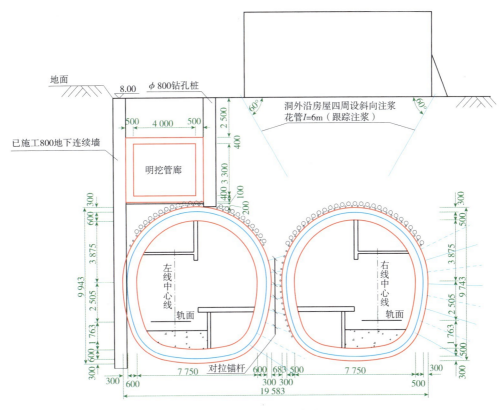

a) 站台暗挖隧道与明挖管廊关系图

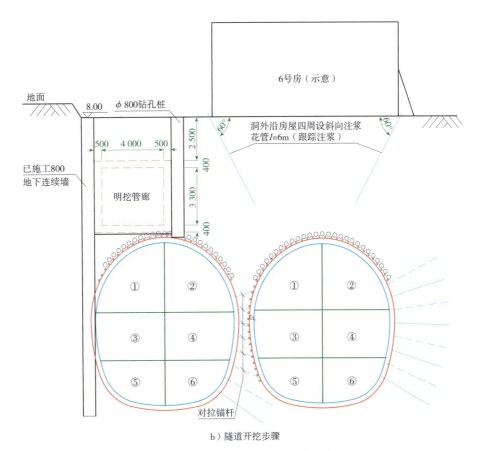

b) 隧道开挖步骤

图 7.1-5　站台隧道与明挖管廊空间关系图（尺寸单位：mm）

复合式衬砌支护参数表　　　　表 7.1-2

衬砌类型	初期支护参数				辅助措施	二次衬砌	施工方法	预留变形量（mm）
	系统锚杆	钢筋网	喷射混凝土	格栅钢架	超前支护			
左线	拱部、边墙 $\phi 22mm$ 砂浆锚杆，$L=3.5m$，@0.5m×0.8m	$\phi 8mm$ 钢筋网@0.2m×0.2m 全环单层布置	C25、S6 网喷早强混凝土，厚 0.3m	工字钢架工 22a@0.5m	$\phi 108mm$、$t=6$ 大管棚 $L=29m$@0.4m；$\phi 32mm$ 超前注浆小导管，$L=3.5m$，@0.4m×2.0m 拱部布置	C30、S8 模筑钢筋混凝土，厚 0.60m	短台阶法	50
右线						C30、S8 模筑钢筋混凝土，厚 0.50m		

本工程地质条件差。在隧道开挖时，如何保证隧道施工的安全，又保证上方房屋的安全，为本设计方案应解决的重点。

本段区间隧道下穿文冲村 6 号房屋，经多方努力，未找到该房的任何设计图纸和基础资料。从现场实地观察，该房屋为 2 层框架结构，天然基础，局部基础位于原山坡上，距离隧道拱顶约 7m。隧道施工前，应调查清楚基础类型及与隧道的相互关系等资料，施工时应采取必要的安全措施，采用控制爆破技术，严格控制开挖进尺，并尽快封闭初次衬砌和二次衬砌结构。应针对 6 号房屋做出专项施工监测方案，加强洞内、外监控量测工作，确保隧道施工和既有建筑物的安全。6 号房屋爆破振动速度宜控制在 1.5~2cm/s 以内。

主要辅助施工措施有，在本段隧道围岩段主要采用 $\phi 108mm$、$t=6mm$ 的大管棚和 $\phi 32mm$ 的超前注浆小导管进行辅助施工；洞外沿房屋四周设斜向注浆花管作为预留措施，当房屋出现较大沉降时进行跟踪注浆。两隧道均发现有构造破碎带。左线经过约 5m 左右的构造破碎带。经过破碎带时，应先进行掌子面全断面超前注浆加固，浆液为水泥—水玻璃双液浆。

车站暗挖隧道和车站明挖结构施工完后，方可施工明挖管廊。施工前，应注意直径 800 围护孔定位准确，桩底高程准确。管廊施工时为保证隧道结构和基坑安全，明挖管廊基坑应分节、分段开挖，不能一次性将管廊基坑全部挖开，应及时加设支撑，并适当加预应力，开挖到底后，及时施作底板封底。明挖管廊施工时，应尽可能保证大管棚完好，不破坏原有大管棚，以减少卸载带来的对隧道的不利影响。

7.1.4　施工方法

本段矿山法施工隧道线路，左、右线两隧道为小间距隧道（隧道间净距约 0.68m），其具体施工方法如下。

1）单线隧道施工方法

采用非爆破或光面爆破，短台阶法施工。开挖后视掌子面稳定和地质情况，必要时采用喷射混凝土封闭掌子面和台阶底部。后施工隧道，应向夹土体及时进行超前小导管注浆。

2）隧道二次衬砌施工方法

隧道二次衬砌采用从仰拱开始，拱墙全断面模筑衬砌的施工方法。

对于隧道开挖后地下水出露较多地段、初次衬砌及回填注浆后仍有渗漏水地段以及围岩破碎地段，应视具体情况向衬砌背后更深层围岩进行注浆止水。对于软弱围岩，必要时采用喷射混凝土临时封闭掌子面。施工严格遵从"短进尺，弱爆破，强支护，快封闭，勤量测，速反馈"的原则，开挖后及时支护及时封闭成环。

3）隧道施工顺序

（1）开挖东端明挖基坑，开挖顺序为由西向东。西端明挖基坑围护结构封闭后，开挖顺序也为由西向东。为增强端头围护结构的整体稳定性（包括水平方向，特别是竖向的稳定性），同时为减少进洞开挖时，东端顶冠梁的不均匀沉降，将顶冠梁上方加高至1.2m×1.0m。

（2）向下开挖至第二道支撑以下0.8m，安设第二道支撑。安设大管棚、超前小导管、地面斜向注浆花管和右线掌子面内背拉锚杆。

（3）加强对开挖面①、②、③、④部的掌子面处围护桩的监测，必要时加砂袋反压。

（4）破除①、②部范围内的桩体，架立①、②部型钢钢架和临时横撑（围护桩下安设3榀工字钢架，破桩段2.0m范围内采用间距0.4m工字钢架加密，其余地段钢架间距为0.5m），围护桩下钢架与伸入隧道内的围护桩主筋焊接牢靠。

（5）左线上台阶进洞5m后，封闭掌子面。破除左线下台阶围护桩，初期支护封闭成环，开挖下台阶。采用短台阶法开挖左线隧道。为保证破洞处后开挖掌子面处围护桩的稳定，左线隧道开挖前应做好右线隧道掌子面处围护桩的背拉锚杆，左线隧道开挖同时加强对开挖面⑤、⑥部的掌子面处围护桩的监测，必要时加砂袋反压。

（6）施工左线隧道初期支护和二次衬砌，左线隧道出洞前应做好掌子面处围护桩的背拉锚杆。

（7）依次参照上述要求开挖右线隧道⑤、⑥部，施工右线隧道初期支护和二次衬砌，右线隧道出洞前应做好掌子面处围护桩的背拉锚杆。

（8）待隧道二次衬砌及两端明挖主体结构施工完后，施工明挖管廊基坑。

4）为减少对地层扰动采取的其他措施

由于本段矿山法施工隧道全部为小间距隧道（隧道间净距约0.68m），隧道左右线分离的并行隧道，施工时会产生相互影响，且可能产生许多意想不到的情况。为确保隧道施工、隧道结构以及地面建筑物安全，其施工方法除按上述一般方法施工外，还需采取下列有效措施，减少对地层的扰动，改善受扰动的地层，尤其对所夹岩柱体须进行注浆加固和保护，以增强掌子面和围岩的稳定性。

（1）施工条件允许的情况下，尽量采用人工开挖或机械开挖。必须采用爆破开挖时，应选择爆力、爆速较低，猛度较高的炸药，采用微振爆破开挖，严格控制爆破振动速度，尤其是后施工隧道。开挖顺序对岩体的稳定会产生较大的影响，隧道断面分部开挖中，采取后开挖岩柱侧，以缩短岩柱体的暴露时间。开挖时，一次循环掘进长度应控制在0.5~1.0m。

（2）施工时制订具体的施工监测方案，随时掌握洞内外的变化情况，发现地面沉降量、洞内拱顶下沉量等超过警戒值时，及时采取处理措施。

（3）在拱部预埋ϕ32mm的钢花管作注浆管，当初期支护封闭成环一定长度后对初期支护拱背后2.0m以内空隙及软弱松弛围岩注浆加固。

（4）先施工的隧道在靠岩柱侧的拱腰锚杆与后施工的隧道形成对拉，并在靠岩柱侧的边墙初期支护施工时预埋ϕ32mm的钢花管作注浆管，当初期支护封闭成环一定长度后，对两隧道所夹岩柱体进行注浆加固。

（5）后施工隧道在靠岩柱侧的拱肩至轨面线高度范围内的拱墙部位均增设超前注浆小导管辅助施工，并把伸入的先施工隧道的初期支护锚杆切断，然后将其端头与后施工隧道的初期支护钢架或纵向连接筋焊接形成对拉钢筋，以维护土柱体的承载能力；后施工隧道初期支护必须尽快封闭成环，二次衬砌尽可能紧跟开挖施工。

（6）相邻已建隧道爆破振动速度宜控制在5.0cm/s以内。

5）监控措施

施工过程中必须加强对地表及周围临近间构筑物进行基础沉降、变形、裂缝等全方位的监测和保护，如发现严重开裂、倾斜时，应立即组织人员紧急疏散，并立即进行支撑加固或拆除，同时上报上级主管部门。

6）地表沉降控制标准及措施

本段区间暗挖隧道按喷锚构筑法设计和施工，现场监控量测是此工法的重要组成部分。现场监控量测必作项目有：洞内外观察及地质描述，拱顶下沉量测，水平净空收敛量测，地表下沉量测和浅埋段地面建筑沉降及倾斜量测。其他项目根据施工时的具体情况选作。

（1）地表沉降控制标准

隧道地表建筑物密集，与隧道施工有相互影响的房屋对地表下沉控制要求高。一般地段地表沉降控制标准为：地表最大下沉值为30mm，隆起量为10mm；在靠近房屋基础及管线段地表沉降控制标准按有关规范和主管部门的要求确定。6号房屋根据其现状，暂定为最大下沉值为30mm，隆起量为10mm，差异沉降为0.002l（l为柱间距），如6号房屋业主对其标准另有要求，也可根据协商结果进行控制。

（2）地表沉降控制措施

①按先加固及护顶后开挖的原则进行设计和施工。隧道洞内采用大管棚和超前注浆小导管加固前方围岩和预支护。

②采用合理的开挖方式，边开挖边支护，步步为营，当采用留核心土环形开挖时，核心土断面应大于开挖断面的50%。

③施工中尽量减少对围岩的扰动，尽量采用人工或机械开挖。当不得不爆破开挖时，应采用光面、微振爆破等控制爆破技术，采取短进尺，弱爆破施工。

④严格控制开挖循环进尺，控制台阶长度，当台阶较长，必要时应作临时仰拱封底。钢架拱脚需认真处理，一般情况设锁脚锚杆；如发现地质条件太差，应加垫槽钢。

⑤右线隧道应待左线隧道开挖完再施工。

⑥开挖后应及时进行初期支护或临时支护，工序紧扣、衔接，尽早施作仰拱，尽早封闭成环。掌子面稳定性差时，应随时喷射混凝土封闭工作面。

⑦初期支护形成后，对其背后围岩1~2m范围围岩进行系统注浆加固，必要时加大注浆范围，以改善支护受力条件。当在加强初期支护和施作仰拱后，围岩仍不能趋于稳定，或地表下沉较大（对于控制标准值来说）时，则提前施作二次衬砌，并加强二次衬砌结构。

⑧施工过程中（包括竣工初期），对围岩及支护结构、地面建（构）筑物进行必要的监控量测，以便及时获取信息，及时采取措施控制地表下沉。

⑨施工中加强管理，严格按有关标准、施工工艺、细则进行施工，保证施工质量。

⑩当台阶法施工不能较好地控制地面沉降时，隧道施工方法应调整为CRD法施工或增加临时仰拱。

7.1.5 施工监测情况

监控量测重点是右线隧道上方的6号房屋。为确保工程结构及周边环境的安全，主要监测项目包括建筑物沉降及倾斜、桩顶水平位移、桩体测斜、土体测斜、钢支撑轴力、拱顶下沉、隧道收敛等，测点布置见图7.1-6。

整个施工期间，监测充分发挥了指导施工的作用，确保了施工安全和周边环境的安全。截止到车站施工完毕，各项监测数据都比较正常，其中，6号房屋的累计沉降见表7.1-3。

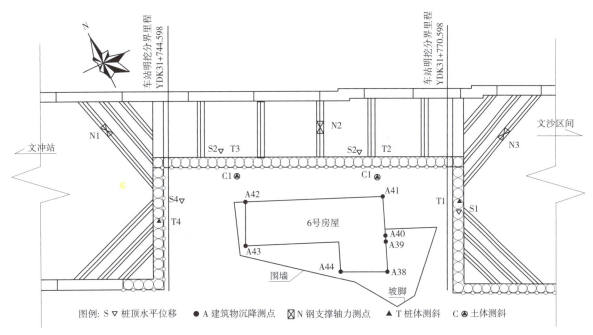

图 7.1-6　监测测点布置图

6 号房屋在两个施工阶段的累计沉降表　　　　　　　　　　　表 7.1-3

测点编号	大管棚施工引起的沉降值（mm）	隧道开挖引起的沉降值（mm）	最终累计沉降值（mm）
A38	−1.16	−7.53	−8.69
A39	−1.50	−7.72	−9.22
A40	−1.40	−7.38	−8.78
A41	−1.88	−7.53	−9.41
A42	−1.16	−7.99	−9.15
A43	−0.74	−7.29	−8.03
A44	−2.02	−7.77	−9.79

本段暗挖隧道从 2006 年 5 月开始施工，至 2006 年 12 月贯通，施工情况良好。开挖时采用微震爆破法，在地面监测时爆破速度一般在 20 cm/s 以内，施工监测地面最大沉降为 17mm，拱顶沉降 12mm，地面沉降大于拱顶沉降是由于地面沉降不仅由隧道开挖引起，而且受爆破施工、打大管棚对地层的扰动、隧道开挖失水等的影响，对地面房屋影响很小，房屋未出现开裂情况（图 7.1-7）。

a）部分明挖施工

b）6 号房下方局部暗挖

图 7.1-7　明挖和局部暗挖施工现场

在施工前对 6 号房屋地下基础进行了注浆加固处理。由表 7.1-3 可以看出,大管棚施工对 6 号房屋的沉降影响很小;由于施工采取的各项技术措施比较合理、得当,暗挖隧道的开挖施工对 6 号房屋沉降影响较小,而且累计沉降比较均匀,没有导致房屋出现开裂现象,房屋的结构安全稳定,从而取得了良好的社会效益(图 7.1-8)。

图 7.1-8 完成施工后的 6 号房屋

7.1.6 经验总结

本次施工的方案变更是业主和施工单位在权衡各种利弊之后做出的,对施工产生了很大影响。首先,工程量增加了很多,本次变更增加工程投资 1 000 万元左右。其次,明挖改成暗挖,施工工序由简单变复杂,工作面减小了,工期比明挖法施工预计滞后 180 多天。但是如果不果断变更施工方案,则会影响整条线路的通车计划,损失将会更大。第三,明挖改暗挖,保留了车站上方居民房屋,消除了与当地居民的纠纷,有利于社会的和谐发展。

7.2 珠猎暗挖区间饱和动态含水砂层中WSS注浆工法

7.2.1 工程概况

1)设计概述

五号线珠江新城站—猎德站暗挖区间位于广州市珠江新城 CBD 区域内,具体位于广州市珠江新城花城大道下,呈东西走向,里程范围为:右线 YDK15+796.064~YDK16+530.3,隧道全长 731.317m;左线 ZDK15+796.064~ZDK16+530.3,隧道全长 735.452m。在 YDK16+148.929 处设置一座施工竖井及施工横通道,在 YDK16+69.343 处设置废水泵房及为泵房服务的连接通道。线路经过花城大道下沉式广场、花城大道洗村路口 16 号地下人行通道后到达猎德站。部分线路与地下电力隧道空间上平行。线路地面条件相对简单,除美居中心地面建筑外,无其他地面建筑。

由于线路的需要,本区间共设置 A1 型~E 型等 15 种结构断面,其中 A1、A2、A3 和 A4 型为单孔双线结构断面,B 型~E 型为单孔单线结构断面及推力风机房段结构断面和人防段结构断面。隧道最大开挖跨度为 14.111m,采用矿山法进行施工。

本区间地质条件复杂,隧道部分拱顶在饱和动态含水砂层中通过,左线里程 ZDK16+443.26~ZDK16+530.3,右线 YDK16+480~YDK16+530.3,过砂层段总长 137.34m,此外,区间断面变化频繁。因此,根据工程具体工况,在施工工艺上,主要采用台阶法、CD 法和 CRD 法进行施工。

2)工程水文地质情况

本区间位于瘦狗岭断裂以南构造区内,处于三水断陷盆地东延部分。主体构造走向是东西向,其次是北西向。由中生界白垩系构成的东西向比较宽阔的褶皱和燕山期及喜马拉雅期形成的一系列北西向断层所组成,是继承性构造。本区间无断裂穿过。

本区间的地层结构属于二元类型,即上部为第四系地层,下部为白垩系风化岩层。因此,本区间的地下水类型主要也分两大种类型:上层滞水、孔隙性潜水或微承压水。基岩裂隙水第四系砂层是典型的透水层,直接或间接由大气降水补给,同时受附近河涌水或其他地表水的渗透补给。

基岩裂隙水的补给主要是连通性裂隙的侧向补给,当基岩水的水位降低时,会产生上覆第四系地层的越流补给。

7.2.2 含水砂层特点及加固工法

1)饱和动态含水砂层段砂层范围及特点

根据详勘报告及地质补充探孔资料,左线里程 ZDK16+443.26~ZDK16+530.3,右线 YDK16+479~YDK16+530.3 段为砂层段,其中,邻接猎德站部位左右线有约 80m 的隧道穿越饱和动态含水砂层,根据补勘资料及现场实际施工情况判定,饱水砂层均不同程度地侵入隧道开挖断面内,最大侵入量为 1.8m,砂层中的水具承压性。对隧道施工安全影响较大的砂层为砾砂层,其呈灰白、灰黄色,主要为中粗砂,含少量黏粒,局部含粉细砂,呈层状分布。砾砂层是第四纪沉积物中的一种具有鲜明特征的松散粗碎屑堆积层。它既不同于已胶结的砂岩、砾岩,也不同于细粒的黏性土;它既不是独立的地层单位,也不属于同一的成因类型,其性状近于砂层。在砂砾层中进行标准贯入试验 31 次,其实测击数 N=5~30 击,平均 13 击;层面埋深高程 –1.68~4.27m,层底埋深高程 –3.32~2.37m。砂层的渗透系数 k 为 15.0m/d,影响半径为 80m。

本区砂层为第四系砂层,是典型的强透水层,直接或间接通过大气降水补给,同时受附近河流涌水或其他地表水的渗透补给,因此,水位不仅与季节性降水有关,还受河涌潮汐动态水的影响。

2)饱和动态含水砂层加固工法

(1)二重管无收缩双液注浆(WSS 工法)

由于旋喷桩在中粗砂、砾砂层中未能成桩,并经旋喷桩加强试验后仍未能对砂层进行有效固结,不能确保隧道开挖安全。经多次专家会审查,最后采用二重管无收缩双液注浆(WSS 工法)对珠猎区间东端饱和动态含水砂层段砂层进行固结加固。

①二重管无收缩双液注浆加固原理及特点

二重管无收缩双液 WSS 工法注浆是采用二重管钻机钻孔至预定深度后注浆。浆液有两种,分溶液型(A、B 液)和悬浊型(A、C 液)。A、B 液或者 A、C 液通过二重管端头的浆液混合器充分混合,在不改变地层组成的情况下,将颗粒间存在的水强迫挤出,使颗粒间的空隙充满浆液,并固结达到改良土层性状的目的,颗粒间隙中充满了不流动且固结的浆液后,使土层透水性降低,从而形成相对隔水层。其中,A、B 液注浆止(驱)水,A、C 液注浆起加固作用。A、C 液采用常用的水泥和水玻璃,并掺入一定量的外加剂。B 液体是由酸和外加剂组成的。该工法所用浆液对土层有很强的渗透性,采用调节浆液配比和注浆压力的办法可使注浆范围人为控制。本浆液具有自密闭性,当停止注浆时,浆液会瞬间凝结,从而达到注浆止水效果。凝结硬化时间可根据工程实际需要进行调整,使岩层的空隙或孔隙间充满浆液并固化,从而改变土层的性状。该工法适用范围广,可用于各种土层,浆液不流失,固结后不收缩,硬化剂无毒,对地下水不会造成污染。

双液注浆工法特点:

a. 采用特殊的端点监控器和二重管注入方式,使注入系统设备简单,具有很高的可靠性、经济性。

b. 可以进行一次、二次注入切换,回路变换装置容易实行,所以能实行复合注入。

c. 注浆材料的凝胶时间可以根据需要从瞬结到缓结自由调节。

d. 一次注浆液和浸透性二次注浆液的复合比率在土层改良时,可以自由地设定;从黏性土、砂质土到地下水非常多的砂砾层,以及更加复杂的复合地层都可以适用。

e. 二次注入材料是低黏性且凝胶时间长的浸透性注浆液,可以用压力喷射到均匀的土质颗粒之间。这样的操作方法,减少了对周围建筑物的影响。

f. 由于一次注入是限制注浆,二次注入是渗透注浆,所以注浆液不会向注入范围外溢出,从而有利保护地下环境不被污染。

②浆液选择

a. 浆液选择

根据工程地质、水文地质情况,注浆浆液采用 AB、AC 液双液浆。注浆材料参数见表 7.2-1 和表 7.2-2。A 液为稀释后的水玻璃;B 液主要为醋酸,另加入一定量的外加剂;C 液为水泥浆,另加入一定量的外加剂。

注 浆 材 料 表　　　　　　　　　表 7.2-1

浆液种类	水泥品号	原水玻璃浓度	水灰比（$W:C$）	体积比（$C:S$）	注浆用水玻璃浓度
水泥—水玻璃双液浆	P.O.42.5	40B'e	1.5:1~2.0:1	1:1	30~35B'e

施 工 配 比 单　　　　　　　　　表 7.2-2

A 液（500mL）	B 液（500mL）	C 液（500mL）
40B'e/ 水玻璃 150~250kg	冰醋酸 15kg 外加剂 10kg	P.O.42.5 水泥 250kg 外加剂 6.9kg
A、B 液 1 000L 或 A、C 液 1 000L		
溶液由 A、B 液组成,悬浊液由 A、C 液组成		

b. 浆液配制

现场施工中一定要严格按设计进行浆液配制。

按搅拌桶的容积和注浆材料的配比参数,计算出配制一桶浆液所需要的水泥和水的用量。先在搅拌桶中加入一定量的水,再加入规定量的外加剂,强力搅拌 3min,然后加入一定量的水泥,强力搅拌均匀,待用。在浓水玻璃中加入水,稀释至设计浓度,搅拌均匀后待用。按比例进行凝胶时间测试试验,如果达不到设计要求则重新调整。量取水泥浆搅拌桶的体积,根据其面积及配比要求,标定须加入水的高度及需加入水泥的重量,以此控制水泥浆的配比。量取水玻璃桶的体积,标定设计单段注浆量所需的高度,以此控制设计注浆量。

③注浆孔布置

根据 WSS 注浆试验段注浆情况,确定每循环注浆段长度为 10m,开挖 7m,留下 3m 作下一循环段注浆的止浆墙。孔位布置及相关参数详见图 7.2-1 和图 7.2-2。

④注浆施工设备及施工参数

a. 注浆施工设备

WSS 注浆施工主要机械设备及配置（一套）如下:75-A 型钻二重管机一套;SYB-60/160 型注浆泵一台;SJY- 双层立体式搅拌机一台。

b. 注浆施工参数

WSS 注浆施工的主要的参数为:注浆压力 0.5~2.0MPa;注浆终压 2.0MPa;浆液初凝时间 10s~1min;

(AB液及AC液)注入率40%左右,注浆管孔径φ42mm;注浆量:根据注浆压力或溢浆情况控制,若注浆压力稳定在2.0MPa、孔口返浆量较大、注浆压力高于2.0MPa,注入困难且孔口无明流水时,即可认为此孔注浆完成。

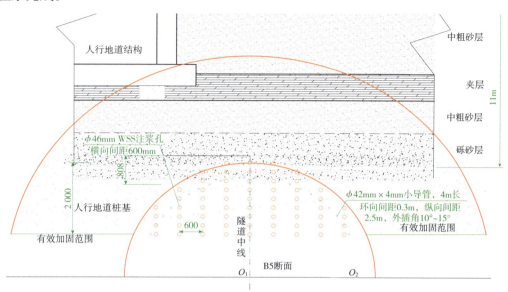

图7.2-1 WSS注浆加固剖面图(尺寸单位:mm)

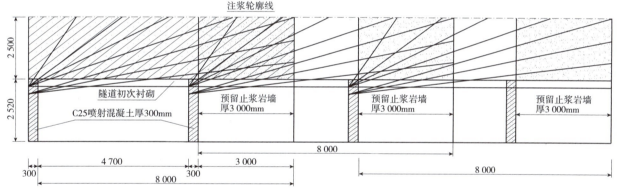

图7.2-2 WSS注浆加固纵断面图(尺寸单位:mm)

在注浆方法上,采用二重管钻机注浆和小导管注浆相结合的方法。二重管注浆优点是可以随时注浆,浆液在端头混合,其浆液扩散范围很大,注浆压力可灵活调整,浆液渗透性、扩散性都比较好,主要用于前期的长距离注浆。而小导管注浆,则是利用二重管钻机钻孔后,用φ22mm导管加工成的注浆花管作注浆管进行注浆,其特点是浆液可在掌子面混合,凝结时间短,注浆压力大,浆液扩散范围小,主要用于二次补强注浆及开挖过程中的补充注浆。

注浆的顺序为从两侧依次向中间、从下层向上层、从远及近进行。一孔注溶液(AB液)相邻孔注悬浊液(AC液),依次交替进行,达到止水加固的目的。

⑤WSS注浆施工工艺

WSS注浆施工工艺流程图如图7.2-3所示。

⑥注浆质量控制

钻孔施工:开钻前,严格按照施工布置图布好孔位。钻机定位要准确,开钻前的钻头点位与布孔点之距相差

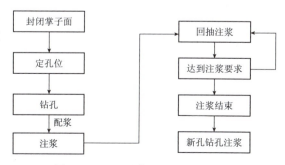

图7.2-3 WSS注浆施工工艺流程图

不得大于 2cm，钻杆偏差度不得大于 1°。

配料：采用准确的计量工具，严格按照设计配方配料施工。

注浆：注浆一定要按程序施工，每段进浆要准确，注浆压力一定要严格控制在 0.5~2.0MPa，专人操作。当压力突然上升或从孔壁溢浆，应立即停止注浆，每段注浆量应严格按设计进行。跑浆时，应采取措施确保注浆量满足设计要求。

注浆完成后，应采用措施保证不溢浆、不跑浆。

⑦注浆效果及检测

a. 注浆效果

根据洞内实际开挖情况可知，注浆前地层为含水砂层，开挖时不能自稳，注浆后地层渗透性、强度得到了改善，并达到了固砂目的。在采取 WSS 工法对饱和动态含水砂层进行加固后，砂层得到了有效固结，注浆后地层的含水量和空隙率均较注浆前有较大幅度降低。这主要是浆液通过填充、渗透、挤压、劈裂作用，挤走了地层中的一部分游离水，从而使地层的结构发生了变化，达到了固砂堵水目的。然而，在砂土层中注入水泥系浆液，注浆机理以渗透和劈裂注浆为主，水泥浆在地层中主要进行脉状扩散或劈裂充填，难以实现均匀渗透注浆，因此，难以形成均匀、连续及强度很高的固结体。双液注浆后开挖面浆液分布状况见图 7.2-4。

图 7.2-4 双液注浆后开挖面浆液分布状况

b. 注浆效果检测

在每一循环段注浆结束后，从洞内对注浆体进行钻孔取芯检测，钻孔深度一般取开挖段长，以观察孔内涌水、涌砂情况，并以此判断砂层固结范围、浆液充填等情况。每循环设 2 个检查孔。根据取芯芯样抗压试验，注浆加固后的土体抗压强度为 0.38~2.8MPa。同时，将检查孔放置一段时间后对孔内涌水量进行量测，测得其孔内涌水量小于 0.2L/m·min。

（2）隧道开挖

隧道开挖前，先进行超前探测，在格栅下 5cm 处用洛阳铲沿 30°角向前探测 1.3m，此时探测前方高度高于拱顶开挖轮廓 30cm 左右（图 7.2-5）。掌子面无明显渗水方可进行开挖。

在开挖方式上，该含水砂层段隧道由两台阶法改为三台阶法进行施工，其中上台阶高 1.875m。上台阶土方采用人工开挖，严禁爆破作业。开挖步距控制在 0.5m，且分左右半个拱开挖，以便初期支护尽快封闭。掌子面先开挖

图 7.2-5 开挖面超前探测示意图（尺寸单位：mm）

0.3m 后，剩余 0.2m 由人工在周边挖槽预留核心土，在将格栅支护喷锚完成后，方可开挖核心土。

在采取以上措施后，饱和动态含水砂层段能够安全顺利开挖，确保了隧道及人员安全，保证工程工期的实现。

7.2.3 经济技术比较

对于各种工法治理饱和动水砂层的经济技术比较详见表 7.2-3。该地段的加固，除冻结法较为可靠外，就是 WSS 工法可行。但冻结法造价要高出很多，工期最长；另外，对隧道结构的长期稳定性影响还有待进一步研究。WSS 工法与冻结法相比，无论从技术上、经济上，还是工期上，都显示出 WSS 工法的实用性。

穿越饱和动水砂层各种施工方法经济技术比较　　　　表 7.2-3

序号	施工方法	造价（万元）	工期（d）	实施效果
1	井点降水法	125	130	对环境影响太大，不建议在广州采用
2	围壁法	120	120	场地不具备条件
3	WSS 工法	550	180	洞内加固，效果良好
4	水平冻结法	820	230	效果良好，但费用高，工期长

7.2.4 经验总结

WSS 双液注浆工法是以加固含水砂层为目的，一方面增加砂层的强度，另一方面又可以达到止水效果的工法。经过在广州地铁五号线珠江新城—猎德区间隧道饱和动态含水砂层中的成功应用，该工法已经成为饱和动态含水砂层有效加固的施工方法之一。

二重管无收缩浆液 WSS 工法的浆液混合液和注浆方向具有可随时调节、施工操作空间小、适用于多种地层加固的优点，其注浆止水、加固松散围岩效果好，解决了普通双液注浆中注浆不能连续作业、容易堵管等问题，浆液可调性增加了定向定量效果，针对性强，重点突出，浆液耗损小，经济效益好，在地铁和其他工程施工中具有广泛的应用前景。

7.3 淘金—区庄区间浅埋暗挖施工周边建（筑）物保护技术

7.3.1 工程概况

1）区位及周边条件

淘金—区庄区间隧道位于环市中路和环市东路下，从淘金站出站后，分为两个单线隧道沿环市中路向东延伸，穿过区庄立交后到达区庄站，全段隧道都位于环市中路和环市东路下，路面车辆繁忙，两旁多为高层建筑物，区庄立交桥架立在环市东路上（图 7.3-1）。

2）区间的规模、形式、埋深等

区间右线设置道岔及存车线，左右线线间距由淘金站侧的 13m 过渡到区庄站侧的 28m。区间左线、右线、射流风机房、人防门、渡线（图 7.3-2）、存车线相互交错，平面布置较为复杂。区间隧道自淘金站出站以 2‰坡度下坡后往东逐渐以 1.2%、0.2%、0.5%、2.460 9%（左线 2.542%）和 0.2% 的坡度上坡到区间终点。单线隧道埋深约在 15~20m 之间，大断面及联拱隧道埋深为 16.5~18m。由于线路功能要求，区间隧道设计断面类型较多，而且地质变化较复杂，隧道通过地层有 <5-2> <6> <7> <8> <9> 层，设计中共有 13 种断面。

图 7.3-1 淘—区区间平面示意图

3）工程地质

本段为微丘台地，大部分地段地表为风化残坡积土，局部低凹地段沉积有冲积—洪积土层或砂层，地形略有起伏，地面高程 15.48~22.7m。所处地面为环市东路，道路两侧多为高层建筑或多层建筑，线路呈东西走向，地形略有起伏，地势东段稍高。

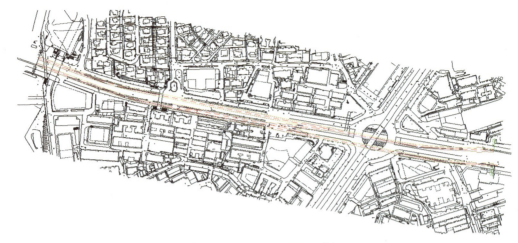

图 7.3-2

本工程基岩主要为强风化~微风化暗紫红色粗砂岩、砾岩及泥质粉砂岩、粉砂岩和暗红色泥质粉砂岩，局部夹砾石。第四系覆盖层主要为冲积~洪积土层及残积土层，局部夹冲积~洪积砂层和淤泥质土层。地表为人工填土层覆盖。

本工程地质情况自上至下依次为：

<1> 人工填土层：本层分布连续，主要由素填土组成，其次为杂填土，呈欠压实~稍压实，标贯击数为 6~23 击，层厚 0.2~7.45m。

<2-1> 淤泥或淤泥质土层：本段缺失。

<2-2> 淤泥质砂土：本段缺失。

<3-1> 冲积—洪积粉细砂层：本层局部分布，呈浅灰色、浅灰黄色，主要由细纱、粉砂组成，含少量黏粒，饱和，松散~稍密状，局部中密状，标贯击数 6~16 击，层厚 0.40~4.20m，呈透镜体状。

<3-2> 冲积—洪积中、粗砾砂层：本层零星分布，组成物主要为中砂、粗砂、砾砂，少量角砾。饱和，松散~稍密状，局部中密状，标贯击数 7~11 击，层厚 0.85~5.75m，呈透镜体状。

<4-1> 冲积—洪积土层：本层局部分布，组成物主要为粉质黏土，局部为黏土，呈可塑状，局部硬塑状，标贯击数 5~21 击，层厚 0.40~5.53m，层位连续性较差。

<4-2> 河湖相淤泥质土层：本层零星分布，仅两个钻孔有揭露，呈深灰色，软塑状，主要组成物为黏粒、泥质、有机物等，呈透镜体状，层厚 0.50m。

<5> 残积土层：根据白垩系红层残积土层的塑性状态或密实度，分为可塑状或稍密~中密状残积土层。

<5-1> 可塑状或稍密—中密状残积土层和硬塑状或密实状残积土层 <5-2>。

<5-1> 可塑状或稍密~中密状残积土层：局部地段有分布，主要由粉质黏土组成，局部为粉土。粉质黏土呈可塑状，粉土呈稍密~中密状，局部残留岩石碎屑，由泥质粉砂岩、砾岩等风化残积而成，标贯击数 5~15 击，层厚 0.85~7.1m，层位连续性较差。

<5-2> 硬塑或密实状残积土层：本层分布较广泛，呈暗红、暗紫红色，由粉质黏土、粉土组成，含风化残留岩石碎屑或石英颗粒。粉质黏土呈硬塑状，粉土呈密实状，标贯击数一般为 15~30 击，层厚 0.85~13.70m，层位连续性稍差。

<6> 岩石全风化带：本层较广泛分布于区间内，主要由泥质粉砂岩、砾岩组成，局部夹细砂岩、粗砂岩、含砾粗砂岩，呈暗红色，原岩已风化成土状，岩石组织结构已风化破坏，但尚可辨认，局部夹强风化岩块。岩芯呈坚硬或密实土状，标贯击数 25~54 击，层厚 0.40~15.45m，层位连续性稍差。

<7> 岩石强风化带：本层较广泛分布于区间内，主要由泥质粉砂岩组成，局部夹砾岩、粉砂岩、细砂岩、粗砂岩，呈暗紫红色，岩石组织结构大部分破坏，但尚可清楚辨认，矿物成分已显著变化，泥质、钙质胶结，风化裂隙较发育，岩芯较破碎，大部分呈岩状，局部夹土状，标贯击数 52~反弹，天然单轴抗压强度值为 1.25~3.81MPa，层厚 0.40~18.4m，层位连续性稍差。

<8> 岩石中风化带：本层较广泛分布于区间内，主要由泥质粉砂岩组成，局部夹粉砂岩、细砂岩、砾岩，呈暗紫红色，中厚层状构造，陆源碎屑结构，岩石组织结构部分破坏，矿物成分基本未变化，泥质、铁质、钙质胶结，岩芯较完整，呈短柱状、部分长柱状、碎块状。本层岩石天然单轴抗压强度值为 3.07~20.60MPa，层厚 0.45~8.69m，层位连续性较差。

<9> 岩石微风化带：本层广泛分布于区间内，主要由砾岩、粉砂岩及泥质粉砂岩组成，夹含砾粗砂岩、细砂岩等，岩芯呈短柱状、长柱状，岩质较硬，风化裂隙、构造裂隙仅局部发育，层厚 0.30~34.2m，层位连续，饱和单轴极限抗压强度 22.8MPa。

地下水按赋存方式分为第四系松散岩类孔隙水和层状基岩裂隙水。第四系松散岩类孔隙水：淘金—区庄区间第四系冲积—洪积砂层 <3-1> <3-2> 为主要含水层，由于本区间砂层埋藏较浅，厚度较小，分布范围不广，砂层富水性一般，总的储量不大。层状基岩裂隙水：勘察范围内层状基岩裂隙水主要赋存在白垩系红层碎屑岩的强风化带和中风化带，局部在全风化砾岩中，由于岩石裂隙局部发育，故其富水性不大。岩体大部分完整，地下水赋存条件较差。地下水对混凝土结构无腐蚀性，对混凝土结构中的钢筋有弱腐蚀性，对钢结构有弱腐蚀性。

4）主要技术参数

主要支护参数见表 7.3-1。

主 要 支 护 参 数 表 7.3-1

序号	工点名称	断面尺寸 宽×高（m）	施工工法	初期支护参数	初期支护开挖进尺	初期支护厚度（m）	CRD、CD 型钢尺寸
1	A1 断面	6.1×6.66	台阶法	超前小导管、锚杆、钢筋网、格栅钢架、喷射混凝土	1m/d	0.15	I20a
2	A2 断面	6.24×6.77	台阶法		1m/d	0.2	
3	A3 断面	6.48×6.99	台阶法		1m/d	0.3	
4	A4 断面	6.52×7.01	台阶法		1m/d	0.3	
5	C2 断面	6.7×7.0	台阶法		1m/d	0.3	
6	M2 断面	7.59×7.324	CD 法		0.5m/d	0.15	
7	K1 断面	9.78×8.145	CD 法		0.5m/d	0.35	
8	E 断面	11.83×9.219	CRD 法		0.2m/d	0.35	
9	F 断面	13.17×9.82	CRD 法		0.2m/d	0.35	
10	G 断面	15.18×11.45	CRD 法		0.2m/d	0.35	
11	B1 断面	7.57×7.384	CD 法		0.5m/d	0.2	
12	B2 断面	7.83×7.644	CD 法		0.6m/d	0.3	
13	P 断面	11.34×8.824	CD 法		0.7m/d	0.35	

二次衬砌支护参数和监测情况汇总表见表 7.3-2。

二次衬砌支护参数和监测情况汇总表　　　　表 7.3-2

序号	工点名称	二次衬砌施工进度	二次衬砌施工方法	二次衬砌厚度（m）	二次衬砌含钢量	监 测 情 况
1	A1 断面	第 9 模 /5d	台车法	0.3	0.110 357 143	施工竖井圈梁水平位移、土体测斜、地下水位、地表沉降、地面建（构）筑物沉降监测、洞内沉降监测、洞内收敛监测。A 型断面拱顶沉降最大值为 11mm，B 型为 10mm，C 型为 8mm，E 型为 25mm，F 型为 24mm，G 型为 28mm，M 型为 17mm，K 型为 20mm，P 型为 23mm。区庄立交沉降期为 5 个月，最大沉降量为 28mm，5H6H 沉降期为 3 个月，最大沉降量为 27mm
2	A2 断面	第 9 模 /5d	台车法	0.3	0.110 357 143	
3	A3 断面	第 9 模 /5d	台车法	0.3	0.112 159 71	
4	A4 断面	第 9 模 /5d	台车法	0.3	0.112 159 71	
5	C2 断面	第 9 模 /5d	台车法	0.3	0.112 321 429	
6	M2 断面	第 9~12 模 /8~14d	高支模	0.35	0.123 989 218	
7	K1 断面	第 9~12 模 /8~14d	高支模	0.5	0.100 162 602	
8	E 断面	第 9~12 模 /9~12d	高支模	0.5	0.121 081 451	
9	F 断面	第 9~12 模 /9~12d	高支模	0.55	0.110 847 458	
10	G 断面	第 9~12 模 /9~12d	高支模	0.6	0.118 411 713	
11	B1 断面	第 9~12 模 /8~14d	高支模	0.3	0.118 266 667	
12	B2 断面	第 9~12 模 /8~14d	高支模	0.35	0.118 266 667	
13	P 断面	第 9~12 模 /8~14d	高支模	0.5	0.114 674 302	

5）造价指标

造价汇总表见表 7.3-3。

造 价 汇 总 表　　　　表 7.3-3

序号	工点名称	单位	总造价	断面净空	暗挖双线每延米造价（注明暗挖断面大小及开挖工法）	暗挖单线每延米造价（注明暗挖断面大小及开挖工法）	暗挖初期支护每立方米造价	暗挖二次衬砌每立方米造价	施工方法
	淘金站—区庄站暗挖区间	万元	6 933		9.3062	2.352			
1	A1 断面	元		24.000 5		23 476.06	13 032.99	10 443.06	台阶法
2	A2 断面	元		24.000 5		24 908.68	14 465.62	10 443.06	台阶法
3	A3 断面	元		24.000 5		28 554.98	18 154.55	10 400.43	台阶法
4	A4 断面	元		24.000 5		29 077.76	18 687.90	10 390.43	台阶法
5	C2 断面	元		24.792		30 175.12	19 778.93	10 396.29	台阶法
6	M2 断面	元		31.994 8		31 989.96	18 021.63	13 968.33	CD 法
7	K1 断面	元		41.107		52 252.27	33 196.69	19 055.58	CD 法
8	E 断面	元		58.456 7	71 391.54		46 376.85	25 014.69	CRD 法
9	F 断面	元		70.145 4	80 441.14		51 360.17	29 080.97	CRD 法
10	G 断面	元		96.308 2	96 272.4		58 108.37	38 164.03	CRD 法
11	B1 断面	元		32.560 7		28 761.91	14 699.02	14 062.89	CD 法
12	B2 断面	元		32.560 7		36 355.27	22 267.58	14 087.69	CD 法
13	P 断面	元		53.131 9		68 884.85	45 859.36	23 025.49	CD 法

7.3.2 危房保护

1）危房概述

两栋平行相隔不到 2m 的危房（图 7.3-3）始建于 1967 年，共 5 000m² 多的建筑面积，约 200 户租住户。1990 年鉴定为危房并进行过修缮。根据有关调查资料及现场查勘显示，两栋房屋均为墙下钢筋砖混结构的条形基础，无地梁，埋置深度约为 1.7m，宽约 2.2m，基础垫层为砖碎四合土；上盖结构为砖墙承重，预制筒形楼板，各层均无圈梁和构造柱；无地梁的天然基础形式加上曲拱楼板的构造，其抗震、抗变形能力非常差。危房底距右线隧道拱顶间距离在 17~21m，隧道平面投影侵入危房越 2m，危房边线平面投影距隧道边缘平均距离为 3m，见图 7.3-4 危房沉降曲线图。

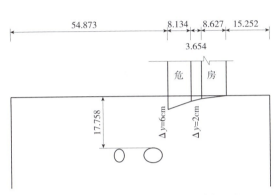

图 7.3-3　危房位置示意图（尺寸单位：m）　　　　图 7.3-4　危房沉降曲线图

2）沉降计算

施工时不可避免地会产生开挖振动、应力释放和因地下水流失而引起的土体固结下沉等，可能会造成房屋沉降变形或倾斜。因此，合理的沉降计算是必不可少的理论依据。

（1）地表沉降

根据左线的单线隧道采用分两部的上下台阶法开挖，而右线的双线隧道采用分四部的 CRD 工法开挖的实际情况，分别采用计算区域宽约 90m、高约 60m 的同济曙光 2D-σ 有线元分析程序，模拟实际分部开挖过程进行计算，并再以 Peck 理论效验，分别得出如下结论：同济曙光计算出危房范围地面沉降最大为 6cm，倾斜率为 0.5%（详见图 7.3-4 危房沉降曲线图）；2D-σ 有线元计算出沉降主要发生在隧道上半台阶开挖时，隧道支护以及下台阶施工工况沉降有所加大，地面沉降最大为 5cm（详见终态沉降曲线图）；以地表沉降沿隧道横向分布为正态分布的 Peck 理论地表沉降量计算公式，验证得出距隧道中心线 0~20m 的范围内地面沉降值为 0.074 438~0.013 052m。

（2）失水沉降

房屋区段范围无砂性土，根据 $\sum a_v/(1+e_0)\cdot\sigma\cdot h_i$ 的地层失水沉降计算公式可得失水沉降量累计约为 11cm，详见表 7.3-4。

失水沉降量计算表　　　　表 7.3-4

土层名称	埋深（m）	厚度（m）	土层底水压力（MPa）	失水附加应力（MPa）	a_v	e_0	E_s（MPa）	S（m）
人工填土层	2.49	2.49	0.004 9	0.001 225	0.5	0.7		0.000 897
冲积—洪积土层	4.79	2.3	0.027 9	0.008 2	0.45	0.78		0.004 768
硬塑或密实状残积土层	15.04	10.25	0.130 4	0.039 575	0.457	0.75	4.09	0.105 931

（3）计算结果

根据以上计算分析，危房段隧道开挖引起的地层沉降平均为6cm，隧道开挖失水引起的沉降约为11cm，沉降引起的房屋倾斜率为0.5%。

3）方案优化

在无任何工程成功例子可借鉴的情况下，如何确保施工期间地面建筑物的安全，加固上述建筑物的地基基础，减少该建筑物的沉降，防止该建筑在隧道开挖过程中发生结构破坏等，均需有效合理的方法。

由上述计算可知，无论是地层沉降或者失水沉降的叠加，还是房屋倾斜率的计算值，都大于规范的规定要求。因此，将其拆除是最安全的。但是由于危房建于主干道旁边，根据城市建设的退缩要求是无法在原地块按原样重建的。如果异地重建，其牵扯的征地拆迁、重建期的临迁以及重建的费用，将大于整个区间工程的土建成本，而且拆迁的事宜无法在短期内完成，所以缺乏可行性与必要性。因此，在满足使用功能的基础上，采用方案优化的手段来降低沉降值，使其小于或接近于规范的要求范围是必要的。具体的优化方案是将存车线宽11.83m、高9.219m的双线隧道调整到远离危房的左线去，而危房侧的右线断面则变成了宽6.4m、高6.95m的单线隧道，再通过上述的理论计算，可得出隧道开挖引起的地层沉降平均值为4cm、房屋倾斜率为2.5‰。这与规范规定的条形基础局部倾斜允许值$i<0.002$非常接近，但为了保证人员的安全，在开挖该范围隧道时采取临迁的措施。另外，考虑到是危房，就目前的技术而言，无论是采用何种房屋基础或结构的加固形式，都会对危房的受力结构造成一定程度的破坏，同时也无法满足理论计算的要求。再者，一旦危房结构被破坏，其后续的隧道开挖施工将会非常被动；因此，必须采用对危房受力结构不会造成影响的加固措施。不均匀沉降是对于房屋沉降而言最不利的情况，因此采用袖筏管注浆代替筏板基础（托换）处理来加固危房基础土体能起到一定的土体固结作用，最主要的是能在一定程度上隔断隧道开挖失水对危房的影响。

4）危房保护措施

洞外在重新补充地质勘探后沿房屋基础周边竖向钻孔埋设袖阀管，孔径101mm，内侧钻孔向基础侧倾斜2.5°，布孔间距为1.5m。注浆加固区厚度应进入地层强风化带不小于1m，加固区宽度保证基础两侧不小于2m。注浆材料采用42.5普通硅酸盐水泥，水灰比0.5~1.0，注浆压力控制在0.3~0.6MPa（图7.3-5）。洞内除严格遵照"管超前、严注浆、短开挖、强支护、快封闭、勤量测、速反馈、保安全"的施工原则以外，还有针对性地采取了如下措施：

从位于危房东、西方向的两个竖井对右线隧道的开挖断面地质情况来看，东面隧道上部、中部及拱顶是全风化泥质粉砂岩，还有一层几十厘米厚的中风化泥质粉砂岩，隧道拱底是微风化泥质粉砂岩，也就是典型的上软下硬地层，围岩松散并有一定的出水量，而且软中还夹硬岩，无论是对开挖施工、开挖速度以及沉降控制都不利；西面隧道上部、中部及拱顶是中风化泥质粉砂岩，隧道拱底是强风化泥质粉砂岩，地质发育比较完整，出水量较少，整断面全是硬岩，只要控制好爆破应该能较好地控制地面沉降。因此，决定隧道从东往西开挖快速通过危房段。

对于硬岩采用松动爆破，而机械、人工可挖掘的部位，不用爆破开挖，避免爆破振动引起沉降加速，并在开挖后及时封闭掌子面。

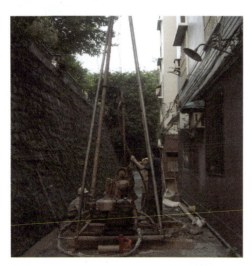

图7.3-5 危房基础周边注浆加固

5）注浆措施

采用长3m，横向间距0.4m，纵向间距2m的小导管，提高注浆压力到 1.5MPa，水大时注双液浆进行超前支护及注浆止水。

对已成环的地段除了及时进行初期支护背后注浆以外，还打设 2~3m 径向注浆管进行径向注浆，以保证拱顶及周边围岩的稳定，减少沉降量。

采用微台阶法进行开挖，进尺控制在 0.8m 以内，台阶及时跟进，初期支护格栅尽快成环，控制每段台阶长度不超过 5m，加速成环时间。

在上台阶离掌只子面 10m 范围内架设临时横撑，加强格栅钢架的受力形式，以便尽量控制拱顶沉降及收敛，如图 7.3-6 所示。

局部碰到软弱岩层时，格栅不能直接放在软弱岩层上，而需采用加垫枕木、加打锁脚锚管的措施保证上台阶稳定。

图 7.3-6　架设临时横撑

下台阶开按时每循环控制在 2 榀以内，加强下台阶的排水以及洞内的排水工作，而且各台阶做出排水坡度，防止由于掌子面积水使得土体受水浸泡引起的地层损失。

加快施工进度，组织上下台阶同时施工，加强机械维修保养，快速通过该段房屋。编制施工抢险应急预案并做好相应的人员和物资的准备工作。加密对危房沉降的监测工作，必要时采用不间断监测，以便及时采取相应的应急措施及预案。

7.3.3　区庄立交桥的保护

1）工程概述

该立交桥共分四层（图 7.3-7），具体情况如下：地面以下为 4 车道的下穿隧道，两侧为 1∶1 放坡的浆砌片石挡墙直到地面；平地面有两条平行的钢架桥横跨下窜道并形成闭合的环路；地面以上二层是一个圆环形的 32 跨简支混凝土桥，同时在东南西北 4 个方向各有两条分别上下行的引桥；地面上三层是最高的一层，其走向垂直于下穿道方向，结构形式为连续混凝土梁。桥基的基础形式分为天然基础和桩承台基础两种，由于该立交桥建成的年代较早，因此除了后加的最高层连续混凝土桥是端承桩基础以外，其他桩承台基础均为锤击灌注摩擦桩基础。区间的右线隧道从立交的南半圆下方通过，隧道正上方有 9 条桥基；左线隧道沿下穿道底下在立交的正中间通过，但连通左线隧道 2 号施工竖井长 28m 的横通道在立交桥地面层的西北方向下通过；左、右线隧道通过隧道处的断面尺寸为 6 520mm×7 010mm，其中，左线与施工横通道相连处为 6 520mm×7 010mm 的推力风机房，对应施工横通道的断面尺寸为 5 000mm×6 500mm。其中，值得注意的是：在下穿道两旁是两道下部 0~1m、上部 0~6m 通长的浆砌片石挡墙与地面连接，而主要沉降较大桥墩基本位于挡墙上。

2）沉降过程

根据沉降观测记录分析，沉降过程分为以下 5 个阶段。

（1）形成期：从 2005 年 11 月 8 日横通道开始施工至 2006 年 1 月 17 日横通道开挖完成，沉降槽范围内各点沉降值较大，累计沉降最大值（152 测点）达 46.88mm；其中，施工横通道掘进到中间时，于 2005 年 11 月 28 日 152 测点累计沉降值首先到达 20.82mm 的设计预警值。

（2）快速增长期：从 2006 年 1 月 17 日至 2 月 27 日，隧道左线施工竖井横通道以西掘进并通过 170 号桥墩时，距其较近，位于立交西北角的 065、169 两个沉降观测点沉降加速，平均沉降速率分别达到 0.23mm/d、0.20mm/d。

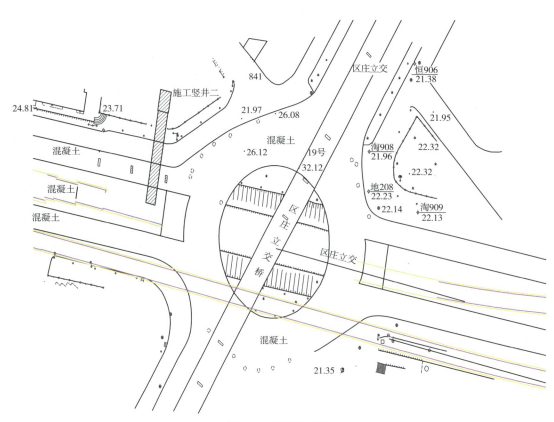

图 7.3-7 区庄立交桥

（3）发展期：从 2006 年 2 月 27 日至 4 月 21 日，隧道左线施工竖井横通道以东掘进并通过 145 号桥墩（立交中部）时，各点继续下沉但趋势减慢，截至 4 月 21 日，最大沉降点 152 点已达 76.64mm。

（4）慢速增长期：从 2006 年 4 月 21 日至 8 月 8 日，隧道右线施工竖井横通道以东掘进并通过 65 号桥墩（立交中南部）时，各点继续下沉但趋势减慢，截至 8 月 8 日，最大沉降点 152 点已达 78.85mm，平均沉降速率 0.08mm/d。

（5）稳定期：从 2006 年 8 月 8 日至 2007 年 2 月 5 日，各点继续下沉但趋势缓慢，大部分观测点的平均沉降速率降至 0.01mm/d，基本稳定。

在整个沉降过程中，位于挡墙上的 152 沉降测点，一直是累计值最大、也是最有代表性的一个测点，因此可以该点位的变化量作为分界点。

3）沉降原因分析

（1）在形成期，对施工竖井横通道的开挖施工过程中，由于无该段地质的详勘资料，因此，对遇到的上软下硬不良地质的施工准备不足。隧道上半断面为全风化粉砂质泥岩，夹有 2~5m 不等的粉土层和含水砂层；隧道下半断面为坚硬的微风化砂砾岩；掌子面开挖时有水渗出，泥岩遇水后液化成泥浆，极易坍塌，施工过程十分困难，造成封闭成环时间增长。

（2）受隧道施工的影响，使得周边土体压缩固结下沉，从而造成该范围内的建构筑物不均匀沉降。

（3）按原设计思路考虑天然基础应比群桩基础沉降敏感，结果发现实际恰恰相反。

4）立交保护与沉降控制措施

由于包括 152、065、169 等测点在内的主要较大沉降的桥墩基本位于挡墙上，上部只有不到 2m 的空间，远远小于加固的施工操作空间，再加上下穿道的交通疏解等问题，使得对其采用洞外加固缺乏可行性。因此，对立交的北半侧主要以监测控制与洞内措施为主，而南半侧则在北半侧措施的基础上，采用洞外袖阀管跟踪注浆加固的措施；另外，为了加强对北半侧的控制，还对设计进行了优化。

（1）加强观测

由于隧道开挖与立交桥的保护是一项长期的工作，为了准确掌握隧道与立交桥的安全情况，对隧道内及掌子面 20m 范围内的桥墩和桥面采用 2 次 /d 的观测频率，在 50m 范内采用 2 次 /d 的观测频率，并且每天都根据数据进行分析并调整隧道初期支护的支护参数；同时调整切实可行的应急预案，发现问题及时处理。

（2）洞内措施

①尽量采用人工开挖，如果必须爆破时，采用毫秒微差控制爆破，控制好炮眼的数量和位置、钻眼的深度、角度以及单孔装药量，从而严格控制爆破振动波向远端传播。

②采用 4~6m 的加长超前小导管注浆，对于岩石固结注浆封堵裂隙，浆液先稀后浓；对于土层采用渗透及劈裂注浆，从而达至固结、止水、减少超前沉降的目的，同时起到止水和小管棚的作用；另外，在隧道内打设径向管对桥基下方土体进行注浆加固，如图 7.3-8 和图 7.3-9 所示。

图 7.3-8　洞内注浆加固

图 7.3-9　桥墩基础注浆加固

③注浆机具随时待命，做好洞内的注浆止水和拱部围岩松散区的注浆加固，每成环 5m 进行一次回填灌浆，及时填充初期支护和土体间空隙。

④开挖时严格遵照"管超前、严注浆、短开挖、强支护、快封闭、勤量测、速反馈、保安全"的施工原则，缩短开挖步距，加快施工进度，缩短开挖面的裸露时间。

⑤施工中加强监测，及时进行数据分析，反馈指导施工的同时，整段隧道设径向 $\phi 25mm$ 的砂浆锚杆，加强隧道初期支护。

⑥改进施工工艺，减少沉降发生，认真做好施工准备和施工组织，细化施工工艺，做好开挖初期支护，做好开挖初期支护施工中的"快"和"紧"，即快速施工，快速封闭；初期支护和土体间顶紧，不留空隙。

（3）洞外加固

由先开挖的立交北半侧下隧道的沉降情况可知，群桩基础比天然基础沉降敏感；因此，针对位于右线隧道上方的桥墩基础特别是群桩基础，进行了 1.5m×1.5m 布孔间距的洞外袖阀管跟踪注浆加固措施，如图 7.3-9 所示。注浆段在隧道顶部支撑结构面以上，厚度不少于 8m，主要止水加固土层为全风化细砂岩层和全风化泥质粉砂岩透水或裂隙发育地层等，宽度保证基础两侧不少于 4m。

7.3.4　旧房的保护

1）旧房概述

A5 是两栋建筑面积共 3 560m² 的矩形五层砖混结构旧房，1~4 层建于 1964 年，砖墙承重，预制楼板；1969年增加了一层，楼板为现浇结构，设180mm×300mm钢筋混凝土圈梁，其余各层无圈梁、构造柱。楼房基础采用6m长打入式钢管桩，C10号素混凝土条型基础，桩底高程为7.5m。旧房的长向约平行于区间隧道，距右线隧道拱顶最小竖直距离约6m，平面距离在9.9~6.7m之间；其中，楼房中部距右线隧道8.1m，如图7.3-10所示。通过旧房段从西往东依次的隧道情况如下：6 520mm×7 010mm的小断面隧道19m，6 700mm×7 000mm的标准断面隧道15m，9 219mm×1 183mm的大断面隧道42m，共长76m。

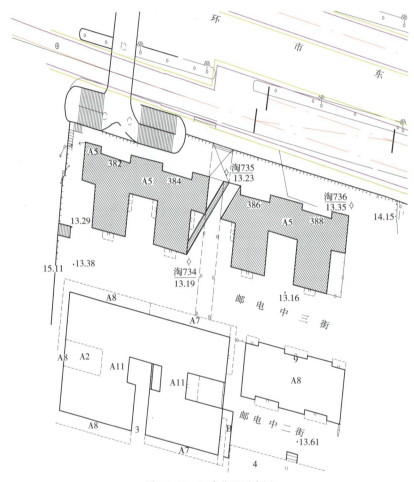

图7.3-10 旧房位置示意图

2）沉降开裂过程

A5两栋楼房沿右线隧道侧设置了027~039、J001~J004共17个沉降观测点，其中，032、039、J003、J004四个沉降观测点位于右线隧道渐变挑高段，即大小断面相连段的右上方，刚好也是两栋旧房的交接处。根据沉降观测记录分析，从4月28日至6月7日，各点沉降值较小，累计沉降最大值为1.78mm；从6月7日至7月12日，其余各点沉降保持稳定，032、039两个沉降观测点沉降加速，累计沉降分别达到6.62mm、8.73mm；从7月12日至8月11日，除037点保持稳定外，其他点均呈下沉加速趋势，到8月13日最大沉降达30.24mm，已达到警戒值，8月31日最大沉降达42.44mm，房屋倾斜率为0.19%；截止10月1日最大沉降已达62.44mm，房屋倾斜率为0.28%。从该房屋结构分析，进入8月份，开始在一楼窗台以下的结构外墙上出现微小裂纹，至9月底该裂纹已扩大到2.5mm左右，即扩大速率为1.25mm/月，至10月底该裂纹扩大为3.0mm左右。各观测数据反映，旧房的安全情况不容乐观。

3）沉降原因分析

首先，从沉降测点与隧道开挖情况对比可知，隧道从小断面转换为大断面刚挑高开挖完成一半的一天后,沉降测点开始加速下沉,而且在挑高的过程中还出现过一次隧道拱顶塌方,使得大断面只是右半断面完成挑高后就马上进入隧道内拱顶的注浆加固工作;另一方面,从隧道的失水情况来讲,由于隧道上方存在一定厚度的粉土隔水层,再加上掌子面上半断面的围岩大部分是全风化粉砂质泥岩,裂隙水并不发育,因此,该处的隧道内失水并不严重;再一方面,虽然隧道的下半断面存在微风化暗紫红色粗砂岩需要爆破,但该岩层的岩面高程正是顺着隧道的开挖方向逐步升高的,而且局部不连续,因此,在该处只是较少面积需采用爆破开挖,可是由于之前小断面的频繁爆破开挖,还是使得远端传播作用对变断面处的围岩产生了扰动。因此可知,该处出现加速沉降的主要原因是隧道开挖引起的围岩应力重新分配造成的,而失水造成的土体压缩和爆破产生的围岩扰动以及叠加影响则起到了应力储存以及加剧的作用。但是,在挑高过程中的塌方,则给储存已久的围岩应力创造了一个释放的条件与机会,而打管、挂网、紧急喷混凝土封闭、注浆加固等塌方的处理又耽误了封闭成环的时间,在一定程度上又给加速下沉创造了空间。因此,该次塌方是沉降加速的诱因,而对于1.329m的挑高高度而言,只有2.745m的实际渐变挑高距离则直接造成了塌方的出现。

4) 旧房保护与沉降控制措施

在沉降加速出现以后,如何在保证房屋安全的前提下,安全快速地通过该区域,成为首要解决的难题,因为只有在开挖完成该段隧道以后,才可能避免施工造成的应力释放与围岩扰动。但是在一般情况下要完成近42m的大断面隧道开挖也必须要有两个月左右的时间,而不断增大的沉降数据使得旧房不可能承受两个多月的连续加速沉降,因此,工程实施处于两难。

(1) 优化工法

为了及时解决上述难题,首先,从开挖方案着手优化修改,根据地质勘探报告以及开挖围岩情况,为了避免对大小断面转换处拱顶软弱围岩的频繁扰动加剧沉降速率,先将原来逐步CRD的四部开挖循序,依据"先小洞、后大洞"的控制开挖沉降原理,改为先将该区域大断面的右半圆隧道开挖完成,利用CRD的中隔壁以达到临时性的快速封闭控制沉降的目的;然后,在这右半圆隧道里再分成三个台阶开挖,充分利用"开挖工法之母——台阶法"进行快速掘进。因为上台阶全是比较均匀的全风化粉砂质泥岩,紧贴着上层的粉土隔水层使得几乎整个上台阶都无地下水渗出,非常适合采用人工风镐进行速度较快的开挖,而中、下台阶只要合理地采用人工配合机械开挖,则完全能紧跟上台阶的开挖速度,为了充分利用机械的效能,还将原CRD工法的临时仰供抬高,以满足机械的操作空间。另外,在开挖过程中需寻找并确定围岩较好的部位,待右半圆开挖通过该危险段后进行破口,然后再回过头来开挖另一半;为了达到整个隧道断面快速封闭的目的,破口位置应该设立在该段隧道的中间部位,一方面比两头对打减少一个破口的工序从而减少扰动,另一方面从中间向两边开挖可以节约宝贵的开挖时间。

(2) 洞内措施

①加强锁脚锚管的打设、注浆以及与格栅的固定与连接,以便控制拱顶沉降。

②三台阶法及时跟进,初期支护格栅尽快成环,缩短每段台阶长度,不超过1倍洞跨,加速成环时间。

③调整临时仰拱高度,以上台阶快速成环,不发生塌方,同时中下台阶方便机械作业,保证土方机械能够自由的回转为准,保证临时仰拱与上台阶格栅的同时施作。

④对临时仰拱完成的地段进行径向注浆,注浆管长度2~3m,具体长度根据地质情况定,加强洞内的排水,各台阶做出排水坡度,防止掌子面积水。

⑤进尺控制在0.8m以内,严格控制爆破振动速度,机械、人工可挖掘的部位,禁止爆破开挖,避免爆破振动引起沉降加速,开挖后及时封闭掌子面。

⑥格栅不能直接放在软弱岩层上,采用加垫枕木、加打锁脚锚杆的措施,保证上台阶稳定。

⑦各台阶开挖时,尽量留核心土,以保证掌子面的稳定。

⑧加快施工进度,上下台阶三组人同时施工,每天至少一个循环,快速通过该旧房屋段。

⑨加密对危房沉降的监测工作,必要时采用不间断监测,以便及时采取相应的应急措施及预案。

(3)洞外措施

为了确保旧房的安全,控制沉降变形数值不宜过大,针对旧房向隧道一侧倾斜的情况,沿旧房靠隧道一侧采用三排梅花形布置的袖阀管对房屋基础及地基土体进行跟踪注浆加固,以达到控制沉降的目的;另一方面,延缓旧房的沉降过程,为隧道的尽快掘进争取宝贵的时间。其具体的方案如下:沿房屋隧道一侧基础周边竖向钻孔埋设袖阀管,孔径101mm,内侧钻孔向基础侧倾斜2.5°,布孔间距为1m。注浆加固区厚度应进入地层强风化带不小于1m,注浆材料采用42.5普通硅酸盐水泥,水灰比0.5~1.0,注浆压力控制在0.3~0.6MPa,见图7.3-11。

图7.3-11 房屋基础及地基土体注浆加固

7.3.5 辅助措施

在施工前后对A5旧房进行鉴定,以消除该房屋住户不必要的恐慌与担心;另一方面,在隧道开挖过程中对影响正常使用功能的受损单元进行及时修复,以保证住户正常的居住使用;最后,在隧道开挖完成以后对有受损的单元进行一次性彻底修复,以满足房屋正常的使用功能。

第 4 篇

明挖法土建工程

第8章 明挖基坑施工及其对周边环境的影响

8.1 区庄站超深基坑施工技术

8.1.1 工程概况

1）站位及周边条件

广州市轨道交通五号线区庄站土建工程位于广州市环市东路和农林下路交汇处,是五、六号线换乘站。五号线车站站台层位于环市东路下方,六号线车站主体位于农林下路下方。五号线车站设计起点里程YCK11+592.0,设计终点里程YCK11+726.2,全长134.2m;六号线车站设计起点里程YCK17+682.3,设计终点里程YCK17+895.4,全长213.1m。其中,暗挖段终点里程YCK17+843.4,暗挖段长度161.1m。六号线在五号线下方斜交叉穿过,五号线上方为车站站厅连接通道,北站厅为五、六号线共用站厅层,地下六层为六号线轨行区。除北站厅为明挖基坑施工以外,其余五、六号线隧道及风道结构均为暗挖施工。

工程所处环市东路为双向六车道,农林下路三车道道路,车流、人流繁忙。六号线车站地面周边高层林立,有广州市公路局大楼、浦东发展银行、农林下路小学、北京同仁堂等重要建筑,民房也多为军区用房,环市东路、农林下路地下管线众多,纵横交错,类型多样(图8.1-1)。

图8.1-1 工程所处位置

2）水文地质条件

区庄站站址所处地段为微丘台地，西临越秀山，北临白云山。场地岩土自上而下分布有：人工填土层<1>、粉细砂层<3-1>、冲积～洪积土层<4-1>、河湖相淤泥质土层<4-2>、坡积土层<4-3>、可塑或稍密～中密状残积土层<5-1>、硬塑或密实状残积土层<5-2>、岩石全风化带<6>、红层强风化带<7>、红层中风化带<8>、红层微风化岩<9>。车站周边无地表水系，地下水位在现有地面以下2m。地面沉降与软土震陷：场地内软土层为第四纪河湖相淤泥质土层<4-2>，埋藏较浅，层厚0.35~2.40m，平均厚度0.86m，淤泥质土层具有含水率高、孔隙比大、压缩性高、抗剪强度低、灵敏度高等特点，易发生压缩变形，埋藏较浅时易导致地面沉降和软土震陷。

3）站的规模、形式、埋深等

本站是五六号线的换乘站，合同价1.98亿。车站建筑面积25 495m²。其中主体建筑面积为17 784m²，其他附属建筑面积为7 711m²。

五号线东端盾构吊出，西端区间为矿山法，东端区间盾构过站，站台层为暗挖单洞隧道形式，侧站台宽度3.73m，线间距28m，轨面埋深19m。其中，车站有效站台长度106m，车站外包总长134.1m，标准断外包总宽34.36m。车站的设计起点里程为YDK11+600.000，设计终点里程为YDK11+734.600。

六号线为盾构过站，南站厅为暗挖双层双柱大跨断面，外包总长62.4m，外包总宽24.21m，外包总高16.93m，底板埋深约30.6m。南站厅南端设有4号施工竖井，结构复杂，施工风险大，结构处理以结构施工图为准。六号线站台长度为75m，车站标准段外包总宽度为22.6m，车站外包总长214.7m，六号线中心里程轨面埋深。车站设计起点里程为YCK16+079.973，设计终点里程为YCK16+294.695。整个六号线站台主要由三段组成：南站厅暗挖两层部分、有效站台长度内暗挖单洞部分和北站厅明挖地下五层部分。六号线站台设计范围内，为满足盾构过站的要求，断面变化众多。

8.1.2 五号线区庄站明挖施工技术

依据本项目工程场区地质条件，车站明挖站厅及设备管理用房采用"钻孔桩＋内支撑体系"形成围护结构，钻孔桩之间设ϕ600mm旋喷桩止水，旋喷桩均进入相对不透水层。钻孔桩桩径为ϕ1 200mm，桩间距为1 350mm。旋喷桩止水采用三重管旋喷施工。支撑均采用钢筋混凝土撑。支撑跨度太大时，中间一道或两道采用450mm×450mm钢格柱和连系梁进行减跨支撑。

1）基坑土方开挖及支撑施工技术

基坑开挖总体顺序是先西侧后东侧，先两侧后中间（图8.1-2）。先采用台阶法施工西侧基坑和东侧基坑的地下三层，长臂挖掘机负责在基坑上部挖掉最后的台阶。台阶底部剩余部分土方和东侧基坑的地下三层以下的土方，由提升塔架负责垂直运输。总体施工顺序见北站厅基坑开挖工序图（图8.1-3）。

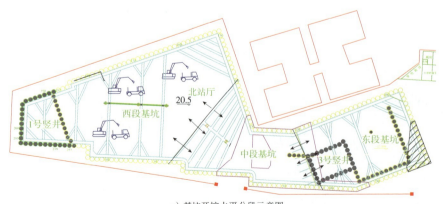

a）基坑开挖水平分段示意图　　b）施工现场

图8.1-2　基坑开挖

图 8.1-3　北站厅基坑开挖工序图

水平分段：西段 23 号 ~140 号连线西侧；东段 58 号 ~121 号连线东侧；其余为中间段。

竖向分层：竖向分层厚度为混凝土支撑竖向间距。为使围护结构受力慢慢增大而不产生突变现象，每层当中又分几个亚层，每个亚层厚度不超过 1.5m。

纵向放坡：在首层开挖时，纵向采用纵向边坡，坡度 1∶3.5，坡顶设截水沟，坡底设集水井，首层开挖的坡度有挖掘机和载土车行走，台阶放坡只有挖掘机行走。

抽槽开挖：当每段土体开挖及支撑施工时间过长时，须充分考虑基坑开挖的时空效应，必要时可考虑采用抽槽开挖方法。即先抽槽挖除混凝土支撑位置的土方,待该部混凝土支撑达到设计要求强度后,再开挖周边的土体。

由于北站厅东侧基坑较深(底高程 -12.746m),与中段基坑(底高程 -5.956m)形成错台,高差 6.79~9.378m,设计考虑采用土钉墙进行支护。土钉墙长 16.78m,总面积约 114m²。土钉孔直径 ϕ120mm,浆体采用水灰比为 0.45 的纯水泥浆,主筋采用ϕ25mm 钢筋,垂向间距为 1.0m,水平间距为 1.0m,倾角 15°。墙体采用 120mm 厚 C25 喷射混凝土;内设 ϕ6.5@200×200 网片。土钉之间采用ϕ16mm 加强筋进行连接。土钉墙位置见第三次基坑开挖平面图,施工大样如图 8.1-4 所示。

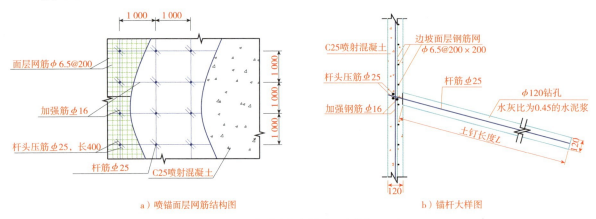

图 8.1-4 土钉墙施工大样(尺寸单位:mm)

2)基坑石方静态爆破施工技术

基坑的石方开挖拟采用机械施工或静态爆破,以减少施工振动对大楼结构的影响。

(1)钻爆法施工对广工宿舍楼的影响

根据《爆破安全规程》(GB 6722—2011)规定,钢筋混凝土结构房屋所能承受的最大允许安全震速为 2.5~5cm/s。为了保证爆破振动不影响建筑安全,按 2.0cm/s 以下振速进行钻爆法设计核算,反算一次爆破允许的最大装药量 Q_{max},根据公式

$$v=k(Q^m/R)^a$$

式中:v——爆破地震安全速度,cm/s;

Q——最大单段装药量,kg;

R——爆破区至被保护物距离,m;

m——药量指数,取 $m=1/3$;

k——与爆破场地条件有关系数,取 $k=150$;

a——与地质条件有关系数,$a=1.5$。

在各种距离条件下的最大单段装药量如表 8.1-1 所示。

单 段 装 药 量　　　　表 8.1-1

距保护建筑物距离 R(m)	最大一段装药量 Q(kg)	距保护建筑物距离 R(m)	最大一段装药量 Q(kg)
3.7	0.009	20	1.42
10	0.17	25	2.78
15	0.6		

从表 8.1-1 可以看出,距离房屋 15m 时,单段装药量为 0.6kg;而小于 15m 时,单段装药量较少,

不满足单孔最小装药量 0.3kg。根据实际经验，单孔装药量小于 0.3kg 不能有效爆破微风化岩层。根据表 8.1-1，距离广工宿舍楼 20m 范围内均不适合爆破施工。

另外，爆破施工产生的噪声及冲击波对距离较近的广工宿舍楼影响非常大。

在距离楼 25m 处采用 5 段微差控制爆破，规定要求空气冲击波的最小安全距离为：

$$R_k = 25Q^{1/3} = 25 \times (2.78 \times 5)^{1/3} = 60.1 \text{（m）}$$

广工宿舍楼距离基坑边 1.5m，基坑深 25m 处需要爆破，不满足空气冲击波规定的最小距离，因此，距离广工宿舍楼 25m 处不适合爆破。

综上，基坑爆破对距离基坑边仅 2.55m 的广工宿舍的影响较多，基坑石方开挖不适合爆破施工。

（2）静态爆破方案的优点

钻爆法不能实施时，可以采用静态爆破方案。静态爆破方案有以下优点。

①环保无害：使用中无声、无振、无飞石、无毒气、无冲击波，无有毒有害残留物，属无公害环保型产品，并且夜间也可以施工。

②安全，易管理：无声破碎剂属建材类产品，产品标准归类于《水泥制品》中，代号为：JC 506—92，为非易燃易爆危险品，可以和普通货物一样购买、运输、使用，不受国家危险品、爆炸品管理法规限制。

③施工简单，易操作：本品用洁净水搅拌后灌入钻孔中捅紧即可，不需雷管炸药，不需放炮，不需专业工种，操作人员培训时间很短。

（3）静态爆破方案

根据区庄站北站厅基坑的地质情况，东侧深基坑微风化岩层需要静态爆破开挖，开挖的石方约为 5 000m³。区庄站北站厅基坑需要爆破的地层为 <8><9>。

静态爆破设计：

①设计布眼。布眼前，首先要确定至少有一个以上临空面（自由面），钻孔方向应尽可能做到与临空面（自由面）平行；切割岩石或混凝土时，同一排钻孔应尽可能保持在一个平面上。临空面（自由面）越多，单位破石量就越大，经济效益也越高。

孔距与排距布置：孔距与排距的大小与岩石硬度有直接关系。硬度越大，孔距与排距越小，反之则大。孔距与排距布置，如表 8.1-2 和表 8.1-3 所示。

孔距与排距简易布置表　　　　表 8.1-2

岩石硬度	$F=4$	$F=6$	$F=8$
孔距（cm）	50~100	40	30
排距（cm）	80	50	40

静态破碎剂布孔设计参数表　　　　表 8.1-3

破碎目标	孔深 L（m）	相邻孔距 a（cm）	排距 b	孔径 d（mm）	使用量（kg/m³）
低硬度岩石	$1.0H$	40~100	$(0.6~0.9)a$	38~50	5~10
中硬度岩石	$1.05H$	30~40	$(0.6~0.9)a$	38~50	12~22

②钻孔。钻孔直径与破碎效果有直接关系，钻孔过小，不利于药剂充分发挥效力；钻孔太大，易冲孔。宜选用直径为 38~42mm 的钻头。

钻孔内余水和余渣应用高压风吹洗干净，孔口旁应干净，无土、石渣等。

③钻孔深度。一般在 1~2m 较好，装药深度为孔深的 100%。

④装药。

a. 向下和向下倾斜的眼孔，可在药剂中加入22%~32%（重量比）的水（具体加水量由颗粒大小决定），拌成流质状态（糊状）后，迅速倒入孔内并确保药剂在孔内处于密实状态。用药卷装填钻孔时，应逐条捅实。粗颗粒药剂水灰比调节到0.22~0.25时，静态破碎剂的流动性较好；细粉末药剂水灰比在32%左右时，流动性较好，也可以省略捅实过程。向下灌装捣实较方便，如施工条件允许，推荐采用"由上到下，分层破碎"的施工方式，方便工人操作。

b. 岩石刚开裂后，可向裂缝中加水，支持药剂持续反应，可获得更好效果。

c. 每次装填药剂，都要观察确定岩石、药剂、拌和水的温度是不是符合要求。灌装过程中，已经开始发生化学反应的药剂（表现开始冒气和温度快速上升）不允许装入孔内。从药剂加入拌和水到灌装结束，这个过程的时间不能超过5min。

⑤药剂反应时间的控制。反应时间控制在30~60min。控制药剂反应时间太快的方法有两种。一种是在拌和水中加入抑制剂，抑制剂放入浸泡药剂（卷）的拌和水中。加入量为拌和水的0.5%~6%。温度越高，加入量越多，反之则少。另一种方法是严格控制拌和水、干粉药剂和岩石（或混凝土）的温度。气温较高，破碎前应对被破碎物遮挡，药剂存放低温处，避免暴晒。将拌和水温度控制在25℃以下。

气温较低时，药剂反应时间会相应延长，解决办法是加入促发剂和提高拌和水温度。拌和水温可根据实际适当提高，但最高不可超过50℃。

施工组织：

①施工方法。针对静态爆破工作技术性强，工序多，为了保证静态爆破工作有条不紊地进行，必须有良好的施工组织。

a. 技术交底。对钻孔、装药工人进行技术交底，将布孔原则，钻孔深度、范围，以及装药要求等技术要求交底给所有施工人员。

b. 钻孔施工。使用有经验的钻工，严格按照孔眼布置要求钻孔。

c. 孔眼验收。孔钻好后，由技术人员验收，抵抗线偏差大的孔应废弃，补钻。验收合格后装药。

d. 装药施工，警戒。为了现场机械及人员的安全，装药爆破区范围内应警戒，只允许装药人员进入现场并严格按照装药技术要求及顺序装药，完成后离场。

e. 静力破碎。装药完成后，施工人员撤离破碎区，等待静力破碎完成。

②施工安全。

a. 无关人员不得进入施工现场。

b. 施工时必须佩戴防护眼镜（防尘、防冲击型PVC护目镜）。施工人员未戴防护眼镜操作属安全违章。

发生冲孔是正常现象，也是不可预见和不可完全控制的现象。冲孔产生的原因较多，大致有以下几种：操作人员操作不当，操作时间太长，包括药剂已经发热冒气但仍在灌装，装填不密实有空气隔层，温度控制不当等。气温高时，拌和水、药剂、钻孔孔壁温度控制不当，抑制剂药量不够，致使药剂反应过快等；布孔设计不当；孔距及抵抗线过大；钻头选用不当，钻孔直径过大；孔壁光滑等。冲孔时，药剂温度较高且有腐蚀性，冲入眼内可能会对角膜造成严重损害。为防止伤人事故，操作人员必须戴符合国家安全标准生产的防尘、防冲击PVC护目镜进行操作。

c. 在药剂灌入钻孔到岩石或混凝土开裂前，不可将面部直接近距离对着已装药的钻孔。药剂灌装完成后，盖上麻袋或棕垫，远离装灌点。观察裂隙发展情况时，应更加小心。此外，施工现场应专门备好清水和毛巾，冲孔时如药剂溅入眼内和皮肤上，应立即用清水冲洗；情况严重者，立即送医院清洗治疗。

d. 在破碎施工中需要改变和控制反应时间，必须依照规定加入抑制剂和促发剂，并按要求配制使用，严禁擅自在破碎剂中加入其他任何化学物品。

e. 严禁将破碎剂加水后装入小孔容器内（如直口玻璃杯、啤酒瓶等），否则非常危险。

f. 刚钻完孔和刚冲孔的钻孔，孔壁温度较高，应确定温度正常、符合要求并清洗干净后，才能继续装药。

g. 破碎剂在运输和存放中应防潮。开封后请立即使用。如一次未使用完，应立即紧扎袋口，需用时再开封。

③爆破时间。由于静态爆破无振动，无噪声，可全天施工。

④施工机械设备（表8.1-4）。

施工机械设备表 表8.1-4

名　　称	型　　号	单　　位	数　　量
空压机	18m³	台	1
风钻	YT-28	台	10

⑤防护物品：防护眼镜、橡胶手套、备用洁净水和毛巾等，部分材料及防护物品见表8.1-5。

主要材料及防护物品 表8.1-5

名　　称	单　　位	数　　量
静态破碎药剂	t	75

8.1.3 主体结构施工技术

根据本工程的结构设计情况及基坑开挖施工安排，北站厅基坑开挖完成后，先按照要求进行基底检测验收，然后进行车站接地施工和抗拔桩施工，北站厅主体衬砌在这之后进行。

北站厅为明挖多层框架结构，主体结构采用模筑钢筋混凝土，明挖顺作法施工，由基坑底部先施作底板，依次分层拆除钢筋混凝土腰梁内支撑，向上衬砌至地面。

结构梁、板施工模板采用双覆膜竹胶板，侧墙采用钢模板，曲墙及圆立柱采用曲面钢模板；模板支架采用钢管扣件式脚手架；混凝土采用泵送混凝土浇筑，插入式振捣器人工振捣。

北站厅采用明挖顺作法施工，主要施工步骤如下：

（1）施工主体围护桩及止水围幕，后期平行施作支撑中间型钢格构柱。

（2）开挖至第一次开挖面，施工第一道内支撑。

（3）依次向下开挖至第二、三、四、五、六次开挖面，施作二、三、四、五、六道支撑，并向下开挖至基底。

（4）施工抗拔桩、接地网。

（5）施工垫层、底板防水层，浇筑六号线轨行区底板和支撑下侧墙防水层及结构。

（6）第六道支撑破除。

（7）施工轨行区剩余侧墙防水层侧墙和集中冷站（地下四层）底板，待其达到强度后，破除第五、第六道支撑。

（8）施工侧墙防水层，浇筑侧墙及夹层板，待其达到强度后，破除第四道支撑。

（9）依此类推施工侧墙防水层，浇筑侧墙及地下三层、二层、一层板直至破除第一道支撑。

（10）浇筑地面控制中心部分。

北站厅基坑采用明挖出土，西基坑为三道支撑，东基坑为六道支撑，中部扶梯通道处基坑为四道支撑，开挖完成后，支撑分布情况见图8.1-5和图8.1-6。

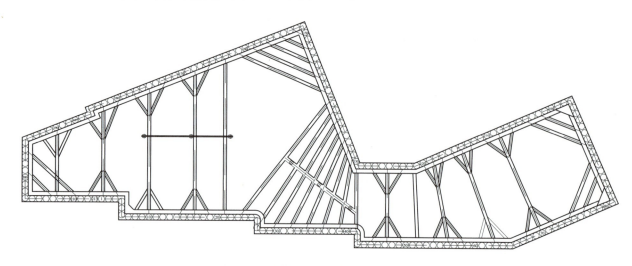

图8.1-5　北站厅基坑支撑系统平面示意图

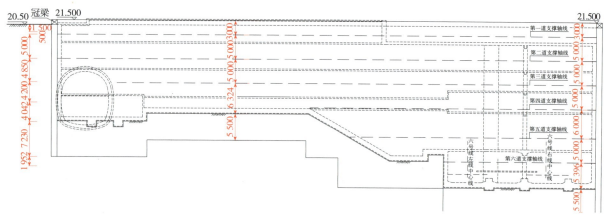

图8.1-6　北站厅基坑结构、支撑系统立面示意图（尺寸单位：mm；高程单位：m）

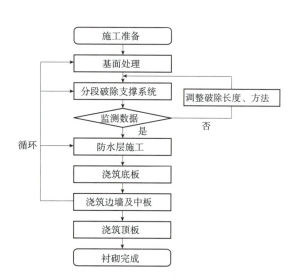

图8.1-7　北站厅结构施工工艺流程框图

因为，北站厅的开挖采用明挖顺作法施工，基坑支护采用钢筋混凝土内支撑，在基坑开挖完成转入结构施工时，由于支撑系统的存在，将进行从支撑系统到结构的体系转换。

考虑施工进度因素，西基坑要先于东基坑开挖完成，所以西基坑主体结构可以于西基坑开挖完成后即开始施工，按基坑结构施工分段位置预留与东基坑结构接头，待东基坑开挖完成后再开始施工东基坑结构，具体施工工艺流程见图8.1-7。

根据结构施工原则，北站厅由下向上分层依次浇筑，纵向施工缝设置在侧墙位置板面以上。北站厅水平向共分六段施工，分段施工缝留设位置及分段施工示意见图8.1-8和图8.1-9。同车站主体隧道接口和通道隧道接口施工缝留置按照设计图纸进行。

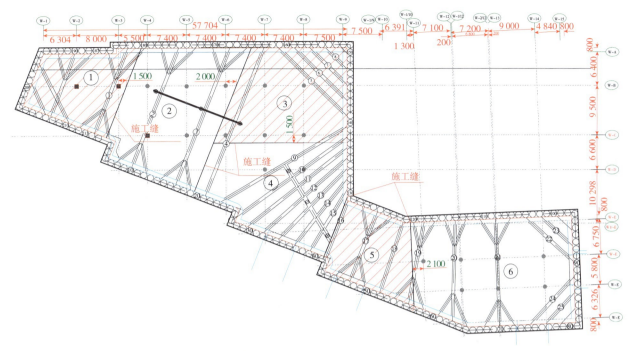

图 8.1-8　北站厅结构水平分段施工示意图（尺寸单位：mm）

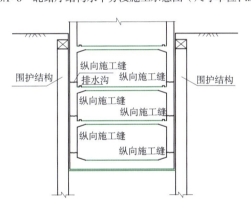

图 8.1-9　北站厅结构竖向分层施工示意图

8.2　三鱼明挖区间地下连续墙新型接头的工程应用

8.2.1　工程概况

广州市地铁五号线三溪站至鱼珠站明挖段土建工程，正线全长 1 077.677m，还包括600m 三溪方向和420m 鱼珠方向的两个出入线，基坑深度 16~17m，围护结构主要采用地下连续墙。地层从上至下为人工填土层 <1>、淤泥 <2-1A>、淤泥质砂 <2-2>、蚝壳片中粗砂 <2-3>、粉质黏土、粉土 <2-4>、中粗砂 <3-2>、粉质黏土 <4-1>、河湖相淤泥质土 <4-2>、硬塑粉质黏土 <5-2>、全风化带 <6>、强风化带 <7>、中风化带 <8>、微风化带 <9>。本工程地下水有两种类型，分别为孔隙性潜水及基岩裂隙水。地下水位埋深为 0.45~3.8m。

该工程线路较长，地质复杂，工期也较长，为凹凸形橡胶止水接头在连续墙中的应用创造了极佳的条件。

8.2.2 新型接头形式

凹凸形橡胶止水接头是在传统的圆形锁口管接头和工字钢接头形式上的创新。综合圆形锁口管接头和工字钢接头的优点,同锁口管接头一样,接头可重复使用,降低了工程造价,同时具备工字钢接头的止水效果,地下连续墙凹凸形橡胶止水接头使Ⅰ、Ⅱ期单元槽段能够互相咬合紧密,地下连续整体性好;接头凹凸形,再加上橡胶止水带,延长或阻断地下水渗透路径,止水效果较好。新型接头为柔性接头,在协调墙体变形方面具有优势。在墙体中间位置嵌入橡胶止水带,因橡胶止水带具有较好的延展性,在相邻单元槽段变形不协调时,不会因接头错位而渗漏。

8.2.3 施工工艺

(1)第Ⅰ期槽段成孔,接头部位采用冲或钻成孔,以便于放入接头器(图8.2-1)。

(2)清孔完毕后放入带橡胶止水带的凹凸形的接头器,接着放入Ⅰ期槽段钢筋笼(图8.2-2)。

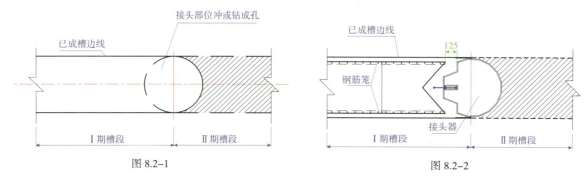

图8.2-1　　　　　　　　图8.2-2

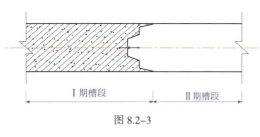

图8.2-3

(3)施工步骤(图8.2-3):

①浇筑第Ⅰ期槽段混凝土;②在浇筑过程中,在底部混凝土初凝后,间断地拔动接头器,使之不被混凝土粘住,并在全槽段的混凝土终凝后,将接头器拔出;③第Ⅱ期槽段成孔;④第Ⅱ期槽段清孔;⑤放入第Ⅱ期槽段钢筋笼;⑥浇筑第Ⅱ期槽段混凝土(图8.2-4)。

(4)地下连续墙完成后接头如图8.2.5所示。

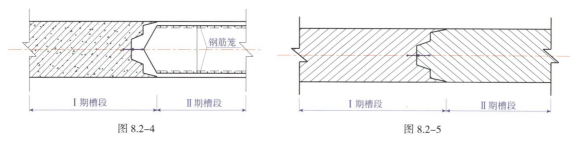

图8.2-4　　　　　　　　图8.2-5

8.2.4 施工注意事项

(1)地下连续墙施工时,在土层中会有一定的扩孔。施工时设备比设计墙厚一般略小,而在地下连续墙入岩部分,由于扩孔较少,要检查成孔设备的磨损情况,保证接头处可以顺利下放接头器。

(2)地下连续墙施工深度主要与设备、地质条件有关,深的地下连续墙可以达50m以上,但由于采用本工艺需起拔接头器,其与提升设备的起重能力有关,所以地下连续墙深度有所控制。

一般在20m以内，起吊钢筋笼设备可以满足接头器起吊需要，如超过20m，则需加强设备的起吊能力。

（3）安装、起吊一般采用履带式起重机，与起吊地下连续墙钢筋笼一样，两台设备平衡起吊，主吊一般为50t、80t、100t。拔管设备采用专用拔管机，起重能力超200t，具体根据深度和重量确定。

（4）施工场地要满足起拔要求，目前设计拔管机底盘面积约为$3m^2$。一般根据起拔力对基底或导墙承载能力进行验算，如不满足，则要进行加强处理。

（5）接头器因凹凸形改进后，地下连续墙接头有了更好的止水效果，但是由于接头管形状变得不规则，与混凝土的接触面更大，施工的难度更大，在接头管吊放和起拔时要注意以下事项。

①吊放：

a. 吊放之前，一定要对槽孔两端的孔倾斜度、墙厚、槽孔总长度进行检测。如果不能满足接头器下放要求，则应进行修孔，直到满足要求为止。

b. 第一次使用凹凸形橡胶止水带接头时，应事先在地面上进行组装试验，将各管节编上号码，有序堆放。当接头器不止一根时，在吊放过程中应严格检查接头连接是否牢固。橡胶止水带下有锚入混凝土的措施，上有吊挂措施。

c. 接头器应露出导墙顶1.5~2.0m以上。

d. 凹凸形橡胶止水带接头器具有方向性，吊放时一定要对准方向。

②起拔：

a. 起拔设备一定要有备用，至少要有两种起拔设备并可随时投入使用。

b. 起拔时间是决定拔管成败的关键。通常应当在开始浇筑混凝土后的1.0~2.0h即要进行小幅度的拔动（微动），可将接头管抽动约10cm或左右扭动，以破坏混凝土的握裹力。

c. 接头管应匀速、缓慢、连续地拔出槽孔。如果设备起拔力不够，可适当降低槽孔混凝土上升速度，以减少混凝土的侧压力。

8.2.5 创新点

凹凸形橡胶止水接头作为一种新的接头工艺，对接头形式是一种突破，与传统圆形锁口管接头和工字钢接头具有以下创新的地方。

1）整体性好

采用传统的圆形锁口管接头施工的地下连续墙，Ⅰ、Ⅱ期单元槽段接头处相对较平滑，接触面积小，如图8.2-6所示。

而凹凸形橡胶止水接头使地下连续墙Ⅰ、Ⅱ期单元槽段接头处呈凹凸形，Ⅰ期单元槽段往内凹，Ⅱ期单元槽段往外凸，形成榫接，如图8.2-7所示，使Ⅰ、Ⅱ期单元槽能够互相咬合，结合更加紧密，地下连续墙整体性好。

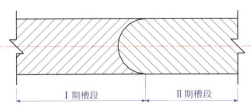

图8.2-6 锁口管接头单元槽段接头示意图

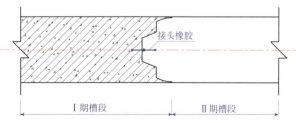

图8.2-7 橡胶接头单元槽段榫接示意图

2）止水效果好

凹凸形橡胶止水接头为凹凸形，再加上在墙中嵌套橡胶止水带，延长或阻断了地下水渗透路径，止水效果较好。圆形锁锁口管接头、工字钢接头、凹凸形橡胶止水接头三种接头形式的渗透示意如图 8.2-8 ~ 图 8.2-10 所示。圆形锁口管接头渗透路径最短，接头处最平顺。工字钢接头次之，工字钢接头如第一期泥浆控制不理想，工字钢两侧会有两条渗透路径。凹凸形橡胶止水接头的渗透路径最长。

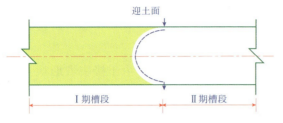

图 8.2-8　圆形锁口管接头渗透路径示意图

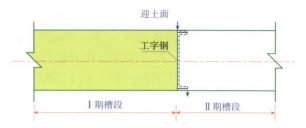

图 8.2-9　工字钢接头渗透路径示意图

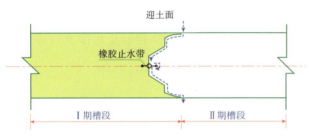

图 8.2-10　橡胶止水接头渗透路径示意图

为了检验凹凸形橡胶止水带接头的实际形状是否符合设计要求，是否有效延长或阻断了地下水渗透路径，我们对其中的一个接头进行开挖检验，因安全考虑，开挖深度为 3.5m 左右，上面有 1m 左右的空孔。从开挖检查情况来看，效果比较理想，如图 8.2-11 所示。接头形状与凹凸形接头器吻合，表面无蜂窝、狗洞，橡胶止水带安放在连续墙中间，有一半埋入一期槽段内，一半露出，这样就延长了地下水渗透路径，改善了接头止水效果。

a）橡胶埋置效果　　　　　　　　　　b）与出入线接口处槽段开挖效果

图 8.2-11　现场开挖效果图

3）抗变形能力强

传统的圆形锁口管接头和工字钢接头为刚性接头，一旦相邻的单元槽段变形不协调，两幅墙体互相错开，只要有很少的贯通裂缝，地下水便通过裂缝形成渗透通道，导致接头处渗漏。

而新型接头在墙中间位置嵌入橡胶止水带，由锁口管接头、工字钢的刚性接头变为柔性接头，因橡胶止水带较好的延展性，在相邻单元槽段变形不协调时，不会因接头错位而渗漏。

在实际施工中，相邻槽段一般不会有比较大的不同步位移。但从理论上讲，橡胶止水带接头为柔性接头，因橡胶止水带柔软、延展性好，在两幅墙体变形不统一时，仍可保证接头之间有橡胶止水带阻隔水渗透过墙体。而采用工字钢接头，当两幅墙体变形不统一时，接头错开，形成止水通道，接头处出现渗漏，这主要在支撑没有及时跟进或土质突变、基坑局部开挖暴露时间过长时发生。本工程应用橡胶止水带接头部位，地下连续墙墙体最大变形控制在 30mm 以内，未发生明显有接头错位的情况，接头处未出现因变形相对过大而引起的渗漏，但采用橡胶止水带接头在协调变形方面有优势。图 8.2-12 和图 8.2-13 是墙体相邻槽段变形不协调发生错位时的防渗漏示意图。

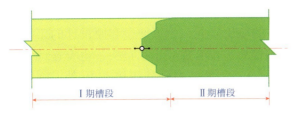

图 8.2-12 地下连续墙未错位时接头情况

图 8.2-13 地下连续墙错位时渗漏情况

ZQ69 预埋测斜管，靠近第 19、16、20、24 等试验槽段。测点 QW-Z031 监测墙体变形最大值为 28.3mm，深度在墙顶以下 8.5m 处。该段于 2007 年 9 月 10 日开挖到底，未发现因墙体变形而出现接头处渗漏现象。

8.2.6 应用效果

广州市轨道轨道交通五号线三溪站至鱼珠站区间明挖段土建工程应用凹凸形橡胶止水接头 26 个。2006 年 12 月 11 日进行了第一个接头的试验，试验槽段接头位置为 YQ69 与 YQ70 的接头位置。随后又对另外 25 个地下连续墙单元槽段进行了橡胶止水接头的应用，施工时间为 2006 年 12 月 11 日至 2007 年 5 月 4 日。为了便于和原设计的工字钢接头作比较，接头应用于不同位置，同一槽段既有工字钢接头，也有橡胶止水接头，也有连续几幅槽段都是橡胶止水接头的。左线应用 17 个接头，右线应 9 个接头，单独使用接头 10 处，连续应用接头为 7 处。应用橡胶止水接头的槽段列于表 8.2-1。

地下连续墙接头分布表　　　　表 8.2-1

应用序号	槽段位置	左线或右线	连续或单独应用
4	ZQ10-ZQ11	左线	单独
2、6	ZQ12-ZQ13-ZQ14	左线	连续
9	ZQ20-ZQ21	左线	单独
3、5	ZQ24-ZQ25-ZQ26	左线	连续
7	ZQ38-ZQ39	左线	单独
15、18	ZQ61-ZQ62-ZQ63	左线	连续
19、16	ZQ66-ZQ67-ZQ68	左线	连续
20、24、26	ZQ69-ZQ70-ZQ71	左线	连续
25	ZQ73-ZQ74	左线	单独
23、14	ZQ86-ZQ87-ZQ88	左线	连续
8	YQ10-YQ11	右线	单独
11	YQ20-YQ21	右线	单独
10	YQ57-YQ58	右线	单独
12	YQ59-YQ60	右线	单独
13	YQ63-YQ64	右线	单独
17、22、1	YQ66-YQ67-YQ68-YQ69	右线	连续
21	YQ78-YQ79	右线	单独

在本项目共加工 21m 长的接头器两套，改造制作 400t 拔管机 1 台，于 2006 年 12 月 11 日进行了第一个接头的试验，至 2007 年 5 月 4 日共完成 26 个接头的应用研究，为了便于和原设计的工字钢接头作比较，接头应用于不同的位置，同一槽段既有工字钢接头，也有橡胶止水接头，也有连续几个接头都是应用橡胶止水接头的。左线应用 17 个接头，右线应 9 个接头，单独使用接头 10 处，连续应用接头为 7 处。每个接头开挖后检查，新型接头具备与工字钢接头同样的止水效果，未发现渗漏之处，保证了基坑的安全。每个接头与原设计相比，经测算约节约造价 1.2 万元。

8.2.7 经验总结

地下连续墙凹凸形橡胶止水接头与工字钢接头和锁口管接头形式不同，通过本项目的研究工作，开发出一种地下连续新型柔性接头，丰富了地下连续墙深度小于 20m 的接头形式，为设计、施工提供了更多选择。这种接头使Ⅰ、Ⅱ期单元槽段能很好地比相互咬合，也延长地下水渗透路径，止水效果比较理想，抗变形能力强，使用过程中能取得比较满意的效果，而且每个接头相比工字钢接头可节约投资 10 000 多元，大面积应用，有利于保证基坑安全和节约成本，具有较好的社会效益和经济效益。

8.3 五羊邨地铁站先隧后站施工

8.3.1 工程概述

五号线五羊邨站位于五羊新城寺右新马路东端，介于寺右一马路与广州大道之间，东连珠江新城站，西接杨箕站。周边地块主要为住宅区及商务区，已开发多年，属城市成熟发展区。车站中心里程 YDK15+007，车站外包总长 121.8m（不含围护结构）~124.2m（含围护结构），车站外包总高／总宽（标准段）20.82m/21.0m，车站采用半盖挖，第三层采用逆筑法施工，基坑围护结构采用人工挖孔桩+钢管内支撑结合搅拌桩间止水支护。

五羊邨站处在寺右新马路与广州大道交汇路口处，是交通主干道（图 8.3-1），为减少对交通的影响，致使施工场地狭小，而与相邻两车站连接的盾构区间，如先施工车站再施工盾构区间则工期较长，对车站基坑安全影响很大，所以本车站首次采用了先隧后站施工方法。先隧后站施工的基本步骤是：盾构过站前先施工完成主体围护结构—盾构过站—车站主体基坑开挖支护到管片顶 1m—盾构机吊出—车站开挖到基底并拆除管片—主体结构施工。

五羊邨地铁站采用先隧后站施工方法的必要性主要有以下几点：

（1）五羊邨站位于寺右一马路与广州大道之间的寺右新马路地下，西连杨箕站，东接珠江新城站，工地现场建在道路中间的绿化带上，地面可用做施工的场地十分狭窄，车站基坑两侧与道路行车道间距不足 2m，与相邻建筑物最近只有 7~8m，本站不具备盾构吊出及始发施工条件。

（2）地质勘察结果表明，五羊邨站范围内在无断层通过，地质构造较简单（图 8.3-2），自上而下地质分布包括：人工填土层，淤泥，淤泥质土层，砂层，冲—洪积黏土层，可塑状残土粉质黏土层，硬塑—坚硬状风化残积粉质黏土层，岩石全风化带，岩石强风化带，岩石中等风化带，岩石微风化带。盾构机通过五羊邨站的地层为岩石强风化带。盾构掘进时不会受地质的影响。

（3）根据各站开工时间、工程进度计划安排，与本站相连的珠江新城盾构井已具备盾构始发条件，到达杨箕站时也具备盾构出站的条件，为先隧后站施工提供了有利条件。

盾构到达五羊邨站时要提前完成如下两个关键工作：

（1）盾构机从珠江新城站盾构井始发到达五羊邨站之前，必须完成五羊邨站的围护结构。在做围护结构人工挖孔桩时，盾构机所通过的围护桩与其他桩的施工方法不同，盾构机切桩的位置是素混凝土桩，这样做的主要原因是为了盾构机通过时不至于影响围护结构安全，另一方面也为盾构机顺利通过、减少施工困难创造条件，而一般围护桩均为钢筋混凝土结构。

（2）在盾构机通过五羊邨站围护结构过程中，要做好盾构掘进时围护桩的监测工作，保证盾构掘进的线路准确，对过站切桩全过程进行监控，避免造成盾构上部围护桩断裂等情况发生；进出站时，切桩必须控制好推进速度，保持平稳匀速。

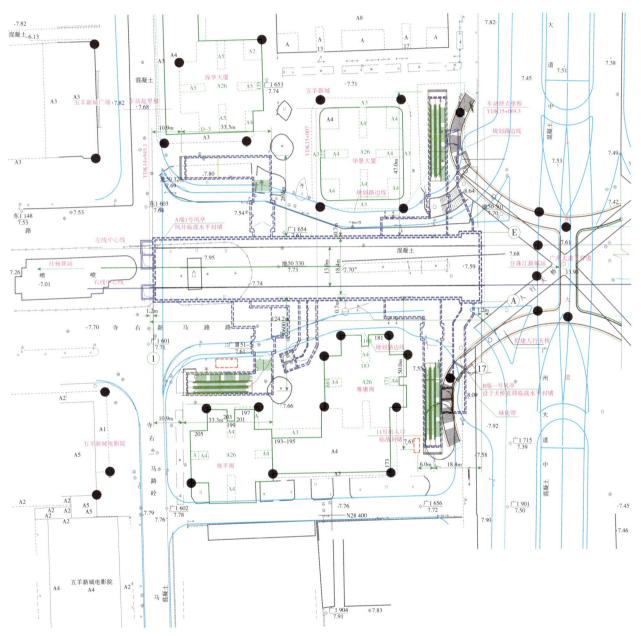

图 8.3-1　五羊邨站平面示意图

五羊邨站采用先隧后站主要有以下优点：

（1）因工地现场狭窄，无法再为盾构机出站、始发提供场地，先隧后站解决了场地问题。

（2）如果盾构机从本车站调出并重新始发，则要求车站有足够的场地，这样就会影响车站的施工进度，先隧后站相对提前了车站的完工时间。

(3)避免了车站与盾构交叉作业,相应减少了协调工作难度。

(4)先隧后站施工方法减少了一个盾构调出与一个盾构始发的过程,不但相应缩短了施工工期,同时也减少了盾构机的周转次数。

(5)避免了车站再进行二次结构施工,缩短了车站主体施工工期,保证了车站结构的安全。

(6)车站内拆除的完整管片,仍有重复使用价值。

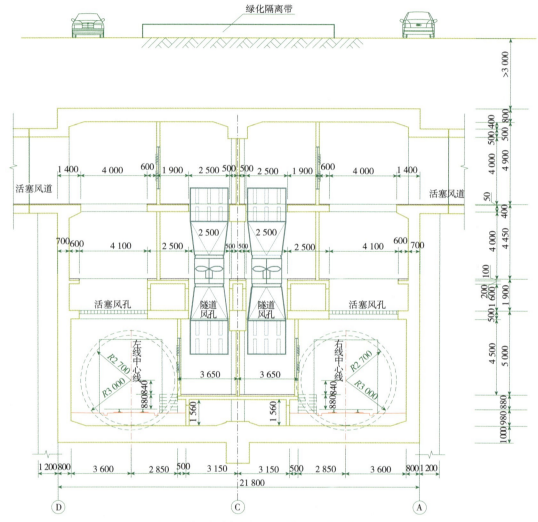

图 8.3-2 五羊邨站剖面示意图(尺寸单位:mm)

当然先隧后站施工方法也有缺点,主要有以下几点:

(1)盾构在杨箕站吊出时间与本站内盾构管片开始拆除的时间是制约本站主体结构开始施工的关键点,影响车站主体结构开工时间。

(2)在完成盾构区间之前,基坑土方开挖不能拆除及损坏车站内的盾构管片。

五羊邨站先隧后站施工也增加了部分管理控制的工作难度,主要有:

(1)总体施工工期计划安排难度增大,如盾构始发的时间与盾构过站的时间工期安排,过站车站开工及车站围护结构完工的工期安排,出站车站具备出站条件的工期安排,盾构完成及车站内盾构管片拆除的工期安排。

(2)车站内管片拆除与管片接口处的处理难度较大。控制车站内管片拆除造成隧道的应力释放,防止盾构区间漏水;控制车站接口处管片背后注浆的严密性,严禁区间管片后有水流入车站。

虽然先隧后站施工对过站车站主体结构开工时间有所影响,但与在本站出站并重新始发,完成盾构施工再进行主体二次施工工期相比，节约了成倍的时间，同时减少了两个单位同在一个工地施工的协调管理难度；对施工场地条件要求不高。采用先隧后站施工工法，只要工期计划合理，重点控制好盾构过站对围护桩的影响及管片拆除对隧道的影响，确定好各站关键工期，就能缩短总体施工周期。

8.3.2　车站主要设计标准及原则

（1）本车站基坑安全等级为一级，重要性系数为 1.1。

（2）土压力。根据《建筑基坑支护技术规程》（JGJ 120—99），《广州地区建筑基坑支护技术规定》（GJB 02—98），基坑底上部主动侧（迎土侧）按主动土压力进行。

（3）水压力。地下水位按实际地下水位计且水压力不折减，除饱和砂层按水土分算外，其他采用水土合算，不单独考虑水压力。

（4）附加荷载。一般情况下，地面超载取 20kPa（包括临时路桥行车荷载）。

（5）由于"先隧后站"，地下三层站台两侧后做，所以应考虑主体结构传至围护结构上的竖向荷载。

8.3.3　工程地质、水文地质情况

1）地形地貌

站区范围内地形平坦，地面高程约为 7.60m，地貌形态属海陆冲积平原，具体表现为平缓三角洲冲积地貌。

2）岩土分层及特征

车站范围内无断层通过，地质构造较简单。

岩土分层有：人工填土层 <1>、淤泥、淤泥质土层 <2-1>、砂层 <3-1> 和 <3-2>、冲—洪积黏性土层 <4-1>、可塑状残积土粉质黏土层 <5-1>、硬塑—坚硬状风化残积粉质黏土层 <5-2>、岩石全风化带 <6>、岩石强风化带 <7>、岩石中等风化带 <8>、岩石微风化带 <9>。由上而下，各层分述如下。

人工填土层 <1>：全部为杂填土且分布连续，由黄褐色、灰褐色等杂色的碎石、混凝土块、砖块、砂土及黏性土组成。厚度最大为 2.5m，最小 1.4m，为Ⅰ类围岩，可挖性等级为Ⅰ级。

淤泥、淤泥质土层 <2-1>：深灰、灰黑色，以黏粒为主，局部含少量粉砂，饱和，流塑状态，厚度 1.4~5.3m，为Ⅰ类围岩，可挖性等级为Ⅰ级。

砂层 <3-1> 和 <3-2>：灰白、灰黄色，主要有粉细砂和中粗砂，结构松散或稍密状，含少量黏粒，厚度 2.0~5.5mm，为Ⅰ类围岩，可挖性等级为Ⅰ级。液化等级为轻微~中等。

冲－洪积黏性土层 <4-1>：灰黄、黄红色，粉质黏土和黏土为主，可塑状态为主，局部硬塑状；局部有分布，厚度为 1.5~2.3m，为Ⅱ类围岩，可挖性等级为Ⅱ级。

淤泥质土层 <4-2>：深灰、灰黑色，以黏粒为主，局部含少量粉砂或薄层粉砂，含腐殖物，饱和，流塑状态。局部有分布，平均厚度为 2.2m，为Ⅰ类围岩，可挖性等级为Ⅰ级。

可塑状残积土粉质黏土层 <5-1>：棕红色，湿，可塑状态，强度中等，压缩性中等。局部有揭露，厚度为 3.5m。为Ⅱ类围岩，可挖性等级为Ⅱ级。

硬塑~坚硬状风化残积粉质黏土层 <5-2>：褐红色，由粉质黏土组成，局部为黏土，黏性土呈硬塑~坚硬状；厚 0.0~6.1m，为Ⅱ类围岩，可挖性等级为Ⅱ级。

岩石全风化带 <6>：红褐色、棕色，由泥质粉砂岩、粉砂质泥岩等组成，原岩已风化成坚硬土状，具受水软化强度降低的特点，厚度 0.0~6.0m，为Ⅲ类围岩，可挖性等级为Ⅲ级。

岩石强风化带 <7>：紫红色、棕红色，由泥质粉砂岩、粉砂质泥岩等组成，风化裂隙较发育，岩芯呈半岩半土状、碎块状或片状，厚度 0.0~7.9m，为Ⅲ类围岩，可挖性等级为Ⅳ级。

岩石中等风化带 <8>：由红褐色泥质粉砂岩、粉砂质泥岩组成，有少量风化裂隙，岩芯呈短柱状

或柱状，岩质稍硬，具有受水软化强度降低的特点，厚度为0.0～9.90m，为Ⅳ类围岩，可挖性等级为Ⅳ级。

岩石微风化带<9>：由红褐色泥质粉砂岩、粉砂质泥岩组成，岩芯呈柱状，岩质硬，揭露最大厚度为13.7m，为Ⅱ级围岩，可挖性等级为Ⅳ级。

3）水文地质条件

地下水按赋存方式分为第四系松散层孔隙水、层状基岩裂隙水、块状基岩裂隙水。

地下水腐蚀性：地下水对地铁构筑物中的混凝土结构和钢筋混凝土结构中的钢筋无腐蚀性，对钢结构无腐蚀性。

勘察所揭露的地下水水位埋藏较浅，稳定水位埋深为1.20～1.25m，地下水位的变化与地下水的赋存、补给及排泄关系密切。

4）工程地质评价

工程地质评价为：较简单。

主要工程地质问题：

（1）本车站第四系地层较差，分布有淤泥和砂层，砂层具有轻微到中等液化。

（2）微风化岩，岩质坚硬，强度高，埋深浅。

5）场地地震基本烈度

根据国家标准《建筑物抗震设计规范》(GB 50011—2001)附录A，广州地区抗震设防烈度为7度，设计基本地震加速度值为0.10g，地震特征周期值为0.35s。

6）地层物理力学参数（表8.3-1）

地层物理力学参数　　　　表8.3-1

岩土分层	岩土名称	天然密度 (g/cm³)	黏聚力 (kPa)	内摩擦角 (°)	静止侧压力系数 K_0	岩层或土层地基系数（垂直）(MPa/m)	承载力特征值 (kPa)
<1>	人工填土层	1.8	—	—	—	8	—
<2-1>	淤泥、淤泥质土层	1.72	9	8	0.72	14	55
<3-1>	冲积—洪积粉细砂层	2.02	0	26	0.42	16	120
<3-2>	冲积—洪积中粗砂层	2.02	0	28	0.38	14	160
<4-1>	冲—洪积黏性土层	1.95	15	19	0.50	45	160
<4-2>	淤泥质土层	1.70	9	8	0.50	14	65
<5-1>	可塑状残积土粉质黏土层	1.97	20	23	0.65	45	220
<5-2>	硬塑—坚硬状风化残积粉质黏土层	1.99	29	30	0.40	70	300
<6>	岩石全风化带	2.01	35	32	0.35	80	400
<7>	岩石强风化带	2.03	50	32	—	90	600~800
<8>	岩石中等风化带	2.2	300	30	—	180	2 000
<9>	岩石微风化带	2.2	600	32	—	200	5 000

8.3.4　工程材料

（1）挖孔桩及桩顶冠梁混凝土强度等级：C30；挖孔桩护壁及二级基坑喷射混凝土强度等级：C20。

（2）钢筋：HPB235级、HRB335级钢筋；钢板、型钢：Q235钢。钢筋、钢板、型钢等，其性能和质量必须符合国家现行标准和行业标准的规定，并应有各项性能的质量证明书或检验报告。

（3）焊条：HPB235级钢筋及Q235钢的焊接采用E43系列型焊条；HRB335级钢筋的焊接采用E50一系列型焊条。焊条的性能和质量应符合国家现行标准的规定。

8.3.5　基坑围护结构设计

（1）参照广州市标准《广州地区建设基坑支护技术规定》，本基坑工程安全等级为一级；参照《广州市轨道交通五号线首期工程（滘口至文园段）设计技术要求》，本基坑变形控制保护等级为特级。根据场地岩土工程地质勘察报告，并结合场地周边的环境情况，本工程的基坑支护方案采用人工挖孔桩+水泥土搅拌桩止水+4道钢管内支撑的支护形式（其中，第二、三道支撑需要换撑）。

（2）基坑开挖深度24.0m，人工挖孔桩设计桩径1 200mm，护壁厚度150mm，桩中心距1 350mm，桩的嵌固深度为进入基坑底面微风化层不小于1.5m，中风化层不小于2.5m。冠梁截面端头为1 200mm×1 000mm、两侧为800mm×1 000mm。

腰梁截面采用2Ⅰ45C工字钢，支撑采用截面ϕ600mm、壁厚14mm的钢管；挖孔桩的混凝土强度等级为C30，压顶梁C30；压顶梁的混凝土保护层厚度为50mm，挖孔桩的混凝土保护层厚度为70mm。由于本站采用"先隧后站"的施工工法。第三层采用逆筑法施工，为支撑上部两层结构的重力，将基坑两侧的围护桩改为异形桩，在设备层处形成400mm的台阶来支撑上部荷载。

（3）车站端墙部位，围护桩钢筋笼下至盾构洞门顶部，位于盾构洞门处的桩体采用素混凝土。根据地质条件，该段桩身主要位于岩石强、中风化层，围护桩护壁不配钢筋。围护结构端墙部位第四道支撑围檩改为800mm×800mm的钢筋混凝土腰梁，以控制桩底位移。

（4）为了配合盾构区间的施工，本站结构负三层的站台层两侧结构（即盾构管道位置部分）只能后置施工。为确保车站施工工期，须对站台层的中轴部分结构先行施工，该部分采用二级基坑形式开挖。根据地质资料，二级基坑开挖部分位于岩石的强风化层，自稳性较好，围护结构采用超前钢管结合挂网喷射混凝土支护+钢支撑。钢管直径ϕ108mm，壁厚4mm，间距@1 000mm。钢管顶部采用2[25a槽钢作腰梁，每隔3m布置一条钢支撑，钢支撑采用2[25A槽钢。坡面铺设ϕ8mm@200mm×200mm钢筋网，面喷120mm厚C20混凝土，并设置1 200mm×1 200mm、L=1 000mm的土钉。

（5）为了降低人工挖桩的深度，减少施工难度及施工安全，人工挖桩顶下放2.5m，桩顶以上部分采喷锚支护，坡面铺设ϕ8mm@200mm×200mm钢筋网，面喷120mm厚C20混凝土，并设置一道ϕ48mm、L=6 000mm、间距1 200mm的注浆锚管。

（6）为便于挖孔桩施工及基坑止水，人工挖孔桩两侧采用水泥土搅拌桩止水帷幕，桩的挡土侧采用两排ϕ600mm@400mm的搅拌桩，桩的基坑内侧采用单排ϕ600mm@400mm的搅拌桩，同时，沿基坑边线每隔10m在两止水帷幕间设置一排ϕ600mm@400mm的搅拌桩，形成格构式止水帷幕。桩端要求进入相对不透水层1.5m。止水帷幕在挖孔桩施工前完成。

（7）人工挖孔灌注桩施工要点。

人工挖孔桩的施工程序为：平整场地→放线→定桩位→架设支架或电动葫芦→准备潜水泵、鼓风机、照明设备等→边挖边抽水→每下挖90mm进行桩孔周壁的清理→校核桩孔的直径和垂直度→支撑护壁模板→浇灌护壁混凝土→拆模继续下挖，达到设计深度后，由监理单位、勘测单位验收→绑扎钢筋笼→验收钢筋笼→排除孔底积水、放入串筒，灌注桩芯混凝土至设计顶高程。

人工挖孔桩挖孔顺序：采用跳挖法施工，先施一序桩。施二序桩时，凿除前一序桩咬合部分护壁混凝土，并将一序桩护壁的环向筋与二序桩护壁的环向钢筋焊接。在二序桩开挖前，一序桩已浇筑混凝土应满足75%设计强度。

强度要求：桩芯混凝土浇灌完成后，经检验合格后，才能进行基坑土方开挖。

（8）水泥土搅拌桩施工

搅拌桩直径600mm，要求进入进行不透水土层1.5m；搅拌桩根据平面图的位置布置，搭接不小于200mm，并应在人工挖桩施工前完成；严格按基线测放桩位，误差不大于2.0cm，复核合格后才能施工，保证桩位施工准确；开工前每根桩均用线锤将桩机调平，保证每根桩成桩垂直度偏差小于1%；开工前和施工过程中，经常检查钻头尺寸，不符合要求的立即更换，保证每根桩桩径$\phi > 550mm$；严格按"二喷四搅"的成桩工艺施工。为确保灰浆和土能充分搅拌，均用中挡提升；为保证水泥浆液在成桩过程中不流失，施工时在水泥浆液中按水泥用量的5%掺加黏土粉；送浆工和桩机操作者在施工过程中应紧密配合，根据钻进和提升速度的变化调好泵浆量，送浆均匀连续。

（9）超前钢管施工

超前钢管规格：$\phi 108mm$，$t=4mm$。严格按设计间距进行布孔，钻孔直径为108mm；成孔长度误差小于20cm。钢管须按0.3m的间距自下而上留出孔径约为15mm的溢浆孔，其前端应做成尖形，并成封闭状。然后进行加压注浆，压力为0.3~0.5MPa。

（10）土钉

土钉采用砂浆锚杆，直径48mm，灌浆材料采用普通硅酸盐水泥，灌浆水灰比为0.4~0.45，为加速其凝固，可添加适量早强剂；注浆时先在孔口绑好注浆袋，先利用注浆管从底及外进行注浆，当孔口有水泥浆溢出时停止注浆，拆卸底部注浆管后，直接用压浆管和注浆袋在孔口实行加压注浆，加压时间不少于5~30min；注浆压力为0.5~0.8MPa；土钉从上往下依次逐层施工。当基坑开挖到第一层土钉以下200mm时，应安装第一层土钉；施工基坑顶部锚管时，应注意调查基坑周边管线的位置，避免打到管线，同时对于距基坑周边较近的供水管、污水管，应对其周边进行注浆加固处理。

（11）喷锚网

喷锚网厚为120mm，采用双向$\phi 8mm@200mm \times 200mm$钢筋网，钢筋搭接长度不少于300mm，喷射混凝土强度等级不小于C20，喷射混凝土采用普通硅酸盐水泥，细石的最大粒径不应大于12mm。

喷射混凝土配合比根据现场试验确定，一般采用水泥：砂：石重量比为1:2:2（或1:2.5:2.5）；喷射混凝土的水灰比一般采用0.4~0.45；粉状速凝剂的掺量一般为水泥重量的3%左右；喷射的工作压力在0.4~0.6MPa，喷射时应由下而上进行喷射，喷射过程保证厚度符合设计要求。

（12）钢支撑及钢围檩

钢围檩可以重复使用，材料为Q235，焊条E43，锲块为45号工字钢；钢支撑采用$\phi 600mm$（$t=14mm$）焊接钢管，二级基坑采用25a[槽钢。

（13）施工方法和主要技术措施

①主要施工步骤

因为先隧后站，本车站采用明挖顺作（站台层局部后作）盖挖法施工，具体步骤如下：

a. 管线迁移，交通疏解，三通一平；

b. 施工车站围护结构（挖孔灌注桩）；

c. 盾构过站；

d. 基坑开挖：基坑内降水，逐层开挖并依次架设钢管支撑至负二层板板底；

e. 施作负三层中柱和底纵梁部分的二级基坑；

f. 施工二级基坑底板下垫层和接地网，顺作地基坑内的底纵梁、底板和负三层中柱及相应部位的防水层；

g. 顺作施工车站负二层和负一层结构及其相应部位防水层至顶板，并根据施工情况，从下往上依次拆除各道钢管支撑（第二、三道支撑需换撑）；

h. 盾构施工不需利用本车站盾构管片后，拆除盾构管片，施工负三层剩余部分结构及防水层和接地网；

ⅰ. 覆土并恢复路面，施工车站附属结构和内部结构。

主要施工步骤如图 8.3-3 所示。其中，第 1 阶段为 A 轴及 B 轴钻孔桩及 1、17 轴端桩施工；第 2~5 阶段为土方开挖并分层架设水平支撑；第 6 阶段为开挖二级基坑及施工底板中梁及设备层底板；第 7 阶段拆除第四支撑，施工侧墙至换撑位置，并施工支撑；第八阶段施工站厅层底板；第 8~9 阶段由下至上顺作法施工车站主体结构，分阶段逐层拆除水平支撑；第 10 阶段为拆除盾构管片，逆作站台层底板及侧墙。

②盾构过站的要求

由于本站采用"先隧后站"工法，为保证盾构施工安全及基坑安全，在盾构过站时，根据盾构施工的要求，必须保证至少 1 倍 D 的覆土厚度，即 6m 覆土厚度。考虑盾构过站时破端桩对围护结构的影响，本站在盾构过站时至少应保证有 10m 的覆土厚度。

（14）基坑开挖注意事项

①施工应根据本工程特点，工程及水文地质条件，环境情况及工期要求，在确保安全、经济的前提下，编制科学、合理的施工组织设计；应充分利用现场监控量测信息指导施工，严格施工程序，不得任意省略。

②基坑降排水，为了确保基坑稳定，便于基坑开挖和主体结构的浇筑，应认真做好基坑内地下水和施工废水的降排水工作。根据实际情况，在基坑内设置降水井点或排水沟、集水井，要求主体结构施工中地下水位降至基底下 0.50~1.0m，并且应在基坑外设置排水沟，防止地面水流入基坑内。

③人工挖孔桩的施工应有完整的施工组织计划及完备的安全生产措施，开工前，应做好施工突发事件预防处理措施。各种措施经各方审核合格后方可施工。

④基坑开挖从上到下依次进行，基坑的开挖深度应严格按设计图中给出的高程进行，严禁超挖。

⑤在冠梁施工以前，由于桩顶以上存在 2.5m 高侧壁，应注意侧面行车动荷载的影响，在冠梁及临时路桥施工前，应对周边行车进行疏解，避免挖桩期间行车动荷载造成基坑变形。

⑥钢支撑的稳定性是控制基坑稳定的重要因素之一，钢支撑的架设必须及时、准确、到位，对撑在开挖至支撑高程下 0.5m、角撑在开挖至支撑高程下 0.3m 时，立即架设，并严格按设计图的要求施加预应力。尤其要注意斜支撑的稳定性，在斜支撑的制作、安装等每一环节，均要做到精心作业，必要时对于角撑可采用掏挖的方式进行架设。另外，从钢支撑的架设到拆除的整个施工过程中，对钢支撑的监测应严格要求，确保钢支撑的稳定万无一失。同时，用于架设钢支撑的钢围檩的制作、安装，必须保证其稳定、强度、变形的要求。

⑦基坑开挖前应预见事故的可能性、施工前准备一定数量应急材料，做好基坑抢险加固准备工作。当围护结构出现渗漏水情况时，应及时采取有效堵漏止水措施。基坑开挖引起流砂、涌土或坑底隆起失稳，或围护结构变形过大或有失稳前兆时，应立即停止施工，并采取确实有效的措施，确保施工安全、顺利进行。

⑧基坑开挖和主体结构施工期间，应按设计要求控制基坑周围一定范围内的施工堆载。周边应控制重型车辆通行。

（15）基坑及周边环境监测

深基坑施工监测的目的，主要是保证基坑支护结构的稳定和安全，保护周围环境。基坑开挖过程中，应根据监测数据进行信息化施工，及时对开挖方案进行调整，优化设计，使支护结构的设计既安全可靠，又经济合理。

基坑监测以获得定量数据的专门仪器测量或专用测试元件监测为主，以现场目测检查为辅。观测点的布置应能满足监测要求，基坑开挖影响的范围随开挖深度的增加而增大，一般从基坑边缘向外 2~4 倍开挖深度范围内的建（构）筑物均为监测对象。各监测项目在基坑施工影响前，应测得稳定的初始值，且不应少于 2 次。

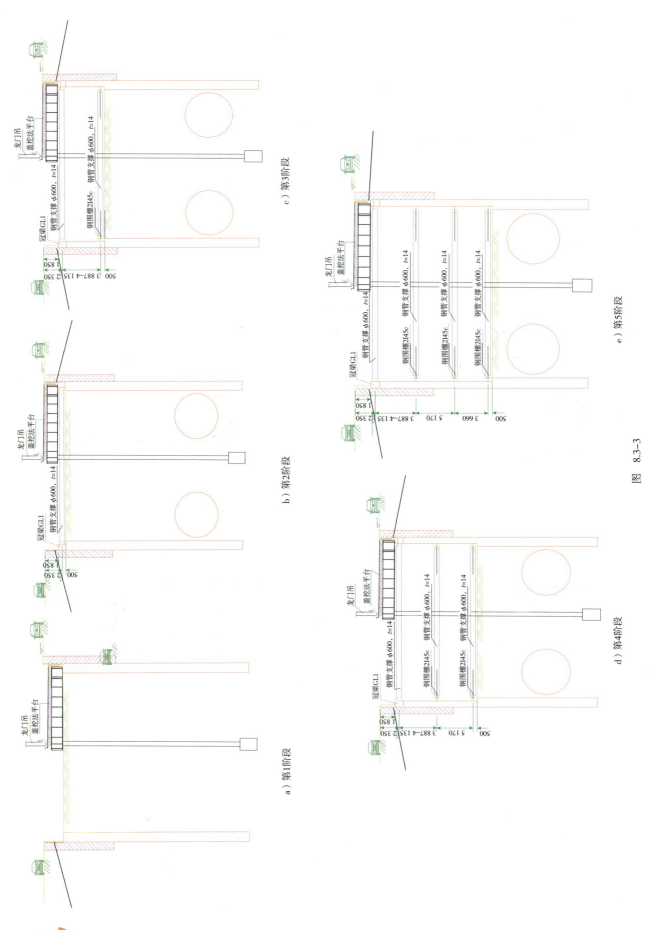

图 8.3-3

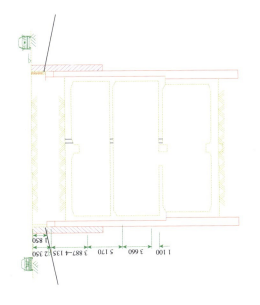
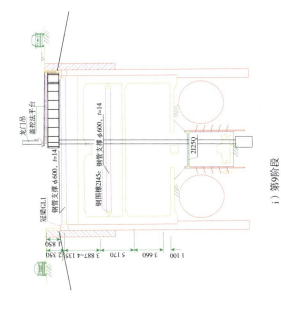

图 8.3-3　五羊邨站施工步骤（尺寸单位：mm）

根据五羊邨站基坑支护及周围环境的特点，施工监测必测项目、测点布置和精度要求如表 8.3-2 所示。

基坑及周边环境监测内容　　　　　　　　表 8.3-2

序号	监测项目	位置或监测对象	仪器	监测最小精度	测点布置
1	支护结构桩（墙）顶水平位移	支护结构桩（墙）顶	经纬仪	1.0mm	间距 10~15m
2	土体侧向变形	靠近支护结构的周边土体	测斜管、测斜仪	1.0mm	2~4 孔，同一孔测点间距 0.5m
3	支护结构变形	支护结构内	测斜管、测斜仪	1.0mm	孔间距 15~20m，测点间距 0.5m
4	桩内力	桩内	钢筋计、压力传感器	≤1/100（F·S）	不少于桩数总数的 5%，且不少于 5 根
5	支撑轴力	支撑中部或端部	轴力计或应变计	≤1/100（F·S）	每层 8~12 点
6	锚杆拉力	锚杆位置或锚头	钢筋计、压力传感器	≤1/100（F·S）	每层不少于锚杆总数的 5%，且不少于 5 根
7	地下水位	基坑周边	水位管、水位仪	1.0mm	3~5 个孔
8	沉降、倾斜	需保护的建（构）筑物、管线接头	经纬仪、水准仪	1.0mm	间距 15~20m

监测项目预警值如下：

①支护结构桩（墙）顶水平位移：最大限值 $0.1H\%$，30mm（取小值）。
②支撑轴力：根据设计计算书确定，一般警戒值为 80% 的设计允许最大值。
③煤气管道的变位：沉降或水平位移均不得超过 10mm，每天发展不得超过 2mm。
④自来水管道变位：沉降或水平位移均不得超过 30mm，每天发展不得超过 5mm。
⑤建筑物倾斜允许值 $i<0.002$。
⑥对于测斜光滑的变化曲线，若曲线上出现明显的折点变化，也应作出报警处理。

8.3.6　经验总结

五羊邨站是广州市轨道交通首例先隧后站施工成功的样板工程，证明了此施工工法在城市轨道交通施工中的可行性，打破了以往盾构到站必出的惯例。五羊邨站选择先隧后站的施工实践表明，在特定的条件下该施工方具有很多优点，在日益发达的城市建设中，施工用地日渐紧张，各类建筑众多，交通繁忙，而且地下管线复杂多样，为了能够跟上城市发展的步伐，提倡采用先隧后站的施工工法。

第 5 篇

高架车站与桥梁土建工程

第9章 五号线高架车站设计与施工技术

9.1 滘口高架车站建筑设计

滘口客运站是广州市公路总体规划中的大型交通枢纽，位于芳村大道珠江桥西出口，毗邻内环放射路，处于对城市景观影响重大的位置上，除其西北向建有较大规模的客运站大楼外，其余方向均无建筑物遮挡，视野相当开阔，景观设计要求高。

在广州轨道交通五号线滘口高架车站建筑方案设计中，着重考虑了反映南方地区的地域特性，力求造型新颖独特和富有岭南建筑特色。

我国南方地区的气候特点是夏长冬短、午热夜凉、冬春多雾多旱、夏秋多雷暴雨、年平均气温高、空气湿度大、太阳辐射强，因此，其建筑形式大多采用轻盈飘逸、灵巧通透、淡雅明快的设计手法。在本工程建筑设计中，充分研究了岭南的地域文化和气候特征，为了表现建筑的地方特色，充分体现岭南建筑风格，利用梭形金属外壳百叶窗起到通风、采光、遮阳作用，既防止太阳直射，又合理利用了阳光，如图9.1-1~图9.1-4所示。

a)

b)

图9.1-1 滘口高架车站建筑效果图

图9.1-2 五号线滘口高架车站（左）与滘口汽车客运站（右）

图 9.1-3　五号线高架桥梁

图 9.1-4　高架站台

滘口站是广州市轨道交通五号线的起点站，站位中心里程为 YDK0+272.0，高架于既有滘口客运站东侧上空，是地铁、长途汽车及公交的换乘站，位于荔湾区芳村大道珠江桥西出口，东南毗邻内环路广佛放射线，西北方向为既有滘口站客运大楼、公交站场，南面隔规划道路为一大型商业楼盘逸彩庭院，北面为芳村大道西。车站南北两侧均设计钢箱梁人行天桥，南侧连接新世界逸彩庭院 2C 组团，北侧通过人行天桥跨越芳村大道西，通过芳村大道两侧的楼梯落地。

车站由车站范围桥梁和主体框架结构组成，车站建筑主体为三层框架结构。车站有效站台起点里程 YDK0+219.0，有效站台中心里程 YDK0+272.0，有效站台终点里程 YDK0+325.0，车站总建筑面积为 10 611.26m^2。车站主体结构相对高程 −1.00~+7.11m 为车站的第一层框架，其主要功能为滘口汽车客运站的公交换乘层，同时在车站东侧 +5.21~+7.11m 为 1.9m 高的电缆夹层；从 +7.11~12.56m 为滘口地铁站的站厅层，其主要功能为地铁站的各项专业办公室和进出站通道口，站厅层东西两侧均同人行天桥连接；从 +12.56~16.36m 为站台下夹层，+16.36m 为车站 10m 宽站台层。滘口站使广州市城市公交系统与城市轨道交通首次实现零换乘。

9.2　滘口高架车站结构设计与施工技术

滘口站土建工程包括桥梁工程和车站主体工程两个子单位工程的施工。桥梁施工包括车站高架桥梁和站前折返线区间桥梁共 25 跨箱梁的施工，车站主体的施工包括车站主体框架结构施工和附属人行天桥施工。工程范围里程为 YDK0+164.0~YDK0+595.71，工程总造价 5 008 万元。

9.2.1　桥梁结构设计

滘口站的桥梁包括车站范围桥梁和站前折返线区间桥梁，车站高架桥贯穿于高架地面以上的滘口站，分为平行左线桥和右线桥两座桥（图 9.2-1）。左线和右线桥的起止里程都为 YDK0 + 164.00~YDK0 + 327.00，各长 163m。左线桥和右线桥都为预应力简支梁桥，各线 7 跨共 14 跨。左线桥和右线桥的跨度相同，跨度依次为 26.0m×2 + 27.0m×2 + 22.0m×2 + 33.0m。

左线和右线箱梁都是等高斜腹式箱梁。左线桥顶面宽 5.3 m，悬臂 1.0m，底板宽度为 2.74m；右线桥箱梁顶宽 9.2m，悬臂 2.15m，底板宽度为 4.5m，箱梁高度为 1.8m（图 9.2-2）。

箱梁钢筋采用直径在 12~28mm 范围内的二级钢，梁体采用强度等级为 C50 的混凝土，预应力钢筋采用 $\phi^j15.24$（GB 5224），f_{pk} = 1 860MPa 低松弛钢绞线，张拉采用 OVM 锚固体系进行锚固。

图 9.2-1　滘口站范围桥梁和站前折返线区间桥梁

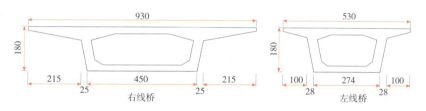

图 9.2-2　车站高架现浇箱梁标准截面示意图（尺寸单位：cm）

站前折返线高架区间桥梁设计起点为 YDK0+327.0，设计终点 YDK0+595.71。折返线区间桥梁分别从车站左线后右线开始，汇交于站前 4/J 墩顶的盖梁上，出站后的单线和双线桥均为（25m+38m+25m）三跨一联预应力混凝土连续梁桥。双线桥的桥面宽为 9.2m，单线桥面宽为 5.3m，亦为 1.8m 高等截面斜腹式梁。从 4/J 轴（汇交墩）~9/J 轴为（26.113m+24.6m+30m+25m+25m）五跨一联预应力混凝土连续梁桥，桥面宽度从 4/J 墩顶的 12.76m 逐渐减小到 6/J 墩顶的 9.8m，从 6/J 轴到 9/J 轴为桥面宽度 9.8m 的等截面梁。除 4/J~5/J 跨为单箱双室梁外，其余箱梁均为单箱单室梁。9/J 轴~10/J 轴为 20m 普通钢筋混凝土简支梁桥，10/J 轴~1/F 轴为 30m 预应力混凝土简支梁桥。箱梁钢筋采用直径在 12~32mm 范围内的二级钢，梁体采用强度等级亦为 C50 的混凝土，预应力钢筋采用符合 ASTM-A416 标准、低松弛、270 级、直径为 15.24mm 的钢绞线，截其标准强度 $f_{pk}=1860$ MPa，张拉亦采用 OVM 锚固体系进行锚固。

折返线区间为桥梁下部结构处 4/J 双墩盖梁和 5/J 双墩系梁外，其余墩柱和承台构造形式基本同车站桥梁相同，即下部结构为标准截面 220cm×220cm 柱形实腹墩柱，左线桥墩顶截面为 274cm×220cm，右线桥墩顶截面为 450cm×220cm，墩柱高度约为 13.8m。承台和墩柱均采用 C30 强度等级混凝土。

9.2.2 主体结构设计

车站主体为框架结构，地基基础部分桥建结合，从承台面以上即为桥建分离结构。因施工范围较大、结构使用后荷载作用的不均匀，车站主体基础部分采用钻孔灌注桩基础，承台间通过地梁拉结。这种基础结合，上部分离的桥建关系，有效地控制了不均匀沉降，也避免了振动和变形不协调因素的影响。主体结构电缆夹层，采用宽扁梁设计，保证了夹层的净高满足施工功能的要求。同时，宽扁梁的应用，提高了该部位的结构承载能力，增加了结构的延性，有利于结构的抗震。

车站主体结构桩基采用直径1.2m的摩擦端承桩，桩身混凝土采用水下C30强度等级，桩长在22~43m之间。基础地梁混凝土强度等级为C35，桩基承台混凝土强度等级为C40，承台有单桩、二桩、三桩、四桩和五桩等五种形式。框架柱的截面形式主要为：600mm×600mm、700mm×700mm、800mm×800mm、800mm×1000mm、800mm×1200mm，梁上柱截面形式为300mm×400mm和500mm×400mm两种。梁宽从200~1300mm不等，梁高从300~1200mm不等，共有36种梁截面，最大跨度梁为11.5m，梁和柱采用强度等级为C40混凝土。电缆夹层板厚为120mm，站厅层板厚除外围部分为150mm外，其余均为120mm。站台下夹层板厚为120mm，站台层板厚为200mm，楼板混凝土强度等级为C30混凝土。主体建筑结构安全等级为一级，为三级抗震框架结构，耐火等级为二级，结构设计年限为100年。

9.2.3 主要施工技术

1）盖梁和系梁高支模设计与施工技术

车站出来的站前折返线双线和单线桥的汇交墩为双墩盖梁式结构。交汇墩的承台为11.12m×7.45m，两墩柱截面均为2.2m×2.2m，墩高14.44m，两墩净距6.42m，墩顶盖梁长13.62m，宽2.6m，高2m。盖梁为C30钢筋混凝土结构，其构造形式如图9.2-3所示，盖梁施工模板支撑属于典型的高支模体系。为安全、高质地完成盖梁施工，施工方案如下。

（1）盖梁施工面下部支撑采用φ48mm×3.5mm钢管搭设落地扣件式满堂施工支架体系。两墩柱之间和两端悬挑于墩外的盖梁部分，其施工范围投影下立杆纵距为0.6m，墩柱两侧立根纵距为0.7m，立杆横距为0.6m，支架纵横杆的步距均为1.5m，支架搭设高度为14m。

（2）支架钢管管顶为可调顶托，顶托上纵向铺设横距0.6m的双10cm×10cm木枋，纵向木枋上横向铺设纵距为0.25m的10cm×10cm木枋，纵横木枋间用小木楔和铁钉固定。

（3）盖梁模板采用18mm厚木质胶合板施工。盖梁四周斜向及垂直模板设置横向间距为35cm的木枋为肋，并通过顶面以下50cm处的垂直间距75cm的两道水平围檩将木肋箍牢。水平围檩以双φ48mm钢管和横穿盖梁的φ16mm螺栓拉杆组成，对拉杆纵向间距为1.05m。在盖梁底部斜面和水平围檩上以10cm×10cm的木枋设置斜撑，斜撑的位置与模板对拉杆的位置相同。支架搭设及模板支撑示意如图9.2-4所示。

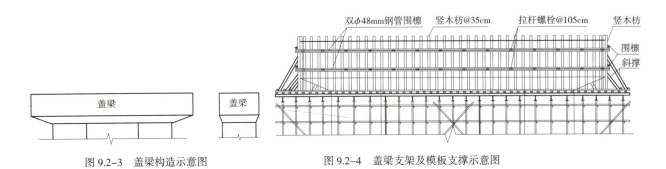

图9.2-3 盖梁构造示意图　　　　图9.2-4 盖梁支架及模板支撑示意图

（4）在支架外侧搭设一个上下人行楼梯，在楼梯及盖梁施工平台的四周设置 1.2m 高的安全防护栏杆，外挂密孔安全网。

（5）钢管支架的搭设范围为 1.52m×5.3m，大多数钢管落在承台上，部分立杆落在承台外。超出承台部分须将原土夯实，立杆下垫 20cm 宽、5cm 厚木板。

高支模的计算取两墩柱间的支架及盖梁模板作为验算对象，分别对木模板、横纵向木枋、钢管支架进行验算。经验算，均能满足承载力稳定性要求。因盖梁跨度较大，为减少混凝土浇筑时在跨中产生的弯矩和变形，混凝土应从两墩顶开始，同时向两悬挑端和跨中方向对称浇筑，以保证盖梁施工质量并提高施工支架的安全性。盖梁体积大，圬工量小，混凝土浇筑时控制混凝土的入模温度并选择低温环境施工，同时控制浇筑速度和分层浇筑厚度，以控制因水化热产生的温度裂缝，保证盖梁的施工质量。

2）现浇箱梁扣件式钢管模板支撑架设计与施工技术

扣件式钢管支架有搭设灵活方便、整体稳定性好、承载力较大、扣件可根据结构受力状况在杆件上设置、构架尺寸可根据需要选定和调整、斜杆和剪刀撑的角度可按相关规范的规定范围调整等优点。

针对滘口站现浇箱梁的结构构造特征：翼板和底板高差在 1.35m 以内，高差调整范围小；梁体为斜式腹板，混凝土浇筑过程中存水平作用力；箱梁跨度均在 22m 以上，施工高度在 13m 以上，对支架整体稳定性要求高。考虑施工场地情况（场地平坦开阔，大范围地面硬实），平整前经检测其天然单轴抗压强度不低于 130kPa，故选择扣件式钢管支架作为模板支撑体系。

箱梁模板支撑支架采用 $\phi 48mm \times 3.5mm$ 钢管搭设。支架搭设前，铺 150~200mm 厚 8% 水泥石屑对搭设范围进行加高找平，形成排水坡度，并在两侧设置排水沟。支架搭设时在支架立杆底垫 5mm 厚方形小钢板作为底座，底座搁置在 200mm 宽、50mm 厚横向通长铺设的木板上。支架立杆设置的纵横向扫地杆离地面高度不超过 200mm。

根据箱梁截面形式，支架立杆按 80cm 的纵距布置，腹板下立杆横距为 45cm，梁腹板中间底板部分立杆横距为 80cm，腹板外侧的翼板和施工操作平台范围的立杆横距为 90cm，支架水平杆步距为 150cm。支架立杆顶端设置可调顶托，顶托的螺杆伸出长度不超过 30cm。

箱梁腹板处和端头荷载集中且较大，沿腹板下中间排立杆设置由底到顶连续的纵向剪刀撑，在离开墩柱的第 2 排横向立杆由底到顶设置横向剪刀撑。在支架的四边与中间每隔 4 排立杆设置一道由底到顶的连续纵向剪刀撑，另外在其两端与中间每隔 4 排立杆从顶层开始向下每隔两步设置一道水平剪刀撑。为平衡腹板混凝土浇筑过程中产生的水平作用力，在腹板外侧模顶部每 1.6m 增加斜杆一道，斜杆与立杆通过旋转扣件扣牢。

区间双线箱梁横向钢管支架支撑排列示意如图 9.2-5 所示。

对模板支撑体系进行施工荷载的计算、模板支撑系统各构件的强度与刚度验算、钢管立杆的稳定承载力验算和立杆地基承载力验算，根据支撑部位的不同和立杆横距的不同分别进行验算，均满足稳定承载力要求，保证了现浇箱梁的施工

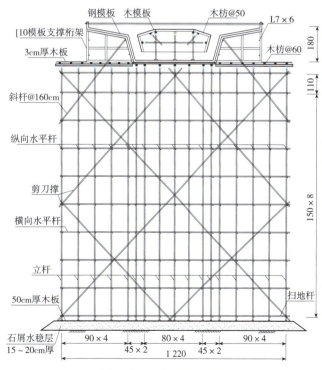

图 9.2-5　区间双线箱梁横向钢管支撑示意图（尺寸单位：cm）

质量和施工安全。

支架监测点设置在顺桥向木枋上。在箱梁端头横断面两侧腹板及底板中点下面的顺桥向木枋上布设3个监测点，顺桥向两边翼板支架的顺桥向木枋上每间隔10m布设一个监测点。在施工过程中，当监测点的坐标出现偏移及下沉现象时，要及时对支架进行加固。

现浇箱梁模板支架体系的监测，应根据支架体系的载荷状态，选择适当的观测周期和频率，监测过程应延续到箱梁混凝土设计强度的7d龄期以后。根据支架体系设计最大承载力的计算，结合支架的搭设高度和钢管材料的允许应变量，给出一定的监测预警值。通过对不同部位、不同观测点的预警观测，能有效地控制扣件式钢管支架体系的安全使用状态。

3）跨越城市主干道路施工钢平台设计与安全使用技术

站前区间4/J~6/J轴桥梁跨越市政主干道芳村大道西，5/J墩位于主干道中间隔带靠4/J轴侧。4/J~6/J轴桥梁为4/J~9/J轴五跨一联连续箱梁中的其中两跨，4/J~5/J跨为单箱双室梁，跨度为26.11m，5/J~6/J为单箱单室梁，跨度为24.6m。4/J~6/J轴箱梁顶面宽度从12.76m渐变为9.8m，底板宽度从7.46m渐变为4.5m，为等高斜腹式预应力混凝土箱梁，箱梁高1.8m。箱梁跨中截面示意如图9.2-6所示。

图9.2-6 箱梁跨中截面示意图

横隔墙2m范围内，箱梁底板厚度从45cm渐变为25cm，跨中底板厚25cm；横隔墙5m范围内，箱梁腹板厚度从60cm渐变为40cm，跨中腹板厚40cm，4/J~5/J轴箱梁中隔墙厚度为30cm。

箱梁底面离芳村大道西路面14.2m高，箱梁采用定型组合钢模板施工，施工高度大，施工荷载大，模板支撑体系属高支模系统。芳村大道西是广州西南方向通往佛山市的重要交通干线，双向6车道。在完成5/J轴承台和墩柱施工后，广州方向车道在桥梁投影范围仅剩2车道。芳村大道西两侧人行道行人流和物流量大，持续的时间长。

采用钢平台和扣件式钢管支架相结合的方式搭设支撑系统，有效降低钢平台和支架的搭设高度，提高支撑系统的整体稳定性。应用扣件式钢管支架搭设和拆除灵活方便、整体稳定性好的优点，解决模板和钢平台拆除难的问题。

结合现有施工场地情况，4/J~5/J跨钢平台设计为5.17m+15.84m两跨连续梁，钢平台顶面宽度从15m渐变到13.5m，主跨采用6组间距240cm的单层双排贝雷架梁；5/J~6/J跨钢平台设计为跨度18.88m的单跨简支梁，钢平台顶面宽度从12.8m渐变到11.8m，主跨采用7组间距为180cm的单层双排贝雷架梁。钢平台搭设高度为7.7m，行车道净高5.5m。钢平台由上到下依次为6mm厚防滑钢板、14a工字钢横向分配梁、20a工字钢纵向分配梁、单层双排贝雷架梁、双45a工字钢分配梁、12mm厚直径60cm钢管立柱、钢筋混凝土基础。箱梁底板和腹板投影下14a工字钢横向间距为60cm，翼板和操作平投影下间距为80cm。部分钢管立柱以桥梁承台为基础，承台外的立柱基础采用独立基础或条形基础，确保地基承载力要求。立柱以14号槽钢作剪刀撑和拉结。

钢管支架采用$\phi 48mm \times 3.5mm$钢管搭设，搭设高度为6m。搭设时在立杆底通长铺设20cm宽、5cm厚的横向木板。根据箱梁截面形式，支架立杆按80cm的纵距布置，腹板和中墙下立杆横距为45cm，梁底板下立杆横距为80cm，腹板外侧的翼板和操作平台范围的立杆横距为90cm，支架水平杆步距为150cm。立杆顶端设置可调顶托，螺杆伸出长度不超过30cm。支撑系统跨中截面示意如图9.2-7所示。

桥梁施工高度大，钢平台的搭设高度既要保证主干道车辆通行高度要求，同时也应参照支架钢管的长度规格，避免支架立杆的对接或切割，合理利用钢管材料。进行扣件式钢管支架立杆稳定承载力验算时，因《建筑施工扣件式钢管脚手架安全技术规范》（JGJ 130—2001）虽编写了一节"模板支架计算"，但由于存在重要疏漏，使计算极易出现并不能完全确保安全的结果。本设计方案计算时考虑高

支模支撑体系的安全因素,应采用下面公式计算立杆的计算长度:

$$l_0=k_1k_2(h+2a) \quad (9.2\text{-}1)$$

式中:k_1——计算长度附加系数;

k_2——计算长度附加系数;

h——立杆步距;

a——外伸长度。

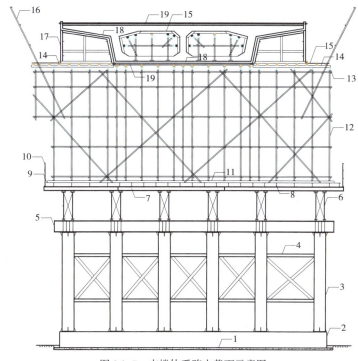

图9.2-7 支撑体系跨中截面示意图

1-垫层;2-条形基础;3-钢管立柱;4-14槽钢;5-双45a工字钢;6-单层双排贝雷架;7-20a工字钢;8-14a工字钢;9-防滑钢板;10-防护栏;11-木板;12-支架钢管;13-可调顶托;14-木枋;15-木模板;16-安全防护栏;17-模板桁架;18-钢模;19-对拉杆

根据该计算长度求得稳定系数,依据支架立杆的稳定性计算公式:

$$\sigma=\frac{N_{\max}}{\varphi A}\leqslant [f] \quad (9.2\text{-}2)$$

验算立杆稳定性承载力要求。

钢平台大跨度贝雷架梁在施工加载后会产生除自身外的挠度,箱梁底模安装时应设置预拱度。预拱度的计算应考虑贝雷架最大挠度、支架变形和预应力张拉后箱梁回拱高度等因素的影响。钢管立柱除布置横向剪刀撑和系梁外,对5.17m跨和5/J左右侧的钢管立柱应增加纵向水平拉结,同时将钢管立柱与桥梁墩柱做有效连接,增强整体稳定性。对承台以外的钢管立柱独立基础或条形基础进行地基承载力的验算均满足要求。

系统的搭设顺序为:立柱基础→钢管立柱安装→柱顶分配梁安装→贝雷架梁的拼接及吊装→工字钢分配梁铺设→防滑钢面板铺设→支架立杆和水平搭设→支架剪刀撑搭设→顶托安装。

钢平台的搭设须对钢管立柱的安装垂直度和安装间距、贝雷架梁的拼装完整性、定位间距及梁顶高程等进行严格控制,贝雷架上的工字钢分配梁的铺设间距和搭接位置,严格按设计方案实施。扣件式钢管支架的搭设应按要求设置竖向和水平剪刀撑,扫地杆距离钢平台顶面高度不超过20cm。贝雷架梁长度大,重量大,须选择在夜间车流量减少的时间段临时占道吊装。钢平台搭设完成后,应立即完善平台影响范围的安全防护措施，严防高处坠物伤人。钢管支架搭设完成后，在箱梁两侧设置高出作业面的安全防护栏，确保车辆和行人的安全。

4）框架梁板高支模设计与安全施工技术

车站土建结构与车站高架存在交叉作业问题，根据设计要求及施工总体部署，车站土建在车站高架施工至现浇箱梁并完成四跨且拆除支架后，腾出施工作业面，在不影响车站高架施工的前提下，开始进行车站土建承台地梁的施工及上部结构的施工，并根据土建结构沉降缝位置分4~12轴和12~22轴两个施工段，4~12轴土建计划在车站箱梁JZ3~JZ5、JY3~JY5四跨箱梁完成后（支架拆除），开始进行施工；12~22轴土建计划在车站箱梁JZ5~JZ7、JY5~JY7四跨箱梁完成后（支架拆除），开始进行施工。土建结构施工支架采用$\phi 48mm \times 3.5mm$钢管脚手管满堂红搭设，模板采用18mm厚胶合板。支架木方及梁板木方主要采用60mm×80mm规格木方。

土建结构施工支架立杆杆底设底托，顶部通过可调顶托支撑纵横向木枋和梁板的底模。板底支架立杆纵横间距采用900mm×900mm，局部位置加密；梁底支架立杆横向间距主要采用400~600mm间距，纵向间距采用900mm，支架搭设超出结构外边缘50cm。支架最大步距为150cm，因楼层高度不同，局部步距减少，支架顶木方主要采用60mm×80mm规格木方。换乘层（首层）、电缆夹层、站厅层支架、木方及模板一次性投入，站台下夹层周转材从首层周转使用。

为了保证支架的安全和结构的施工质量，使施工状态处于控制范围之中，需要在结构施工过程中对支架进行监测控制。沿土建结构4~22轴方向每间隔15m布设一个监测断面，每个断面设置3个支架沉降观测点，2个支架水平观测点，3个地基稳定性沉降观测点，监测点的布置详见图9.2-8。

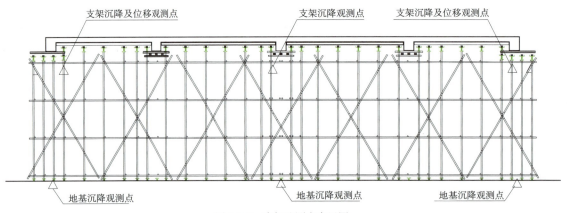

图9.2-8 支架监测点布置图

在浇筑混凝土的全过程中，每隔30min对支架布设的观测点进行监测，当监测点出现偏移及下沉现象时，要及时对支架进行加固。当监测点的偏移及下沉值超出1cm的预警值时，应停止浇灌混凝土，立即报告现场主管及项目负责人，分析原因及采取有效的加固措施后，继续浇灌混凝土，并增加监测频率，确保支架体系安全。

第10章 五号线珠江西桥土建工程技术

10.1 概述

轨道交通高架桥梁作为轨道交通的组成部分，它的设计首先应满足安全、适用、经济、美观的基本要求；其次区间高架桥梁上部结构应优先采用成熟、经济的结构形式，一般多采用预应力混凝土结构，保证在施工和运营阶段具有足够的强度、刚度和稳定性及良好的耐久性。同时大跨度高架桥梁要有足够的竖向刚度和横向刚度，能满足恒载、活载等多种荷载的作用。另外，高架桥梁选用的结构形式和材料，应符合减振、降噪的要求。对于特殊地段，必要时可设置隔音屏障或特殊结构。构件设计尽可能选用标准化、工厂化、机械化施工，以便控制整体质量，缩短施工工期，利于维修保养。高架桥梁的施工必须考虑对现有城市交通的影响，应将影响减少到最低限度。跨越道路时，应根据地面交通要求选用适宜的施工方法和结构形式。高架桥梁除满足轨道交通线性电机机车行车的要求外，还需考虑设置区间紧急疏散平台、电力通信等管线支承设备、防止列车掉道落桥的设备和桥面的排水措施。

广州市轨道交通五号线高架区间珠江西桥主桥上部结构为 4×50m+3×50m 两联7孔预应力混凝土连续现浇箱梁，桥梁位于直线段上（图 10.1-1~图 10.1-5）。其中，1/W~2/W 墩为曲线变宽箱梁，顶宽 9.4~9.7m，底宽 4.02m，悬臂 2.20~2.60m，箱梁结构顶面平坡，梁高 3.0m。主桥边墩采用单柱式矩形截面扩头墩（带圆弧倒角），其余桥墩均采用矩形双墩系梁联系结构，承台顺水流方向，满足航道要求。2/W、6/W 为制动墩，墩截面采用 1.5m×2.4m，基础为 6□2桩，承台尺寸为 11.6m×8.2m；非制动墩截面采用 1.5m×2.2m，基础为 4□1.8桩，承台尺寸为 6.9m×6.9m，水中桥墩迎水面均采用圆弧倒角，以减少水流阻力。

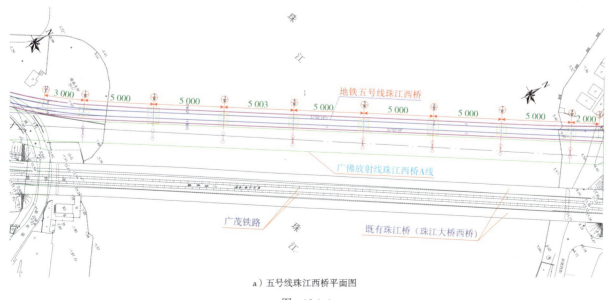

a）五号线珠江西桥平面图

图 10.1-1

b）五号线珠江西桥卫星影像图

c）五号线珠江西桥

图 10.1-1　五号线珠江西桥

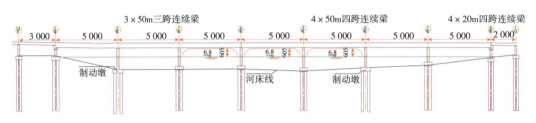

图 10.1-2　五号线珠江西桥结构立面布置图

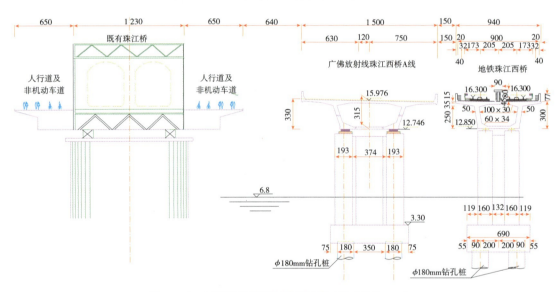

图 10.1-3　3 座跨珠江桥梁结构剖面图（尺寸单位：cm）

a）既有珠江桥

b）广佛放射线珠江西桥 A 线

图　10.1-4

c）既有珠江桥与广佛放射线

d）广佛放射线与五号线珠江西桥

图 10.1-4　3 座珠江桥梁现状

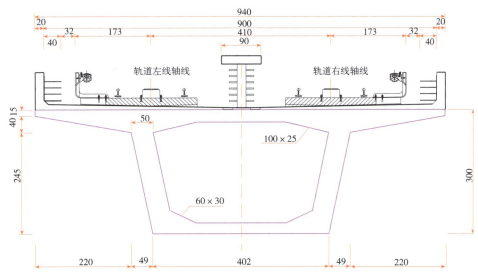

图 10.1-5　五号桥珠江西桥上部结构断面（尺寸单位：cm）

10.2　珠江西桥土建结构设计

10.2.1　工程概述

广州市轨道交通五号线高架区间跨珠江桥为 4×50m+3×50m 两联 7 孔预应力混凝土连续现浇箱梁，基础采用桩基础，双向分离式。上、下部结构类型为：

上部结构：4×50m+3×50m 两联 7 孔预应力混凝土连续现浇箱梁，低松弛镀锌高强钢丝拉索。

下部结构：混凝土双墙薄壁墩，混凝土承台和钻孔灌注桩。

1）地质概况

根据该项目部分钻孔的地质勘察报告，工程地质概况描述如下。

本项目沿线距离较长，地形起伏变化大，钻孔场地工程地质条件差异大。第四纪覆盖土层厚度为 3.7~44.8m，土层厚度变化很大。上覆土层主要有人工填土、淤泥（淤泥质土）、粉细砂、中砂、粗（中）砂、砾砂、（粉质）黏土、粉土和粉质黏土，土层性质较复杂。下伏基岩层面埋深为 3.7~44.8m，起伏大，岩性主要有泥岩、泥质粉砂岩、灰岩（沉积岩）、辉绿岩（火成岩）和角砾岩（断层构造岩）等。其岩性及其在水平和垂直方向的分布变化较大，拟建场地内有广三断裂和珠海断裂通过，部分钻孔揭露到断层泥等现象，整个场地的工程地质条件复杂。

工程场地属珠江河流冲积平原地貌单元。第四纪覆盖土层除人工填土外，主要以冲积成因的粉细砂、中砂、粗砂和砾砂为主，其次为粉土、淤泥质土，再次为残积成因的粉质黏土。冲积成因的砂土、粉土与珠江河床的砂土连通，水量相当丰富，测得的稳定水位介于 1.1~8m 之间。该地下水对混凝土结构腐蚀性等级为"弱"。场地下伏基岩强风化层裂隙发育，有一定量的裂隙水，一些地方灰岩岩溶发育，出现灰岩破碎层或溶蚀溶洞，一些溶洞呈串珠状出现，这种不良的地层，会蕴藏一定量的裂隙水和溶洞水。

2）地质构造、地震及场地稳定性

（1）地质构造

工程场地内处于近东西向广三断裂和珠海断裂通过。广三断裂活动主要表现为上盘下降，控制第四纪地沉积。在历史时期沿该断裂发生过一些中、小强度的地震，现今仍有一定的活动性；珠海断裂右旋错动了石炭系和上白垩纪地层。该断裂的现今活动性比较弱。

（2）地震烈度和场地类别

本工程场址地震基本烈度为 6 度，设计中按 7 度区设防。

（3）地基稳定性

本场地属珠江河流冲积地带，场地第四纪上覆盖土层厚度为 3.7~44.8m，土层以杂填土居多，冲积成因由上而下的粉细砂（N=4~12 击），流塑的淤泥（e=1.458，I =1.455，N=1.7 击），中砂、粗砂、砾砂和残积成因的粉质黏土。这些土层在七度地震区内，除中砂、粗砂、砾砂和粉质黏土不液化，粉（细）砂在水位高的地方都会发生液化，淤泥会发生蠕变。

该路段下伏基岩有泥岩、泥质粉砂岩、灰岩、辉绿岩和角砾岩，其岩性在水平及垂直方向的分布和风化程度变化较大，部分钻孔揭露有断层泥、溶洞（局部呈串珠状）等不良地质现象，个别（A21号）钻孔较明显见有岩石碎裂迹象，这说明与广三、珠海断层构造有关，造成上部基岩复杂，层位变化较大，但从工程地质角度综合分析，该场地埋藏较深（局部较浅）的泥岩微风化层、辉绿岩微风化层和较完整的灰岩，其层位相对稳定，强度也较高。该场地可采用深基础，利用上述的岩层做桩基持力层，就其地基条件而言是相对稳定的。

3）气候特点

本桥位处珠江三角洲，气象特征值如下。

平均气温：14.0℃（近 30 年）；

平均最高气温：19.2℃（近 30 年）；

平均最低气温：9.9℃（近 30 年）；

极端最高气温：39.5℃（1966 年 8 月 8 日）；

极端最低气温：−21.5℃（1969 年 2 月 6 日）；

最热月为 7 月、8 月：月平均气温 31.0℃；

最冷月为 1 月：月平均气温 −3.6℃；

平均相对湿度：77%；

最大相对湿度：100%；

最小相对湿度：0%；

桥址处百年一遇十分钟平均最大风速和风压分别是 17m/s 和 0.74kN/m^2。

10.2.2　技术标准

1）设计依据

（1）《铁路桥涵设计基本规范》（TB 10002.1—99）；

(2)《铁路桥涵钢筋混凝土和预应力混凝土结构设计规范》(TB 10002.3—99);

(3)《铁路桥涵混凝土和砌体结构设计规范》(TB 10002.4—99);

(4)《铁路桥涵地基和基础设计规范》(TB 10002.5—99);

(5)《铁路桥涵地基和基础设计规范》(TB 10002.5—99);

(6)《城市桥梁设计准则》(CJJ 11—93);

(7)《公路桥涵设计通用规范》(JTG D60—2004);

(8)《公路钢筋混凝土及预应力混凝土桥涵设计规范》(JTG D62—2004)。

2)标准设计

(1)恒载：混凝土的重度采用 26.25kN/m³；桥面结构（包括桥面铺装及栏杆等）采用 76kN/m。

(2)活载：轻轨 4 节，见图 10.2-1。

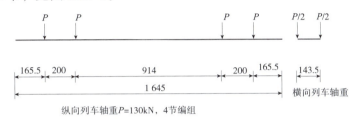

图 10.2-1 活载布置图（尺寸单位：cm）

(3)基础不均匀沉降：边墩按 0.5cm 计，中墩按 1cm 计。

(4)体系升降温按 ±15℃ 计算，上下缘温差按 ±8℃ 考虑。

(5)地震基本烈度小于 7 度，按 7 度设防。

(6)预应力钢束管道摩阻系数取 0.20，预应力管道偏差系数取 0.002，预应力钢束松弛率取 0.025，一端锚具变形、钢束回缩及垫板压实值取 6mm。

3)荷载组合

按规范规定取用。

10.2.3 主要结构形式和材料

1)桥梁线形

主桥上部结构为 4×50m+3×50m 两联 7 孔预应力混凝土连续现浇箱梁，桥梁位于直线段上。

2)上部结构

(1)箱梁构造

其中 1/W~2/W 墩为曲线变宽箱梁，顶宽 9.4~9.7m，底宽 4.02m，悬臂 2.20~2.60m，箱梁结构顶面平坡，梁高 3.0m。

(2)桥面系

主桥范围桥面铺装层为 10cm 厚的沥青混凝土。桥面布置：梁体采用单箱单室箱形截面，桥面宽度为 9.3m，包括两侧各 0.2m 的挡板，双线中心间距为 4m，采用标准轨距 1.435m。桥上轨道为无道碴轨道结构，采用纵向承轨台支承钢轨，轨顶至梁顶的高度为 0.45m。

3)预应力束布置

(1)纵向预应力束

纵向预应力的设置分为顶板束、底板束、腹板束以及预备束等。顶板束 N5 六束，每束 17 根钢绞线；支座顶板附近处分别配 N6~N9，各两束，每束 16 根钢绞线；腹板束 N1~N4，各两束，每束 17 根钢绞线；底板束为 N10 四束，每跨底板分别配 N11~N13，各四束，每束 17 根钢绞线。采用 OVM15-

15锚具，每束张拉控制应力为2 812.3kN。

（2）横向预应力束

由于结构跨径较小，在满足安全性的前提下没有布置横向预应力钢束。

（3）竖向预应力束

由于结构跨径较小，在满足安全性的前提下没有布置纵向预应力钢束。

（4）管道和压浆

预应力管道采用塑料波纹管，压浆采用真空压浆工艺。

4）下部结构简介

主桥边墩采用单柱式矩形截面扩头墩（带圆弧倒角），其余桥墩均采用矩形双墩系梁联系结构，承台顺水流方向，满足航道要求。2/W、6/W为制动墩，墩截面采用1.5m×2.4m，基础为6□2桩，承台尺寸为11.6m×8.2m；非制动墩截面采用1.5m×2.2m，基础为4□1.8桩，承台尺寸为6.9m×6.9m，水中桥墩迎水面均采用圆弧倒角，以减少水流阻力。

5）材料

（1）混凝土（表10.2-1）

混 凝 土 材 料　　　　　　　　表10.2-1

混 凝 土	使 用 部 位
C50	主桥箱梁
C40	支座垫石
C40	桥墩
C25	承台、桩基础

配置混凝土所采用的水泥、砂石、水等材料以及混凝土的配合比、拌制、运输和浇筑，应该严格按照《公路桥涵施工技术规范》执行，并应该符合规范所规定的质量检验及质量标准。

（2）预应力钢绞线

预应力钢筋采用符合GB 5224标准、低松弛、270级、直径15.24mm钢绞线，公称面积$A=140mm^2$，标准强度$f_y^b=1\ 860MPa$，弹性模量$E_y=1.95×105MPa$。主桥采用OVM.M15-15型钢束，两端张拉，张拉控制应力为$\sigma_{con}=2\ 812.3kN$。钢束的伸长量均为钢束在张拉阶段σ_{con}由15%~100%的伸长量。

（3）普通钢筋

本桥的普通钢筋采用R235和HRB335两种钢筋，R235钢筋其抗拉和抗压设计强度为195MPa，其质量必须符合GB 13013—1991标准的各项规定；HRB335（$d=6$~50mm）其抗压和抗拉强度均为280MPa，其质量应该符合GB 1499—1998标准的各项规定。普通钢筋直径大于10mm时，采用Ⅱ级钢筋，设计强度为340MPa，当直径小于等于10mm时，采用Ⅰ级钢筋。

（4）波纹管

采用规格内径$\phi100mm$的塑料波纹管。

（5）锚具

锚具采用OVM或VLM系列，为节省张拉空间，采用YDN型内卡式千斤顶。

（6）伸缩缝

桥梁伸缩装置采用D80、D240、D320型仿毛勒伸缩装置。

（7）支座

主桥支座采用GKPZ（Ⅱ）抗震型盆式橡胶支座系列产品，其性能应符合有关规定。

（8）桥面防水层

所有桥梁均须在摊铺桥面铺装层前，铺撒厚度为 1.0~1.5mm 防水层。桥面防水层采用高分子聚合物防水涂料，其性能应满足表 10.2-2 的要求。

防水材料 表 10.2-2

序号	项目	指标
1	耐热性（45°斜坡，5h 无流淌和滑动）	≥170℃
2	低温柔韧性（沿 ϕ10mm 试棒弯曲，无裂纹、断裂）	−15℃
3	黏结性（20℃，8字模法）（MPa）	≥0.3
4	延伸率（%）	>500
5	不透水性（不渗水）	0.3MPa 2h
6	固体含量（%）	≥47
7	离心稳定性（3 500r/mim，15min）（%）	<20

10.2.4 电算分析及结果

1）第一联结构变形和受力计算

对珠江西桥主桥第一联（3×50m）进行空间有限元结构分析，计算采用 MIDAS 有限元程序。最后得到在自重、移动荷载、温度荷载、支座位移等荷载作用下的主梁内力（弯矩、剪力、轴力）结果，并进行分析。

（1）结构分析有关参数

采用 MIDAS 系列有限元分析程序分析，计算中考虑如下有关参数。

体系升降温：±15℃；

上下缘温差：±8℃；

钢筋松弛率：0.025；

孔道摩阻系数：0.2；

孔道偏差系数：0.002；

一端锚具变形、钢束回缩及垫板压实值：6mm；

基础不均匀沉降：边墩 0.5cm 计，中墩：1cm 计；

活载：轻轨 6 节。

（2）主梁内力计算参数（表 10.2-3）

主梁内力计算参数 表 10.2-3

项目	设计参数
材料	C50 混凝土，应力钢筋 ϕ^s15.2 高强度低松弛钢绞线，$A=140mm^2$，$f_y^b=1 860MPa$，$E_y=1.95\times10^5MPa$
收缩徐变有关计算参数	徐变速度系数：0.021；滞后徐变系数：0.4； 瞬时徐变系数：0.8；混凝土平均加载龄期：5d； 环境相对湿度：0.77
预应力计算参数	管道摩阻系数：$\mu=0.2$，管道偏差系数 $k=0.002$ 张拉控制应力：$\sigma_{con}=0.72f_{pk}=1 339MPa$

（3）计算模型

该计算结构离散按照杆系程序分析的原理，遵循结构离散化的原则。根据以下原则在适当位置划分节点：

①杆件的转折点和截面的变化点；
②施工分界点、边界处及支座处；
③需验算或求位移的截面处。

本设计按照 2m 划分为 1 个单元，在支座处划分为两个 1m 的单元，主桥划分成了 78 个单元（图 10.2-2 和图 10.2-3）。

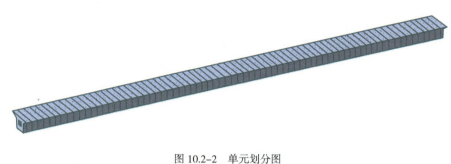

图 10.2-2　单元划分图

图 10.2-3　单元划分立面图

本模型建立过程中，考虑软件自身建模限制和分析设计简单的必要性，做出了以下简化：

a. MIDAS 不支持非对称横截面建模，故忽略了箱梁的横向坡度，腹板高度相等。

b. 纵坡对成桥分析、施工阶段分析影响比较小，可以忽略，直线建模也同时提高了建模的速度和效率，在分析设计阶段不必考虑，故建模过程不计纵坡变化。

c. 由于桥梁跨径较小，且采用满堂支架施工，因此没有考虑施工阶段的受力和验算，没有划分施工阶段，只是为了方便 PSC 设计划，分了一个全桥施工阶段。

（4）结构内力图

下面输出几种内力图，弯矩单位 kN·m，剪力单位 kN。收缩徐变天数：3 650d。因图中数字显示过小，故图片内不显示，具体受力大小以内力表格为准。

① 自重内力图

a. 自重弯矩图（图 10.2-4）

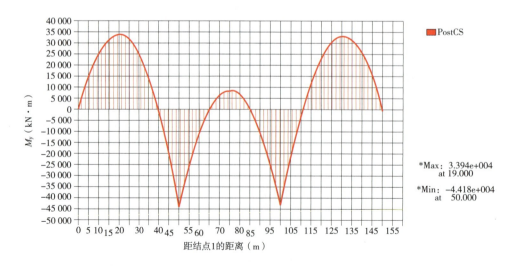

图 10.2-4　自重弯矩图

b. 自重剪力图（图10.2-5）

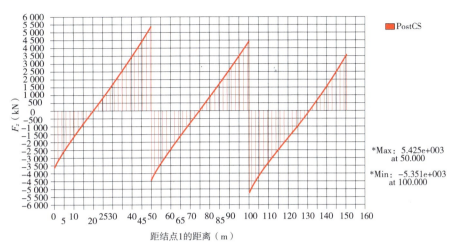

图10.2-5　自重剪力图

c. 自重轴力图（图10.2-6）

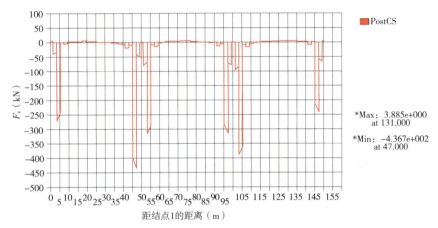

图10.2-6　自重轴力图

②温度荷载内力图

a. 温度荷载弯矩图（图10.2-7）

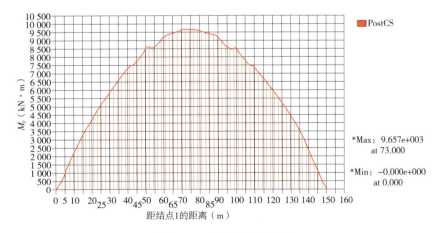

图10.2-7　温度荷载弯矩图

b. 温度荷载剪力图（图 10.2-8）

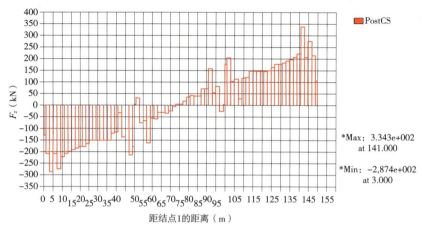

图 10.2-8　温度荷载剪力图

c. 温度荷载轴力图（图 10.2-9）

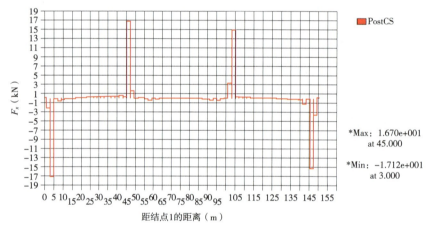

图 10.2-9　温度荷载轴力图

③移动荷载内力图

a. 移动荷载弯矩包络图（图 10.2-10）

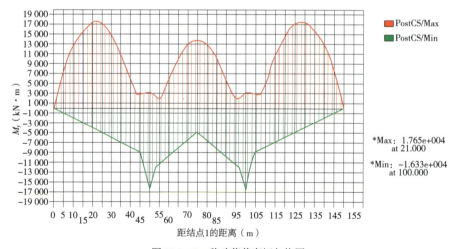

图 10.2-10　移动荷载弯矩包络图

b. 移动荷载剪力包络图（图10.2-11）

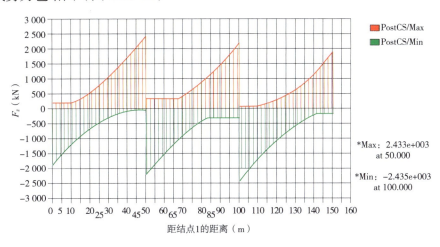

图10.2-11　移动荷载剪力包络图

c. 移动荷载轴力包络图（图10.2-12）

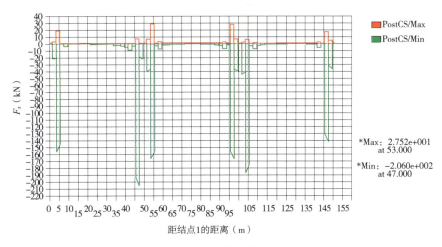

图10.2-12　移动荷载轴力包络图

④二期恒载内力图

a. 二期恒载弯矩图（图10.2-13）

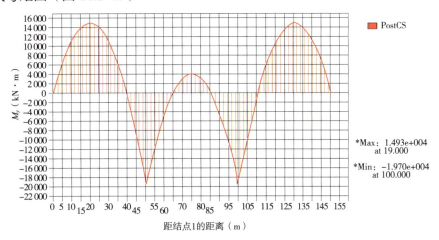

图10.2-13　二期恒载弯矩图

b. 二期恒载轴力图（图10.2-14）

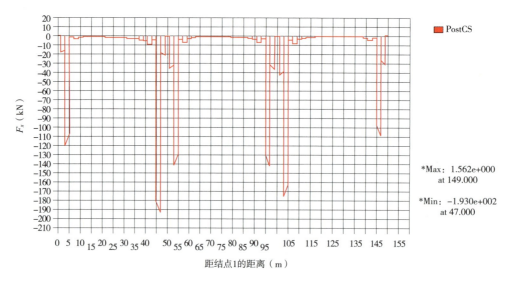

图10.2-14　二期恒载轴力图

c. 二期恒载剪力图（图10.2-15）

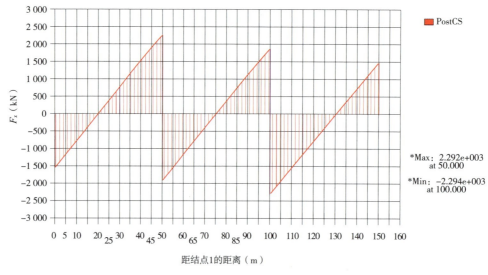

图10.2-15　二期恒载剪力图

从图10.2-5~图10.2-15可以看出：弯矩值整体呈大致对称，中跨弯矩最大，弯矩值为33 415.65kN·m，预应力钢筋设计主要以中跨截面的弯矩为设计值。最大负弯矩在两中间支座处，为-4 690.67kN·m。中跨最大正弯矩在跨中，与理论计算值接近。剪力图是反对称图形，最大剪力在支座处，剪力值为-6 916.93kN。

（5）预应力钢束计算和布置

主要通过计算得到预应力钢束的数量，进行形状、位置和搭配等的合理设计、调试，使预应力钢束能够满足结构正常使用极限状态下的应力要求和承载能力极限状态下的强度要求，以及施工阶段的应力要求，满足结构在使用过程中安全、舒适的使用状态要求。

珠江西桥设计采用成桥时承载力极限状态下的弯矩包络图，按塑性阶段的强度要求，利用算出的钢束汇总结果和考虑施工中抵抗悬臂负弯矩所配的顶板预应力钢筋经验数量，来对主梁进行配筋。

①预应力筋数量估算

按承载能力极限计算时满足正截面强度要求。

预应力梁达到受弯的极限状态时,受压区混凝土应力达到混凝土抗压设计强度,受拉区钢筋达到抗拉设计强度。截面安全性是通过截面抗弯安全系数保证的。

对于仅承受一个方向的弯矩的单筋截面梁(图10.2-16),所需预应力筋数量按下式计算:

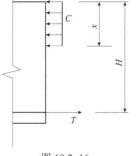

图10.2-16

$T=C$ 时,
$$f_{cd}bx = f_{sd}A_s = nA_0 f_{sd} \quad (10.2\text{-}1)$$

$\gamma_0 M_d \leq M_u$ 时,
$$M_u = f_{cd}bx(h_0 - x/2) \quad (10.2\text{-}2)$$

解上两式得:

受压区高度
$$x = h_0 - \sqrt{h_0^2 - \frac{2\gamma_0 M_d}{f_{cd}b}} \quad (10.2\text{-}3)$$

预应力筋数
$$n = \frac{\gamma_0 M_d}{A_0 f_{sd}(h_0 - x/2)} \quad (10.2\text{-}4a)$$

或
$$n = \frac{f_{cd}b}{A_0 f_{sd}}\left(h_0 - \sqrt{h_0^2 - \frac{2\gamma_0 M_d}{f_{cd}b}}\right) \quad (10.2\text{-}4b)$$

式中:M_d——计算截面上的弯矩组合设计值;

M_u——计算截面上的极限弯矩;

γ_0——结构重要性系数;

f_{cd}——混凝土轴心抗压强度设计值;

f_{sd}——纵向受拉钢筋抗拉强度设计值;

A_s——纵向受拉钢筋截面面积;

A_0——单根预应力筋束截面积;

b——截面宽度;

h_0——截面有效高度;

x——按等效矩形应力图计算的受压区高度。

若截面承受双向弯矩时(图10.2-17),需配双筋的,可据截面上正、负弯矩按上述方法分别计算上、下缘所需预应力筋数量。若忽略实际上存在的双筋影响时(受拉区和受压区都有预应力筋),会使计算结果偏大,作为预应力钢筋数量的估算是允许的。按正常使用状态计算时,拉应力满足要求估算下限,压应力满足要求估算上限。

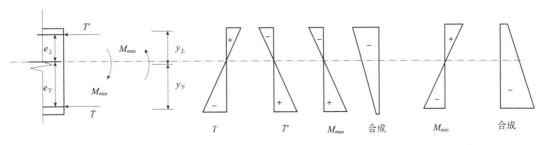

图10.2-17 截面应力分布

截面上的预压应力应大于荷载引起的拉应力,预压应力与荷载引起的压应力之和应小于混凝土的允许压应力(为 $0.5f_{ck}$),或为在任意阶段、全截面承压、截面上不出现拉应力,同时截面上最大压应力小于允许压应力。

写成计算式为:

$$\sigma_{y上} + \frac{M_{min}}{W_{上}} \geq 0 \tag{10.2-5}$$

对于截面上缘

$$\sigma_{y上} + \frac{M_{max}}{W_{上}} \leq 0.5f_{ck} \tag{10.2-6}$$

对于截面下缘

$$\sigma_{y下} - \frac{M_{max}}{W_{下}} \geq 0 \tag{10.2-7}$$

$$\sigma_{y下} - \frac{M_{min}}{W_{下}} \leq 0.5f_{ck} \tag{10.2-8}$$

式中:σ_y——由预应力产生的应力;
$\quad\quad W$——截面抗弯模量;
$\quad\quad 0.5f_{ck}$——混凝土轴心抗压标准强度。

M_{max}、M_{min} 项的符号当为正弯矩时取正值,当为负弯矩时取负值,且按代数值取大小。

一般情况下,由于梁截面较高,受压区面积较大,上缘和下缘的压应力不是控制因素,为简便计,可只考虑上缘和下缘的拉应力这个限制条件(求得预应力筋束数的最小值)。

式(10.2-5)变为:

$$\sigma_{y上} \geq -\frac{M_{min}}{W_{上}} \tag{10.2-9}$$

式(10.2-7)变为:

$$\sigma_{y下} \geq \frac{M_{max}}{W_{下}} \tag{10.2-10}$$

由预应力钢束产生的截面上缘应力 $\sigma_{y上}$ 和截面下缘应力 $\sigma_{y下}$ 分为三种情况讨论。

a. 截面上下缘均配有力筋 T' 和 T,以抵抗正负弯矩,由力筋 T' 和 T 在截面上下缘产生的压应力分别为:

$$\frac{N_{y上}}{A} + \frac{N_{y上}e_{上}}{W_{上}} + \frac{N_{y下}}{A} - \frac{N_{y下}e_{下}}{W_{上}} = \sigma_{y上} \tag{10.2-11}$$

$$\frac{N_{y上}}{A} - \frac{N_{y上}e_{上}}{W_{下}} + \frac{N_{y下}}{A} + \frac{N_{y下}e_{下}}{W_{下}} = \sigma_{y下} \tag{10.2-12}$$

将式(10.2-9)、式(10.2-10)分别代入式(10.2-11)、式(10.2-12),解联立方程后得到:

$$T' = \frac{M_{max}(e_{下} - K_{下}) - M_{min}(K_{上} + e_{下})}{(K_{上} + K_{下})(e_{上} + e_{下})} \tag{10.2-13}$$

$$T = \frac{M_{max}(K_{下} + e_{上}) + M_{min}(K_{上} - e_{上})}{(K_{上} + K_{下})(e_{上} + e_{下})} \tag{10.2-14}$$

令 $T' = n_{上}A_yR_y$,$T = n_{下}A_yR_y$,代入式(10.2-13)、式(10.2-14)中得到:

$$n_{上} = \frac{M_{\max}(e_{下} - K_{下}) - M_{\min}(K_{上} + e_{下})}{(K_{上} + K_{下})(e_{上} + e_{下})} \cdot \frac{1}{A_0 f_0} \qquad (10.2\text{--}15)$$

$$n_{下} = \frac{M_{\max}(K_{下} + e_{上}) + M_{\min}(K_{上} - e_{上})}{(K_{上} + K_{下})(e_{上} + e_{下})} \cdot \frac{1}{A_0 f_0} \qquad (10.2\text{--}16)$$

式中：A_0——每束预应力筋的面积；

f_0——预应力筋的永存应力，可取 $(0.5 \sim 0.75) f_{sk}$ 估算；

e——预应力力筋重心离开截面重心的距离；

K——截面的核心距；

A——混凝土截面面积，可取毛截面计算。

$$K_{下} = \frac{K_{上}}{A} \qquad\qquad K_{上} = \frac{K_{下}}{A}$$

b. 当截面只在下缘布置力筋 T 以抵抗正弯矩时：

当由上缘不出现拉应力控制时 $n_{下} = \dfrac{M_{\min}}{e_{下} - K_{下}} \cdot \dfrac{1}{A_0 f_0}$

当由下缘不出现拉应力控制时 $n_{下} = \dfrac{M_{\max}}{e_{下} + K_{上}} \cdot \dfrac{1}{A_0 f_0}$

c. 当截面中只在上缘布置力筋 T' 以抵抗负弯矩时：

当由上缘不出现拉应力控制时，$n_{上} = -\dfrac{M_{\min}}{e_{上} + K_{下}} \cdot \dfrac{1}{A_0 f_0}$

当由下缘不出现拉应力控制时，$n_{上} = \dfrac{M_{\max}}{K_{上} - e_{上}} \cdot \dfrac{1}{A_0 f_0}$

当按上缘和下缘压应力的限制条件计算时（求得预应力筋束数的最大值），可由前面的式（10.2-6）和式（10.2-8）推导得：

$$n_{上} = \frac{-M_{\max}(e_{下} + K_{上}) - M_{\min}(K_{下} - e_{下}) + (W_{上} + W_{下})e_{下}}{(K_{上} + K_{下})(e_{上} + e_{下})} \cdot \frac{[f_{cd}]}{A_0 f_0}$$

$$n_{下} = \frac{M_{\min}(K_{下} + e_{上}) + M_{\max}(K_{上} - e_{下}) + (W_{上} + W_{下})e_{上}}{(K_{上} + K_{下})(e_{上} + e_{下})} \cdot \frac{[f_{cd}]}{A_0 f_0}$$

有时需调整束数，当截面承受负弯矩时，如果截面下部多配 $n_{下}'$ 根束，则上部也要相应增配 $n_{上}'$ 根束，才能使上缘不出现拉应力；同理，当截面承受正弯矩时，如果截面上部多配 $n_{上}'$ 根束，则下部也要相应增配 $n_{下}'$ 根束。其关系为：

当承受 $M_{\min}$ 时，$n_{上}' = \dfrac{e_{下} - K_{下}}{K_{下} + e_{下}} n_{下}'$。

当承受 $M_{\max}$ 时,$n'_{下} = \dfrac{e_{上} - K_{上}}{k_{上} + e_{下}} n'_{上}$。

首先,根据跨中截面正截面抗裂要求,确定预应力钢筋数量。

$$N \geqslant \dfrac{M_s / W}{0.85 \left(\dfrac{1}{A} + \dfrac{E_P}{W} \right)}$$

式中:M_s——荷载短期效应弯矩组合设计值。

本设计根据配筋原则和施工方便结构安全需要,在最终设计成果中最不利位置钢束根数需要满足规范要求。按照同样的方法,以此类推,可以得出各个截面的配筋面积。

②预应力筋布置

根据以上配筋原则,最终确定配筋方案是 N5 顶板束 6 束,每束 17 根钢绞线;支座顶板附近处分别配 N6~N9,各 2 束,每束 16 根钢绞线;腹板束 N1~N4,各 2 束,每束 17 根钢绞线;底板束 N10 为 4 束,每跨底板分别配 N11~N13,各 4 束,每束 17 根钢绞线。

根据以上钢筋布置原则和结构抵抗弯矩需要,最终配筋图如图 10.2-18 和图 10.2-19 所示。

a. 钢束布置立面示意图(图 10.2-18)

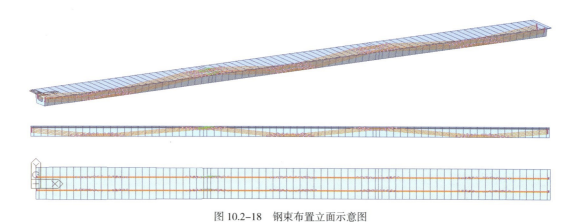

图 10.2-18 钢束布置立面示意图

b. 钢束布置断面图(图 10.2-19)

图 10.2-19 钢束布置断面图

各钢束控制点坐标见施工图设计。表10.2-4为钢束张拉控制表。

钢束张拉控制表　　　　　　　　　　　　表10.2-4

钢束号	设计长度（cm）	下料长度（$\phi^s15.2$）（cm）	束数	波纹管长度（$\phi90$）（cm）	张拉端锚具OVM.M15-15（套）	张拉力（kN）	左端引伸量（mm）	右端引伸量（mm）
N1	15 000	15 160	2	15 000	4	2 812.3	405	405
N2	15 000	15 160	2	15 000	4	2 812.3	405	405
N3	15 000	15 160	2	15 000	4	2 812.3	405	405
N4	15 000	15 160	2	15 000	4	2 812.3	405	405
N5、N5备	14 900	15 060	8	14 900	16	2 812.3	416	416
N6	1 360	1 520	2	1 360	8	2 812.3	39	39
N7	1 360	1 520	2	1 360	8	2 812.3	39	39
N8	2 360	2 520	2	2 360	8	2 812.3	67	67
N9	2 360	2 520	2	2 360	8	2 812.3	67	67
N10、N10备	14 900	15 060	6	14 900	12	2 812.3	415	415
N11	3 400	3 560	4	3 400	8	2 812.3	95	95
N12	3 400	3 560	4	3 400	8	2 812.3	95	95
合计		392 920	38	385 560	92			

（6）第一联结构变形和受力验算

对珠江西桥第一联进行施工阶段应力、使用阶段的结构应力、变形、抗裂、承载能力等验算，均满足规范关于预应力混凝土构件的要求。

2）第二联结构变形和受力计算

对该桥梁主桥第二联（4×50m）进行空间有限元结构分析，计算采用MIDAS有限元程序。最后得到在自重、移动荷载、温度荷载、二期、支座位移等荷载作用下的主梁内力（弯矩、剪力、轴力）结果，并进行分析。

（1）结构分析有关参数

采用MIDAS系列有限元分析程序分析，计算中考虑如下有关参数。

体系升降温：±15℃；

上下缘温差：±8℃；

钢筋松弛率：0.025；

孔道摩阻系数：0.2；

孔道偏差系数：0.002；

一端锚具变形、钢束回缩及垫板压实值：6mm；

基础不均匀沉降：边墩0.5cm计，中墩1cm计；

活载：轻轨 6 节。

（2）主梁内力计算参数（表10.2-5）

主梁内力计算参数　　　　　　　　　　　　　　表10.2-5

项　目	设　计　参　数
材　料	C50 混凝土，预应力钢筋 $\phi^S 15.2$ 高强度低松弛钢绞线，$A=140mm^2$，$f_y^b=1\,860MPa$，$E_y=1.95\times10^5MPa$
收缩徐变有关计算参数	徐变速度系数：0.021；滞后徐变系数：0.4；瞬时徐变系数：0.8；混凝土平均加载龄期 5d；环境相对湿度：0.77
预应力计算参数	管道摩阻系数 $\mu=0.2$，管道偏差系数 $k=0.002$，张拉控制应力：$\sigma_{con}=0.72f_{pk}=1\,339MPa$

（3）计算模型

该计算结构离散按照杆系程序分析的原理，遵循结构离散化的原则。根据以下原则在适当位置划分节点：

①杆件的转折点和截面的变化点；

②施工分界点、边界处及支座处；

③需验算或求位移的截面处。

本设计按照 2m 划分为 1 个单元，在支座处划分为 2 个 1m 的单元，主桥划分成了 78 个单元（图10.2-20 和图10.2-21）。

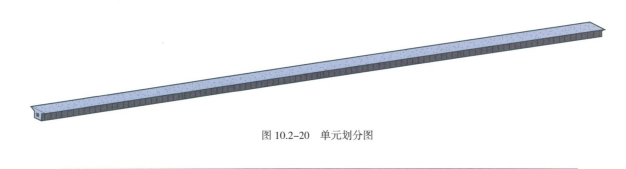

图 10.2-20　单元划分图

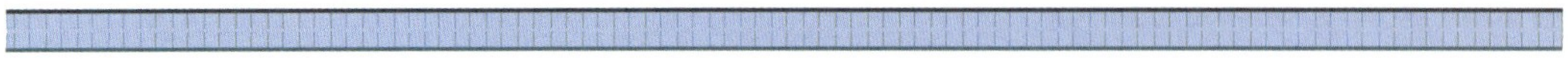

图 10.2-21　单元划分立面图

本模型建立过程中，考虑软件自身建模限制和分析设计简单的必要性，做出了以下简化：

a. MIDAS 不支持非对称横截面建模，故忽略了箱梁的横向坡度，腹板高度和建模时候是一样的。

b. 纵坡对成桥分析、施工阶段分析影响比较小，可以忽略，直线建模也同时提高了建模的速度和效率，在分析设计阶段不必考虑，故建模过程不计纵坡变化。

c. 由于桥梁跨径较小，且采用满堂支架施工，因此没有考虑施工阶段的受力和验算，没有划分施工阶段，只是为了方便 PSC 设计，划分了一个全桥施工阶段。

（4）结构内力图

下面是主梁在自重、车道荷载以及温度荷载等情况下的内力图。

活载：轻轨 4 节，收缩徐变天数：3 650d，弯矩单位 kN·m，剪力单位 kN。因图中数字显示过小，故图片内不显示，具体受力大小以内力表格为准。

① 自重内力图

a. 自重弯矩图（图 10.2-22）

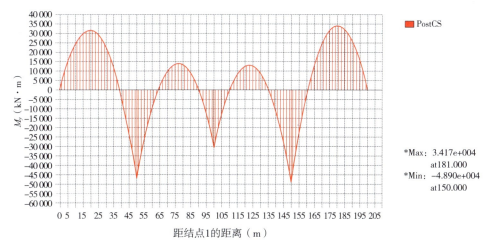

图 10.2-22　自重弯矩图

b. 自重剪力图（图 10.2-23）

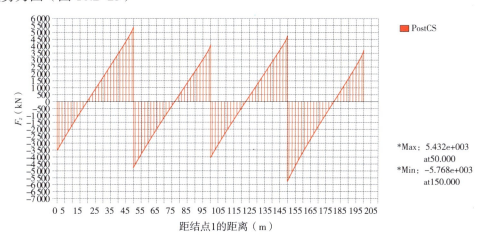

图 10.2-23　自重剪力图

c. 自重轴力图（图 10.2-24）

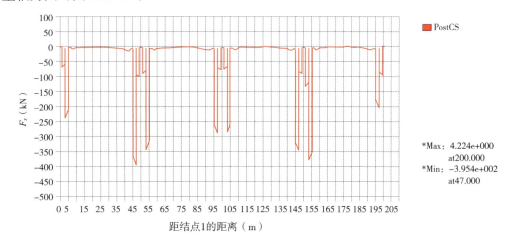

图 10.2-24　自重轴力图

②温度荷载内力图

a. 温度荷载弯矩图(图 10.2-25)

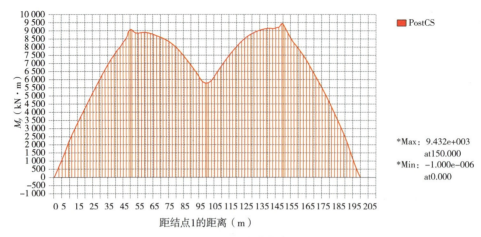

图 10.2-25　温度荷载弯矩图

b. 温度荷载剪力图(图 10.2-26)

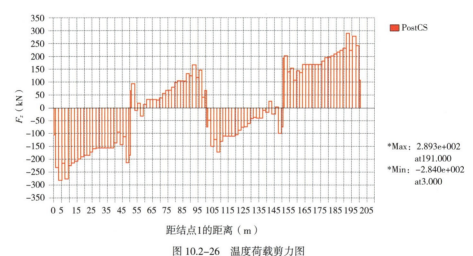

图 10.2-26　温度荷载剪力图

c. 温度荷载轴力图(图 10.2-27)

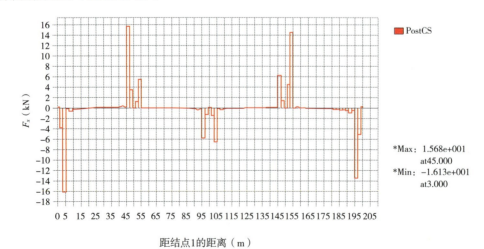

图 10.2-27　温度荷载轴力图

③二期恒载内力图

a. 二期恒载弯矩图（图 10.2-28）

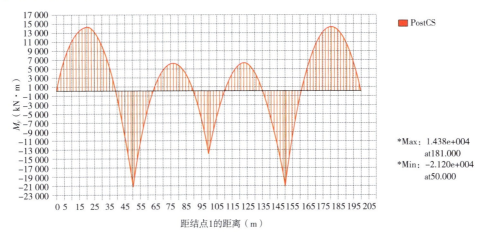

图 10.2-28　二期恒载弯矩图

b. 二期恒载轴力图（图 10.2-29）

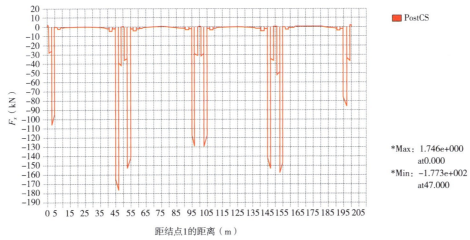

图 10.2-29　二期恒载轴力图

c. 二期恒载剪力图（图 10.2-30）

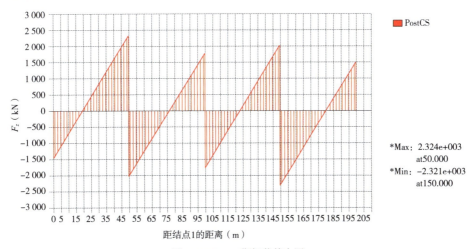

图 10.2-30　二期恒载剪力图

（5）第二联预应力钢束计算和布置

第二联预应力钢束的数量根据计算得到，进行形状、位置和搭配等的合理设计、调试，使预应力钢束能够满足结构正常使用极限状态下的应力要求和承载能力极限状态下的强度要求，以及施工阶段的应力要求，满足结构在使用过程中安全、舒适的使用状态要求。

本设计采用成桥时承载力极限状态下的弯矩包络图，按塑性阶段的强度要求，利用算出的钢束汇总结果和考虑施工中抵抗悬臂负弯矩所配的顶板预应力钢筋经验数量，来对主梁进行配筋。

①预应力筋数量估算

预应力钢筋数量的估算方法同第一联。

②预应力筋布置

根据以上配筋原则，最终确定配筋方案是 N5 顶板束 6 束，每束 17 根钢绞线；支座顶板附近处分别配 N6~N11，各 2 束，每束 16 根钢绞线；腹板束 N1~N4，各 2 束，每束 17 根钢绞线；底板束 N12 为 4 束，每跨底板分别配 N13~N16，各 4 束，每束 17 根钢绞线。

根据以上钢筋布置原则和结构抵抗弯矩需要，最终配筋如图 10.2-31 和图 10.2-32 所示。

a. 钢束布置立面示意图（图 10.2-31）

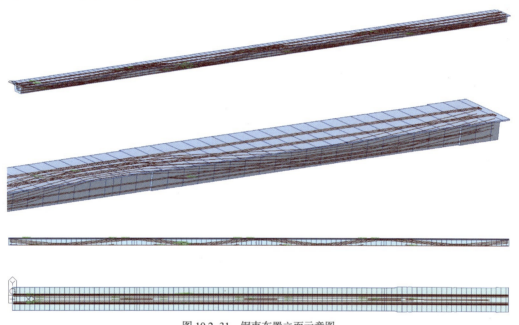

图 10.2-31 钢束布置立面示意图

b. 钢束布置断面图（图 10.2-32）

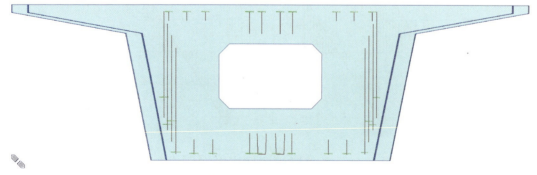

图 10.2-32 钢束布置断面图

各钢束控制点坐标见施工图设计。表 10.2-6 为钢束张拉控制表。

钢束张拉控制表　　　　　　　　　表 10.2-6

钢束号	设计长度 (cm)	下料长度 ($\phi^s15.2$) (cm)	束数	波纹管长度 (ϕ^s90) (cm)	张拉端锚具 OVM.M15-15 (套)	张拉力 (kN)	左端引伸量 (mm)	右端引伸量 (mm)
N1	20 000	20 160	2	20 000	4	2 812.3	524	524
N2	20 000	20 160	2	20 000	4	2 812.3	524	524
N3	20 000	20 160	2	20 000	4	2 812.3	524	524
N4	20 000	20 160	2	20 000	4	2 812.3	524	524
N5、N5 备	19 930	20 090	8	19 930	16	2 812.3	548	548
N6	1 360	1 520	2	1 360	8	2 812.3	38	38
N7	1 360	1 520	2	1 360	8	2 812.3	38	38
N8	1 360	1 520	2	1 360	8	2 812.3	38	38
N9	2 360	2 520	2	2 360	8	2 812.3	66	66
N10	2 360	2 520	2	2 360	8	2 812.3	66	66
N11	2 360	2 520	2	2 360	8	2 812.3	66	66
N12、N12 备	19 930	20 090	6	19 930	12	2 812.3	547	547
N13	3 400	3 560	2	3 400	8	2 812.3	95	95
N14	3 400	3 560	2	3 400	4	2 812.3	95	95
N15	3 400	3 560	2	3 400	4	2 812.3	95	95
N16	3 400	3 560	2	3 400	8	2 812.3	95	95
合计		533 740	42	524 460	116			

对珠江西桥第二联进行施工阶段应力、使用阶段的结构应力、变形、抗裂、承载能力等验算，均满足规范关于预应力混凝土构件的要求。

10.3 珠江西桥施工技术

10.3.1 水中基础施工方案及措施

五号线跨珠江采用钻孔桩基础，有 W1~W8 共 8 个承台，其中 W1、W3、W4、W5、W7、W8 为 4 桩承台，桩径为 1.8m；W2、W6 两个制动墩为 6 桩承台，桩径为 2m。

1) 水中桩的施工措施

桩基础施工工艺流程如图 10.3-1 所示。

（1）水中钢护筒施工。

由于跨江桥桥位处地质相当复杂，且溶洞发育，施工时为了避免塌孔及保证桩基质量，采用钢护筒护壁的施工方法，其钢护筒直径比桩径大 20cm，钢护筒厚度为 20mm，钢护筒的埋设是整个水上桩基施工的重中之重。

先在每个墩位上搭设施工钢平台，钢平台靠下游侧搭设施工栈桥相互连接，以保证施工设备、及材料的运输，桥中保证一孔（3/W~4/W）为通航孔，通航孔中间不设栈桥。钢平台采用 ϕ529mm 和 ϕ630mm 钢管作为基础，钢管振入至岩面层面，入土深度 10m。钢管桩上部采用 I45 工字钢作横向次梁，纵向采用双肢贝雷架作主梁；面铺 δ=1.0cm 厚钢板作为面板。钢平台尺寸为承台尺寸外扩 2m，平台面标高为 8.8m，高出设计常水位 2m。

桩基础施工钢平台搭设完毕后，在施工平台上精确测出护筒位置。为减少钢护筒的安装偏差，设计一套一个墩连成整体的井式导向架。导向架采用 I20 工字钢焊成井字形，导向架的内径比护筒外径大 2cm，导向架的长度根据水位而定，一般长度设计为 1.5~2m；在安装钢护筒前，测量定出桩位，并在平台四周设定好护筒外径的控制点；下放导向架时对准桩位中心，垂直下落，根据测量提供数据安放在平台上，测量准确无误后，将导向架上下位置固定在平台上。

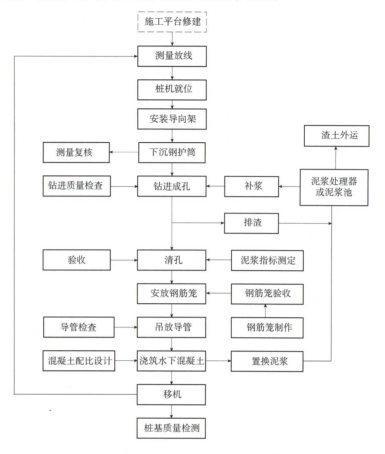

图 10.3-1　水上桩基础施工工艺流程图

钢护筒采用分节施打，每节长度可根据起吊能力分为 2~4m 不等。先将护筒由船只运送到工作平台旁边，下沉护筒时须用两套起吊机具；起吊机具可用钻机的扒杆、塔架；钻机先用第一套起吊机具将下节护筒吊放在导向架间停止，然后用第二套起吊机具将上节护筒叠放在下节护筒之上，然后将两节护筒焊接连成整体。连接时护筒要保证竖直，接缝应密合不漏水。护筒下放时视起吊机具的能力大小而定护筒的节数，然后利用吊机将钢护筒沿导向架下沉到河床面，采用 90kW 振动锤振动下沉；振动前，为了保证护筒的垂直度，在护筒的水平、竖直方向架两台水准仪控制好护筒的下沉，如发现偏差及时校正。钢护筒顶面高出最高水位 50~100cm。原则上钢护筒振打时，一次性振到岩面；如在护筒下沉过程中遇到砂层较厚或其他因素无法直接振到设计岩面时，此时停止钢护筒振打；采用边冲孔、边振打方法，使护筒下沉到岩面。护筒下沉完毕后，及时测量其是否竖直，中心位置是否正确。

下沉好的护筒应焊接固定在施工平台上，以防止发生坍孔时护筒沉落或偏斜。

（2）桩基础采用冲击钻施工，若遇溶洞时，采用低锤轻冲的方法将溶洞顶板打破，然后及时将提前准备的黄泥、片石抛进孔内，堵住溶洞口；然后及时加长钢套管，用振动锤施打，使钢套管穿越溶洞。

2）水中承台的施工方法

珠江西桥共有 6 个水中承台（2/W~7/W），其中，3/W、4/W、5/W、7/W 为 4 桩承台，2/W、6/W 为 6 桩承台，桩行列式布置。4 桩承台尺寸为 6.9m×6.9m×3.0m，6 桩承台尺寸为 11.6m×8.2m×3.0m。承台顶高程为 +3.85~+1.00m 不等，承台混凝土强度等级为 C25。各承台相关数据见表 10.3-1。

承台在桩基完成并经检测合格后进行施工。

承 台 相 关 数 据　　　　　　表 10.3-1

墩 号	承台底高程（m）	承台顶高程（m）	承台尺寸（m）	承台混凝土量（m³）
2/W	−0.9	+2.1	11.6×8.2×3.0	285.36
3/W	−0.9	+2.1	6.9×6.9×3.0	142.83
4/W	−1.6	+1.4	6.9×6.9×3.0	142.83
5/W	−2	+1	6.9×6.9×3.0	142.83
6/W	−0.9	+2.1	11.6×8.2×3.0	285.36
7/W	+0.85	+3.85	6.9×6.9×3.0	142.83

为保证水中墩承台的施工速度及施工质量，根据设计要求，珠江西桥水中承台采用钢板桩围堰的方法进行施工。桩基施工完毕，拆除部分施工平台后进行钢板桩插打。地质资料显示，面层砂层较厚，钢板桩振打时必须穿过砂层进入黏土层。

（1）钢板桩围堰施工

水中承台钢板桩围堰采用拉森Ⅲ型钢板桩，根据详堪资料揭示的岩面深度，2/W、3/W、4/W、6/W、7/W 墩使用 18m 钢板桩，2/W 墩钢板桩桩顶高程为 +11.06m，6/W、7/W 墩钢板桩桩顶高程为 +8.62m，3/W 墩钢板桩桩顶高程为 +9.78m，4/W 墩钢板桩桩顶高程为 +10.32m；5/W 墩使用 22m 钢板桩，钢板桩桩顶高程为 +10.40m。

围堰支撑体系情况如下：

W5、W4、W3 轴水中承台钢板桩围堰支撑由三层支撑组成，第一层支撑的高程为 +7.12m，第二层支撑的高程为 +4.62m，第三层支撑的高程为 +2.62m，支撑采用 2I32a 工字钢组合支撑；围檩采用 2I45a 工字钢组合围檩。

W7 轴水中承台钢板桩围堰支撑由二层支撑组成，第一层支撑的高程为 +7.12m，第二层支撑的高程为 +4.62m，支撑采用 2I32a 工字钢组合支撑；围檩采用 2I45a 工字钢组合围檩。

W6、W2 轴水中承台钢板桩围堰支撑由三层支撑组成，第一层支撑的高程为 +7.12m，第二层支撑的高程为 +5.12m，第三层支撑的高程为 +3.12m，支撑采用 2I32a 工字钢组合支撑；围檩采用 2I45a 工字钢组合围檩。

钢板桩采用高频振动锤施打，为了便于承台施工，钢板桩围堰闭合后，回填砂至常水位位置，进行第一道支撑围檩施工，然后将钢板桩围堰砂层抽至低于第二道支撑 0.5m 左右，进行第二道支撑围檩施工，再将砂层抽至低于第三道支撑 0.5m 左右，进行第三道支撑围檩施工，然后抽水至承台底面，最后灌注 1m 厚的水下封底混凝土，将围堰内水抽完，即可作为承台施工的硬地面，再在围堰内进行承台施工。

为防止钢板桩围堰接缝漏水，可用塞缝堵漏方法解决，抽水初期由于钢板桩不受力，接缝松动，漏水较大，需用大功率水泵抽水，待围堰内外形成一定水位差，接缝压密，漏水量将明显减少。

（2）水中承台施工流程

水中承台施工流程如图 10.3-2 所示。

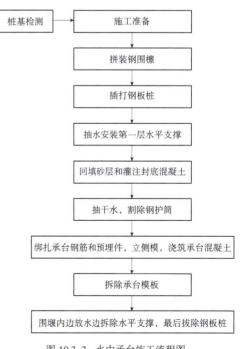

图 10.3-2　水中承台施工流程图

（3）主要施工方法

① 拆除施工平台，清理河床

钢板桩围堰施工前派专人实测、记录水位变化情况，详细掌握桥址水位在施工期间的变化情况。同时复测河床高程，河床对钢板桩围堰施工有影响时及时清除。

在岸上临时加工场地制作和拼装钢围檩与水平支撑。围檩由工字钢及钢板组成箱梁的形式，围檩在钢板桩插打完后运至桥墩处。

② 插打钢板桩

a. 施工方法：在墩位处放出围堰的位置，在钢护筒上焊接临时牛腿，作为导向架的支撑。插打钢板桩时利用第一层水平支撑的围檩作为导向架，第二层导向架在低水位时安装，第二层导向架采用[20槽钢。钢板桩的插打方法为：开始的一部分逐块插打，后一部分则先插合龙后再打，这样可以使进度较快且合龙误差小。插打钢板桩时要严格控制好桩的垂直度，尤其是第一根桩要从两个相互垂直方向同时控制，确保垂直不偏。

b. 主要施工技术措施：（a）插打钢板桩时严格控制桩的垂直度，插打第一根桩从两个相互垂直的方向同时控制，确保垂直不偏。（b）钢板桩的防渗能力较好，但遇有锁口不密、个别桩入土不够及桩尖打裂、打卷等情况时仍会渗漏。锁口不密的漏水在抽水发现后，以棉絮、麻绒等在钢板桩内侧嵌塞，或在漏缝外侧水中撒大量炉渣与木屑或谷糠等随水夹带至漏缝处自行堵塞。漏缝处较深时，可将炉渣等装袋，到水下适当深度时逐渐倒出炉渣堵漏。

③ 安装钢围檩和水平支撑以及灌注封底混凝土

在钢板桩合龙后拆除导向架的支承牛腿，然后先抽水至+6.62m，安装第一层支撑。安装完支撑后清理河床，清理河床时保证回填砂2m厚，且至少要清理至河床以下0.5m。清理好河床后，回填砂层至回填砂层顶高程，然后再灌注水下C25封底混凝土1m厚。封底混凝土采用ϕ30cm的导管进行灌注。待封底混凝土达到设计强度后，将围堰内水面抽至低于第二层支撑0.5m左右，安装第二层支撑。当围堰内水面抽至低于第三层支撑0.5m左右，安装第三层支撑。第三层支撑安装好后，抽水至基坑底。抽完水之后开始凿平封底混凝土，封底混凝土与钢板桩密实接触。在围堰角点设置积水坑继续抽水，根据出水情况，在垫层下适当布置导渗沟，即挖50cm宽的沟，然后回填碎石。

④ 割除钢护筒和承台施工

a. 围堰内抽水完成后，割除钢护筒，开始绑扎承台钢筋和安装承台预埋件。承台钢筋严格按照《铁路桥涵施工规范》（TB 10203—2002）和《铁路混凝土与砌体工程施工规范》（TB 10210—2001）的要求进行安装和焊接。

b. 安装完承台钢筋后拼装承台侧模。承台侧模利用在封底混凝土上植筋和侧模上下端的对拉螺杆来进行定位和固定。为保证承台浇筑质量，在承台底以上1.5m处设置一道支撑，支撑在钢板桩上。

c. 模板采用组合钢模板。侧模安装前，先在侧模表面涂刷脱模剂，然后再安装侧模。侧模安装完后开始浇筑承台混凝土。承台混凝土采用商品混凝土，混凝土用输送泵泵送浇筑。

⑤ 混凝土施工主要技术措施

a. 大体积混凝土施工时，降低水化热的措施：选用低水化热水泥，掺用适量粉煤灰和缓凝型外加剂，减少水泥用量，减少水化热；在混凝土搅拌前对集料进行洒水降温，或采用拌和水冷却进行降温；保证混凝土在搅拌站有足够的搅拌时间，使水泥的水化热反应充分、完全；混凝土初凝后，采用麻袋覆盖承台混凝土并淋水养护，以减少混凝土的内外温差。

b. 混凝土配合比设计及原材料控制

由于承台受力复杂，不允许出现任何有害裂纹，混凝土配合比试配使其满足规范规定的保证率要求，并经多次试配确定；承台混凝土的坍落度要满足泵送的施工要求，并保证在1h之内无明显损失，水泥选用低水化热的水泥。配合比设计时，掺加适量的粉煤灰和复合型高效外加剂，以减少水泥用量。混凝土集料采用5~31.5mm连续级配的碎石，针片状颗粒含量不大于8%，细度模数控制在2.5左右。

c. 混凝土采用商品混凝土，配合比采用低水化热配合比，混凝土浇筑采用全断面一次浇筑完成，分层厚度控制在30cm内，分层浇灌间隔时间不超过混凝土的初凝时间，以防出现施工缝。

d. 混凝土浇筑顺序采用分层来回连续浇筑，分层为30cm，混凝土浇筑速度控制在0.5m/h，混凝土坍落度控制在11~15cm。

e. 混凝土采用ϕ50mm和ϕ80mm插入式振捣棒，振捣棒振捣深度为插入下层混凝土5cm，并保证下层混凝土在初凝前再进行一次振捣，使混凝土具有良好的密实度。

⑥承台模板的拆除

在混凝土强度能保证其表面及棱角不损坏的情况下即可拆除侧模。拆模按立模顺序逆向进行，在拆模的过程中注意避免损伤混凝土，并减少模板破损。待模板与混凝土脱离后，再进行拆卸、吊运模板。

⑦钢板桩的拔除

a. 围堰内放水使内外水位持平，再拆除第一层水平支撑和拔除钢板桩。

b. 减少拔桩时阻力的措施：（a）在打入钢板桩前，将钢板桩与水下混凝土的接触范围内涂以隔离层；（b）拔桩时略加锤击使钢板桩与水下混凝土脱离黏结。

c. 对于桩尖卷口及锁口变形的桩，加大拔桩设备能力，将相邻桩一齐拔出，必要时进行水下切割。

d. 钢板桩采用振动锤拔桩。拔桩的开始点距离开角桩5根桩以上，且采用跳拔方式间隔拔桩。

（4）承台施工技术保证措施

①为了保证承台的位置准确，施工前在基础顶面放出承台中线和承台内外轮廓线。

②在混凝土浇筑过程中，随时观察所设置的预埋件、预留孔的位置是否移动，若发现移位立即校正。

③混凝土分层灌注，使用插入或振动器的分层厚度不大于30cm。混凝土灌注入模时的坍落度为70~130mm，泵送混凝土的坍落度为100~140mm。

④当所有和模板有关的工作做完，待浇混凝土构件中所有预埋件亦安装完毕后，经监理工程师检查认可，才能浇筑混凝土。这些工作包括清除模板中所有的污物、碎屑物、木屑、水及其他杂物。承台混凝土浇筑完成后，在未达到终凝前不得泡水。

⑤大体积承台应进行降温设计，确保混凝土不出现因水化热产生的温度裂缝。

10.3.2 跨珠江桥现浇箱梁施工方案及措施

五号线跨珠江桥为$3\times50m + 4\times50m$两联7跨预应力混凝土连续箱梁。根据设计方案，现浇箱梁采用满堂红支架的施工方法。考虑到现场实际情况，珠江西桥施工时，先搭设箱梁施工水中钢平台和支架，再进行现浇箱梁的施工。

先在两岸现浇箱梁钢平台侧各设置一座钢平台码头。考虑到通航要求，箱梁采用倒边施工，先施工4/W~8/W跨现浇箱梁，将3/W~4/W跨作为通航孔，待箱梁混凝土强度达到设计要求，钢绞线张拉及压浆施工完成后，拆除4/W~5/W支架，将其作为通航孔，然后搭设3/W~4/W水中钢平台和支架。

在珠江西桥施工期间，岸边采用钢筋混凝土挡墙结构进行堤岸加固，加固结构如图10.3-3所示。

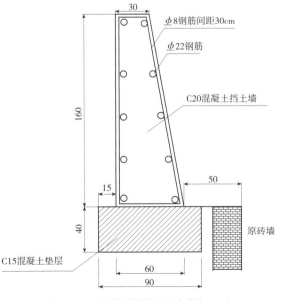

图10.3-3 挡墙结构图（尺寸单位：cm）

1）箱梁施工工艺流程图（图10.3-4）

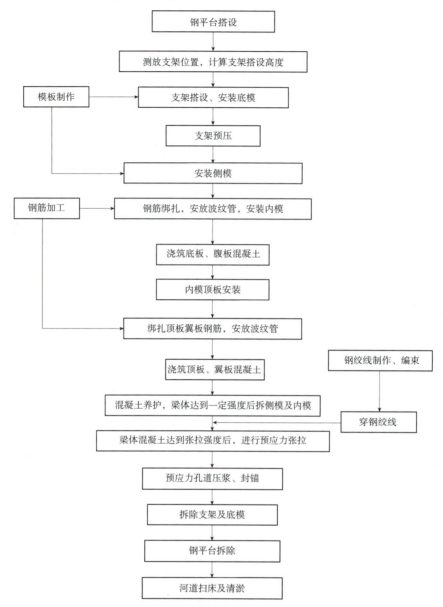

图10.3-4　珠江西桥现浇箱梁施工工艺流程图

2）主要施工方法

（1）现浇箱梁钢平台设计与施工

①钢平台设计

现浇箱梁钢平台设计时，考虑上部结构的桥面宽度约为9.5m，钢平台平面宽按12.5m进行设计。为不影响河道通航，又有利于施工的正常开展，保证一道通航孔不受阻碍，通航孔的净宽为40m。由于施工期间海事局禁止施工船只穿越主航道施工，为保证上部结构现浇箱梁施工期间的材料、模板及其他材料的运输及吊装，在两岸钢平台侧各设置一座码头，大坦沙侧码头面积300m³，芳村侧码头面积225m³。

现浇箱梁钢平台采用ϕ630mm及ϕ529mm钢管作为基础，为保证施工的安全可靠，钢管基础设计入河床深度宜大于10m，并振至不能振下为止。

在桩基础、承台及墩身施工完成后，进行现浇箱梁钢平台的搭设，现浇箱梁钢平台宽12.5m，每跨设计布设7排双柱钢管；每双柱钢管用双I40a工字钢连接，上铺设双I45a工字钢作横梁；其上沿着桥纵向铺设5道双肢贝雷架。贝雷架面横铺I20a工字钢，I20a工字钢面纵铺I14a工字钢加密。W/1轴和W/8轴位于岸上，所以钢平台基础采用地梁支承，每岸设置两条地梁，每条地梁长15m（图10.3-5）。

平台的各立面钢管立柱之间的剪刀撑连接采用[14槽钢，立柱钢管与主梁的节点连接采用先在立柱钢管顶焊封盖，再与主梁连接在一起。为了保证现有的通航要求，3/W~4/W一孔作为通航孔，不搭设连接，珠江西桥施工过程中的材料、设置的转运均采用运输船运输。

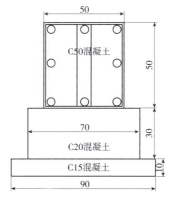

地梁长13.5m，地梁四个角的钢筋为ϕ25mm，周边及中间的钢筋为ϕ16mm，箍筋为双肢ϕ8@200

图10.3-5　地梁剖面图（尺寸单位：cm）

本工程所在地珠江常水位为6.8m，高水位为7.5m，低水位为4.5m。钢平台面高程为9.1m，高出高水位1.6m。钢平台在主桥上部结构施工结束后拆除。

②钢平台施工

钢管桩施工时，先根据施工图纸将每根钢管桩的坐标放样准确。钢管桩用吊船配合振动锤振入，分节段施工。钢管桩驳接时要符合焊接规范，并在钢管桩驳接口的四周，用四块钢板加强焊接。钢管桩振打完毕后要竖直，倾斜度不能太大，每排钢管要大致成直线。钢管桩基础振打时，施工人员要跟踪记录好钢管的入土深度，保证钢管的入土深度大于10m。钢管桩振打过程中，要防止碰撞广佛线桥。

钢管桩振打好后，在钢管顶上焊接双I40a工字钢作横梁。焊接双I40a工字钢前，将钢管顶按照6.41m的高程，调整到基本一致，并在管顶焊接钢板使双I40a工字钢能够平稳放置。双I40a工字钢底翼板与钢管桩顶钢板要焊接密实，焊缝高度为8mm。钢管桩顶钢板与I40a工字钢腹板外侧要用钢板固定，钢板一边焊接在型钢腹板上，一边焊接在钢管桩顶钢板上。双I40a工字钢上横桥向铺设双I45a工字钢。双I45a工字钢上沿着桥纵向铺设5道双肢贝雷架。贝雷架上横铺间距为60cm的I20a工字钢，I20a工字钢面纵铺I14工字钢加密。钢平台中间4.5m宽度范围内，I14工字钢的间距为45cm，钢平台两侧4m宽度范围内，I14工字钢的间距为60cm。因为顺桥向I14工字钢的总长为48m左右，所以工字钢的接头应错开。所有上、下层型钢接触的位置都要焊接密实，在外侧要用钢板焊接上、下层型钢，所有焊缝高度都要达到8mm。I14工字钢上铺δ=0.8cm厚钢板，形成施工平台。钢板与工字钢及钢板之间焊接要牢固。钢板要铺设密实，不能出现太大的坡度。

由于现浇箱梁完成后，受箱梁与水面净空的影响，现浇箱梁钢平台的水中钢管无法拔除，因此采用水下切割的方法，先切割河床面以上钢管，然后进行扫床清淤工作，再进行下一节钢管的割除。扫床清淤、钢管割除及水上航测必须满足海事部门的要求，并通过海事部门及其他相关部门的验收。

③钢平台拆除步骤

a. 钢平台拆除前，进行钢平台施工范围内河床底的高程测量，确定需清理施工期间遗留杂物的工程量。

b. 钢平台的拆除顺序：先拆面钢板、分配梁型钢及贝雷架→切割河床面以上的水中钢管→清理淤泥土→切割河床以下至冲刷高程的钢管→复核航测量高程是否达到通航要求。

c. 钢平台拆除完毕后重点在于河床底的扫床工作，其施工难度大；在水中切割立柱钢管需派出水工及船吊进行水下切割，割至冲刷高程。

d. 水中清淤配合挖掘在船只进行挖掘后清运到要求地点处。

e. 水中钢管拆除时，由于受工作面的影响，无法将振入河床部分钢管振拔出，只能将其分成若干小段在水中切割。

④钢平台施工安全技术措施

a. 钢管桩与纵横梁连接紧贴，纵向工字钢的接头应错开；施工平台搭设时，为了保证平台的稳定性和足够刚度，各连接点和剪撑布置做到合理。

b. 已搭设好的平台，及时安装两侧护栏并挂安全网。钢平台施工前，进行安全技术交底，强调施工中的安全事项。

c. 钢平台搭设完比后，应及时在周边建防撞墩并挂好安全、航道警示图标，以免发生安全事故。

d. 在河道上下游设置航标，在施工钢平台处做好规范、醒目的航道位置标志，安装导航警示灯，设专人24h值班指挥所有水上作业船只的交通，协助航道、海事部门做好水上交通管理工作。

e. 在施工作业期间应按有关部门确定的安全要求，设置必要的安全作业区或警戒区，设置有关标志或配备警戒船。在现场作业船只或警戒船上配置有效的通信设备，施工作业期间指派专人警戒，并在指定的频道上守听。

f. 施工作业的船只、设施，须按有关规定在明显处昼夜显示规定的号灯、号型。施工作业时间尽量避开通航高峰期，最大限度减少对水上交通的影响。

g. 施工前按海事部门的要求填写《中华人民共和国水上水下施工作业通航安全审核申请书》，获得《中华人民共和国水上水下施工作业许可证》后才可进行施工。加强与当地海事、航道等政府相关部门的协调，共同做好水上交通疏导工作。

h. 不定期对施工人员分批进行水上作业安全培训，遵守《中华人民共和国内河交通安全管理条例》、《中华人民共和国内河避碰规则》的有关法规要求进行水上交通疏导工作。

（2）支架施工

珠江西桥现浇箱梁施工支架采用ϕ48mm钢管搭设，搭设采用满堂式，钢管安装在宽20cm、厚度为5cm的垫板上。钢管顺桥向间距为45cm，横桥向箱梁底钢管间距45cm，两侧翼板底钢管间距为80cm，腹板位置沿顺桥向加密一排钢管，钢管顶端安装可调顶托，可调顶托支于顺桥向10cm×10cm的木枋下，顺桥向木枋上横铺间距为30cm的10cm×10cm木枋，横向方木放置箱梁模板。支架的具体施工方案与陆地现浇箱梁的支架施工方案相同，此处不再详述。

（3）现浇箱梁施工

现浇箱梁全部采用钢模板施工，根据现场实际情况及施工进度的要求，珠江西桥现浇箱梁投入200m底模和225m侧模，以及225m高为2.45m的侧模支撑桁架。模板材料的面板采用5mm厚钢板，法兰采用60mm×8mm钢板，筋板采用60mm×6mm扁钢。

珠江西桥为3×50m+4×50m两联7跨预应力混凝土连续箱梁，第一节浇筑箱梁长度62.5m，以后每节浇筑的箱梁长度为50m，最后一节浇筑箱梁长度为37.5m。现浇箱梁采用C50商品混凝土，为保证浇筑质量，每节箱梁分两次浇筑完成，先浇筑箱梁底板及腹板，在内模顶板安装钢筋，绑扎好之后，再浇筑顶板和翼板混凝土。浇筑顶板混凝土时，为了以后施工操作的方便，在跨中预留90cm×90cm的人孔。适当调节混凝土的配合比及添加适当的外加剂，以减少混凝土水化热和收缩的不利影响。因五号线跨珠江桥在广佛放射线珠江西桥旁边，施工单位与交警及相关上级部门协商，珠江西桥现浇箱梁混凝土浇筑时，占用广佛放射线珠江西桥一个车道，利用泵车泵送的方法浇筑五号线珠江西桥箱梁混凝土。

箱梁混凝土分两次浇筑，第一次浇筑混凝土高度比悬臂与腹板相接钢筋的位置低5cm。为保证施工缝设置在同一直线，浇筑底板及腹板混凝土前，在腹板钢筋的施工缝位置点焊3cm的角钢，作为第一次浇筑混凝土的控制线。第一次混凝土浇筑后，在腹板混凝土顶面喷缓凝剂，等3h左右，用水将缓凝剂冲洗掉，面层混凝土露出骨料，使第二浇筑混凝土前不必凿毛处理。为防止预应力筋张拉破坏箱梁，浇筑箱梁混凝土时，在预应力筋的锚固端，多铲集料局部加强。浇筑混凝土时用插入式振动器振捣密实。

现浇箱梁浇筑完毕拆除内模后，穿引预应力钢绞线。现浇箱梁中短的预应力钢绞线用人工的方式穿越塑料波纹管。钢绞线分次穿进波纹管，每次穿钢绞线时将几根钢绞线绑扎在一起并在端头用塑料胶纸包扎好，防止钢绞线端头破坏波纹管。长钢绞线用卷扬机辅助穿塑料波纹管。先将安装在卷扬机上的钢丝绳绑扎在一根钢绞线上，钢丝绳随钢绞线穿到波纹管的另一端，然后将所需穿过波纹管的全部钢绞线编成一束并固定在一起。卷扬机的钢丝绳与固定在一起的钢绞线绑扎牢固后，一次将全部钢绞线穿越塑料波纹管。钢绞线两端须穿出波纹管80cm，以方便张拉施工。待钢绞线张拉完成，对预应力波纹管进行注浆填充。

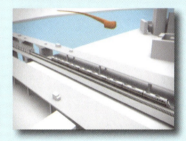

第 6 篇

地铁施工信息化监测技术

第11章 五号线施工信息化监测技术

11.1 概述

地铁作为城市地下工程的重要组成部分，在施工过程中存在很多影响城市周边环境和建（构）筑物安全的不利因素，如地铁工程引起的道路地表变形可能危及周边建筑物、地下管线安全，地下工程本身的安全问题，加上地质条件差、周边环境复杂、结构埋深较大、围岩稳定性难以判断等问题，更使得地铁施工过程充满潜在风险。因此，及时有效地开展施工变形和受力监测显得十分重要。

广州地铁五号线在施工过程中，建立了一套基于无线网络环境的地铁监测信息系统，保证了监测数据及时反馈指导设计与施工。

11.1.1 地铁监测信息系统方案设计

1）地铁监测信息系统

地铁监测信息系统是指利用计算机技术对地铁施工监测工作所产生的监测动态数据和基础信息数据进行存储管理、综合分析，利用网络通信技术进行数据传输、发布，以便设计、施工、监理人员及业主能够实时掌握地铁施工监测信息，为设计、施工、监理等人员及时判断前一阶段施工工艺和施工参数的合理性提供保证，是动态施工与动态设计的必要手段。

地铁监测信息系统是以自动化采集数据为主的监测信息反馈系统，可实现数据的自动化录入，具有系统自动分析与报表生成的功能。在用户使用层具有查询报表功能，监测成果表、监测曲线图以及信息互动等功能，在数据中心层具有数据输入、查询、报表编制、系统管理、报警处理功能及工点建立等功能，其主要功能如下：

（1）监测数据的自动采集。借助近几年电子技术发展形成的各类电子仪器，在施工监测数据采集方面，实施全野外自动数据采集；如近年内发展起来的数字电子水准仪 DiNi12、全站仪 TCA2003 等仪器均能自动读数、自动记录，这样不仅能提高效率，而且能避免由于人工读错、听错所带来的错误。

（2）监测数据的自动处理。数据采集完毕后，通过数据接口进入数据自动平差模块，这一过程主要对外业采集来的数据进行分析处理并自动生成报表。

（3）数据的网上发布。报表自动生成后结合当时的工况通过互联网进行网上发布，并同时生成变形过程曲线图、变形速率及变形预测图，这样不论管理人员身处何方，只要有互联网的地方，就能使人们直观地了解建筑物的实时变形过程。

以上实现过程如图 11.1-1 所示。

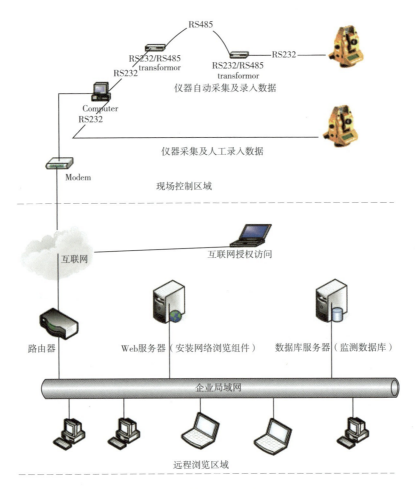

图 11.1-1 地铁监测系统网络流程图

2）地铁监测系统的设计思路

（1）监测系统的网络环境

地铁监测系统建立在 Windows 操作平台、地理信息系统（MAPGIS）及 ORACLE 数据库的基础上，主要基于 B/S 架构（部分 C/S 架构）开发的应用系统，该系统可同时运行在单位内部局域网和互联网上。利用 CDMA 1X 网卡和 VPN 网络技术，实现数据采集层至数据中心层的无线数据传输，并保证数据的安全，通过短信发送平台，实现预警值的手机短信提示。

系统硬件环境配置是：DELL 2850 服务器，短信发送平台（SIEMENS TC35IT）， VPN 防火墙，CDMA 1X 网卡和远程专用光纤。

监测数据工作流程是：在数据采集层实现数据采集后，通过互联网将数据传输至服务器上的数据中心层进行分析处理，再发送至客户端（即用户），示意图见图 11.1-2。

（2）监测系统的层次结构

地铁监测系统层次结构划分为三层，即用户使用层、数据中心层和数据采集层（图 11.1-3），各层功能如下。

①用户使用层：监测数据预警功能、本期数据查询功能、历史数据查询功能、数据使用提示功能、图形查询功能、工程进度查询功能。

②数据中心层：工点图形设计功能、系统权限管理功能、数据分析预测功能、系统数据修改功能、平差处理计算功能、监测报表生成功能。

③数据采集层：人工采集数据记录功能、仪器自动采集记录功能。

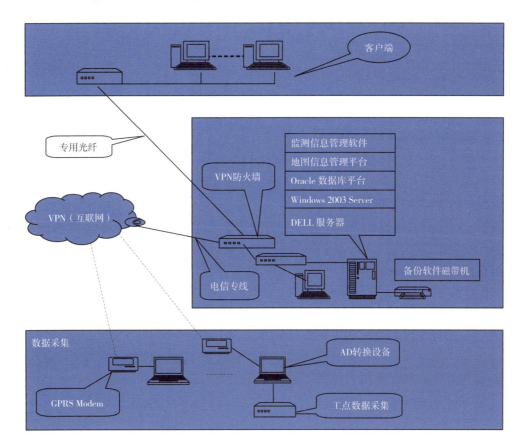

图 11.1-2 地铁监测系统网络流程图

（3）监测系统特点

①图形操作、三点到位。本系统在用户使用层能够实现地铁线路平面图至工点基坑平面图，工点基坑平面图至各监测点，以及各监测点各项数据、图表的图形化连接。

②多功能的预警系统。系统在预警系统中采用手机短信提示、系统界面及声音提示三种预警方式。

③实现多种监测数据与采集方法的集成。

在基坑监测中，因监测项目很多，大体上可分为光学类和非光学类。该系统能够将不同类的监测数据及施工状况集成，以便进行协调分析，同时该系统还实现了不同数据采集方式的集成，包含自动采集与人工采集的集成。

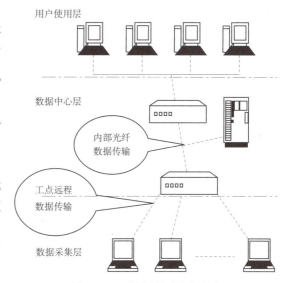

图 11.1-3 监测系统功能分布图

该系统在保证监测数据及时性方面发挥了重要作用，可以实现监测外业工作完成后 4h 内监测数据到达业主等用户手中，同时该系统建立了短信、系统平台报警功能，能够及时有效地将工程重要监测数据反馈给各级管理人员。

使用该系统可了解工程的基本施工情况，如基坑开挖深度、支撑架设情况、各监测点附近的施工状况等。

地铁监测信息系统与常规的监测报表相比，其收集的数据量大（可以根据需要查询任意时间段的数据）、信息反馈及时、工程施工的信息量大、数据存储完备。

11.1.2 监测数据反馈指导设计与施工的应用

1）监测数据反馈指导设计与施工的定义

监测数据反馈指导设计与施工是指在地下工程施工过程中，根据施工信息，对设计所确定的结构形式、支护参数、施工方法、施工工艺以及各工序施作的时间等的检验和修正。

2）应用监测信息系统判断工程安全性

在本监测系统的设计建立过程中，首先考虑监测数据的反馈及时性。只有及时反馈各施工状况的监测数据，对信息化施工与设计才有指导意义，才能保证工程的安全性。利用本监测信息系统，可以从如下几方面判断监测数据的合理性与工程安全。

（1）利用系统反映的监测数据曲线图进行分析。在本系统中，监测数据的曲线图包含三类：变化量曲线图、累计变化量曲线图以及变化速率曲线图。在设计中，对监测点的变化量、变化速率及累计变化量一般都有控制值与警戒值。当工程出现异常时，一定时段的变化速率曲线图和累计变化量曲线图都会出现明显异常情况。在工程施工中，若发现一个或多个监测项目在相同位置的监测曲线图异常，可判断工程存在潜在危险。

另外，系统中测斜监测曲线图的变化情况还能反映出测斜管埋设质量。如测斜监测数据曲线图底部出现连续移动（俗称"踢脚"），则反映测斜管埋设深度不够；若测斜变形速率曲线图连续出现较大值的正负交替变化，则反映测斜仪器不稳定或测斜管埋设过程中部分段存在未填实，存在空洞现象。

（2）利用监测数据进行工程安全性分析。在本监测系统中，建立了报警功能，可以对监测项目设定报警值，当监测数据超过报警值后，系统能够自动闪烁红色报警标记，发出报警短信，提示工程的潜在危险。

在利用监测数据分析工程安全性时，数据的异常变化可以通过相同位置、不同监测项目的数据进行检核，判断异常情况是属于观测粗差，还是工程本身的变形。

3）利用监测数据反馈指导设计与施工

利用监测数据反馈指导设计与施工的基本思想源于新奥法，隧道设计施工的基本原理是：根据经验初步选定设计参数，在施工过程中，通过监测地下工程的变形数据，判断地下工程的稳定性及支护加固的效果，并据此修正有关支护加固参数或方案。

地铁监测信息系统的建立与应用，保证了监测数据的及时性，为监测数据反馈指导设计与施工提供了条件，同时该系统的监测数据集成分析，也部分消除了监测过程中的观测粗差，保证用于反馈指导设计与施工监测数据的正确性。

11.2 猎德站施工网络化监测

广州地铁建立的地铁监测信息系统在广州市轨道交通五号线第三方监测工作中得到了成功应用。

图 11.2-1 是广州市轨道交通五号线猎德站 2006 年 10 月监测平面布置，监测数据曲线图见图 11.2-2~图 11.2-5。从图中可知，2006 年 10 月 9 日在猎德站的 C018 孔附近出现了监测数据异常，两种不同监测方法均反映出基坑出现较大变形，且情况基本一致，由此可以判断基坑异常。由工程施工情况可知，在 2006 年 10 月 9 日，施工单位在该位置处出现土方超挖（超挖深度 1m），第三层锚索未加力，基坑周边出现裂缝。由气象情况记录可知，在 2006 年 10 月 8 日夜间，广州市出现持续暴雨。综合以上情况，可以判断因施工不规范及大雨造成基坑围护结构的较大变形。针对该情况，施工单位

及时采取措施,对基坑周边裂缝进行封堵,对第三道锚索及时加力。监测单位对各监测项目进行加密监测,至 2006 年 10 月 10 日监测数据表明该处围护结构趋于稳定。

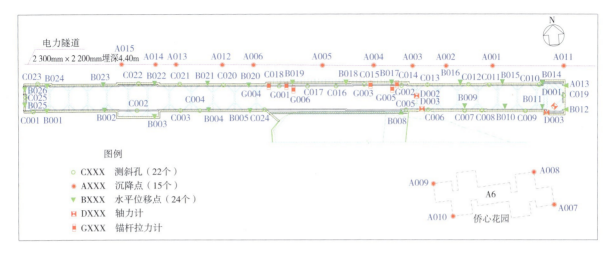

图 11.2-1 猎德站监测平面布置图

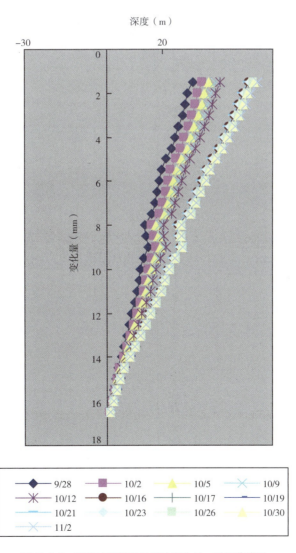

图 11.2-2 猎德站测斜项目累计变化量—时间曲线图

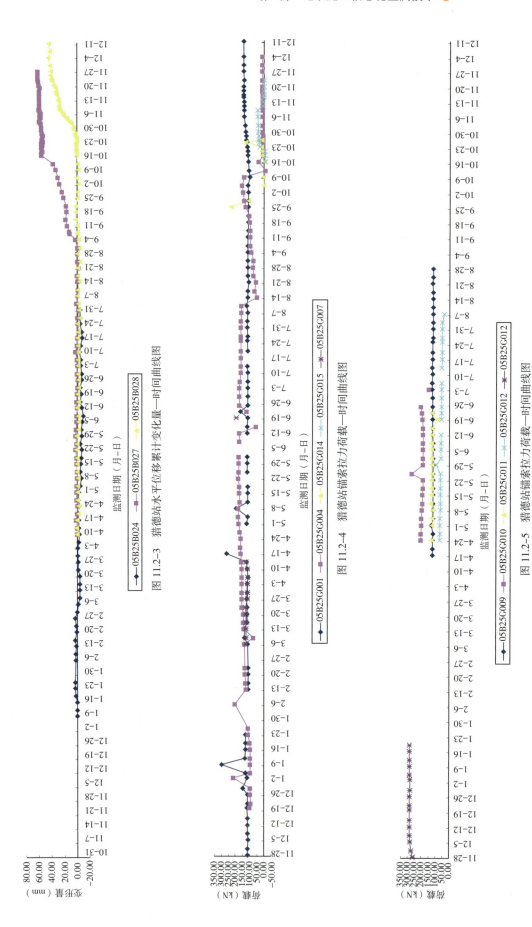

图 11.2-3 猎德站水平位移累计变化量—时间曲线图

图 11.2-4 猎德站锚索拉力荷载—时间曲线图

图 11.2-5 猎德站锚索拉力荷载—时间曲线图

11.3　五号线施工信息化监测技术效果评价

从以上地铁施工信息化监测系统的应用情况看，仍需要进行系统改进工作，主要有以下几方面：

（1）随着无线通信技术和计算机网络技术的发展，地铁施工信息化监测系统存在很大的技术升级改造空间。基于第三代移动通信技术平台、无线通信技术、计算机测控总线技术及网络视频技术，都为地铁施工信息化监测系统提供了更为先进的技术支持。目前，有关科研单位和高校已在该方面进行了多年研发工作，有很多成熟技术成果可供选用，如公路隧道施工和运营阶段变形和受力监测系统、桥梁和隧道健康监测系统等。

（2）监测信息系统在应用过程中对各种监测的整合力度不足。从时间方面看，系统能反映各监测项目不同时段的监测数据及曲线图，工程人员能够从系统的数据表及曲线图判断工程的安全性；但从竖向坐标方面看，各监测项目数据变化量之间相互关系的整合力度不够，应结合岩土力学、结构力学及材料特性等方面的专业知识进行进一步的融合分析，剔除外界因素对各监测数据的影响值，确保各项监测数据的一致性。具体思路包含如下几点：第一，对各监测项目进行误差分析，尽量消除外界因素对监测数值的影响；第二，选择一些在地质特征、结构设计、施工工法上有代表性的基坑监测数据及施工数据，对各施工状况进行反分析模拟，统计不同施工状态下各监测项目的相关性；第三，通过大量的已有监测项目的相关性数据，建立各监测项目的修正公式，以此修正各监测项目的监测数据，从而保证各监测数据的一致性。

（3）系统缺乏完善的分析预测系统。系统现有的数据分析与预测是建立在单独监测项目的基础上，按照一定的公式进行简单预测，其预测结果与工程实际情况出入较大。系统在进一步完善过程中，应与有限元等反分析法相结合，利用系统内的监测数据及工程信息进行自动分析。该工作首先要建立适当的反分析模型，再将修正后的监测数据带入分析模型中进行预测。在反分析模型的建立过程中，应考虑基坑的地质特征、结构设计、施工工法等各种因素，确保模型参数的合理性。

（4）与其他工程管理系统相结合。将监测信息系统、工程施工管理系统相结合，建立完善的工程施工信息数据系统，为动态设计与施工提供充分的、及时的工程数据，在设计、施工、监测三者之间构建起互动体系，实现信息的及时反馈，从而提高工程管理水平，保证工程质量和施工安全。

11.4　土木工程无线远程监测网络技术

11.4.1　系统架构

随着科技的发展，以及土木工程监测应用需求在内容、时间及空间等方面的拓展，网络化的感测、信息获取与处理已逐渐成为当今监测技术领域的重要发展方向。通过网络化监控系统可以实现监测数据的有效、可靠传输和数据集成。监测网络以多个分布在施工现场、具有数字通信能力的传感器作为网络节点，采用规范化的通信协议，将桥梁、隧道施工现场的传感器监测数据通过局域网总线网关、无线网关、无线中继节点发送至以太网关，由此接入商用无线以太网，为实现土木工程远程无线监测提供了技术支持，第3代移动通信技术（3G）的广泛应用，为数据传输实时化提供了可能性。

智能传感器节点、控制系统和监测数据处理系统的组织架构，是决定一套监测系统的效率和质量的关键因素，传统监控方法采用驱动程序的方式实现传感器与控制系统之间的信息共享，而现场总线技术则实现了大量监测传感器节点的网络化，它通过一种规范化的标准接口协议实现了智能传感器节点的连接和控制。对于土木工程施工监测而言，通过如下架构实现无线远程监测过程：

（1）通过现场总线把分布相对集中的一些智能传感器节点组成若干有线网络，数据控制器和数据通信网关同时接入该有线网络。

（2）通过（1）中的数据通信网关、无线中继节点、商用无线 AP 网关连接成为无线通信网络，对于没有商用无线网络信号覆盖的桥梁和地下工程尤其方便和实用。

（3）在商用无线通信信号有效覆盖区域，通过商用无线以太网关接入移动通信网络，从而利用商用以太网实现远程数据通信。

（4）在数据处理中心，通过商用无线以太网关和计算机网络数据库技术实现监测数据的分析和处理，并及时更新数据库中的监测数据和监测分析报表；根据需要可将预警信息通过短信方式发送至有关管理人员手机中，以达到信息的及时性和有效性。

（5）通过有线、无线以太网络，被授权的用户可以及时查询、下载相关监测数据和分析报表。

图 11.4-1 是隧道施工无线远程监测系统的组织架构示意图。

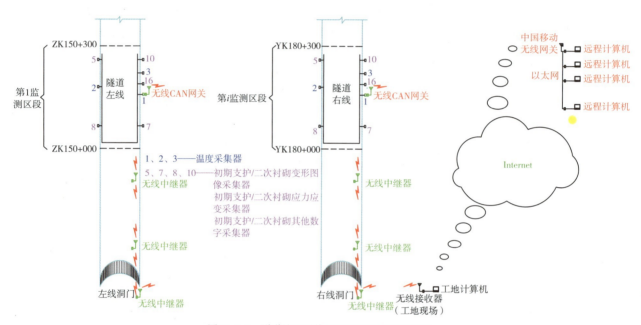

图 11.4-1　隧道施工无线远程监测系统组织架构

无线远程通信包括了远程 PC 机与无线以太网关、以太网与本地网关、本地网关与无线中继、无线中继与 CAN 总线之间的通信，数据以 16 进制格式打包传送，包括上行包和下行包两种。下行包是命令包或控制包，上行包是应答包，其工作原理框图如图 11.4-2 所示。

11.4.2　土木工程监测系统的信息融合技术

众所周知，由于土木工程施工过程的复杂性，现场监测均采用位移、变形、温度、应力、应变、振动等多种物理量进行现场监测，同时由于现场施工各种干扰因素的影响，为了提高监测信息准确度和数据通信效率，减少需要传输的数据量，因此必须采用信息融合技术，在各个传感器节点采集数据的过程中，利用节点本地嵌入式计算和存储能力进行数据融合，去除冗余信息，从而达到节省能量的目的。由于传感器节点的易失效性，传感器网络也需要数据融合技术对多份数据进行综合，最大限度地提高信息的准确度。

数据融合技术可以与传感器网络的多个协议层次进行结合。在应用层设计中，可以利用分布式数据库技术，对采集到的数据进行逐步筛选，达到融合的效果；在网络层中，很多路由协议均结合了数据融合机制，以期减少数据传输量。随着科学技术的发展和实际工程需要，数据融合技术已日益得到较广泛的重视和应用。

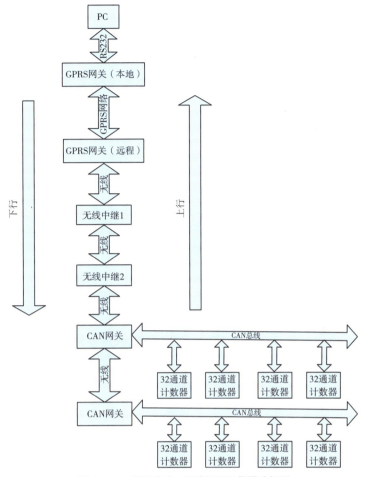

图 11.4–2　现场总线 + 无线远程通信模式框图

11.4.3　计算机网络数据库技术的应用

随着计算机 Internet 网络技术的普及，利用 Internet 进行信息查询已非常普遍。因此，对网络数据库的支持就成为最基本的需求。简单地说，网络数据库就是能满足网络应用需求的数据库，是跨越单一计算机在 Internet 网络上创建、运行的数据库。上网查询信息的过程是：用户利用网络浏览器作业输入接口，输入所关心的内容数据，浏览器将这些数据传送给网站，而网站对这些数据进行查询操作等处理后，把操作结果回传给浏览器，通过浏览器将结果告知用户。

网络最显著的功能是分享信息，网络数据库的特点是：

（1）大量的并发访问用户。同一条信息在网络上可能对大量的用户都有价值，而且可能众多用户可以同时提出查询请求。

（2）支持的数据类型大为扩展。除了传统的数据类型外，Internet 网上还有复杂的文档型和多媒体型数据资源。因此，网络数据库采用面向对象的概念对支持的数据类型进行了扩展。

（3）安全性。人们关心的信息（输入）和得到的信息（输出）都要通过网络协议进行传输，信息的安全性可通过相关技术得到保证。

随着技术的发展，网络数据库主要有两种体系结构，即客户端/服务器（C/S）结构和浏览器/服务器（B/S）结构。其中，后者浏览器/服务器（B/S）结构（Browser/Server）由于其突出的优势而日渐成为主流。采用 B/S 结构后，在客户端只需安装 1 个通用的浏览器即可，不再受具体操作系统和硬件的制约，实现了跨平台应用。本系统即采用 B/S 结构实现监测网络数据库管理。

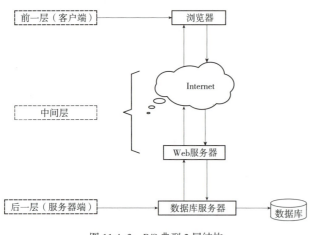

图 11.4-3　B/S 典型 3 层结构

基于 B/S 结构的典型应用通常采用 3 层结构，即浏览器—Web 服务器—数据库服务器，如图 11.4-3 所示。B/S 模式的工作原理是，通过浏览器以超文本的形式向 Web 服务器提出访问数据库的请求，Web 服务器接受客户请求后，激活对应的 CGI（Common Gateway Interface，通用网关界面）将超文本 HTML 语言转化为 SQL 语法，将这个请求交给数据库，数据库服务器得到请求后进行数据处理，然后将数据处理结果集返回给 CGI 程序，CGI 再将结果转化为 HTML，并由 Web 服务器转发给请求方的浏览器，CGI 通过 ODBC（Open Data Base Connectivity，开放数据库互接）接口访问数据库。

应该说明的是，计算机网络技术经历了 HTML、DHTML（Dynamic HTML，动态 HTML）、ASP 和 ASP.NET 等发展阶段，特别是结合 ASP.NET 和 Ajax 技术的出现和发展代表了最新的网络开发技术。

采用以上网络软件开发技术和工具，即可针对监测对象和任务开发相应的网络数据库管理软件。

通过针对性的研究和开发，基于上述架构的土木工程无线远程监测技术已研发成功，并在几个实际隧道施工监测项目中得到了验证，在实际工程信息化施工过程中发挥了重要作用，与传统监测方法相比，在数据采集效率、便捷和有效性方面，无线远程监测技术均显示出了突出优势。

附 录

附录1　广州轨道交通五号线建设大事记

2005年11月15日，国家发改委批复《广州市轨道交通5号线（滘口—文冲段）可行性研究报告》。

2005年12月27日，广州市轨道交通五号线银团贷款合同在广州金融大厦签约。

2006年6月26日，大—西、西—草、草—淘，三个盾构区间共三台盾构机同时始发，标志着五号线全面动工。

2006年11月14日，五号线广州火车站主体结构提前一周封顶。

2007年1月7日，东圃站主体结构封顶。

2007年3月22日，草淘盾构区间左线抵达小北站，成为国内首段穿越岩溶地层的盾构隧道。

2007年4月7日，草淘盾构区间右线抵达小北站。

2007年9月7日，员村—科韵路区间左线盾构贯通，标志着员村—车陂南区间双线贯通。

2007年12月，五号线最长的站点中山八站封顶。

2008年1月18日，五号线轨道工程Ⅰ标于猎德站开工。

2008年3月15日，文冲站折返线暗挖隧道右线贯通。

2008年11月23日，五号线首两组列车从青岛送抵广州西朗，随即转运至四号线新造车辆段调试。

2008年12月18日，鱼珠车辆段轨道全部铺通。

2009年3月3日，鱼珠车辆段接触网冷滑完成。

2009年3月27日晚，五号线首批列车从新造车辆段转段至鱼珠车辆段。

2009年3月30日晚，五号线轨道工程Ⅰ标双线正式贯通。

2009年4月19日凌晨，西—草区间右线盾构机抵达西村站，标志着五号线区间全部贯通。

2009年6月28日，珠江新城至文冲段三权移交运营事业总部。

2009年8月18日，中铁三局负责的五号线轨道工程Ⅱ标短轨焊接完成，长轨铺通。

2009年9月17日，广州地铁5号线第三轨全线铺通，为按时限界检测、冷滑、热滑奠定了坚实基础。

2009年9月20日凌晨，广州地铁五号线热滑获得圆满成功。

2009年10月15日，市民代表受邀试乘五号线，体验新线并现场"挑刺"，这也成为广州地铁有史以来，首次在新线开通前主动邀请市民代表"挑毛病"。

2009年12月28日14时，试运营行车间隔5min50s。

2009年12月31日五号线创下日客运量56.7万人次的纪录。

一号线从1997年首段开通，一直到2007年，日均客运量才达到55.35万人次，而刚刚开通的五号线，仅用了短短4d的时间，就跨越了一号线10年客流突破50万人次大关的历程，足以看出五号线在解决城市交通方面的巨大作用。

附录2　珠江新城旅客自动输送系统（APM线）建设大事记

2006年6月30日，珠江新城旅客自动输送系统在林和西站工地正式开工。

2007年7月16日，广州地铁与庞巴迪签订系统供应合同。庞巴迪将向广州地铁提供14辆CX-100型车辆，CITYFLO650列车控制系统，18个专用道岔。

2008年1月1日，天河南站—体育中心南站区间左线盾构机抵达体育中心站。至此天河南站—体育中心南站—林和西站区间双线贯通。

2008年6月8日凌晨，黄埔大道站—天河南站区间左线盾构机成功下穿1号线隧道，标志着黄埔大道站—天河南站区间双线贯通。右线已于2007年9月下穿完成。

2009年4月19日，赤岗塔至广州歌剧院区间右线盾构机出洞，抵达广州歌剧院站南端吊出井。

2010年3月20日，第一列APM列车进入赤岗塔车辆段。

2010年11月8日14时，APM正式开通（受亚运会交通管制措施影响，海心沙站、赤岗塔站暂不开放）。

2010年11月，随着广州亚运会的结束，赤岗塔站（APM线）正式开通。

2011年2月24日，海心沙站开放。

参考文献

[1] 林志元,孙少波,陈乔松,等.广州市轨道交通三号线土建施工技术研究[M].广州:暨南大学出版社,2010.
[2] 王亚平.广州自动导轨系统车辆基地的设计[J].铁道机车车辆工人,2009,(7):14-19.
[3] 毛翠萍.广州市乘客自动输送系统的分建车站建筑设计[J].都市快轨交通,2009,22(1):24-35.
[4] 王礼贵.人工挖孔桩在泥水盾构始发端头中的应用[J].广东土木与建筑,2006(11):6-8.
[5] 陈广道.赤岗塔站~海心沙站盾构始发端头加固补强措施[J].人民珠江,2008(6):34-36,40.
[6] 杨自华,钟志全.广州新城泥水平衡盾构始发技术[J].建筑机械化,2007(5):35-37.
[7] 杜玉霞,张洪新,谷柏松.浅谈五羊村地铁站先隧后站施工[J].广东建材,2008(2):41-42.
[8] 李兴旺.某高架地铁车站建筑与景观设计实例[J].广东土木与建筑,2004(6):23-24.
[9] 郝传才.地铁监测信息系统的应用[J].广州建筑,2006(5):33-36.
[10] 周建春.土木工程无线远程监测网络技术研发报告[R].广州:华南理工大学土木与交通学院,2008.
[11] 尹培林.隧道施工无线远程监控量测技术研究[D].广州:华南理工大学,2011.